丛书编委会

主　任：杨新科（天水师范学院院长）

副主任：王宗礼（西北师范大学继续教育学院院长）

李元旦（西北师范大学继续教育学院副院长）

陈逸平（天水师范学院继续教育学院院长）

陈玉霞（兰州城市学院继续教育学院院长）

高新民（陇东学院继续教育学院院长）

蔺海鲲（河西学院继续教育学院院长）

崔　明（兰州大学出版社社长）

委　员：刘旭东　杨晓宏　任遂虎　武和平

王翠英　杨　玲　毛乃佳　柳春敏

俞树煜　孙晓玲　宫玉梅　王卫军

王等等　李红霞　曹依民　陈红升

普通高等师范院校继续教育通识类教材丛书

主 编◎杨晓宏 俞树煜 王卫军

编 者◎（以姓氏笔画为序）

王卫军 任 俊 杨晓宏

俞树煜 常咏梅 梁 斌

现 代 教育技术

（第二版）

兰州大学出版社
LANZHOU UNIVERSITY PRESS

图书在版编目（CIP）数据

现代教育技术/杨晓宏,俞树煜,王卫军主编. —兰州:兰州大学出版社,2006.12(2017.2重印)

ISBN 978-7-311-02834-3

Ⅰ. 现… Ⅱ. ①杨… ②俞… ③卫… Ⅲ. 教育技术学—高等学校—教材 Ⅳ. G40-057

中国版本图书馆 CIP 数据核字(2006)第 098767 号

书　　名　现代教育技术（第二版）
作　　者　杨晓宏　俞树煜　王卫军　主编
出版发行　兰州大学出版社　（地址:兰州市天水南路 222 号　730000）
电　　话　0931-8912613(总编办公室)　0931-8617156(营销中心)
　　　　　0931-8914298(读者服务部)
网　　址　http://www.onbook.com.cn
电子信箱　press@lzu.edu.cn
印　　刷　兰州人民印刷厂
开　　本　880 mm×1230 mm　1/32
印　　张　13.5
字　　数　374 千
版　　次　2008 年 1 月第 2 版
印　　次　2017 年 2 月第 7 次印刷
书　　号　ISBN 978-7-311-02834-3
定　　价　29.00 元

第 二 版 说 明

　　由兰州大学出版社与西北师范大学继续教育学院共同立项开发的"西北师范大学继续教育通识类教材丛书"共七本,已于 2005 年 6 月正式出版。

　　该套丛书自出版以来,经过西北师范大学继续教育学院及其联合办学单位两届约一万多学生的使用,得到了各方好评和认可。为了更好地发挥这套丛书的优势和功能,充分体现区域教学特色,我们本着开发和培育精品课程、出版精品教材,同时为甘肃各高校继续教育搭建一个良好的教学科研平台的原则,经与西北师范大学继续教育学院充分沟通,邀请了甘肃各普通高等师范院校继续教育学院共同对这套丛书进行了审定,这次审定得到了甘肃省教育厅有关部门的大力支持,在此基础上我们组织相关学科的专家和有关作者又对这套丛书进行了半年多的修订,现改为**"第二版——普通高等师范院校继续教育通识类教材丛书"**继续出版。

　　希望各参编院校与广大读者继续对这套丛书提出宝贵意见,以便我们改进工作,更好地为大家服务。

总　序

　　近年来,随着经济全球化的进程、知识经济的来临以及我国社会主义现代化事业的全面推进,我国的教育事业面临着新的挑战和新的发展机遇。社会主义现代化事业的全面发展,素质教育和终身教育理念的确立,基础教育的改革发展,要求高等教育与之相适应。继续教育是普通高校教育事业的重要组成部分,也是高等院校服务社会的重要途径,大力发展普通高校的继续教育事业,是时代和社会的必然要求。

　　成人学历教育是西北师大继续教育的主体。由于受经济社会发展程度的制约,我国的高等教育发展滞后,特别是西部欠发达地区,这一情形更为突出。因此,许多适龄人口在过去失去了接受高等教育的机会。发展成人学历继续教育,既是我国教育发展的现状决定的,也为广大没有接受高等教育的适龄人口提供了接受高等教育的机会。但综观我国的成人学历教育,我们就会看到,我国的成人学历教育还存在着与我国经济社会发展不相适应的问题。具体来说主要是:第一,成人学历教育的教学内容和教学方式,不能很好地体现时代发展和科学技术发展的新进展和新成就,未能充分反映我国教育改革特别是基础教育改革的新理念、新经验;第二,成人学历继续教育存在着简单地移植普通高等教育模式的情形,不能密切结合成人学生身心发展的特点,不适应成人学习者的学习需求和学习特点;第三,成人学历教育不能很好地体现各学历层次之间教学内容的衔接关系,未能形成本专科之间教学内容既相互联系又相互区别的要求,存在着不同学历层次之间教学内容重复和不相衔接的问题;第四,过分重视知识的传授,忽视了实践环节的培养,忽视了成人的自主参与,不能很好地整合和提升成人学习者的工作经验等等。这些问题的存在,严重制约了成人学历教育教学质量的提高,也影响了成人学历教育的社会声誉。因此,大力改革成人学历教育,是经济社会发展的要求,也是成人学历教育自身良性发展的要求。

鉴于我们对成人学历教育中存在的上述问题的分析,西北师大着手进行了新一轮成人学历教育改革。学校适时召开了继续教育工作会议,认真研究了继续教育的现状和面临的挑战,制定了继续教育发展的指导思想和发展规划,决定实施"继续教育五年教改工程"。"继续教育五年教改工程"的指导思想是:以"教育要面向现代化、面向世界、面向未来"和"三个代表"重要思想为指导,全面贯彻和落实科学发展观,坚持中国特色社会主义的办学方向,适应经济社会发展和基础教育改革发展的要求,结合成人特点,以教育教学观念的转变和素质教育理念的确立为先导,在保持知识传承的同时,改造传统专业,拓宽专业口径,更新课程设置,优化课程结构,改革教学内容和教学方式方法,强化实践环节和创新能力的培养,加强教学管理,全面推进素质教育,提高人才培养的质量,更好地为基础教育改革发展和经济社会发展服务。从这一指导思想出发,学校对成人学历教育进行了一系列改革,取得了较好的成效。

课程体系改革和课程建设是西北师大"继续教育五年教改工程"的核心内容。围绕着"形成一个体现时代要求的、符合成人特点的、突出教师教育特色的继续教育课程体系"这一核心,在全面分析成人学历教育的特点和问题的基础上,本着"厚基础、宽口径、强能力、重实践"的原则,我们对原有的课程体系进行了改革。按照通识类课程、专业核心类课程、职业技能类课程各占一定比例的课程模块结构,初步构建了一个既能保证专业培养基本规格,又能体现成人学习者身心发展的特点,可以灵活组合的、有弹性的课程体系。在改革课程体系的同时,大力加强了课程建设,改革了课程内容和课程实施方式。

教材建设是课程建设的重要载体,也是课程建设成果的体现。

本次由兰州大学出版社出版的"西北师范大学继续教育通识类教材丛书",就是我校继续教育"通识类课程"建设的一个重要成果。通识类课程建设的理念,拓宽了传统的"公共课"的课程设置思维,体现了如下特点:一是本着"厚基础、宽口径"的原则,增加了通识类课程门类,加大了该类课程在整个课程体系中的权重。通识类课程门数由原来的三门公共课增加到了七门,并且增设了人文、教育等课程;二是突出教师教育的特色。教师教育也是西北师大的办学特色和办学优势,在职中小学教师是西北师大成人学历教育的学生主体,在全国成人学历教育的学生数量中也占有相当大的比重。为了更好地适应成人学习者的要求,引导和帮助他们提升和整合教学经验,我们增加了"心理学的理论与实践"、"教育学的理论和实践"、"现代教育技术"等教育类课程;三是进一步更新了课程内容。各门课程的编写均力图反映学科发展和教育实践发展的前沿知识,体现时代性要求;四是努力体现成人学习者的学习特点和学习要求,增强适应性。成人学习者大多是业余学习,具有较强的自学能力和理解能力,自学是其主要的学习方式。因此,本教材在编写中突出了重点、难点,增加了自学指导内容,设计了多种练习题,供学生自学之用;五是突出了实践能力和创新能力的培养。教材编写努力体现理论结合实际的原则,在每门课程的编写中都加大了实践能力和创新能力培养的力度,还根据学员的要求,增加了如论文撰写、课件制作指导等课程。相信本系列教材的出版,将对促进成人学历教育的教学改革,全面提高成人学历教育的教学质量起到积极的推动作用。

西北师大是一所百年老校,其成人学历继续教育有着悠久的历史。早在1941年4月,当时的国民政府教育部就在学校设立了"国立西北师院附设中心国民学校教员函授辅导区",开始进行成人学历教育。中华人民共和国建立以后,分别于1956年和1958年经教育部批准,设立了西北师院函授部和业余大学。改革开放以来,西北师大的成人学历教育进入了一个新的发展时期,办学规模有了很大的扩展,办学层次和办学形式也日益多样,管理水平不断提高,人才培养的质量显著提高,特别是近几年以来,学校高度重视继续教育事业的发展,制定和实施了"五年教改工程",继续教育进一步走上了规范化、科学化发展的道路。本系列教材就是五年教改工程的成果之一。它的出版,不仅会进一步促进西北师大继续教育事业的发展,而且也会对其他院校继续教育的改革与发展发挥借鉴作用。

　　本系列教材是集体智慧的成果。参加本系列教材编写的作者,都是西北师大相关领域的资深教师,对继续教育有着丰富的经验。一些教材已经进行了试用和修改,反映了学科和教育研究的新进展。兰州大学出版社的领导和本系列教材的责任编辑,为本教材的出版也付出了辛勤的劳动。在本书出版之际,我代表本教材编委会特向作者和兰州大学出版社的领导、责编表示感谢,也向所有关心和支持本教材编写、出版的领导和同志们表示感谢。

西北师范大学副校长　杨新科教授*

2005 年 6 月

---

　　*　杨新科,原西北师范大学副校长,现任天水师范学院院长。

前　言

　　当今世界,人类社会已经进入了信息化时代,信息技术已成为最活跃、发展最迅速、影响最广泛的学科领域之一。全面推进教育信息化、实施素质教育和基础教育课程改革都要求广大中小学教师不断提高信息技术应用能力和水平。为此,2004 年 9 月教育部印发了《关于加快推进全国教师教育网络联盟计划,组织实施新一轮中小学教师全员培训的意见》和《2003－2007 年中小学教师全员培训计划》,并于 2004 年 12 月 25 日,印发了《中小学教师教育技术能力标准(试行)》,启动了全国中小学教师教育技术能力建设计划。本教材正是在上述背景下,针对中小学教师的实际需求,以兼顾理论、突出实用、强化实践为指导思想组织编写的。本教材以《中小学教师教育技术能力标准(试行)》为依据,具有内容新颖,实用性强,适应面广,理论与实践并重等特点。

　　本教材共包括 11 章内容。第 1 章主要介绍了现代教育技术的概念、发展及其理论基础,并对与其相关的教育信息化的基本理论进行了阐述;第 2 章主要介绍了教学媒体的概念、发展、分类,常规教学媒体及教学媒体的选择与应用;第 3 章主要介绍了信息化教学过程、模式、方法及信息化教学评价等内容;第 4 章主要介绍了教学设计的理论、模式及以教为主的教学设计和以学为主的教学设计;第 5 章主要介绍了 Internet 基础、网络信息资源检索与处理和网络教育资源等内容;第 6 章主要介绍了文字素材、图形图像素材、视频动画素材和声音素材等多媒体素材的采集与制作;第 7 章主要介绍了多媒体课件的概念、特点、类型及开发流程,多媒体课件的设计、制作与评价等内容;第 8 章主要介绍了网络教学软件概念、特点、类型及网络教学软件的设计与开发步骤等内容；第 9 章主要介绍了媒体化、资源化和网络化的现代教育技术环境；第 10 章主要介绍了信息技术与课程整合的理论与实践等内容；第 11 章对现代远程教育的基本理论、现代远程教育的学习模式和农村中小学现代远程教育进行了较为全面的介绍。

本教材第 1 章的1.1、1.2、1.3、第 2 章、第 11 章的11.1 和11.2 由俞树煜编写；第 3 章、第 4 章由任倓编写；第 5 章、第 10 章由常咏梅编写；第 6 章、第 8 章由梁斌编写；第 7 章、第 9 章由王卫军编写；第 1 章的1.4、第 11 章的11.3 由杨晓宏编写。全书由杨晓宏统稿。

本教材是作者在多年教学经验和科学研究的基础上编写而成的，教材中内容除作者的科研成果外，还参考和引用了许多国内外公开发表的成果，凡参考和引用部分均在书末附了参考文献。在此向广大作者深致谢意。

希望本教材的出版，能为广大从事《现代教育技术》公共课教学的教师，各级各类学校的一线教师和教育技术从业者有所帮助。由于时间仓促，加之作者水平有限，本书疏漏和错误之处还望读者不吝赐教。

目　录

第1章　现代教育技术概述……………………………（1）
　　学习目标…………………………………………………（1）
　1.1　现代教育技术的概念…………………………………（1）
　1.2　现代教育技术的发展…………………………………（12）
　1.3　现代教育技术的理论基础……………………………（22）
　1.4　教育信息化……………………………………………（29）
　　思考与练习………………………………………………（41）
第2章　现代媒体技术………………………………………（43）
　　学习目标…………………………………………………（43）
　2.1　教学媒体概述…………………………………………（43）
　2.2　常规教学媒体…………………………………………（51）
　2.3　教学媒体的选择与应用………………………………（57）
　　思考与练习………………………………………………（71）
第3章　信息化教学理论……………………………………（73）
　　学习目标…………………………………………………（73）
　3.1　信息化教学过程………………………………………（73）
　3.2　信息化教学模式………………………………………（80）
　3.3　信息化教学方法………………………………………（89）
　3.4　信息化教学评价………………………………………（100）
　　思考与练习………………………………………………（108）
第4章　教学设计……………………………………………（109）
　　学习目标…………………………………………………（109）
　4.1　教学设计概述…………………………………………（109）
　4.2　以教为主的教学设计…………………………………（113）
　4.3　以学为主的教学设计…………………………………（143）

　　　　思考与练习 ································· (149)

第5章　网络教育应用基础 ···················· (151)
　　　　学习目标 ··································· (151)
　5.1　Internet 概述 ··························· (151)
　5.2　网络信息资源检索与处理 ··········· (158)
　5.3　网络教育资源 ·························· (177)
　　　　思考与练习 ··························· (186)

第6章　多媒体素材的采集与制作 ·········· (187)
　　　　学习目标 ··························· (187)
　6.1　概述 ································· (187)
　6.2　文字素材的制作 ··················· (188)
　6.3　图形图像素材的采集与制作 ········ (196)
　6.4　视频动画素材的采集与制作 ········ (217)
　6.5　声音素材的采集与制作 ············· (238)
　　　　思考与练习 ··························· (247)

第7章　多媒体课件设计与制作 ·············· (249)
　　　　学习目标 ··························· (249)
　7.1　多媒体课件概述 ··················· (249)
　7.2　多媒体课件的设计 ················· (253)
　7.3　多媒体课件的制作 ················· (258)
　7.4　多媒体课件的评价 ················· (261)
　　　　思考与练习 ··························· (266)

第8章　网络教学资源的设计与制作 ········· (267)
　　　　学习目标 ··························· (267)
　8.1　网络教学资源概述 ················· (267)
　8.2　网络教学软件的类型 ··············· (271)
　8.3　网络教学软件的设计与开发步骤 ···· (274)
　8.4　网络教学软件开发技术 ············· (283)
　8.5　Dreamweaver ······················ (289)
　　　　思考与练习 ··························· (340)

第9章　现代教育技术环境……………………………………（342）
　　学习目标………………………………………………………（342）
　9.1　媒体化现代教育技术环境………………………………（342）
　9.2　资源化现代教育技术环境………………………………（353）
　9.3　网络化现代教育技术环境………………………………（361）
　　思考与练习……………………………………………………（371）
第10章　信息技术与课程整合………………………………（373）
　　学习目标………………………………………………………（373）
　10.1　信息技术与课程整合概述……………………………（373）
　10.2　信息技术与课程整合的运作……………………………（381）
　10.3　信息技术与课程整合的实践……………………………（390）
　　思考与练习……………………………………………………（392）
第11章　现代远程教育………………………………………（393）
　　学习目标………………………………………………………（393）
　11.1　现代远程教育概述………………………………………（393）
　11.2　现代远程教育的学习模式………………………………（404）
　11.3　农村中小学现代远程教育………………………………（413）
　　思考与练习……………………………………………………（417）

参考文献…………………………………………………………（418）

第 1 章 现代教育技术概述

【学习目标】

1．了解美国和我国教育技术名称的演变和变化。

2．了解电化教育、信息化教育、教学技术、教育技术等概念，并能比较其异同。

3．掌握现代教育技术的概念及其内涵，掌握现代教育技术的作用。

4．知道教育技术的发展历程和我国现代教育技术的发展阶段。

5．了解我国现代教育技术发展的典型事件。

6．理解并掌握现代教育技术的传播理论基础、学习理论基础和教学理论基础。

7．理解教育信息化的概念、特征及要素。

1.1 现代教育技术的概念

1.1.1 教育技术名称的演变

1. 美国教育技术的名称演变

（1）视觉教育

17 世纪－18 世纪，J.A.夸美纽斯和J.H.裴斯泰洛齐等人倡导的直观教学主要采用图片、实物、模型等直观教具来辅助教学。

20 世纪后，随着科学技术的长足进步，出现了许多机械的、电动的信息传播媒体。最早问世的有照相、幻灯和无声电影等，它们可以向学生提供生动的视觉形象，于是产生了所谓经验的视觉教育的概念。视觉教育与直观教育在理念上是完全接轨的，区别在于所涉及的媒体种类不同。

最早使用视觉教育术语的是美国宾夕法尼亚州的一家出版公

司，1906 年，它出版了一本介绍如何拍摄照片、如何制作和利用幻灯片的书，书名就是《视觉教育》。1923 年，美国教育学会建立了视觉教育分会。

视觉教育倡导者强调的是利用视觉教材作为辅助，以使学习活动更为具体化，主张在学校课程中组合运用各种视觉教材，将抽象的概念作具体化的呈现。由此，也出现过视觉辅助和视觉教具的名称。1937 年，霍邦（C.F. Hoban）等人在《课程的视觉化》一书中提出了视觉教材的分类模式和选用原则。如图 1－1 所示，作者提出了一个对视觉化教材进行分类的模式。

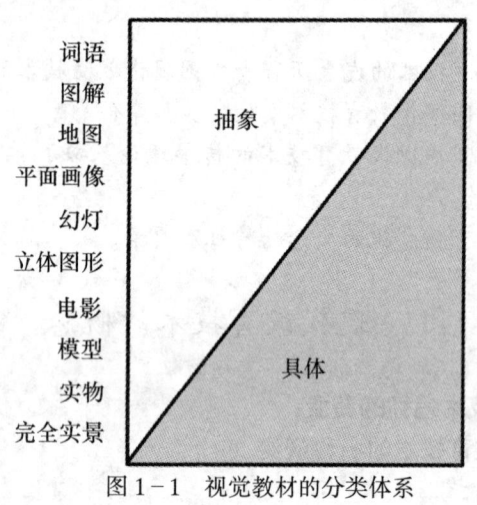

词语
图解
地图
平面画像
幻灯
立体图形
电影
模型
实物
完全实景

抽象

具体

图 1－1　视觉教材的分类体系

霍邦提出的选用视觉教材的四个原则：①视觉教材本身的现实性；②学生过去的经验范围和性质；③教育目的和教室环境；④学生智力的成熟程度。

（2）视听教育

20 世纪 30 年代后半叶，无线电广播、有声电影、录音机先后在教育中获得运用，人们感到视觉教育名称已经概括不了已有的实践，并开始在文章中使用视听教育的术语。1947 年，美国教育协会的视觉教育分会改名为视听教学分会。

　　在诸多关于视听教育的研究中，堪称代表的是戴尔（E. Dale）于 1946 年所著的《教学中的视听方法》。该书提出的"经验之塔"理论成了当时以及后来的视听教育的主要理论根据，如图 1-2 所示。

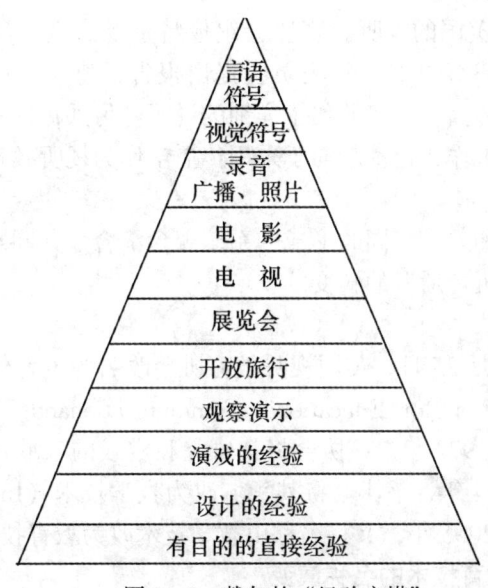

图 1-2　戴尔的"经验之塔"

　　"经验之塔"的理论要点是：①最底层的经验最具体，越往上越抽象，各种教学活动可以依其经验的具体-抽象程度，排成一个序列；②教学活动应从具体经验入手，逐步进入抽象经验；③在学校教学中使用各种媒体，可以使教学活动更具体，也能为抽象概括创造条件；④位于"塔"的中间部位的那些视听教材和视听经验，比上层的言语和视觉符号具体、形象，又能突破时间和空间的限制，弥补下层各种直接经验方式之不足。

　　（3）视听传播

　　进入 50 年代以后，西方学校中视听设备和资料剧增，教育电视由实验阶段迈入实用阶段，程序教学和教学机器风靡一时，计算机辅助教育开始了实验研究。这些新的媒体手段的开发和推广使用给视听教育注入了新的血液。同时，由 H.D. 拉斯维尔等人在 40 年代创立的传播学开始向相关领域渗透，有人已将教学过程作为信息传播的过程加以研究。

　　1960 年，美国的视听教育协会组成特别委员会，研讨什么是视听教育。1963 年 2 月，该委员会提出报告，建议将视听教育的名称改为视听传播，并对此作了详细的说明。另外，许多研讨视听教育的文章和著作，也都趋向于采用传播学作为视听教育的理论基础。

　　传播理论和差不多同时形成的系统观念汇合，共同影响"视听教育"向"视听传播"的转变。

　　（4）教育技术

　　1970 年 6 月 25 日，美国视听教育协会改名为教育传播和技术协会（Association for Educational Communicationand Technology，简称 AECT）。1972 年，该协会将其研究和实践的领域正式定名为教育技术。1994 年，该协会将其领域改为教学技术（Instructional-Technology）。2005 年，又将名称由教学技术改为教育技术。

　　2. **中国教育技术的名称演变**

　　在我国，20 世纪 90 年代中期以前，使用最广泛的名称是电化教育。电化教育这个名词是 20 世纪 30 年代在我国出现的。1935 年，江苏镇江民众教育馆将该馆的大会堂定名为"电化教学讲映场"，这是我国最早使用"电化教学"这个名词。1936 年，我国教育界人士在讨论为当时推行的电影、播音教育的定名问题时，提出并确立了"电化教育"这个名词。同年，南京教育部委托金陵大学举办"电化教育人员训练班"，第一次正式使用了这个名词。以后，"电化教育"这个名词逐渐被引用开来。1978 年，我国电化教育重新起步时，沿用了"电化教育"这个名词。

　　从"电化教育"这一名称使用伊始，就有争议，在争议中使用了近 70 年的时间。如：①1942 年，南京金陵大学，提出将电化教育改名影音教育。②20 世纪 50 年代初，廖泰初教授将其所在学校电化教育馆改为直观教育馆。③20 世纪 80 年代中期（1984—1986），电教界的很多人提出改名，提出的名称有很多，如教育技术、教育传播、教育传意、教育工艺、教育传播与技术、现代化教育技术、现代化教育技术与传播、教育系统技术、教育信息媒体、信息媒体教育等。

20 世纪 90 年代后期，我国则更多地开始使用"教育技术"，同时也在使用电化教育、现代教育技术等名称。20 世纪 90 年代中期，我国开始引入美国 AECT94 定义，名称也开始改变，高等学校电化教育专业改名为教育技术学专业，高校电化教育中心也改为教育技术中心或现代教育技术中心等。在使用教育技术这一名称时，我们仍然在使用传统的名称"电化教育"。

以上可以看出，我国使用最为广泛的名称是电化教育、教育技术、现代教育技术。

1.1.2　现代教育技术的定义

1. 现代教育技术的定义

自 1978 年我国电化教育（现代教育技术）重新起步以来，我国出现的经典的定义有：

（1）电化教育，就是在现代教育思想和理论的指导下，运用现代教育技术进行教育活动，以实现教育过程的最优化（南国农，1998 年）。

（2）信息化教育，就是在现代教育思想、理论的指导下，主要运用现代信息技术，开发教育资源，优化教育过程，以培养和提高学生信息素养为重要目标的一种新的教育方式。（南国农，2004 年）

（3）现代教育技术是在先进的教育思想和教育理论的指导下，充分利用现代信息技术，通过对教与学过程和教与学资源的设计、开发、利用、评价和管理，以实现教学最优化的理论与实践。（李克东，2002 年）

（4）教学技术是关于学习资源和学习过程的设计、开发、利用、管理和评价的理论与实践。（AECT，1994 年）

（5）教育技术是通过创造、使用和管理合适的技术性的过程和资源，以促进学习和提高绩效的研究与符合伦理道德的实践。（AECT，2005 年）

我们对以上定义可以从前提、对象、基本内容、目标等方面进行比较，如表 1-1 所示。

表 1-1　几个相关概念的比较

	电化教育	信息化教育	现代教育技术	教育技术（AECT94）	教育技术（AECT05）
前提	现代教育思想、理论指导下，运用现代教育技术	现代教育思想、理论指导下，运用现代信息技术	运用现代教育理论和现代信息技术		
对象	教育活动	开发教育资源、优化教学过程	教与学过程、教与学资源	学习过程、学习资源	合适的技术性的过程和资源
基本内容	三种技术及其教育应用	三种技术及其教育应用	设计、开发、利用、管理、评价	五个范畴	三个范畴
目标	实现教育最优化	培养和提高学生的信息素养	实现最优化	促进学习	促进学习和提高绩效

总结以上概念或定义，在借鉴国内外定义和概念的基础上，结合我国的实际情况，我们把现代教育技术表述为：

现代教育技术是在现代教育思想和理论的指导下，主要运用现代信息技术，开发教育资源，优化教学过程，以实现教育过程最优化的理论与实践。

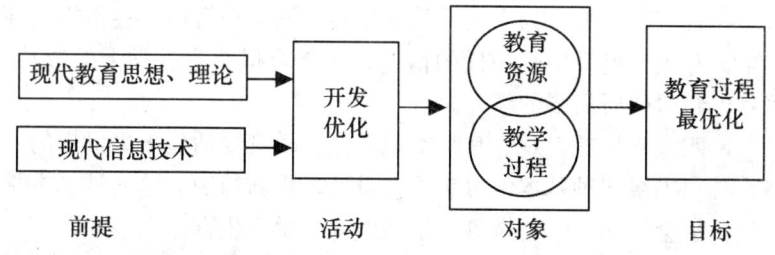

图 1-3　现代教育技术的研究对象和范畴

　　理解这个定义，需要注意：

　　(1) 现代教育技术必须以现代教育思想和理论为指导。现代教育思想和理论主要有：

　　①现代教育思想

　　对现代教育技术影响较大、较直接的现代教育思想，主要是六种现代教育观：素质教育观、终身教育观、双主体教育观、创新教育观、情商为主教育观、四大支柱教育观。

　　•素质教育观。其基本观点是：教育的根本任务是促进学生的三个发展，全面发展、全体发展、个性发展。应围绕"三发展"来设计、实施、管理、评价教育、教学工作，以是否有利于"三发展"作为衡量各项工作好坏的标准。

　　•终身教育观。其基本观点是：教育是个人从生到死持续不断的过程，应该将一个人接受教育的机会和时间分散在整个一生，并且要使教育和劳动，学习和工作相互交替进行。唯有全面的终身教育，才能培养完善的人。

　　•双主体教育观。其基本观点是：在教育教学中，教师和学生都是主体，只有充分发挥两个方面的积极性、主动性、创造性，才能取得良好的教育教学效果。

　　•创新教育观。其基本观点是：教育的主要功能是培养和发展人的创新素质。创新素质主要体现在创新意识、创新精神、创新能力三个方面。创新素质是知识经济时代人才必须具备的基本素质。

　　•情商为主教育观。其基本观点是：情商是教育成功的关键因素。在教育教学上，只有从重视智商转到既重视智商，更重视情商上来，并大力提升年轻一代的情商，才能取得教育教学上的成功，培养出新时代所需要的新人。

　　• 四大支柱教育观。其基本观点是：教育要适应未来世界的发展，必须围绕四种基本学习来重新设计、重新组织。这四种基本学习是：学会认知、学会做事、学会做人、学会生存。

　　②现代教育理论

　　对现代教育技术影响较大、较直接的现代教育理论主要有4种学习理论（新行为主义学习理论、建构主义学习理论、人本主义学习理论、折中主义学习理论）和4种教学理论（赞可夫的发展教学理论、布鲁纳的结构—发现教学理论、巴班斯基的教学最优化理论、加德纳多元智能理论）。

　　③现代教育思想理论的基本精神

　　现代教育思想、理论是与传统教育思想、理论相对而言的。传统教育思想、理论一般是指以德国教育家赫尔巴特和前苏联教育家凯洛夫等为代表的教育理论及其所表现的教育思想。这种教育思想、理论对我国教育影响很大，特别是它的六个弊端，今天已成为深化教育改革的严重障碍。现代教育思想、理论一般是指第二次世界大战以后的当代教育思想、理论，赞可夫、布鲁纳等是其主要代表。它的基本精神是：a.革除传统的六个弊端（忘了学生；忘了能力的培养；忽视现代教育媒体的应用；忽视教学中的非智力因素；上课与谋生不搭界；教学上的注入灌输死记硬背法）。b.实现教学上的四个重心转移和四个最佳结合（从以教为重心逐渐转移到以学为重心，力求做到教与学的最佳结合；从以知识为重心逐渐转移到以能力为重心，力求做到知识与能力的最佳结合；从以传统教学媒体为重心，逐渐转移到以现代教学媒体为重心，力求做到传统教学媒体与现代教学媒体的最佳结合；从以接受学习为重心逐渐转移到以发现学习为重心，力求做到接受学习与发现学习的最佳结合）。

　　(2) 现代教育技术的开展必须以现代信息技术为基础。

　　在学校主要是以多媒体技术与网络技术为核心的现代信息技

术，要充分利用和发挥多媒体技术与网络技术的优势，形成以多媒体技术和网络技术为基础的信息化教育环境和数字化的教学信息资源。现代信息技术应用在教育中，主要表现为三种技术：

　　•现代媒体技术，即教育教学中应用的现代技术手段，也就是现代教育媒体，是一种物化形态的技术；

　　•现代媒传技术，即运用现代教育媒体进行教育教学活动的方法，也就是媒传教学法，是一种智能形态的技术；

　　•教学系统设计技术，即优化教学过程的系统方法，也就是教学设计，是一种应用广泛的智能形态的技术。

　　(3) 现代教育技术的对象是教育资源和教育过程，工作主要是开发教育资源和优化教育过程。

　　教育资源包括教育信息、教育媒体、教育人员、教育环境等。在现代教育技术中，需要积极开发、充分利用的教育资源，最主要的是现代教材资源和现代信息技术环境资源。

　　优化教育过程就是使教育过程各组成要素：两个主体、要做的事情、做的方法、做的结果（即教育者和学习者，以及教育任务、内容、手段、方法、效果等）及其相互关系，都处在良好的状态，做到整体优化。

　　(4) 现代教育技术的目标是实现教育过程的最优化。

　　现代教育技术的目标是实现教育过程的最优化，就是使教育教学工作力求做到高效能、低消耗，以较小的代价，得到较大的收获。

　　最优化不是理想化。任何最优化都是在一定条件下的相对优化。无条件的、绝对的最优化是不存在的。最优化不要求今日的教育教学就要达到理想的境界，只要求在规定的时间内，使教育教学任务的解决达到可能范围内的最大效果。优化的标准主要有两个：一是最大效果；二是最少时间。在规定的时间内，能使学生学的多些、快些、好些，能使更多的人受到教育，就是做到了最优化。

　　2. 现代教育技术的内涵

　　现代教育技术是现代教育思想理论与现代信息技术相结合的产物。

在现代教育技术中，现代教育思想、理论与现代信息技术的关系是相乘的关系，即任何一方为零，其结果都会是零。现代教育思想、理论与现代信息技术是构成现代教育技术的两个前提，两者缺一，都不能进行成功的教育技术活动。

在现代教育思想、理论的指导下，用三种技术（现代媒体技术、现代媒传技术、现代教学设计技术），做两件事情（开发教育资源、优化教育过程），实现一个目标（实现教育过程的最优化）。这就是现代教育技术的基本内涵。

1.1.3　现代教育技术的作用

现代教育技术在整个教育中的作用主要有四个：

1. 提高教育质量

教育质量的高低用什么来衡量？主要是看能否促进学生的三个发展：全面发展、全体发展、个性发展。

现代教育技术能促进学生良好思想品德的形成。充分利用现代信息技术手段，对学生进行思想品德教育，能更快、更好地使学生形成良好的思想和道德观念。投影、电视、计算机的屏幕，能用形象把真理体现出来，使学生易于接受。学生对教师用一般原理的形式表达出来的说教，往往难于接受，而鲜明生动的道德形象，却能使他们留下难忘的印象。屏幕上的英雄、模范的光辉形象可为学生提供学习的楷模，有利于良好道德行为的形成。

现代教育技术能促进学生知识和能力的发展，提高掌握知识和能力的质量。它生动，形象，感染力强，易于激发学生的学习兴趣和内部动机，为学生学习提供有利条件，使学生对所学教材易于理解，便于记忆；它能更好地适应学生的个别差异，实现因材施教。

现代教育技术能使学生比较轻松愉快地进行学习，减轻学习负担，增进学生的健康。

现代教育技术能使全体学生通过教育网络享受同样机会和同样高质量的教育。在基于 Internet 的教育网络的环境下，学生可以完全按照自己的需要进行学习，充分发挥学习的主动性、积极性、创造性。教育网络为学生享受"量体裁衣"的学习方式和发展特长提供了有利条件。

由以上可以看到，现代教育技术在促进学生的"三个发展"中，都能起积极的作用。实施现代教育技术，能更有效地提高教育质量，是推动素质教育的强大动力。

2. 提高教学效率

提高教学效率是什么意思？对教师来说，就是在一定的时间内要完成比原先更多的教学任务；对学生来说，就是在一定的时间内，要学到比原先更多的东西。

提高教学效率，主要就是提高教学速度。效率的问题，主要是速度问题。时间就是速度。现代教育技术通过基于 Internet 的教育网络等，可以在很短的时间内，向学生呈现和传递大量的所需信息，大大地节省了学生获取信息的时间，提高了学习效率。

在学习中，多种感官（眼、耳、鼻、舌、身）并重，学习效率最高。现代教育技术能为学生提供图文音像并茂、丰富多彩的交互式人机界面，使学生综合利用多种感官进行学习，从而取得较佳的学习效果，提高教学效率。

实施现代教育技术，恰当运用现代信息技术，能提高教学效率，是加快教学进展，降低教学成本的有效途径。

3. 扩大教育规模

实施现代教育技术，利用广播电视、卫星电视和计算机网络，向学校、家庭、社会传播教育课程，凡是有电视或计算机的地方都可以成为课堂。一个教师能同时教成千上万的学生，大大节省了师资、校舍和设备，扩大了教育的规模。在以中国教育与科研计算机网（CERNET）、卫星电视教育网为基础建立的覆盖全国的现代远程教育整体网络环境下，每个人都可以在任意时间、任意地点自由地进行学习。教育技术为形成全民学习、终身学习的学习型社会，提供了强有力的支持。

现代教育技术能扩大教育规模，是实现终身教育的重要手段。

4. 促进教育改革

现代教育技术的实施，会在教育上引起多方面的变革：在教育手段方面，教育技术将现代信息技术手段引进教育领域，使教育手段实现了多媒化；在教育方法方面，现代媒传教学法的应用，使教育方法实现了多样化，并为学生采用探索式、发现式学习创造了有利条件；在教育模式方面，现代教育媒体的应用改变了原有教育过程的结构，形成了多种人——机——人教育新模式；卫星电视技术、计算机多媒体技术、网络技术的教育应用使个别化学习和交互式远距离教学成为可能；在教育观念方面，教育技术的出现为教育的发展提供了新思路，并在它的支持下促进了现代教育观、现代教学观、现代学校观、现代人才观等的形成。现代教育技术的实施，在教育上引发的是一场全面、深入的历史性变革。

1.2 现代教育技术的发展

教育技术是如何发生和发展的？主要有两种观点：（1）广义的教育技术观，认为教育技术起源于一般的技术的概念，认为教育技术与教育同时起源，"从教育产生的第一天起，就有了教育技术"；（2）狭义的教育技术观，认为作为科学概念的教育技术的出现首先发生在社会对包括幻灯、投影、无线电广播等教育器械的认可，把20世纪初美国教育领域内兴起的视觉教学运动作为教育技术的发端。这实质上就是指现代教育技术。我们首先从广义教育技术观的角度来分析教育技术的发展，再从狭义教育技术观的角度考察我国教育技术（即现代教育技术）的发展。

1.2.1 教育技术的产生和发展

由于教育和信息技术发展水平的差异，教育技术在不同的国家经历了不同的发展阶段。围绕教育技术中最活跃的一个因素——教育媒体考察，可以看出教育技术的发展大致经历了四个阶段。

1．从口耳相传到文字教材

（1）教育技术的萌芽

人类原始的教育活动是凭借自己的身体器官进行的。人的感官，如口、耳是主要的教育工具；教育者的口述和受教育者的耳闻，教育信息在这双方的个人之间传播；有时教育者还伴以动作或展示实物帮助口述，使受教育者易于理解或进行模仿。

这种现象至少在公元前 10 万年前就已经存在，教育活动自然亦是采用这种传播方式。由于它是人类意识能动性的表现，就也可以说是有目的的教育技术的萌芽。

（2）语言的形成

为了延续氏族、部落的习惯和传统，原始人开始探求一种具有共同性和持久效能的媒体。经过几万年的牙牙学语，人类先是把简单的声音与某些经验或行为联系起来，然后再把单个的音节连缀成多音节的语句，经过长期不断的重复和积累，有意义的声音发展成具有约定的一致性的口头语。

原始语言不仅在生产、生活中应用，同时也在教育中应用；它既是教学的手段又是教学的内容。经过几万年以后，语言这个符号系统逐渐形成，巩固强化了"口耳相传"这一最简单、最基本的教育技术。

（3）文字的创造

原始的口头语言既不能远传，又不能保留，传播信息的功能极其有限。人类随着生存空间的扩大，积累、保留知识和经验的需要，开始寻求新的传播媒体。大约在公元前三、四千年左右，在象征性的记号、图画和已有的口头语言的基础上，渐渐创造了文字。

（4）造纸和印刷术的发明

最初的文字是写在各种各样的东西上的。就拿中国来说，甲骨、青铜器、竹片、木片、布帛等都被采用过。在欧洲，石头、贝叶、蜡板、羊皮等也曾采用过。这些文字载体，不是书写费力、携带不便，就是来之不易、价钱昂贵，因此都很难以推广使用。

公元前2世纪，我国已经有人采用麻类纤维作原料，发明了造纸技术。至公元105年，东汉的蔡伦总结前人经验，改用树皮、破布作原料，不但提高了纸的质量，还降低了造纸的成本，使文字有了理想的载体。

有了文字和各种书写材料制成的书，如果不能把它大量复制，仍难以传播文化。印刷术的发明，基本上解决了这个问题。中国也是印刷术的发源地。公元7世纪即唐朝前期，雕版印刷技术产生；11世纪中叶，宋朝毕昇发明胶活字印刷技术；400年后德国人谷登堡使用金属活字排印。这样书籍可以大量地、快速地印制。

文字体系的形成，造纸和印刷术的发明，为文化教育事业的发展创造了极其有利的条件。语言和纪录语言的文字符号相结合，成为交流思想和传播社会经验的主要工具。专为教育目的编印的教科书更使"书写－阅读"成为与"口耳相传"同样重要的教育途径，使教学信息的来源大大扩展，从而打破了教育非由师生面对面进行不可的局面。

2. 从直观教具到音像教学媒体

（1）直观教具的先例

一般来说，直观教具始于近代的欧洲，但是在我国北宋时期便有先例。1026年，御用大夫王惟一设计铸造了一尊针灸铜人像，它工艺精细，绘有十二经图，直观地展示了人体的经络脉穴位置，被用于传授针灸知识。这堪称世界医学模型的首创。此后，我国明朝有《蒙养图说》、清朝有《字课图说》等图文结合的教科书，说明当时中国的教育技术属于世界先进行列。

著名的捷克教育家J.A.夸美纽斯主张，"让一切学校布满图像"、"让一切教学用书充满图像"，并于1658年编写了一本附有150幅插图、历时200年之久的教科书《世界图解》，从而被西方国家誉为"直观教学之父"。

17世纪后期，瑞士教育家J.H.裴斯泰洛齐指出，在教学生初步计算的时候，最好能借助手指、小豆、石子等实物来表示数量关

系运算；在地理教学中，可以先观察用粘土塑造的地形模型，逐步
过渡到使用地图。他在教分数、小数时，采用许多积木堆成一个正
方形，并把整个正方形当成整数"1"，再用它来对比整体与部分的
关系。

（2）近代的直观教具种类

自 17 世纪至 19 世纪，由于社会生产和科学技术的发展，以及
教学理念的推动，直观教具迅速发展。其种类繁多、功能各异，为
提高教学效果提供了一定的物质技术条件。直观教具通过学生的视
觉器官传播教学信息，因此又称视觉教具。

按反映事物的空间范围不同，它可以分为平面视觉教具和立体
视觉教具。平面视觉教具包括图片、图表、地图、照片、磁贴等；
立体视觉教具又称为动态视觉教具，包括实物、模型、标本、地球
仪、计算器等。

平面视觉教具中还有一个特殊的种类，那就是黑板。黑板可以
说是近代学校的象征，是班级授课几乎少不了的教学工具。描述黑
板的第一个文献是 1809 年在美国费城出版的算术书。书中说，"三
英尺见方的木板，涂上墨水，被挂在适当的地方，班级里的学生，
坐在它的前面学习。"

直观教具的产生与发展，不但为提高课堂教学的效果，巩固班
级授课制提供了重要条件，而且为音像媒体等现代教育技术的兴起
提供了理论和实践的基础。

（3）早期的音像媒体

音像媒体是指传递声音和图像的信息载体。但是，它又区别于
前述的语言、文字、教科书、直观教具等传统的教育手段，而是在
现代科学技术条件下产生和发展起来的器械设备。

较早问世的传递图像的器械有幻灯机、卷片放映机和无声电
影。18 世纪末，幻灯机在法国发明，其渊源是中国古代的走马灯
和皮影戏。1898 年，法国的国家教育陈列馆已经有了幻灯展出部，
并设有幻灯片复制处。1832 年，比利时和奥地利发明了卷片放映
机。1889 年，美国科学家爱迪生把卷片放映机改进为电影放映机，

并预言"电影将是教育工具中最伟大的一个"。1895 年，法国卢米埃尔兄弟制成第一部无声电影片《卢米埃尔工厂的大门》。但最初电影放映机只有 35mm 型的，胶片易燃，在教室使用既不方便又不安全。1923 年，16mm 型放映机和安全胶片产生后，教室放映电影才有了推广的可能。

较早问世的传递声音的器械有留声机、录音机和无线电收音机。1887 年，法国人克罗斯宣布发明留声机，与此同时，第一张唱片问世。1898 年，丹麦人蒲尔森制成了第一架永磁钢丝录音机。

1920 年，美国匹兹堡的 KDKA 电台正式建成播音。1928 年，威斯康辛州的"空中学校"利用无线电台播送 7 个科目，供 5 年级－12 年级的学生收听。1942 年，德国人首先使用了磁带录音机。

有声电影是最早的视听结合的信息传播设备。1924 年，美国韦斯顿公司试制成功了有声电影机。1927 年，美国柯达公司成立电影教学部，组织生产教学影片。30 年代有声电影开始用于学校教育，成为教育技术现代化的重要里程碑。

（4）教育电视

正当电影在教育领域风靡一时之际，电视也由试验阶段进入实用阶段。1950 年，美国爱德华专科学校创办第一个校用电视台。1952 年，美国联邦通信委员会拨给二四二频道供教育专用。50 年代末，闭路电视系统在许多大学和地区开始建立。20 世纪 60 年代以后，电视在教育中的应用迅速发展。在发达国家中，日本学校的电视利用率最高，1968 年为 17％，1970 年达 71％。美国 1970 年已有 75％的公立学校以某种方式利用教学电视节目。一些发展中国家也跃跃欲试，如尼日尔的电视教学实验包括了全部的小学课程。

为了增加其适用性，从 20 世纪 70 年代中叶开始，随着电视技术的突飞猛进，教育电视开始向远距离、大范围和近距离、小范围两个方向发展。前者如通过卫星的全球转播，后者如通过录像的个别收视。

1974 年，美国发射"实用技术卫星 6 号"，开始直接转播地面站发射的电视教育节目。我国在 70 年代末，通过广播电视或闭路电视的教学活动有了良好开端。整个 80 年代，我国电视教育发展迅速，其发展速度之快、规模之大，皆为世界之首。

3. 从程序教学到计算机辅助教育

(1) 早期的教学机器

早期的教学机器是指装入预先编制的程序教材后，能自动起到刺激－反应－强化作用的机械装置，又称程序教学机。它不但能呈示视觉材料，还能针对学生的学习情况提供反馈信息，这是教学机器与音像媒体的重要区别。

1924 年，在美国心理学协会的会议上，S.L.普莱西提出阐释这个问题的第一篇论文，并宣布自己已经设计了一台可以进行测验、记分和教学的简单仪器。1930 年，J.C.彼特森设计了一种可以自己记分、即时反馈的教学装置，能对学生回答的问题判断正误。1932 年，普莱西又介绍了一种可以用于自动记分装置的答案纸，它能记录学生所发生的错误，从而为老师改进教学提供线索。由于当时社会对"自动教学"的要求并不强烈，科技条件也很有限，教学机器在较长一段时间里仅仅处于少数专家的研制和改进之中。

(2) 斯金纳教学机

20 世纪 50 年代中期，美国著名心理学家B.F.斯金纳根据操作条件反射原理，进一步提出教学材料程序化的思想，并设计了新一代的教学机器，被人称为斯金纳型教学机。这种机器由输入、输出、储存和控制四部分组件构成，其主要功能是：①储存和呈现教材，并向学生提出问题。②接受学生的反应，并立即指出反应的正误。③根据学生的反应调整教学程序，如当学生一直答得很对，就可跳过一些同类型题目；当学生答错时，就反复给予类似的题目。④控制学生的学习行为，如在显示一个问题时，学生看不到前后的问题或陈述；在学生未做出反应之前，不显示答案。⑤进行计分、计时、报出成绩。

在斯金纳的竭力推动下，教学机器由试验阶段进入实用阶段。

1958年，美国哈佛大学和拉德克里佛大学用10架程序教学机进行人类行为课程的教学。60年代初，程序教材已在一些国家的各级各类的教学和训练中推行。1961年，美国空军应用教学机器进行了为时6个月的军事技术训练，不仅缩短了训练时间，也降低了训练成本。

（3）计算机的教育应用

计算机是20世纪40年代问世的能高速、精确、自动地进行计算和信息处理的现代化电子设备，已经被广泛地应用于社会的各个领域。计算机应用于教育不仅完善了教学机器和教学程序的功能，辅助教学过程的控制，还可以辅助教学活动的管理，实现教育管理自动化，因此堪称教育领域中的一次信息革命，是教育技术现代化的重要标志。

从应用范围来说，计算机辅助教育主要分为CAI（Computer - assisted instruction，计算机辅助教学）和CMI（Computer - managed instruction，计算机管理教学）两大方面。CAI主要包括操练与练习、个别指导、模拟和演示、问题解决、信息查询等应用模式，CMI包括学习跟踪、学习诊断、作业分配、测试评价、分析报告等功能。

世界上最早开展计算机辅助教育实验的是美国IBM公司，该公司的沃斯顾研究中心于1958年设计了第一个计算机教学系统，利用一台IBM650计算机连接一台电传打印机向小学生教授二进制算术，并能根据学生的要求产生练习题。与此同时，伊利诺斯大学也开始研制著名的PLATO教学系统，该系统从1960年的I型发展到1979年的V型。它储存有百余门课程的6千套教学程序，一年可提供千余万学习人时，相当于一所拥有2.4万名学生的全日制大学的教学能力。这一阶段开发和应用的主要为中小型计算机分时教学系统，一般有数十至数千个教学终端，分布又较广，必须用电话通信网络或局域网将各教学终端与中央主机相连。

20世纪70年代中期，微型计算机问世，计算机教育应用进入第二阶段。由于设备价格直线下降，运行费用大幅度减小，使计算机在学校和社会上的普及率快速增长。在这个阶段，美国的计算机教育应用的重点从大学移向中小学，至 80 年代末中小学计算机拥有量已超过 2 百万台，其中用于辅助教学的时间约占总用机时间的三分之一以上。其时，加拿大中小学计算机普及率已达 60% 以上。1986 年，日本文印省投资 20 亿日元发展这项事业，至 80 年代末日本高中有 80% 以上学校装备了计算机教室，而初中和小学的拥有量也在 60% 以上。我国从 20 世纪 80 年代初开始进行计算机辅助教育试验，到 90 年代形成了一定的应用规模。

4. 走进信息化教育

信息化教育的概念是在 20 世纪 90 年代伴随信息高速公路的兴建而提出来的。美国克林顿政府于 1993 年 9 月正式提出建设"国家信息基础设施计划（National Information Infrastructure，简称 NII）"，俗称"信息高速公路（Information Superhighway）"的计划，其核心是发展以 Internet 为核心的综合化信息服务体系和推进信息技术（Information Technology，简称 IT）在社会各领域的广泛应用，特别是把信息技术在教育中的应用作为实施面向 21 世纪教育改革的重要途径。美国的这一举动引起世界各国的积极反应，许多国家政府相继制定了推进本国教育信息化的计划。

1.2.2　我国现代教育技术的发展

20 世纪 20 年代新的视听技术伴随着新的教育思想理论进入教育领域，引发了教育手段、教育方法、教育组织形式等的变化，形成了一种新的教育方式，产生了电化教育。

我国现代教育技术（电化教育）的出现，到现在已有 70 多年的历史，经历了两个发展阶段：视听教育阶段和信息化教育阶段。如表 1-2。

1. 视听教育阶段

20 世纪 30—70 年代，是视听教育发展的前期阶段。在这个阶段，新技术媒体，幻灯、投影、电影、广播、录音等开始在教育教学中应用，形成了一些新的教学模式，对提高教育教学质量和效率产生了良好的影响。这个阶段，视听教育的理论基础，主要是夸美纽斯的直观教学理论和戴尔的《经验之塔》。

20世纪80—90年代前期，是视听教育发展的后期阶段。进入教育教学领域的新技术媒体，除幻灯、投影、录音、电影外，又有电视、录像、计算机辅助教学系统、卫星电视系统等。其中，电视、录像发展较快，并显示了它对提高教学效果的重大作用，成为这个阶段视听教育的主流媒体。计算机虽已进入教育教学，但影响不大。这个阶段，视听教育的理论基础，主要是斯金纳的操作条件反射理论和香农等的传播理论。

2. 信息化教育阶段

20世纪80—90年代，是信息化教育萌芽起步阶段，也可以说是从视听教育到信息化教育的过渡阶段。

20世纪90年代后期，是信息化教育迅速发展阶段。在这个阶段，进入教育教学领域的新技术媒体有多媒体计算机、因特网、校园网等。以计算机为核心的多媒体网络系统在教育中的应用是信息化教育的主要标志。信息化教育的理论基础，主要是建构主义学习理论和加涅的学习理论。

表1-2　现代教育技术发展的两个阶段

阶 段		时 间	新媒体介入	新理论介入
视听教育		20世纪30-70年代	幻灯、投影、广播、录音、电影	夸美纽斯的直观教学理论 戴尔的"经验之塔"理论
	信息化教育	20世纪80-90年代前期	电视、录音、计算机辅助教学系统、卫星电视系统	行为主义学习理论 传播理论
		20世纪90年代后期	多媒体计算机、因特网、校园网	建构主义学习理论 加涅的学习理论

信息化教育萌芽于20世纪80年代，90年代后期正式起步，进入新世纪后得到了迅速发展。

3．我国现代教育技术发展的历史事件

1920 年，上海商务印书馆（当时我国最大的图书出版企业）创办了一个电影公司——国光影片公司，拍过一些无声电影，其中也有教育片，如《盲童教育》、《养真幼儿园》、《女子体育》、《陆军教练》、《养蚕》等，这是我国拍摄过的最早的教育影片。这些影片常配合某些讲演和报告放映。

1922 年，南京金陵大学开始用幻灯、电影宣传棉花种植。从 1930 年起，该校理学院经常使用无声教学影片配合有关学科的教学，并与上海柯达公司合作，共翻译了 60 多部教学影片。金陵大学是我国推行电化教育最早的高等学校。

1932 年，在南京成立了"中国教育电影协会"，前后在各地活动了 13 年，开过 9 次年会，主要活动是宣传教育电影，参加国际教育电影会议，巡回放映和制作教育影片。这是我国最早的群众性电教学术团体。

1935 年，江苏镇江民众教育馆将该馆的大会堂改名"电化教学讲映场"。这是我国最早使用"电化教学"这个名词。

1935 年，上海大厦大学社会教育系开设"教育电影"课。这是我国最早在大学开设的电化教育课。

1936 年，南京教育部成立了电影教育委员会。这是我国最早的政府电影机构。

1936 年，无锡市江苏省立教育学院开办电影广播专修科。这是我国最早的电教专业。

1936 年，教育界人士在讨论为当时推行的电影、播音教育的定名问题时，提出并确认了"电化教育"这个名词。此后，这个名词被普遍采用。

1936 年，上海教育界人士办了一个"中国电影教育用品公司"，并出版《电化教育》周刊，共出了 6 期。这是我国最早的电教刊物。

1937 年，上海商务印书馆出版了陈友松著述的《有声教育电影》。这是我国出版的第一本电教专著。

1942 年，在重庆北碚成立了"中华教育电影制片厂"。这是我国最早的教育电影制片厂。

1945 年，苏州国立社会教育学院建立电化教育系。这是我国最早的电化教育系。

1955 年，北京市、天津市分别创办了广播函授学校。

1978 年，我国电化教育重新起步，相继成立了各级电化教育机构。

1979 年，全国广播电视大学建立，随后，各省、市、自治区都举办了广播电视大学，有的省、市还举办了电视中专、电视中学、电视职业学校。

1986 年，我国开始实施卫星电视教育。现已有三套节目播出，覆盖全国及亚太地区，人数约 12 亿。

1998 年，教育部批准清华大学、湖南大学、浙江大学、北京邮电大学开展现代远程教育试点，开了我国网络远程高等教育的先河。到 2004 年初，全国已有 68 所高校举办现代远程教育。

1.3 现代教育技术的理论基础

现代教育技术的开展离不开教育思想和理论的指导，对现代教育技术影响比较大的理论主要有传播理论、学习理论和教学理论。

1.3.1 现代教育技术的传播理论基础

1. 贝罗（D. K. Berlo）的传播过程 4 要素理论

基本观点：传播过程包括四个基本要素，信源、信息、通道、受者；传播的效果，不是由其中的任何一个要素所决定，而是由四个要素以及它们之间的关系共同决定的。在此认识的基础上，他提出了著名的 SMCR 模型。如图 1-4：

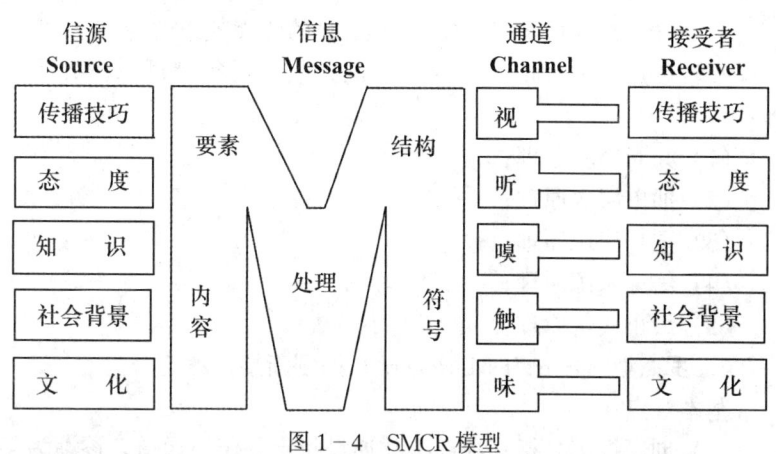

图 1-4 SMCR 模型

从以上模型可以看出：影响信源和受者的因素是相同的，都是传播技巧、态度、知识、社会和文化背景。影响信息的因素是内容、要素、处理、结构、符号等项。而信息的内容、符号及处理，均能影响通道的选择。

2. **罗密佐斯基（A. J. Romisjowski）的双向传播理论**

基本观点：传播过程是一种双向的过程；传者和受者都是传播的主体；受者不仅接受信息，而且对信息做出积极的反应。如图1-5：

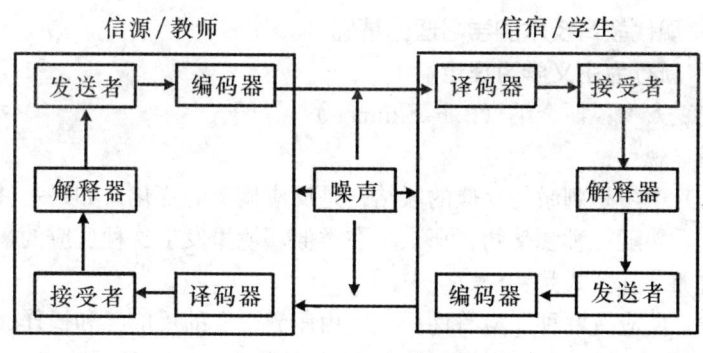

图 1-5 双向传播模式图

　　3. 韦尔伯·施拉姆（W. S hramm ）的传播效果理论

　　基本观点：教育传播要取得好的效果，必须遵循以下几个原理：

　　（1）共同经验原理；

　　（2）抽象层次原理；

　　（3）重复作用原理；

　　（4）信息来源原理；

　　（5）最小代价原理。

　　4. 罗杰斯（Eerrett M. Rogers ）的创新推广理论

　　基本观点：

　　（1）创新推广是指一项新事物通过特定的传播通道，逐渐为某些特定社群成员所了解与采用的过程。一项新事物出现后，总是有一批人会率先采用，而后才逐渐散布给更多的人使用。

　　（2）创新事物具有五个基本特征：相对优越性、兼容性、复杂性、可实验性、可观察性。

　　（3）创新推广过程包括五个阶段：获知（Knowledge）、说服（Persuasion）、决策（Decision）、实施（Implementation）、确认（Confirmation）。

　　（4）担负创新推广的人士，是变革代表（Change Agents），他们是一种职业人士，通常比其试图影响的个人有着更好的教育背景和社会地位。

1.3.2　现代教育技术的学习理论基础

　　1. 新行为主义学习理论

　　代表人物：斯金纳（B. F. Skinner ）

　　基本观点：

　　（1）学习是刺激与反应的联结，是反应概率的变化。如果一种反应之后伴随一种强化物，那么，在类似环境里发生这种反应的概率就增加。其公式是：S- R—S。

　　（2）反应有两种：应答性反应（由刺激引发的反应）和操作性反应（有机体发出的反应）。前者是有机体被动地对环境作出反应；

后者是有机体主动地作用于环境。人类从事的绝大多数有意义的行为都是操作性的。

（3）学习应是：小步子、自定步调、积极反应、及时强化。强化是学习成功的关键。

特点：a.强调知识、技能的掌握。b.重视外显行为的研究。

2．建构主义学习理论

代表人物：皮亚杰（J. Piaget）

基本观点：

（1）学习是一种能动建构的过程。知识不是通过教师传授得到，而是学习者在一定的情境，即社会文化背景下，借助他人的帮助，利用必要的学习资料，通过意义建构的方法而获得。

（2）学习从属于发展。儿童学习到些什么，取决于他的发展水平。新的教育方法应尽一切努力，按照儿童的心理结构和他们不同的发展阶段，将要教的材料以适合不同年龄儿童的形式进行教学。

（3）学生掌握解决问题的程序和方法，比掌握知识内容更重要。

特点：

（1）强调智能的培养。

（2）重视认知发展因素（成熟、物理环境、社会环境、平衡过程）。

3．人本主义学习理论

代表人物：罗杰斯（Carl. R. Rogers）

基本观点：

（1）学习是丰满人性的形成。它的根本目的是人的"自我实现"。

（2）人生来就有学习的动力，对世界充满好奇心。教师的基本任务是要允许学生按照自己的需要学习，满足他们的好奇心。

（3）有效的学习，在于使学习具有个人意义。一个人只会有意义地学习他认为与增强自我有关的事情。信息对学习者是否具有个人意义，是信息保持的决定因素。

（4）学习者是学习的主体，应受到尊重。只有当学生受到尊重时，他们才能更好地朝向自我实现。

（5）情感是有效学习的重要条件，现代教育的悲剧之一，就是认为唯有认知学习是重要的。

（6）意义学习主要包括四个要素：

①整个人（包括情感和认知两方面）都投入学习活动；②学习是自我发起的；③学习是渗透性的，它会使行为、态度、乃至个性都发生变化；④学习是由学生自我评价的。

（7）大多数意义学习是从做中学习。

特点：强调个性的培养，重视情感问题的研究。

4. 折中主义学习理论

代表人物：罗伯特·加涅（Robert. M. Gagne）

基本观点：

（1）"学习是指人的心理倾向和能力的变化，这种变化要能持续一段时间，而且不能把这种变化简单地归结于生长过程。"

（2）引起学习的条件有两种：

①内部条件，即学生在开始学习某一任务时已有的知识和能力；②外部条件，即学习的环境。内部条件是基础，外部条件也是不可缺少的，这两类条件是互相作用的。

（3）学习可分为由简至繁的八个层次：

信号学习、刺激—反应学习、动作链索（指一连串刺激—反应联结）、言语联想、辨别学习、概念学习、规则学习、问题解决学习。每一层次的学习，都是以前一层次的学习为前提的。

（4）学习结果，也就是教学目标，分为五类：

理智技能、认知策略、言语信息、动作技能、态度。教学就是使学生习得这五种能力。

（5）信息加工模式（如图1—6）是最典型的学习模式。

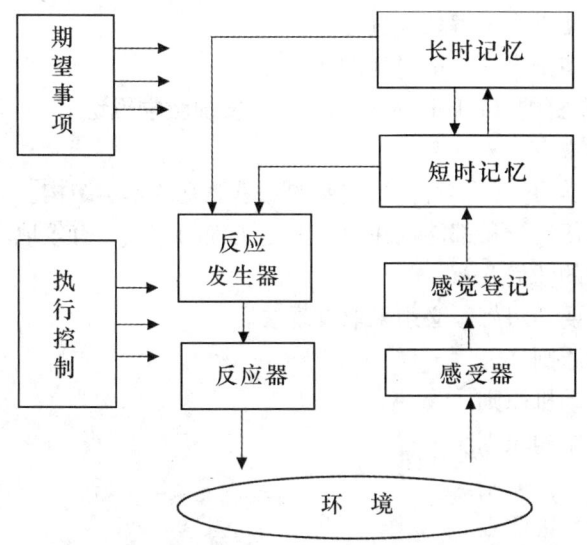

图 1 - 6　学习的信息加工模式（资料来源：Gagne，1983）

　　(6) 在学生学习过程中，教师要提供最充分的指导。学生只有在教师指导下，充分掌握必备的知识技能，才有可能成为一个有效的问题解决者。

　　特点：强调多元智能的培养；重视学习两类条件的研究。

1.3.3　现代教育技术的教学理论基础

1. 赞可夫的发展教学理论

基本观点：

(1) 以最好的教学效果，促进学生的一般发展。应把一般发展作为教学目标。

(2) 只有当教学走在发展前面的时候，才是好的教学。应把教学目标确定在学生的"最近发展区"之内。

基本原则：

(1) 高难度进行教学。

(2) 高速度进行教学。

(3) 理论知识起主导作用。

(4) 使学生理解教学过程。

(5) 使全班学生都得到发展。

2. 布鲁纳（J. Bruner）的结构 – 发现教学理论

基本观点：

(1) 学习一门学科，最重要的是掌握它的基本结构。

(2) 任何学科都能用在智育上是正确的方式，有效地教给任何发展阶段的任何儿童。

(3) 要学习好，必须采取发现法。

基本原则：

(1) 动机原则。

(2) 结构原则。

(3) 启发原则。

(4) 反馈原则。

3. 巴班斯基的教学最优化理论

基本观点：

(1) 应该把教学看成一个系统，用系统观点、方法来考察教学。

(2) 教学效果取决于教学诸要素构成的合力，对教学应综合分析、整体设计、全面评价。

(3) 教学最优化，就是在现有条件下，用最少的时间和精力，取得最大效果。

基本原则：

(1) 方向性。

(2) 科学性和实践性。

(3) 系统性和连贯性。

(4) 可接受性。

(5) 激发动机。

(6) 自觉性、积极性、独立性。

(7) 各种方法最优结合。

(8) 各种教学形式最优结合。

（9）为教学创造最佳条件。

（10）巩固性和效用性。

4．加德纳（H. Gardner）的多元智能理论

基本观点：

（1）人类思维和认识的方式是多元的，亦即存在多元智能：

言语语言智能，数理逻辑智能，视觉空间智能，音乐韵律智能，身体运动智能，人际沟通智能，自我认识能力，自然观察智能。

（2）智力是在某种社会文化的价值标准下个体用以解决自己遇到的真正难题或生产及创造出某种产品所需要的能力。

（3）智力不是一种能力，而是一组能力；不是以整合的方式存在，而是以相互独立的方式存在的。

（4）每一种智能在人类认识世界和改造世界的过程中，都发挥着巨大的作用，具有同等的重要性。

（5）每个学生都或多或少具有上述 8 种智能，只是其组合的方式和发挥的程度不同。

（6）每个学生都有一种或数种优势智能，只要教育得法，每个学生都能成为某方面的人才，都可能获得某方面的专长。

1.4　教育信息化

"信息化"（informationization）一词最早于 20 世纪 60 年代出现在日本的一些学术文献中，当时对"信息化"这一概念主要是从产业角度进行阐述和界定的。20 世纪 70 年代，德国、欧共体和联合国教科文组织等国家及国际组织先后出台了一系列推动信息技术在社会中应用和发展的规划，这些规划都把信息基础设施建设作为重要一环。我国政府对国家信息化建设高度重视，1997 年 4 月，中国第一次信息化工作会议正式提出了包括信息资源、信息网络、信息技术应用、信息技术和产业、信息化人才、信息化政策法规和标准六个要素的国家信息化体系的概念。并把国家信息化定义为：

在国家统一规划和组织下，在农业、工业、科学技术、国防及社会生活各个方面应用现代信息技术，深入开发、广泛利用信息资源，加速实现国家现代化的进程。这个定义包含四层含义：一是实现四个现代化离不开信息化，信息化要服务于四个现代化；二是国家要统一规划、统一组织信息化建设；三是各个领域要广泛应用现代信息技术，深入开发利用信息资源；四是信息化是一个不断发展的过程。

20世纪90年代，随着网络技术的迅速普及，整个社会的发展与信息技术的关系越来越密切，人们越来越关注信息技术对社会发展的影响，"社会信息化"的提法开始出现，联系到教育改革和发展，出现了"教育信息化"的提法。现在，政府的各种文件已经正式使用"教育信息化"这一概念，并高度重视教育信息化的工作。

1.4.1 教育信息化概述

1. 教育信息化的定义

尽管教育信息化这一概念已在我国广泛使用，但对教育信息化的定义却是众说纷纭，难以统一，在目前国内学者提出的众多教育信息化定义中，以"过程说"居多，主要有：

"教育信息化是指在教育与教学领域的各个方面，在先进的教育思想指导下，积极应用信息技术，深入开发、广泛利用信息资源，培养适应信息社会要求的创新人才，加速实现教育现代化的系统工程。"　　　　　　　　　　　　　　　　——李克东

"教育信息化是指在教育领域全面深入地运用现代化信息技术来促进教育改革和教育发展的过程，其结果必然是形成一种全新的教育形态——信息化教育。"　　　　　　　　　　——祝智庭

"所谓教育信息化，是指在教育中普遍运用现代信息技术，开发教育资源，优化教育过程，以培养和提高学生的信息素养，促进教育现代化的过程"。　　　　　　　　　　　　——南国农

上述定义均从不同角度或多或少地涉及到了教育信息化概念的主要内容，如：强调了教育信息化是一个动态的不断发展的过程；界定了教育信息化的领域及范围；突出了教育信息化的原始动力和

直接目的——现代信息技术的教育应用；体现了信息资源在教育信息化过程中的核心地位等。通过对国内已有教育信息化定义进行整合，并参照国家信息化定义，我们不妨对教育信息化重新做一界定："所谓教育信息化，是指在国家及教育部门的统一规划和组织下，在教育系统的各个领域全面深入地应用现代信息技术，加速实现教育现代化的过程"。

这个定义包含四层含义：一是实现教育现代化离不开信息化，信息化要服务于教育现代化；二是国家及教育部门要统一规划、统一组织教育信息化的建设；三是教育系统的各个领域要广泛深入地应用现代信息技术；四是教育信息化是一个循序渐进，不断发展的过程。

该定义有五个特点：

一是强调了教育信息化建设要统一规划、统一组织，以克服教育信息化建设中的盲目性，规划和组织的主体应是国家及教育主管部门；二是明确了教育信息化的最终目的——实现教育现代化；三是界定了教育信息化的范围——教育系统的各个领域；四是突出了现代信息技术在教育信息化过程中的作用——原始动力和直接目的；五是将教育信息化看作是一个循序渐进、不断发展的过程。需要指出的是，由于教育信息化建设的规划和组织离不开现代教育思想和现代教育理论的指导，而现代信息技术在教育系统各个领域的应用必然以"教育资源"的建设作为基础，其"应用"过程本身并不是现代信息技术与教育二者的简单"相加"，而是"现代信息技术与教育的整合"。因此，在本书提出的教育信息化定义中均"隐藏"了这些"必然"的内容，以使该定义的表述更加简练，也更具概括性。

在教育信息化定义的四层含义中，前三层含义不言自明，此处仅对第四层含义，即"过程说"的缘由略加详述。教育信息化是一个过程，是一个在教育的各个领域全面运用现代信息技术的过程。强调"过程"的原因主要有三：一是在教育的各个领域全面运用现代信息技术需要较大的资金投入，而我国各级各类教育部门教育信息化的起点不同，教育信息化的内容、侧重点及各地经济发展水平各异，要完成教育信息化这一艰巨的"系统工程"，不可能一蹴而就；二是信息技术在教育领域的全面运用并不是简单地将教育领域"信息技术化"，而是信息技术与教育整合的过程，这种整合会导致教育观念、教育内容、教育模式、教育评价、教育环境和教育管理等方面产生一系列的改革和变化。这种改革和变化往往需要经历一个艰苦的过程才能完成；三是任何技术的发展都不会有终极点，信息技术作为一种方兴未艾的"朝阳"技术，当然也不例外，我们既不能根据目前的信息技术发展水平制定一个永远适用于未来教育信息化发展的永恒不变的"标准"，也不能用目前的教育信息化"标准"去"禁锢"未来的信息技术发展，从这个意义上说，任何用静止的观点看待教育信息化都是不正确的，教育信息化应是一个动态的、循序渐进的、不断发展的过程。

2. 教育信息化的特征

教育信息化既具有"技术"的属性，同时也具有"教育"的属性。从技术属性看，教育信息化的基本特征是数字化、网络化、智能化和多媒化。数字化使得教育信息技术系统的设备简单、性能可靠和标准统一。网络化使得信息资源可共享、活动时空少限制、人际合作易实现。智能化使得系统能够做到教学行为人性化、人机通讯自然化、繁杂任务代理化。多媒化使得信媒设备一体化、信息表征多元化、复杂现象虚拟化。

从教育属性看，教育信息化的基本特征是开放性、共享性、交互性与协作性。开放性打破了以学校教育为中心的教育体系，使得教育社会化、终身化、自主化；共享性是信息化的本质特征，它使得大量丰富的教育资源能为全体学习者共享，且取之不尽，用之不竭；交互性能实现人——机之间的双向沟通和人——人之间的远距离交互学习，促进教师与学生、学生与学生、学生与其他人之间的多向交流；协作性为教育者提供了更多的人——人、人——机协作完成任务的机会。

3. 教育信息化的本质

在教育史上，关于教育的本质究竟是什么的争论由来已久，我国教育界也曾经开展过对教育本质的讨论，并提出了众多的教育本质学说，大致可分为两类：一类是归属说、功能说或外部属性说。该类观点主要包括教育本质的生产力说、上层建筑说、双重属性说、多重属性说、相对说等。另一类是内部属性说。主要包括教育本质的特殊范畴说、社会化说、个性化说、培养人说、传递说等。每一种学说均以特定的方法论为基础，对教育的本质进行了理性的探讨，因而都有其合理性和存在的价值。

关于教育信息化的本质，国内一些学者也曾作过一些探讨，并提出了"教育信息化的本质就是实现教育信息与知识的共享"，"学校教育信息化的本质是运用现代信息技术和现代教育理论把学校建设成一种充满信息、方便学习者获取信息和培养创新人才的环境"等观点。实际上，在回答教育信息化的本质是什么之前，首先必须弄清楚教育信息化、本质和信息化的本质三个基本概念。其中教育信息化的概念前面已有论述；至于本质，从哲学的角度来看，本质是事物的根本性质，是事物的现象所表现出的事物的内在规定性；而"信息化的本质就是实现信息与知识共享"。其次，应该透过个别的、具体的、多变的、易逝的、人们的感官能够直接感知的教育信息化的外在表象，通过思维来把握深藏于教育信息化现象背后一般的、共同的和相对稳定的内在规定性。第三，对教育信息化本质的表述应具有简练性和高度概括性。对另有界定的概念，如教育、教育的本质、信息化、信息化的本质、教育信息化等概念可直接引用。综合以上几点，我们认为教育信息化的本质就是"信息化教育"。这一表述的依据主要有四：第一，探讨教育信息化的本质，实际上就是要回答"教育信息化是什么"这样一个问题，根据教育信息化的定义，教育信息化其实就是"在教育系统的各个领域全面深入地应用现代信息技术，加速实现教育现代化的过程"，而这一"过程"的实质又是什么呢？显然是为了实施"信息化教育"；第二，对于"教育信息化"与"信息化教育"二者的关系，不能简单地将其理解为"孰先孰后"，实际上，从教育的层面来看，"教育信息化"的过程就是实施"信息化教育"的过程，他们二者是互相依存、互相伴随的关系。如果将"信息化教育"看作是"教育信息化"之后的教育形态，那么根据"教育信息化"的"过程"说，"信息化教育"将成为一个永远可望而不可及的"理想境界"；第三，"信息化教育"是教育系统各个领域"教育信息化"过程中众多表象背后一般的、共同的和相对稳定的内在规定性；第四，将教育信息化的本质理解为"信息化教育"，直接引用了位于其"底层"的另有界定的若干基础概念，其表述更加简练，也更具概括性。

4. 教育信息化的目的

教育信息化的目的可以概括为四个方面，一是促进信息技术在教育领域的广泛应用；二是推动教育的改革和发展；三是培养适应信息社会要求的创新人才；四是促进教育现代化。

在教育领域广泛应用信息技术，开发教育资源，优化教育过程，提高教育质量和效益，是教育信息化的原始动力，也是推动教育的改革和发展，培养适应信息社会要求的创新人才，以及促进教育现代化的基础和前提。

当今世界各国，以经济和科技实力为基础的综合国力的竞争日趋激烈，而且将长期存在。这种竞争在很大程度上决定于人才的数量和质量，而人才竞争的实质是教育的竞争。教育要与我国经济社会发展的战略目标和战略步骤相适应，才能为我国社会主义现代化建设提供足够的人才支持。为了实现这一目标，就必须深化教育改革，更新教育观念，改革教育内容和方法，逐步建立适应21世纪经济社会发展和现代化建设需要的新的教育体系。因此，教育事业发展的根本出路在于改革。改革的内在动力，一方面来源于现代信息技术在教育领域的渗透和应用，大大地改变了教育的技术手段和方式；另一方面是来自社会经济发展的迫切要求。其中以信息技术在教育领域的全面运用为核心的教育信息化为推动教育的改革和发展提供了有利的时机和条件。

信息社会的发展不仅对人才的数量，更重要的是对人才的质量提出了更高的要求，信息社会所需要的新型人才应当是，具有全面而坚实的文化基础（特别是信息方面的文化基础），能不断自我更新知识结构，能与人合作共事，富有创造性和应变能力并具有高尚道德品质的一代新人。为了能够适应信息社会日新月异的发展速度，信息社会的人才必须具有很强的信息获取、信息分析和信息加工的能力。可见，信息方面的知识与能力是 21 世纪新型人才必须具备的知识结构与能力素质。

邓小平同志对教育提出的"三个面向"中，"面向现代化"是最核心和最根本的。它提出了为社会主义现代化建设服务这一教育的根本任务。教育要"面向现代化"，首先必须实现教育的现代化。教育信息化是推动教育走向现代化的基础和条件，是教育现代化的重要内容和主要标志。以教育信息化带动教育现代化是当今世界教育改革与发展的共同趋势。教育部原部长陈至立同志曾在 1998 年撰文指出："现代教育技术是教育改革和发展的制高点与突破口。要实现教育的现代化，要实现教育的跨越式发展，教育信息化是一个关键因素。占据了这个制高点，就可以打开通向教育改革发展的现代化之门。"

5. 教育信息化的范围

教育信息化与国家信息化、社会信息化、经济信息化、企业信息化、农业信息化的概念不同。首先，教育信息化作为行业的信息化，其信息化的范围仅限于教育领域；其次，教育信息化是整个教育行业的信息化，其建设、资源开发及应用必然会涉及到教育环境、教育内容、教育管理等教育领域的各个方面；第三，教育信息化作为国家信息化的重要组成部分，其建设与发展必须在国家信息化建设的总体方针下进行，同时还应处理好与其他行业信息化之间的关系。因此，我们既要明确教育信息化的范围，同时也要避免孤立地看待教育信息化，明确这一点，对开展教育信息化的研究和应用具有重要的指导意义。

6. 教育信息化的层次

随着信息技术的发展和普及，教育信息化也呈现出不同的发展阶段和应用层次。第一，从教育信息化的应用领域来分，教育信息化可分为家庭教育信息化、学校教育信息化和社会教育信息化三个层次，在目前以学校教育为中心的教育体系下，首先实现信息化的将是学校教育，其次是家庭教育，最后才是整个社会教育的信息化。第二，从教育信息化的发展过程来分，教育信息化可分为教育媒体信息化、教育产业信息化和教育行业信息化三个层次。教育媒体信息化是指教育媒体产品所含各类信息比重日益增大、物质比重日益降低，产品日益由物质产品的特征向信息产品的特征迈进，产品具有越来越强的信息处理功能。教育产业信息化是指各类教育媒体中广泛采用先进的信息技术，形成教育媒体产业链。在这三个层次中，教育媒体信息化是教育行业信息化的基础，教育产业信息化是教育媒体信息化的升级，教育行业信息化是教育媒体信息化和教育产业信息化发展的必然结果。第三，从教育信息化的内容来分，教育信息化可分为教育设施信息化、教育资源信息化和教育管理信息化三个层次，在这三个层次中，教育设施信息化是基础，教育资源信息化是核心，教育管理信息化是保障。

7. 教育信息化政策及规划

教育信息化是一项系统工程，它既需要党和国家及教育主管部门制定一系列推进教育信息化的政策，还需要制定教育信息化的中、长期发展规划。近年来，国家相继出台了一系列推进教育信息化的政策和措施，或在相关的文件中对教育信息化提出了明确的要求，其内容涉及现代远程教育、中小学信息技术教育、中小学"校校通"工程、教育信息化发展纲要、教育信息化技术标准、西部中小学现代远程教育项目暨教育部现代远程教育扶贫示范工程、西部大学校园计算机网络建设工程、教师教育信息化建设、高校现代远程教育试点工作、高校网络教育学院管理、现代远程教育校外学习中心（点）的管理、软件学院等教育信息化的各个方面。

在教育信息化的规划方面，周济指出，在21世纪头10年，中国教育信息化的总体规划将从三个层面推进：第一个层面是在中小学普及信息技术教育；第二个层面是网络的普及和应用，使学生学会充分利用网上资源；第三个层面是大力发展现代远程教育。全面实施"校校通"工程，特别要重点扶持和发展农村中小学信息化基础设施建设和人才培养。另外，我国还及时制订了推进教育信息化的指导方针、主要目标、战略重点及主要任务等。

1.4.2　教育信息化的要素

作为一个行业的信息化，教育信息化同样包含信息资源、信息网络、信息技术应用、信息技术和产业、信息化人才、信息化政策、法规和标准等六个要素。该六个要素是一个有机的整体，构成符合中国国情的、完整的教育信息化体系。该体系中，信息网络是基础，信息资源是核心，信息资源的利用与信息技术的应用是目的，而信息化人才、信息技术产业、信息化政策、法规和标准是保障。具体来说，各要素的含义及内容如下：

1. 信息网络

信息网络是教育信息化建设的重要内容，也是实现教育信息化的物质基础和先决条件。目前我国已经建成并启用的中国教育与科研网（CERNET）、中国卫星宽带远程教育网络，正在实施的中小学"校校通"工程、高校"数字校园"建设工程、中小学远程教育建设工程，以及应用于学校教学的普通电教室、多媒体综合电教室、计算机室、微型电教室、CAI 教室、网络教室、语言实验室、电子阅览室、闭路电视系统等都是教育信息化中信息网络基础设施建设的重要内容。这些基础设施的建设既为我国的教育信息化奠定了基础，也为信息化教育的实施创造了条件。

2. 信息资源

教育信息资源是用于教育和教学过程的各种信息资源。它的开发和利用是教育信息化的核心，也是关系到教育信息化建设成败的关键。教育信息资源可分为以教育信息载体为核心的教育软件资源和以管理信息系统的基础数据为核心的教育管理信息资源两大类。其中教育软件资源主要包括以多媒体素材、各类 CAI 课件、网络课程等为主的多媒体教育信息资源，以文献资料查阅和检索服务为主的图书情报信息资源，以教育信息资源的生成、分析、处理、传递和利用为主的各种工具类资源以及浩如烟海的 Internet 资源等。教育管理信息资源主要是指为实施现代教育管理而建立的以教育者、教育内容、教育对象、教育资源及其支持服务体系为主要内容的各类数据库资源等。

3. 信息技术应用

信息技术的教育应用是教育信息化建设的根本出发点和直接目的。有了信息网络和信息资源这些基础条件之后，信息技术的教育应用便成为教育信息化的主角，可以说，教育信息化建设的效益主要体现在应用这一环节。在信息技术应用方面主要应做好四件事：一是做好与思想理论、方法密切相关的潜件建设，它决定着信息技术教育应用的方向，直接关系到信息技术教育应用的质量和效果；二是建立与当地教育信息化建设环境、教育对象以及教育内容相适应的信息化教育模式；三是必须提高人们应用信息技术的兴趣和基本技能；四是在不同层次上开展信息技术与课程整合的理论研究与实践，并将其作为学校信息技术教育应用的主要任务。

4. 信息技术和产业

信息技术是指对信息的采集、加工、存储、交流、应用的手段和方法的体系。它的内涵包括手段和方法两个方面。手段即各种信息媒体，如印刷媒体、电子媒体、计算机网络等，是一种物化形态的技术；方法即运用信息媒体对各种信息进行采集、加工、存储、交流、应用的方法，是一种智能形态的技术。信息技术就是由信息媒体和信息媒体应用的方法两个要素所组成的。信息技术的核心是信息的数字化、信息传输的网络化。信息技术是教育信息化的技术支柱，是教育信息化的驱动力。在教育信息化过程中开展信息技术研究不仅可以丰富教育信息化的研究内容，更重要的是可以将新的更加有效的物态化技术和智能形态的技术应用于信息化教育中，提高信息化教育的质量和效果。

信息技术产业主要指信息技术设备制造业和信息技术服务业。由于信息技术设备制造业的发展需要强大的技术和资金优势作后盾，因此，在我国的教育信息化过程中，信息技术产业的发展应由不同的社会部门分工协作来完成。其中教育信息技术产品的制造业应动员教育系统、科研院所和相关企业等互补性较强的部门共同参与，以便将教育系统从教育信息技术产品的开发中解脱出来，集中精力做好以教育信息资源的开发和利用为主的服务业。

5. 信息化人才

教育信息化，人才要先行。为了实现教育信息化，需要培养大量掌握信息技术基础知识，具备信息技术应用能力的教育信息化人才。作为一个行业的信息化，教育信息化人才有两层含义，一是通识型教育信息化人才，这是对在教育领域从事教育、教学、管理及其他服务的各类人员而言的，是对该领域全体人员信息技术知识、能力和素质的共同要求；二是专业型教育信息化人才，主要是指专门从事教育信息物态化技术和智能形态技术的研究与开发、教育信息化建设、教育信息化应用和维护的专门人才。一般来说，对通识型教育信息化人才的要求是应具备基本的获取、分析和加工信息的能力，而对专业型教育信息化人才的要求更高，分工更细，可以是高级软件人才、网络工程师或微电子技术专业人才等。

另外，作为信息化人才培养重要基地的高等学校，一方面要关注教育行业的信息化，为教育信息化培养通识型教育信息化人才和专业型教育信息化人才；另一方面还要担负起为整个社会培养信息化人才的任务。

6. 信息化政策、法规和标准

教育信息化是一项系统工程，为确保我国教育信息化工作的顺利进行，国家政府及相关部门必须对教育信息资源开发、教育信息网络建设、教育信息技术应用、教育信息技术和产业等各个方面制订一系列政策、法规和标准。建立一套完善的促进信息化建设的政策、法规环境和标准体系，以规范和协调各要素之间的关系，这既是教育信息化健康发展的重要条件和保障，也是开展教育信息化的依据和蓝图，只有这样，才能使各级政府、各个单位和部门的教育信息化规范化、秩序化，也才能推动教育信息化健康顺利地向前发展。

1.4.3　教育信息化的意义

教育信息化对教育和教育的发展具有重要的意义，主要表现在：

1. 教育信息化是教育现代化的必由之路，也是教育现代化的重要内容和主要标志。

江泽民同志在北师大100周年校庆大会上指出："进行教育创新，必须充分利用现代科学技术手段，大力提高教育的现代化水平。要通过积极利用现代信息和传播技术，大力推动教育信息化，促进教育现代化。"教育现代化包括教育思想现代化、教育内容现代化、教育方法现代化、教育技术手段现代化、教育设施现代化、教育管理现代化等。在教育现代化的诸多要素中，哪一化都离不开教育信息化，教育信息化一方面为教育现代化提供了方法、途径和前提；另一方面，在教育信息化的过程中必然会出现许多新问题，需要我们去认识、去解决，这些问题的解决，不仅会极大地丰富教育信息化的内容，同时其对教育思想、教育内容、教育方法、教育手段、教育管理等诸多方面所产生的深刻变革，将成为教育现代化研究的重要内容，也将成为实现教育现代化的主要标志。因此，没有教育的信息化，就不可能实现教育的现代化。教育信息化是实现教育现代化的重要步骤，是教育现代化的重要内容和主要标志。

2. 教育信息化有利于缩小地区间的教育差距，是实现建设学习型社会、构建终身教育体系，提高全体国民素质的有效途径。

在包括现阶段在内的相当长的一段时期内，我国各类人才的培养主要依赖于学校，由于各地教育规模、教育水平和经济条件的差异，使得以学校教育为中心的教育体系无法从根本上消除地区间的教育差距，更无法实现党的十六大提出的"建设学习型社会、构建终身教育体系"的宏伟目标。

从现阶段来看，我国教育信息化的重点主要是学校和专门的教育机构，主要内容包括在中小学普及信息技术教育，中小学"校校通"工程和高校"数字校园"建设，以及现代远程教育等。从长远看，教育信息化的领域必然会延伸到家庭和社会的各个方面。其中家庭教育信息化和现代远程教育的实施，将为全体国民提供更多的接受教育的机会，使受教育者的学习不受时间、空间的限制，真正实现学习型社会和终身教育的内涵——人人学习、处处学习、时时学习，保障了每一国民接受教育的平等性。并有利于从根本上消除由于地区之间经济发展的不平衡所产生的教育水平的差距，使全体国民的综合素质普遍提高。

3. 教育信息化有利于素质教育的实施和创新人才的培养。

创新人才的基本特征是具有个性特色，善于独立思考，具有广博的知识，富有创新精神和创造能力，具有高尚的理想和道德情操，是全面发展与个性发展完满结合的人。

培养创新人才是素质教育的根本目标，教育信息化有利于素质教育的实施和创新人才的培养。首先，教育信息化为素质教育的实施创造了良好的环境，使因材施教和个性化教学得以更好地体现。利用教育信息化的优良环境，可实现个别化教学、小组协作学习、远程实时交互的多媒体教学、在线学习、在线讨论等，使学生从过强的共性制约中解放出来，有利于发展学生个人志趣，培养其个性特色；其次，在信息技术环境下，一方面学生可根据个人志趣与个性差异对所学的知识和学习进程在一定程度上进行自主选择，另一方面学生可对某一专题的相关内容通过信息检索、收集和处理，实现问题解决学习和发现学习，有利于丰富学生的知识面，培养其独立思考能力和创新能力；第三，利用教育信息化提供的网络资源可将抽象的道理形象化，通过鲜明的形象感化和对比，帮助学生识别假、恶、丑，树立真、善、美的情感，使学生将高尚的理想内化为自己的言行，直至形成良好的思想品德。

总之，教育信息化不仅有利于提高教育质量和教育效率，有利于培养学生的创新精神和实践能力，而且从主观和客观两方面为学生的全面发展、全体发展和个性发展提供了条件和保障。这对培养新世纪国家现代化所需的创新人才具有极其重要的意义。

【思考与练习】

1. 美国教育技术发展经历了哪些名称的演变？
2. 试阐述现代教育技术的内涵。
3. 现代教育技术的作用是什么？
4. 从广义上阐述教育技术的发展历程。
5. 阐述我国现代教育技术的发展。
6. 试阐述现代教育技术的传播理论基础。
7. 试阐述各派学习理论的要义及对现代教育技术的影响。
8. 试阐述各派教学理论的要义及对现代教育技术的影响。
9. 简述教育信息化的概念、特征、本质、目的、范围、层次及要素。

第 2 章　现代媒体技术

【学习目标】

1. 掌握媒体、教学媒体和现代教学媒体的概念。
2. 了解教学媒体的基本特性和教学媒体的发展历程。
3. 了解教学媒体几种常见分类方法。
4. 了解视觉型媒体（幻灯机、投影仪）、听觉型媒体（录音机、CD 唱机）和视听型媒体（电视系统、电视机、录像机、VCD、DVD）。
5. 掌握现代教学媒体的功能和教学特性。
6. 了解现代教学媒体编制的效果原理。
7. 掌握现代教学媒体选择的依据和原则。
8. 了解现代教学媒体的应用范畴。

2.1　教学媒体概述

2.1.1　教学媒体的概念与基本性质

1. 媒体、教学媒体、现代教学媒体

（1）媒体

媒体一词来源于拉丁语"Medium"，音译为媒介，意为两者之间。它是指信息在传递过程中，从信息源到受传者之间承载并传递信息的载体或工具。也可以把媒体看作为实现信息从信息源传递到受传者的一切技术手段。媒体有两层含义，一是承载信息的载体；二是指储存和传递信息的实体。

媒体是指载有信息的物体。没有承载信息的物体，例如，一张白纸，一张空白的透明胶片，或一盒空白录音带，都不能说是媒体，而只能说是书写、印刷或录制用的材料。载有信息的纸张、胶

片、磁带，才能称为媒体，白纸印上新闻消息的文字与图片成为报纸，磁带录上音乐信息符号成为音乐带，才能成为媒体。

　　媒体是指储存和传递信息的实体，也可以看作为实现信息从信息源传递到受传者的一切技术手段。从这一层含义上，媒体作为一种中介物，它的范围应广得多。以通信这一信息传递过程为例（见图2-1），从信源到受传者——信宿，中间的一切技术手段，均为广义的媒体。

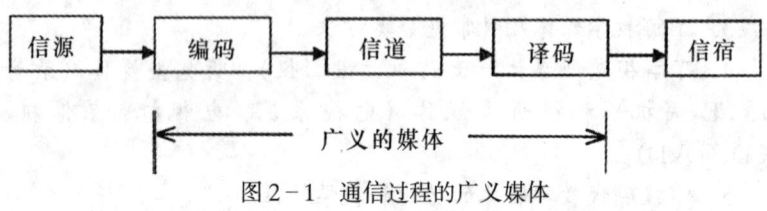

图2-1　通信过程的广义媒体

　　它包含从信源物获取的信息符号要通过编码变为信号，信号在通道中传送，然后经译码将信号转换为符号，最后由受传者将符号解释为信息意义。因此，信源物信息传递至受传者，中间通过的编码器、通道和解码器等一切技术手段工具，均被称为媒体。如电视广播过程，摄像机从信源物摄取图像信息符号，然后变换为相应的电信号（或再经录像机将电信号记录储存再重播），电信号经过通道（闭路电视为线路，开路广播电视为空气）传递至接收端，由电视接收机将接收到的电信号再转换为图像信息符号。受传者从看到的图像符号，解析为信源物的信息意义。在这一信息传递过程中，摄像机、录像机、录像带、线路、空气以及电视接收机，都成为信息储存与传递的媒体。

　　习惯上把媒体分为硬件和软件两大类。硬件是指那些储存、传递信息的机器和设备，如照相机、幻灯机、投影机、录音机、录像机、电视机和计算机等等。软件是指那些能储存与传递信息的纸、胶片、磁带和光盘等，如记录有信息的书本、光学投影片、幻灯片、录音带、录像带、光盘和计算机软件等。硬件与软件是不可分的统一体，只有配套使用，才能发挥储存与传递信息的功能。

（2）教学媒体

在教与学活动过程中所采用的媒体，被称为教学媒体。从本质上看，教学活动过程是一种获取、加工、处理和利用事物信息的过程，因此作为储存与传递事物信息的任何媒体，都能作为教学媒体。但事实上，绝大多数新开发出来的媒体，首先都不是用在教学上，而是在军事、通信、娱乐、工业等部门使用相当长一段时间之后，才逐步被引进教学领域。比如，1885 年诞生的电影媒体首先用于娱乐，几十年后，才逐渐有科教片，用于社会教育。又如电视媒体，1936 年，"英国广播公司"已开始播出电视节目，首先用于娱乐与商业广告，尔后相继有工业的闭路电视，几十年后电视才被普遍引进教育领域，成为一种电视教学媒体。那么，教学媒体有哪些特殊的组成要素呢？概括来说，一般的媒体发展成为教学媒体应具备两个基本要素：

①媒体用于储存与传递以教学为目的的信息时，才可称为教学媒体。

以教学为目的的信息，也就是教学信息，它是由教学目标去决定选取的。因此，教学媒体区别于一般的媒体，它储存与传递的教学信息，是为达到特定的教学目标服务的，是为特定的对象——教师或学生所使用的。

②媒体能用于教与学活动的过程时，才能发展为教学媒体。

任何媒体都能用来储存与传送教学信息，如电影、电视甚至计算机等媒体，它们都具有储存或传送教学信息的功能，但这些媒体诞生的初期，只在人们活动的通信与娱乐领域中获得应用，在教学活动中没派上用场。因此，它们只是一般的大众传播媒体，不是教学媒体，只有当它们经过改进，符合教学要求，用于教学活动时，才成为真正的教学媒体。

（3）现代教学媒体

19 世纪末以来以电子技术新成果为主发展起来的新传播媒体（人们称为电子传播媒体），用于教育教学领域后称为现代教学媒体，在我国也称为电化教育媒体或现代教育媒体，如幻灯、投影、广播、电视、录像、电子计算机等等。

2. 教学媒体的基本特性

1964 年，加拿大学者麦克卢汉（M. Mcluhan）在《媒介通论：人体的延伸》一书中，论证了人类在进入电子时代的同时，对媒体的性质、特点、作用和分类，提出了许多新概念，其中一个重要的观点就是：媒体是人体的延伸。例如，无线电广播、扩音系统相当于听觉器官的延伸；摄影机、摄像机相当于视觉器官的延伸；电影、电视相当于视听觉器官的延伸；录像机、录音机的信息存储功能，计算机的逻辑运算功能相当于人脑部分的延伸等。

"媒体是人体的延伸"是教学媒体最基本的性质，给教育带来了多方面的影响。

（1）媒体的延伸，扩大和提高了人的感觉和思维能力

人类的感觉器官有许多局限性，以视觉器官为例，人眼的分辨能力只能看清十分之一毫米的物体，人眼只能感受可见光波段范围，人眼感光最短反应时间只有十分之一秒等等，这些局限性限制了人的认识能力。但媒体的延伸作用，可以把事物由小扩大，把大缩小，化慢为快，化快为慢，把远变近，把动变静，让史料重现等等，使得人的感觉与思维能力大大提高。

（2）媒体的延伸，打破了感官的平衡

媒体的延伸，可使人的感觉器官的平衡发生变动，使某一感觉器官凌驾于其他器官之上。例如，电影、电视把复杂的，原来并不连贯的现实生活素材，经过剪辑、整理，变成一个有机联系的镜头组合，并"强迫"人们运用视觉器官，按顺序接受和思考所传递的信息；又如，电影、电视中的景别变换和镜头的运动，相当于"强迫"人们的眼睛运动，把人们的眼睛在观察距离、方位上进行调动。

（3）媒体的延伸，使得媒体功能具有互补性

因各种媒体的延伸方向有所不同，因此媒体之间可以互相补充，但很少能够互相替代。例如，电视广播是视觉和听觉的延伸，

信息传递及时、生动、感人，但它瞬时即逝，不便查考，选择余地不大。而报刊、杂志，虽也是视觉的延伸，也能提供详细情节和深入研究的背景，并可供自由选择，但它缺乏生动的形象。这两种"延伸"只能互为补充，亦即从电视广播中获得间接的形象材料，再从报道上获得细节和解释。

（4）媒体的延伸，促使媒体自身向深广度发展

媒体之间的互为促进，迫使媒体不断改变形式，使"延伸"更深更广，以求生存。例如，电视（视听觉的延伸）迫使无线电广播（听觉延伸）走向立体声化、收听工具小型化，迫使电影（另外一种视听觉延伸）走向宽银幕、立体化。在电影的促进下，又使电视产生多种形式的特技，并向多屏幕、多伴音的方向发展。

2.1.2　教学媒体的发展

教学媒体发展大致经历了四个阶段：

1.　语言媒体阶段

人类由于社会劳动的需要，创造了语言。集居于某一地区的部落群体，约定用某种声音符号代表某种意义进行思想交流，这就是原始的语言。语言作为一种符号代表事物与现象，成为人类最早使用的交流思想的传播媒体。语言一经产生，对人类社会发展就起了巨大的推动作用。在群体劳动中，人们通过语言相互交流思想、共同协作、组织与安排好社会生产，促进了社会的发展。

语言的产生，使人们可以把自己学会的东西有效地传授给家庭成员和社会中其他成员特别是年轻人。初始这一传授过程是在家庭成员中进行。随着社会生产发展的需要，人们推荐部落中有经验和有威望的年长者来教育年轻的一代，出现了专职教师的教育方式，这就是教育史上的第一次革命。

2.　文字媒体阶段

在语言诞生了几十万年之后，在人类信息传播历史的长河中，出现了另一个里程碑——文字的诞生。据考究，世界上最早出现文字的时间约在公元前三千年左右。

文字和纸的发明开创了人类信息传播的新篇章。文字媒体可以

将信息长久储存并广泛流传，对继承人类文化遗产，进行文化交流、促进社会进步与文明起了重要的作用。

文字媒体的出现，引起了教育方式的第二次重大变革，使教育将文字书写与口头语言作为同等重要的教育工具，人类除了口耳相传又可以利用书写文字来传递信息，引起了教育史上的又一次重大革命。

3. 印刷媒体阶段

公元 1041－1048 年间，我国宋代的毕昇发明了活字印刷术。印刷媒体的出现，使得信息可以大量复制、储存并广泛流传，对人类社会保存文化、传播思想和发展教育起了重大作用。印刷媒体引进教育领域，教科书成为学校教育的重要媒体。学生的知识信息来源不仅来自教师，也来自教科书。学生不仅向教师学习，也向书本学习。教师利用统一的教科书，可以面对一班学生开展有效的教学活动，导致 17 世纪产生了学校教育的班级授课制。引起了教学方式和教学规模的又一次重大变革，产生了教育史上的第三次革命。

4. 电子传播媒体阶段

19 世纪末以来至今天，是科学技术迅速发展的年代，其中电子科学技术的发展更为突出。以电子技术新成果为主发展起来的新传播媒体，人们把它们称为电子传播媒体。如幻灯、投影、广播、电视、录像、电子计算机等等。电子传播媒体的发展大大增进了人类的信息传播能力和传播效率。它被引进教育领域的结果，使教育方式与规模又产生了一个根本性的变革，产生了教育史上的第四次革命。

2.1.3　教学媒体的分类

教学媒体发展至今，已是品种繁多，五彩缤纷。为了方便使用和研究，应该将它们加以分类。人们对媒体的分类也是五花八门，众说纷纭。下面介绍几种常用的分类方法。

1. 按媒体发展先后分类

按教学媒体的发展先后，通常把过去传统教学中常用的媒体称为传统教学媒体，而将近一个世纪以来用科技成果发展起来的电子传播媒体称为现代教学媒体。

（1）传统教学媒体

传统教学媒体通常指教学中常用的教科书、黑板、粉笔、挂图、标本、模型、实验演示装置等教学媒体。

扩大一点范围，教师本人，包括教师的语言、表情、手势、体态、板书、板画等也是传统教学中常用的教学媒体。

（2）现代教学媒体

现代教学媒体是指近一个世纪以来利用科技成果发展起来并被引入教学领域的电子传播媒体，在我国也称为电化教育媒体，主要包括有：幻灯、投影、广播、录音、电影、电视、录像、电子计算机等教学媒体。还包括它们组合成的教学媒体系统，如：语言实验室、多媒体教室、计算机网络教室、视听阅览室、微格教学系统、闭路电视系统、校园计算机网络系统等等。

2．按媒体印刷与否分类

教学媒体按印刷与否分类可分为印刷媒体与非印刷媒体。

（1）印刷媒体

印刷教学媒体指各种印刷出版的教学资料。如：教科书、挂图，以及辞典、杂志、报纸和教与学的指导书等。

（2）非印刷媒体

非印刷媒体泛指各类非印刷的电子传播媒体和部分非印刷的传统教学媒体。

3．按感官分类

按学习者使用媒体的感知器官分类，可分为：

（1）听觉型媒体

如：口头语言、广播录音。

（2）视觉型媒体

如：教科书、板书、板画、挂图、模型、标本、幻灯、投影等。

（3）视听型媒体

如：配录音的幻灯、电影、电视等。

（4）相互作用型媒体

如：程序教学机、计算机辅助教学课件、语言实验室、微格教学系统等等。

4. 按媒体的物理性质分类

根据现代教学媒体的物理性质可分为四大类：

（1）光学投影教学媒体

包括有幻灯机和幻灯片、投影器和投影片、电影机和电影片等。这类媒体主要通过光学投影，把小的透明或不透明的图片、标本、实物投射到银幕上，呈现所需的教学信息，包括静止图像和活动图像。

（2）电声教学媒体

包括有电唱机、扩音机、收音机、语言实验室以及唱片、录音带等。它将教学信息以声音形式储存和播放传送。

（3）电视教学媒体

主要有电视机、录放像机、影碟机、录像带、视盘、学校闭路电视系统和微格教学训练系统等。它的主要特点是储存与传送活动的图像与声音信息。

（4）计算机教学媒体

包括有计算机、计算机课件、计算机网络教室、计算机校园网等。它能在各种教学活动中实现文字、图表、图像、活动图像等教学信息的传送、贮存与加工处理，与学习者相互作用，开展有效的教学活动。

5. 按技术特点分类

按媒体的技术特点可分为数字媒体与非数字媒体。数字媒体有计算机和网络、DVD、数字摄录机、数字投影仪等，非数字媒体有胶片投影机、磁带录音/录像等。无论数字媒体或非数字媒体，都是信息化教学环境的构成要素。

2.2　常规教学媒体

2.2.1　视觉型媒体

常用的视觉型教学媒体设备包括幻灯机、光学投影仪等。

1. 幻灯机

幻灯机是根据"透镜成像"原理制成的应用历史最久、提供静止画面的现代视觉教学媒体，设备简单，操作方便，经济实用。幻灯机由光学系统、机械传动装置、控制系统、电源、机箱等部分组成，如图 2-2 所示。

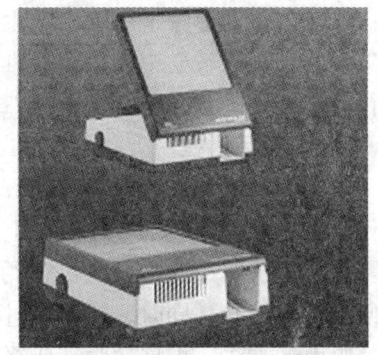

图 2-2　幻灯机

2. 光学投影仪

光学投影仪也称投影机，是在幻灯机的基础上发展起来的一种便于书写投影的视觉教学媒体，同样是利用"透镜成像"原理制成的。除了具有设备简单、操作方便、经济实用的特点外，还具有教师主动性强、自制投影片容易、亮度大等优点，在学校各学科教学中也得到广泛使用。如图 2-3 所示。

图 2-3　光学投影仪实物图

2.2.2　视觉型媒体的应用

利用视觉媒体进行教学，能将复杂、真实、重要的图形、图片在课堂中直观形象地展现给学生，有利于细致、长久地观察事物现象，对于突破教学中的重点、难点是非常有益的。利用视觉媒体进行教学常用的方式有：

1. 图示讲授

利用投影片讲授教学内容，是最基本的一种教学形式，它可以代替黑板和挂图的部分作用。上课时，教师可以利用课前制作的投影片，边讲解边放映，既可节约板书时间，又容易把问题讲清楚，便于学生接受。同时，在讲授过程中，还可以采用遮盖住投影片部分幅面的方法，根据教学需要逐步显示文字和图像，引导学生由局部到整体理解教材内容，掌握知识。

2. 实物实验演示

把实物、投影教具或实验演示器件等投影到银幕上，可以扩大演示物的可见度，便于教师演示讲解和学生观察。

3. 录音配合教学

有些教学内容，在用投影显示画面的同时，运用录音机配合以语言解说，做到声画同步，以增强教学效果。

2.2.3　听觉型媒体

常用的听觉类教学媒体设备有收音机、录音机、扩音机、CD唱机等。

1．录音机

录音机是根据"电磁转换"原理制造的听觉类教学媒体，盒式录音机具有体积小、重量轻、携带方便、操作简便及价格低廉等特点，在教学中应用最普遍。

2．激光唱机与 CD 光盘

激光唱机也称 CD（Compact Disc）机，是一种用微处理器控制的数字化高保真立体声音响设备，它使用激光束刻录的 CD 光盘放音。CD 光盘采用激光刻蚀技术，将声音信号用"信号坑"的形式记录在塑胶片上，重放时也用激光束来拾取唱片上记录的数字信号，大大提高了声音信号的记录密度，使唱片小型化（一般 CD 唱片的直径只有 12cm，厚为 0.12cm），放音时间长（达 60～70min）。CD 光盘的优点是：操作简单，选曲（检索）速度快；音色层次分明，音质好；音响指标高，动态范围大，频响宽度达到 20～20000Hz，失真度小到 0.003％；用激光进行非接触式读出，唱片无磨损，便于长久保存和使用。CD 光盘的结构如图 2-4 所示。

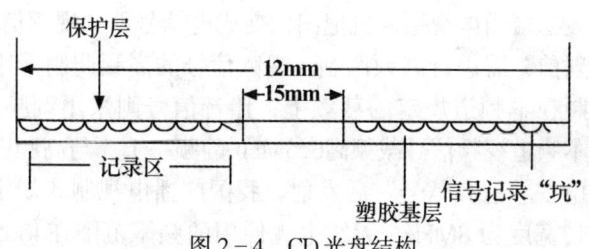

图 2-4　CD 光盘结构

2.2.4　听觉型媒体的应用

听觉型媒体一般应用于语言、音乐、语音教学或渲染情感气氛的教学场合中。利用听觉型媒体进行教学的主要作用与应用方式有：

1．扩大教育规模和范围

广播、录音等设备的使用，打破了教育时空的限制，人们足不出户，就能听取优秀教师的演讲、优美的音乐、准确的外语朗读等声音资料，扩大了教育信息的传播范围和教学规模。

2. 提供标准典型的声音示范

在语言、音乐课的教学中，经常要求提供标准的发音和发声。利用录音教材不失原始声音的特征，可多次反复播放标准录音，最大限度地发挥学生的模仿能力，常用于听力训练、语音训练、示范朗读、教唱欣赏、模拟音响等场合。

3. 提供个别化学习的听觉自学材料

学生外语听、说水平，可以在课后通过听录音带自学来提高；声乐的发声训练也可通过反复听、录磁带来进行模仿等。录音为这些课程的个别化学习提供了可能。

2.2.5 视听型媒体

常用的视听型教学媒体设备有电视机、录像机、VCD、DVD等。

1. 电视系统和电视机

电视是运用电子技术传送活动图像与声音信息的通信方式，整个电视系统通常由发送、传输、接收三部分组成。

电视发送端由电视摄像机把图像变成电信号即"视频信号"。通过天线发射前，需进行高频调制。视频信号的高频调制采用调幅的方法，调制在本频道规定的载频上，伴音信号则采用调频的方法，调制在比本频道视频信号载频高6.5MHz的频率上，与高频图像信号一起形成电视"射频信号"后发射。我国广播电视制式规定，每个频道的频带宽度为8MHz，无线电视使用的频率范围在48.5MHz～958MHz之间，划分为三个波段、68个频道：48.5MHz～90MHz为低频段（L波段），含1～5频道；167MHz～223MHz为高频段（H波段），含6～12频道；470MHz～958MHz为特高频段（UHF），含13～68频道。

把电信号还原成图像和声音是通过电视（接收）机来实现的。在接收端，电视机通过天线将微弱的射频信号接收下来，经高频放大、变频、中频放大、解调、图声信号分离、图声信号低频放大等处理后，分别送给显像管和喇叭去还原出画面和声音。

根据视频信号的高频调制方式不同，目前世界上有 NTSC、PAL、SECAM 三种彩色电视制式同时使用：美国、日本、加拿大等国采用 NTSC 制；前苏联、法国和东欧一些国家采用 SECAM 制；我国（包括香港）和德国、英国及非洲一些国家采用 PAL 制，使用时需加注意。

电视机大小按其屏幕对角线长度来区分，如 51cm（20 英寸）、73cm（29 英寸）等，教学上常用 20 英寸以上的普通电视机或大屏幕电视投影机，监示器则多用于电视节目制作及闭路电视系统控制室作为监视设备。电视机的外部控制主要有频道调节、图声质量及信号出入控制等三大部分。电视机使用时应放在合适的观看位置上，收看距离等于荧光屏高度的 4～6 倍、摆放高度略低于人眼水平面。

2. 录像机

录像机是视听教学媒体中的重要设备，它和摄像机、电视机、特技信号发生器等组合使用，可很方便地对各种教育电视节目进行编辑组合、记录重放等操作，十分有利于学习者学习。和录音机一样，录像机也是利用磁记录原理对教育电视信号进行记录和重放的。磁头系统是进行电磁转换的关键部件，它承担着记录或消去视频信号、音频信号，以及控制录像机伺服系统工作的控制信号。

现在常用的标清录像机有 D 格式（D1, D2, D3, D5）、数字 Betacam、DVCPRO、Digital－S、DVCAM、Betacam－SX 等记录格式，数字高清录像机有 Sony 的 HECAM 和松下的 D5－HD、DVCPROHD 等记录格式。在教育技术应用中，常用的录像机有 DVCPRO、DVCAM 和 DV 等记录格式。

3. VCD 与 DVD

VCD（Video Compact Disc）机是采用激光和数字信号压缩等技术记录图像与声音的设备，其硬件结构主要由播放驱动机构、单片机控制系统和 MPEG 解压缩集成电路组成，VCD 光盘的直径为 12cm，可以存储 74 分钟的活动图像和声音信号，VCD 图像的分辨率为 352×240。

DVD（Digital Video Disk 或 Digital Versatile Disk）即数字视频光盘，它利用 MPEG2 的压缩技术来储存影像，其分辨率可达 720×480。DVD 光盘的结构与 VCD 光盘十分类似，只是其数据刻录激光和读取的激光波长要比 VCD 的波长短、聚焦点小，故信号坑比 VCD 更小，盘片上轨迹间距也更小，所以存储容量要比 VCD 大得多。DVD 与 VCD、CD 的大小相同，直径约 12 公分。另外，DVD 将 VCD 的二声道扩充至5.1 声道，让人们真正进入多声道的世界。

2.2.6 视听型媒体的应用

视听型媒体表现手法丰富多样，不受时空限制。视听型媒体在教学中应用的主要方式有：

1. 主体式教学

视听型媒体应用于教学实践，可在一门课程或课堂教学中为主体手段运用，如组织学生利用各种开路或闭路教育电视系统播放或收视视听教材，并按照事先排定的授课时间表进行教学活动。这其中，教师作为教学工作的管理者，主要完成组织、辅导答疑、实验指导及批改作业等工作。这种形式较适用于远程教学活动，要求配有高质量的视听媒体教材和认真负责的教学管理工作人员，并能收到低投资、高效率的效果。

2. 补充式教学

视听型教学媒体应用在常规学校教育或课堂教学中，主要以补充教学活动的形式来运用。教师在课堂讲解中，可适时插入一段视听媒体教材，以补充表现教师讲解中较难以其他形式表现的知识重点、难点，如学生平时缺乏感性认识的内容，短时间内难有结果的自然科学实验等，都可以通过采用视听媒体补充教育手段来完成，以提高教学效率与质量。

3. 示范式教学

视听媒体教材可以提供规范标准的行为模式，供学生观摩仿效，如实验操作过程、生产流程、行为动作规范等方面，学生可通过接收视听信息来指导自己的学习。这对于师资力量匮乏和实验条件欠缺的教学单位尤其重要，可避免教学过程中对学习者的误导、从而提高教学质量。

4. 个别化教学

视听型教学媒体除了适合集体教学外，还十分适合于自学方式的个别化教学。电视相当于物化了的教师，学习者利用视听教学手段、不但可以提取丰富的教学信息，还可获得具体的教学指导，十分方便学习者自定步调、因需求学、因材选学的个别化学习方式，有利于发挥各种层次学习者的学习积极性和个体素质优势，适合自学式继续学习。

2.3　教学媒体的选择与应用

2.3.1　教学媒体的功能与教学特性

各类媒体运用了不同的符号去运载信息，去刺激受者不同的感官，使其所表现的教学功能与特性各不相同。因此，我们在选择与应用各类教学媒体时，应分析每种媒体的教学功能和特性，根据需要，取长补短，综合运用。

1. 现代教学媒体的功能

（1）再现功能

现代教学媒体能不受时间、空间、微观、宏观的限制，根据教育、教学的需要，将所讲对象在大与小、远与近、快与慢、零与整、虚与实之间互相转化，从而使教育、教学内容中涉及的事物、现象、过程，全部再现于课堂，从太空到海底、从远古到现在、从自然到社会、从异国到本土，都可以表现出来，让学生亲眼目睹。

（2）集成功能

现代教学媒体能把图像的、声音的、文字的教学材料融合在一起，向学生提供多重刺激，使学生获得视听等多种感觉通道的信息。

（3）交互功能

现代教学媒体能实现人—机的双向沟通和人—人之间的远距离

交互学习。

（4）扩充功能

现代教学媒体提供的大容量多媒体和网络信息，极大地丰富了学生的学习资源。一张小小的光盘，其信息容量高达 700MB 以上，相当于包含3.5亿个汉字；计算机网络上的信息更是无穷无尽。

（5）虚拟功能

由计算机仿真生成的虚拟现实世界，可以创造一种身临其境的完全真实感觉，使学习者不仅能感知而且能操作虚拟现实世界中的各种对象。

2. 现代教学媒体的教学特性

教学媒体的特性主要包括呈现力、重现力、传送能力、可控性与参与性等。

（1）呈现力

呈现力是指媒体呈现客观事物的时间、空间和运动特性的能力。我们知道，信息是事物运动状态与规律的表征。信息不是事物本身而是事物的表征，它是用不同的符号去表征或描述的，从而决定了媒体有不同的呈现能力。呈现力由以下诸要素决定。

空间特性：指事物的形状、大小、距离、方位等。

时间特性：指事物出现的先后顺序、持续时间、出现频率、节奏快慢等。

运动特性：指事物的运动形式、空间位移、形状变换等。

颜色特性：指事物的颜色与色调属性。

各类媒体，呈现事物的空间、时间、运动、颜色、声音等特征的能力是不同的，也表明了各类媒体去表征事物运动状态与规律的能力是不同的。

电视和多媒体课件都能够以活动的图像呈现事物的变化过程和动向，逼真地、系统地呈现出原因→过程（或状态）→结构等一连串的流程，对事物的运动形式、空间位移、相对关系及形状变化都具有很强的表现能力。

电视和多媒体课件还能够调节事物与现象所包含的时间因素。

电视可以借助特技中的淡变方式表现事物时间的过渡，利用画面的剪辑技巧表现先后顺序、出现频数及节奏快慢等的时间特征，多媒体计算机更可以自如地调节动画动作的速度、方位和视频图像播放的位置、速度，以及进行定格观察。

电视还具有调节事物与现象的空间因素的能力。通过镜头的调度，采用远景、全景、中景、近景、特写等方式，也可以利用镜头的推、拉、摇、移、跟等方式，有效地从各个角度来表现事物的形状、方位、距离，以及立体感等空间特性，还可以把事物加以扩大和缩小。电视还能够通过画面的剪辑，重新构造"现实"，借助现实的再造，去掉事物和现象的非本质因素，将它的本质以明白易懂的形式向学生呈现出来。但是有些时候，学生会把这种再造的现实，或把经过调节的时间历程或空间特征混同于实际的现实而造成一种错觉。

幻灯、投影一类媒体在表现事物的空间特征方面也具有类似的能力，而且能够放映出更大而清晰的图像。但在表现时间与运动特性方面就比不上电视和多媒体计算机。然而，正因为它是以静止的方式表现事物的瞬间特征，就能够让学生详细地、有分析地观察事物的细部。

无线电广播、录音是以时间因素来组织信息的，它借助于语言、音乐及实际音响的抑扬顿挫、轻重缓急来表现事物现象的特征。其表现力受到时间先后顺序的影响。

在各类媒体中，多媒体计算机拥有极强的表现力，它能够将语言文字、挂图、标本、音乐、幻灯、电影、电视等各类教材和方法，统一于自身之中并加以运用。

(2) 重现力

重现力是指媒体不受时间、空间的限制，把记录、存储的内容随时重新使用的能力。

照片、幻灯、电影一类的媒体必须经过冲洗的程序之后才能重现，尤其是电影片的冲洗周期更长。但是，一旦被冲洗出来，便能极为方便地反复重现，并且可以根据需要重新调整组织内容，以获得不同信息加以重放。

　　无线电及广播电视是受同时性限制的媒体，即传播者和受播者必须同时行动，其重现力不强。但是，自从出现了录音机、录像机等之后，这种限制就被打破了。录音机、录像机最重要的特性之一就是能及时重现。刚刚消失的声音和现象，只要被录音机和录像机记录下来，便能随时重播，可以多次重复，不受次数、时间、空间的限制。

　　多媒体计算机和网络型媒体是不受时空间限制的、能够随时重现的媒体。一旦制作好，这种媒体类型就可以在任何时候、任何地方被使用者加以重用，没有次数限制，对于网络型媒体甚至能够被世界各地的多个用户同时使用。另外，用户还可以根据需要，方便地选择合适的表现形式和内容，还可以跳转到相关内容。例如，网络远程教育，只要制作好网络课程，并在因特网上发布后，任何学习者只要能够登录 Internet，都可以进入到相应的网站，浏览课程内容并进行学习。

　　(3) 传送能力

　　传送能力是指媒体把信息同时传送到接受者的空间范围，可以分为无限接触面和有限接触面。

　　电影、幻灯、投影和录像电视的接触面是有限的，一般只能局限于教室范围之内，而且接触面还受到环境条件的限制。例如，电影放映必须遮黑教室，大教室内播放录像节目必须同时安放多台监视器等。

　　广播电视和无线电广播的接触面非常广，它们能够跨越空间的限制，到达家庭和社会的各个角落，属于无线接触面的媒体。

　　网络型媒体不仅能跨越空间的限制，还能跨越时间的限制，也属于无线接触面的媒体，任何时候都能够通过多媒体网络计算机实现信息的获取和传递，也使得在空间距离上相距非常遥远的人们，能够实现实时的信息交流。例如，通过计算机与网络，我们可以在中国的校园内，听美国老师在美国哈佛大学内的授课；也可以与世界各地的朋友实现实时的对话与学习交流。

（4）可控性

可控性是指使用者对媒体操纵控制的难易程度。

一般来说，计算机、录音机、幻灯机和录像机能较容易和方便地使用和操作，并且能够有效地为不同的人提供不同的服务，实现个别化学习。电影放映机则必须接受专门的训练，才能有效地操作。无线电和广播电视，由于使用者无法掌握其播出时间、播放内容及其长度，所以较难控制。

在所有现存学习媒体中，多媒体计算机和网络型媒体是较容易受控的一种媒体类型。学习者不用考虑空间和时间的限制，只要有条件上网，随时都可以调用相应的网络学习资源，进行学习。

（5）参与性

参与性是指利用媒体开展教学活动时，学习者参与活动的机会。它可分为行为参与和感情参与。

幻灯可以根据学生程度和放映目的，每次增加适当的解释；可以一边观察图像，一边进行师生之间和生生之间的讨论、提问和答疑。这样，在解释和讨论中，学生在行为上便不由自主地加入进来，积极参与，从而使学习步步深入。

投影机放映时，教师和学生能够以面对面的方式呈现资料和进行学习，教师可以一边了解学生的反应，得到反馈信息，一边进行指导；教师还可以顺应学生的思维过程逐步呈现资料，组织教学活动，以便学习者能够更好地参与进来。

电影、电视、无线电广播是运用活动与顺序的图像和声音方式组织信息的，有较强的表现力和感染力，它可以利用具体的场面和音响刺激学生，引起学生的情绪反应、兴趣和注意，从而诱发学生情感上的参与。

多媒体计算机和网络型媒体具有很强的交互性，允许学习者根据需要请求和调用不同的内容；还允许学习者根据个人的爱好，选择不同的学习方式和界面。此类媒体具有教与学个性化的特点，能够最大限度地发挥学习者的积极性和主动性，使他们参与到学习过程中来。例如：通过网络课程来学习英语，有的学习者没有任何基础，需要从字母发音学起，那么他可以选择基础知识中的字母发音部分，一步步跟着网络课程来学习每一个字母的发音（如：点一下字母会自动读出该字母的发音），遇到不好学的字母，学习者还可以无限次重复点击字母学习发音，直到学会为止。对于有一定基础的学习者，他可以跳过基础知识部分学习以后的内容，比如句型、语法等，不必再跟着初学者一起学习简单的字母发音等已经掌握的知识。这种情况下，学习者的学习进度和学习步骤完全由自己控制，能最大限度地发挥学习者的参与性和主动性。

　　表2-1列出了各类媒体的不同教学特性，在教学活动中应根据教学内容、教学对象选择合适的媒体，充分发挥媒体的长处，才能取得良好的教学效果。

表2-1　教学媒体特性一览表

媒体种类 教学特性		教科书	板书	模型	无线电	录音	幻灯	电影	电视	录像	计算机
表现力	空间特性			✓			✓	✓	✓	✓	
	时间特性	✓	✓		✓	✓					✓
	运动特性							✓	✓	✓	✓
重现力	即时重现		✓			✓					
	事后重现	✓		✓		✓	✓	✓	✓	✓	✓
接触面	无限接触	✓		✓							
	有限接触						✓	✓	✓	✓	✓
参与性	感情参与			✓			✓	✓	✓		
	行为参与		✓					✓			✓
受控性	易控	✓	✓	✓			✓			✓	
	难控				✓				✓		

2.3.2　教学媒体编制的效果原理

　　教学媒体作为一种媒体用于教学传播活动，它是否能取得好的教学传播效果，决定于在编制时是否依据下面的几条传播效果原理：

1．共同经验原理

在教育传播中，教师通过媒体向学生传送与交换教育信息，教师要与学生沟通，必须把沟通建立在双方共同经验的范围内。图 2－5 两个圆圈各代表甲与乙的已有经验范围，其间重叠的地方是他们具有的共同经验，是可以沟通的地方。要学生了解一件事物，教师必须用学生经验范围能够理解的比喻，引导他们进入新的知识领域。

当甲与乙没有共同的直接经验时，可以通过媒体，如幻灯、电影、电视等媒体，用画面与声音去呈现事物的运动状态与规律，可以使学生获取间接的经验，在此基础上，引申到下一阶段高层次的知识介绍。可见教学媒体的设计与编制必须充分考虑学生的经验与知识水平，才能取得良好的教学效果。

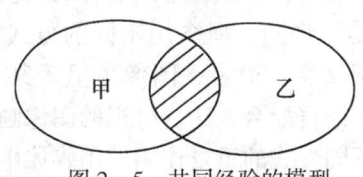

图 2－5　共同经验的模型

2．抽象层次原理

抽象是把事物的个别特征去掉，取其共同点，去代表或说明同一类的事物。学生的学习必须从具体到抽象，只有形象，没有抽象，不能把学生获取的信息加工为知识与能力。抽象有不同的层次。以苹果为例说明如下：

放在桌上的那个苹果；

一般性的苹果；

水果——从苹果、桔子、梨子等抽象出来的共同特征；

食物——从水果、蔬菜、肉类等抽象出来的共同特征；

生活制度——从食物、房屋、汽车等抽象出来的共同特征；

经济制度——如生活程度机械化、金融事业等的共同特征。

因此，编制教学媒体选取素材必须在学生能明白的抽象范围上进行，并且在这个范围内的各个抽象层次上下移动。用文字或语言解说去把形象、现象上升为概念与原理，得出抽象的要点，再用具体的事物来支持。

3. 重复作用原理

重复作用就是将一个概念在不同的场合或用不同的方式去重复呈现。重复作用是取得传播效果的一个有效方法。教育传播的重复作用原理包括两层含义。一是将一个概念在不同的场合重复呈现。一些有关外语学习的研究表明，要牢固地掌握某个生词，必须在8个不同的场合中接触它。大脑反复受到8次刺激之后，就能达到长时记忆。根据这个规律，编写教科书时应该使得每个生词在8种不同场合下出现。不同场合的重复作用可以加深印象，提高记忆效果。因此，编制教学媒体，概念在不同场合的重复是必要的。重复作用的第二层含义是，将同一概念用不同的方式去重复呈现。例如，同时或者先后用文字、声音、图像去呈现某一概念。教师边讲，边用板书或体态语言配合表达。电视的图像画面配以语言、声音进行解说等等。不同方式的重复作用，用媒体中不同的符号去重复事物的特性，加强学生的理解，加深符号之间的联系，从而获得好的传播效果。

4. 信息来源原理

传播学研究证明了有信誉的和可靠的信息来源对人们有较佳的传播效果。因此在教学媒体编制中，选用的信息来源应该是有权威、有信誉、真实可靠的。比如，录音教材用权威人士或优秀教师的原音录制；幻灯教材选用典型的真实事物现场拍摄制作；电影、电视教材用著名优秀教师任编导和电视教师，素材尽可能采用典型可靠的真实事物现象，多采用长镜头拍摄，反映历史事实尽可能用历史资料素材等。

5. 最小代价原理

研究人类的语言，有一个法则叫"最小代价律"："最常用的字笔划最少，最常用的文字，能用最少字数去构成词组表达更多的意义，这就是以最小努力去达到最大的收获。"教学媒体的编制，同样要遵循这一原理。

根据"最小代价律"，可以得出一条教学媒体编制的选择率法则，用公式可以表示为：

$$\frac{可能得到的教学效果}{需要付出的代价} = 媒体编制利用选择率$$

公式表示：若多种媒体都能达到同样的教学效果，要选择编制和使用成本低、付出努力少的媒体。比如，投影片能胜任的教学内容和开展的教学活动，使用多媒体计算机去实施，显然是一种浪费。

从最小代价律可以推导出下列教育媒体制作与选择原则：

（1）方便性：媒体的制作与选择必须考虑方便使用者的采用。

（2）显著性：媒体的制作与选择必须突出教育主题内容。

（3）吸引性：媒体的制作与选择必须能够吸引使用者。

（4）需要性：媒体的制作与选择必须针对使用者的需要。

（5）习惯性：媒体的制作与选择必须注意和照顾受众原有的传播习惯。

2.3.3　教学媒体的选择

教学媒体的选择要从教学媒体的功能与教学的需要两方面去考虑。一般应遵循以下几点：

1. 根据教育者、学习者的特点

教育者主要因素包括：愿意使用何种媒体，对所使用的媒体持何种态度，是否能控制教学媒体等。学习者特点包括：个体差异（如经验、文化差异、年龄、兴趣、动机、学习风格、对视/听优先不同的考虑等），学习者数量（如教学群体的规模使有些媒体不能或很难使用，或变得不经济），学习者生理缺陷（如目盲、耳聋、色盲、口吃等）。

2. 根据教学媒体的功能

每种教学媒体都有不同的功能与特性，因此，它们应用在不同的教学环境下也会产生相异的教学效果。而教学媒体选择的真正意义就在于找到适合不同教学环境特点的教学媒体，扬长避短，达到与其它教学因素组合的最优化，最大可能发挥教学媒体的潜能。

加涅对各种教学媒体的功能进行了分析，如表2-2所示，本书在前面也阐述了教学媒体的功能与特性，选择教学媒体时根据功能与特性的不同予以选择。

表2-2　各种媒体的教学功能

功能	媒体						
	演示物体	口头传播	印刷媒体	静态媒体	移动图片	有声电影	教学机器
显示刺激	可以	有限	有限	可以	可以	可以	可以
引导注意	不可以	可以	可以	不可以	不可以	可以	可以
提供示范	有限	可以	可以	有限	有限	可以	可以
外部提示	有限	可以	可以	有限	有限	可以	可以
引导思考	不可以	可以	可以	不可以	不可以	可以	可以
诱导迁移	有限	可以	有限	有限	有限	有限	有限
评估成绩	不可以	可以	可以	不可以	不可以	可以	可以
提供反馈	有限	可以	可以	不可以	有限	可以	可以

3. 根据学习结果

选择教学媒体是为了快速有效地完成教学任务，使学生通过一定的学习行为获得预期的学习结果。不同的学习结果需要不同的教学媒体与之相适应。根据加涅的学习结果分类，结合各种媒体的特点，列出了根据学习结果选择教学媒体的表格，如表2-3，说明针对不同的学习结果，可以选择哪些媒体，不可以选择哪些媒体，以此作为选择教学媒体的一个参照标准。

表 2－3　根据学习结果选择媒体

学习结果	排　　除	选　　择
智力技能	排除没有交互能力的媒体，不要给阅读能力差的学生提供印刷资料	选择能够对学生的反应提供反馈的媒体；为阅读能力差的学生选择听觉和视觉媒体。
认知策略	同上	同上
言语信息	不要使用没有言语信息而仅仅是一些实际设备或模拟装置的媒体；不要给阅读能力差的学生提供复杂的文章	选择能够呈现言语信息和细节的媒体；为阅读能力差的学生提供听觉媒体和图示媒体
态度	同上	选择能够呈现人类模型和模型信息的媒体，如仿制的模型
动作技能	不要选择不能呈现学习者的反应并对之进行反馈的媒体	选择能够提供反馈信息和实际操作练习的媒体

4．根据教学条件

教学条件主要指环境条件、经济条件、媒体条件等。运用现代教育技术开展教育教学工作时，应根据现有的教学条件选择现代教学媒体。要考虑在现有教学条件下，能提供什么样的教学媒体条件? 现有的教学媒体条件要使用什么样的教学软件? 因此，选择教学媒体要根据实际的教学条件，切忌盲目攀比，不可看了别人的先进，不顾自己的现实条件盲目追求先进。

5．综合选择媒体

媒体之间可以互相支持，也会相互干扰。关键问题是怎样在多种媒体之间以一种兼容和内聚的方式来分配信息，以及怎样最有效地表达某种特定信息，从而在教学中达到最佳的效果。目标、内容、媒体，是教学过程中相互联系而又相互作用的三要素。其中，目标和内容是起决定作用的主要因素。而教学媒体则是个相对独立的因素，它是受教学目标和教学内容所制约并为之服务的。

　　既然"目标－内容－媒体"是一个互动的辩证统一体，因而媒体信息呈现时机的设计，首先应建立在对这一统一体三维立体关系的研究上，使媒体的呈现时机与教学目标、教学内容紧密地联系，成为有机的整体，并根据媒体的作用来合理设计安排其呈现时机，形成最优的课堂教学结构。所以从一定意义上说，媒体呈现时机的前、中、后是相对而言的。

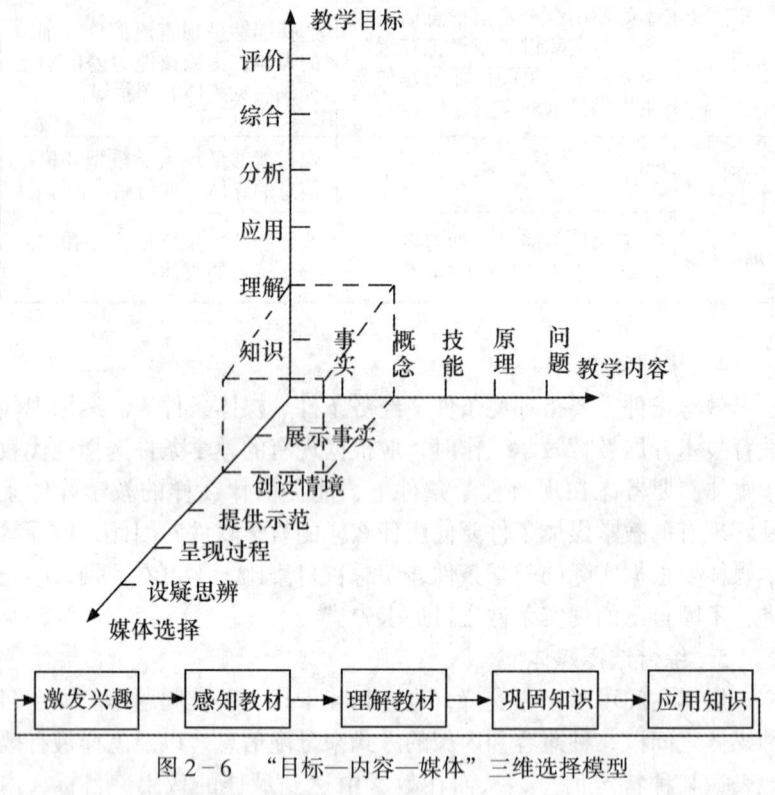

图 2-6　"目标—内容—媒体"三维选择模型

　　图 2-6 是"目标－内容－媒体"三维选择模型图。利用这个模型，我们不但可以根据教学内容和教学目标确定媒体的使用目标，而且可以根据它选择呈现时机。例如，假设某科的教学目标在

于"理解",教学内容属于"概念",那么,媒体具体作用的选择就应侧重于创设情境。因此,在一般课堂结构中,相对的媒体的呈现时机应为中间阶段。在图中我们以▲表示。计算机媒体信息的呈现时机可以选择于注意的开端,或选择于注意的低谷,目的是要努力保持学生注意的持久与稳定,使学生神经中枢处于兴奋状态,激起注意的第二次、第三次高峰,使之感之迅速,记忆牢固,思维灵敏,想象丰富,从而获得教学的最佳效果。

2.3.4 教学媒体的应用策略

多种现代教学媒体进入教育领域,正在引起教育的重大变革。近年来,现代教学媒体被广泛运用于教与学的各个方面,下面提出常用的几种利用教学媒体教与学的策略。

1. 辅助以教师为中心的课堂教学

当前我国学校教育,大多数仍保留着以教师为中心的课堂教学方式。彻底改变这种教学方式,也许还需相当长一段时间。但多种教学媒体进入课堂,利用多媒体优化组合配合教师的讲授,可以创建一种新型的教学模式,对解决教学重点、难点,提高教学质量,缩短教学时间,提高教学效率,将起重大作用。

2. 创建以学生为中心的课堂学习模式

多种多样媒体进入课堂,有利于将课堂教学转化为以学生为中心的学习模式。例如利用多种媒体去设置一定的教学情境,采用发现和探究式的学习方法,在教师指导下,学生通过媒体进行学习,不断发现问题,解决问题,直至达到掌握教学目标要求的知识与能力。利用多种媒体提供的条件,依据一定的教学思想与理论,去创建有效的以学生为中心的学习模式,正在得到迅速发展。

3. 自主学习

自主学习是指学习者个体在学习过程中一种主动而积极自觉的学习行为,是学习者个体非智力因素作用于智力活动的一种状态显示。它表现为学习者在教育活动过程中具有强烈的求知欲、主动参与的精神与积极思考的行为。其重要特征是学习者已具备了将学习的需要内化为自动的行为或倾向,并具备了与之相应的一定能力。

在自主学习状态下，学习的压力产生于内在需求的冲动。即自我价值实现和社会责任感的驱动，而不是外在的压迫或急功近利的行为。因此，学习的目的是为了获取知识、技能和锻炼培养能力。教学媒体为学习者的自主学习提供了丰富的信息资源，并可作为学习者自主学习的认知工具。

4. 协作学习

随着多媒体计算机技术的发展，尤其是网络的开发与利用，为学习者的协作学习创造了有利的环境与条件。通过计算机与网络，不同地点的学习者可以同时或非同时地协作交流，为个人或小组取得最大化的学习成果提供保障与支持。当前已有实时同地、实时异地、同地异时、异地异时等多种计算机支持的协作学习类型。随着计算机网络的迅猛发展，协作学习开展的深度与广度日趋扩大，计算机支持的协作学习前景的发展更为广阔。

5. 利用媒体进行学生技能的训练与实践教学

一些媒体特别适合于学生技能的训练与实践。例如，在语言实验中，可以利用录音带训练学生的口语及听说能力；在微格教学实践中，可利用摄、录像媒体训练师范生的教学技能。

6. 利用媒体实施远程教学

利用无线电与电视广播、计算机网络可以将教学信息传送很远很广的范围，这些媒体为实施远程教学提供了有利的条件，近年远程教学正在蓬勃发展。

多种多样媒体的开发与利用，正在引起教育的重大变革，我们应积极开展媒体教学试验，掌握媒体的特性与教学规律，创建多种有效的教学模式，促进我国的教育改革与教育现代化建设。

7. 研究性学习

研究性学习是学习者在教师指导下，从自然、社会和生活中选择和确定专题进行研究，并在研究过程中主动地获取知识、应用知识、解决问题的学习活动；研究性学习具有开放性、探究性和实践性的特点，是师生共同探索新知识的学习过程，是师生围绕着解决问题共同完成研究内容的确定、方法的选择以及为解决问题相互合作和交流的过程。在开展研究性学习的过程中，教师和学习者的角色都具有新的特点，教育内容的呈现方式、学习者的学习方式、教师的教学方式以及师生互动的形式都要发生较大变化；研究性学习的实施一般可分三个阶段：进入问题情境阶段、实践体验阶段和表达交流阶段。教学媒体在研究性学习的实施中起到重要作用。

8. 综合学习

综合学习，是以"学会生存，学会学习"的结合为目标，以学习者的兴趣与需要等内部动机为基础，在课题学习中不受学科分类所束缚，通过调查、实践、亲身体验、信息技术的应用等过程综合地运用各学科的知识和技能，开展问题解决活动，通过交流、协作、发表演讲等活动，促进问题解决能力的伸展，使学习者的学习得到深化、扩展，创造以及与他人的协作化和共有化，实现学习者的生产性学习。

9. 创新学习

创新学习是一种学习者自己提出新问题、新想法、新结论、创造新事物的学习，其特点是推陈出新，而非墨守成规。创新学习，就是以创新的态度来对待学习对象，在学习过程中想得多、想得新、想得巧，从而培养自己的创新精神和创新能力。创新学习，首先要有一种全新的积极的学习态度；其次要找到一种适合于自己的有效的学习方法。知识时代要求人人都要学会如何学习，学会如何思考，学会使用各种帮助自己提高的工具，努力延伸我们的手和脑，掌握快捷的学习方法；将大脑调整到最有接受性和创造性的状态，掌握最新的知识。各类新型现代教学媒体是开展创新学习的得力工具。

【思考与练习】

1. 什么是媒体、教学媒体、现代教学媒体？
2. 试阐述教学媒体的基本特性。
3. 试列举两种教学媒体的分类方法。
4. 现代教学媒体的功能有哪些？

5. 试分析录音、电视和计算机媒体的教学特性。
6. 媒体编制的效果原理有哪些？
7. 如何选择教学媒体？

第 3 章　信息化教学理论

【学习目标】

　　1. 理解信息化教学、信息化教学模式、信息化教学方法、学习契约、量规等概念的含义。

　　2. 知道信息化教学的特点。

　　3. 阐述信息化教学模式的特点。

　　4. 阐述信息化教学方法的特点、优势、应用步骤、适用范围和条件。

　　5. 叙述信息化教学评价的特点。

　　随着教育技术快速发展，信息技术被广泛应用于教学活动中，从教学过程到教学模式，从教学内容到教学形式，从教学方法到教学手段，都发生了前所未有的重大变革，学习和掌握信息化教学理论，对于科学、有效地设计、实施和评价教学活动，对于优化教学过程和提高教学的效率和质量，都是必要的前提条件。

3.1　信息化教学过程

3.1.1　信息化教学的定义与特征

1. 什么是信息化教学

　　信息化教学特指教育者和学习者借助现代教育媒体、教育信息资源和方法进行的教学活动，是教育技术在教学活动中的运用。它以现代教育媒体及教育信息资源为中介，是师生双方共同的活动，既是师生运用现代教育媒体进行的教学活动，也是基于信息技术在师生间开展的教学活动。

2. 信息化教学的特征

从本质上讲，信息化教学与一般的教学都是教师的教和学生的学组成的活动。信息化教学要向学生传递知识和技能，重视信息的传递和交流，也强调教学以学习为根本；它既关注学习者的认识活动，也重视教材、课程在教学中的中介作用等等。但是，由于信息技术在教学活动中的应用，使信息化教学同一般教学相比较具有以下特征。

（1）信息化教学是利用现代视听媒体和信息技术的教学，强调课程与信息技术的整合。

信息化教学不是一般的教学活动和现象，而是指应用现代视听媒体和信息技术进行的教学活动。必须说明，判断是否是信息化教学，不能简单地以教学中是否使用现代教育媒体和使用次数的多少等外在形式作为标准。

与一般教学相比，我们所指的信息化教学，其一是指在教学活动中应用了现代视听媒体和信息技术的教学，没有应用现代视听媒体和信息技术的教学不能称其为信息化教学；其二是指现代视听媒体和信息技术在教学活动中要有目的地与课程学习内容相关联，与学习者的主动学习相关联，使信息技术在与学科课程的整合中真正起到作用，充分发挥功能，切实解决教学问题，在教学中扮演不可缺少或不可替代的角色。

（2）信息化教学是对教育技术应用于教学的概括性表述，追求教学效果的最优化。

信息化教学的"信息化"是指利用各种媒体营造有利于教师的教和学生的学的信息化教学环境。理想的信息化教学环境，能使学习者的个性得到最充分的发挥。与一般教学相比，信息化教学不仅指通过媒体进行的单向信息传递活动，还指利用现代教育媒体和信息技术进行的多种教学活动，包括了对教学过程和教育信息资源的设计、开发、利用、管理和评价等多种教学工作。信息化教学过程不仅体现教学活动的主要特征——传递知识和技能，更体现了学习者对教育信息的主动探求，学习者可以按照自己的能力、风格、爱好选择自己喜欢的学习内容与方式，从而实现学习效果的最优化。

（3）信息化教学是凭借丰富的教育信息资源而进行的教学，有助于学习者自我建构知识。

与一般教学相比，信息化教学是在比较丰富的教育信息环境中进行的。信息化教学不仅以课程和教材为中介，而且利用了媒体和信息技术手段，由此课程和教材的表现方式或传递渠道变得多种多样，丰富了教育信息资源。使得信息呈现形式多元化（可以用文字、图形、声音、动画、视频图像等反映教学内容）、信息交流方式网络化（可以利用数字化信息网络时空不限、多向互动的特点进行合作交流，构成各种形式的教学活动）、信息来源全球化（利用广播电视，特别是互联网可以超出课堂和学校的有限范围，实现全球教育资源的共享）。在这种信息化环境下，学习者能够充分地利用所学的新知识与原有知识产生联系，解决问题，建构出知识的意义，所获得的新知识比被动接受的知识更有实际意义，印象更深刻。

3.1.2　信息化教学过程的定义与构成要素

1. 什么是信息化教学过程

教学过程是教学的实施过程，即教学活动的开展过程。它是在教师指导下学生的一种特殊认识过程，也是促进学生身心发展的过程。

信息化教学过程是教育者和学习者运用现代教育技术传递、接收与交流教育信息的过程。信息化教学过程不是单向的媒体传递教学信息的过程，而是教育者借助现代教育技术搜集、加工、处理和传递教育信息的过程，也是学习者借助现代教育技术查询、探索、接收和加工教育信息的过程。

2. 信息化教学过程的基本构成要素

信息化教学过程是一个由多要素构成的整体系统，教育者、教育信息、现代教育媒体、学习者是信息化教学过程不可缺少的四个基本构成要素。所谓基本要素，是指该系统（事物）最主要的组成部分，缺少某一个基本要素就不能构成该系统。在现代教学理论指导下的信息化教学，依托一定的信息技术，使其教学过程的基本要素与一般教学过程相比具有了新的特点：教育者和学习者的角色发生了变化，各自所承担的任务也和过去有所不同，教育信息表现方式和传递途径不同于传统教学，现代教育媒体在教学过程中的运用也成为信息化教学过程不同于传统教学过程的一个显著特征。

（1）教育者

教育者，包括教师、教育信息设计者、编制者、教育管理者等，是信息化教学过程的组织者、设计者、控制者和教育信息发送者。在教学过程中，教育者处于主导地位，他的主要工作是收集、处理、传送信息，对学习者进行教育，实现教育的整体目标。现代信息技术的出现，使得教育者的工作方式和职能发生了一系列的变化。传统教学过程仅注重教育者课堂中的教学行为，仅把课堂上的活动看作是教学；而信息化教学过程突破课堂时空间的限制，教育者的活动不仅在课堂上，也在"课堂"之外，他们不仅关注课堂上的教学活动，更要关注利用网络等信息技术对教育信息的搜集、加工、整理和创造。他们"面对"的学生不仅是课堂上的学生，而且包括网络空间中的学生。他们不仅指导课堂上学生的活动，也要指导课堂外学生的学习活动等。

（2）教育信息

教育信息，指在教育系统中传递、学习和交流的内容，也指教育者和学习者在教育活动中产生的维持其活动的中介内容。教育信息有两层含义：一是指教育内容，它是教育过程中师生之间传授、学习的知识、方法和技能等内容；二是指其他维持、控制、调节教育活动的中介性内容，如指令、要求、说明、询问、应答等内容。现代信息技术的出现，使得教育信息的表现方式多样化，传递途径立体化。在信息表现方式上，可以文本、图形、图表、声音、动画、视频等多媒体方式来表现。在信息传递上，由过去印刷物的平面传递，到现在的通信卫星、地面微波通信、闭路电视、计算机网络等构成的立体化信息传递通道。

（3）现代教育媒体

现代教育媒体，是指教育中应用的以电子技术和数字技术为特征的信息工具。现代教育媒体是教育媒体的从属概念，它专指某类媒体，有较强的技术特征和时代特点，主要包括以电子技术为特点的现代视听媒体，如幻灯、广播、录音、电视等和以数字技术为特征的信息媒体。现代教育媒体是一个具有时代性的概念，由于科学技术的飞速发展，尤其是多媒体计算机和网络通讯技术等信息技术的发展，对教育教学产生了重大的影响，因而人们对多媒体计算机和网络这类交互性媒体又给予了特别看待，把它们又称之为现代教育信息技术媒体。现代教育媒体在信息化教学过程中不但可以承载和传递信息，增强教学的效果，激发学生的学习兴趣，提高教学效率；还能作为学习者提高学习效率与效果的效能工具，与他人合作、交流的通讯工具，查找、收集、分析、评价与整合信息的研究工具，解决问题并做出决策的问题解决与决策工具。在信息化社会，现代教育媒体在教学过程中起着越来越重要的作用，成为信息化教学过程中不可缺少的构成要素。

（4）学习者

学习者是信息化教学过程的积极参与者，既是教育信息接受者，也是教育信息的探询者。在信息化教学过程中学习者可接触更多的教育信息资源，有更多的自主性和独立性。现代信息技术的出现，使得学习者的学习方式和学习行为也发生了相应的变化。学习者不仅在课堂上接受教师面对面的讲授、指导，还可以通过计算机网络获取其他的教学信息资源。在这种情况下，学习者不是被动地接受教师的"灌输"，而是主动地通过现代信息技术工具探求、搜集和加工信息，充分调动了学习者的主动性和积极性。学生"面对"的不仅是课堂上的某个教师，也包括通过网络"接触"的与学习主题内容有关的其他"教师"。

3.1.3 信息化教学过程基本要素之间的关系

教育者、教育信息、现代教育媒体和学习者之间存在六种关系：即教育者与教育信息、教育者与现代教育媒体、教育者与学习者、学习者与教育信息、学习者与现代教育媒体、现代教育媒体与教育信息等关系。其中，教育者与学习者的关系、教育者与现代教育媒体的关系和学习者与现代教育媒体的关系起着主导作用。

1. 信息化教学过程中教师与学生之间的关系

教育者与学习者、教的活动与学的活动构成教学的主要矛盾或主要问题。教学理论对师生关系的分析往往是在课堂教学活动的背景下，在师生面对面交流的基础上，从认识论的角度把师生关系看成主客体关系。从教的角度看，教育者就是主体，学习者和教育信息等就是客体，是教育者认识和作用的对象；如果从学的角度看，学习者就是主体，教育信息和教育者是学生认识的对象。但是，在课堂教学中，学生的学习目标往往是由教师来确定，有时学生的活动由教师来控制和调节。所以，学生的主体性便打了折扣。

信息化教学过程不仅发生在课堂中，借助现代教育媒体和信息技术还产生了远程教学和网络空间的教学活动，使得教育者与学习者之间的关系、教的活动与学的活动变得多样和复杂了。随着教学时空的变化，教学方式的改变，师生的主客体关系也在发生变化。我们就不能用单一的、简单的模式去概括。

在远程教学中，由于教师与学生并不直接接触，教学双方是借助现代教育媒体开展教学活动。在这种情况下，教师和学生的双主体关系就显现出来了。教师是主体，他可以选择教学目标，可以制作教学节目，可以选择方法和媒体等，这些都显示了教师的主体性。但他却无法直接控制和调节整个教学过程，当教师面对镜头或屏幕实施其教学行为时，他并不一定知道自己的学生是谁，他们在何时何地学习。因此教师的直接对象是教学信息内容和媒体，通过媒体传递教学内容和教学意图，间接的对象才是学生。同样，学生也是主体，他们可以选择学习目标，可以选择课程内容，可以选择学习的时间和地点，可以选择用何种媒体和方式进行学习等，充分体现了学习者的主体性。当然，借助广播、电视等媒体，学习者也无法对学习的进度进行控制或调节。学生的直接对象也是教学内容和媒体，间接的对象才是教师。现代教育媒体在教学中扮演了十分重要的角色，它既是连接师生双方的中介，也是双方的客体。

利用计算机网络进行教学，教育者和学习者的主体地位就更加突出，主客体关系就更复杂。计算机网络不仅提高信息流动的速度，达到大范围的信息共享，更重要的是它营造了一种全新的信息环境，带来了"全球脑"、"全球意识"。超文本链接以多重性的路径给学习者提供了一个非线性的语义情境，突出了非线性、非等级、无疆界和客体指向的阅读与思维方式；虚拟技术使学习者在知识的探求过程中得以充分发挥其能动作用等等。在计算机网络中，教师不仅是主体，还可以把自己的主体意识和要求交给计算机网络去"代理"，以此来影响学习者；学习者也是主体，他们通过网络去主动探求信息，也可以将自己的主体意识交给计算机网络来实现某种目标和任务，并完全控制自己的学习进程。而计算机网络及信息资源既是师生双方之间交流的中介，又是双方认识的客体，还在双方之间"代理"、"虚拟"主体或客体的角色。于是，形成了主体（教师、学生）与客体（网络）、主体（教师）与代理客体（网络）、代理主体（网络）与客体（学生）等多重关系。可以说，计算机网络不仅创造了新的信息空间（赛博空间 Cyberspace），还创造了新的师生关系。

2. 信息化教学过程中人与媒体之间的关系

在信息化教学过程中，人（教育者和学习者）与现代教育媒体是一种对立统一的关系。教学既要发挥人的主动性、利用人力，也要运用一定的物质手段—现代教育媒体。人与现代教育媒体的关系，主要是二者的相互制约及联结问题。在教学中，人和现代教育媒体是相互联系的。现代教育媒体要由人来操作，人有驾驭现代教育媒体的能力。如果教育者和学习者善于运用现代教育媒体，现代教育媒体就能充分发挥作用，反之亦然。现代教育媒体不仅制约师生的活动方式，而且可以解放师生，增强师生教与学的能力。例如广播电视的应用改变了传统的教学方式，将学习内容进行大范围的传播，增强了教师传递教学信息的能力。多媒体计算机网络不仅给学习者提供了丰富的教学信息资源，而且还给学习者提供了搜集、加工、组织教学信息的工具平台，大大加强了学生的学习能力，同时，也强化了教师的信息加工和教学能力。

在教学中，人的因素和现代教育媒体是协同起来发挥作用的。不能只追求现代教育媒体的花样翻新，而忽视师生运用教学手段能力的提高，忽视各种媒体的组合与运用；同样，也不能无视现代教育媒体和技术迅速发展的现实，不能轻视现代教育媒体对教学工作所起的作用。只有既重视人的作用、提高人的能力，又重视现代教育媒体的改进和积极、正确地应用，并结合具体的教学情景，使人力和工具合理地组合，形成良性配置，才能使现代教学高效、快捷、圆满。

另外，计算机网络打破了旧媒体的传播方式，建立了新的信息环境。从这个意义上说，它对依靠旧媒体建立起来的教学观念、规则是一种革命和挑战。人与媒体之间的关系也发生了微妙的变化。旧媒体的传播是一个人或少数人对众多人的传播、是具有权威性、等级性、某个主体意识的传播。在这种传播中人是媒体工具的使用者，媒体是被使用者，是传播信息的工具。而网络却打破了传统的传播的规则和方式，其信源泛化，每个人都可以是传播者，传播者的权威被弱化；信宿角色双重化，在网络环境中，传播者亦是受播者，受播者亦是传播者，两个角色被融为一体。不仅如此，人与媒体在智能层面上相互渗透，某些功能和角色互换。在这种传播中媒体不是被动的工具，而是被使用者——人赋予"活力"的人工智能工具。尽管如此，计算机网络依然是为教学服务的工具，人（教育者和学习者）依然是这种工具的使用者和受益者。其人—机关系的实质没有变化。

3.2　信息化教学模式

3.2.1　信息化教学模式的含义及构成

1. 信息化教学模式的含义

要解释信息化教学模式的概念，需要先认识和解释教学模式的概念。

（1）什么是教学模式

模式就是以一种简化的方式来表达真实、复杂事物的一种代表物。它概括并提供了真实事物的结构和发展顺序。模式通常将不易直接观察或描述的复杂现象通过文字、字母、符号、线条等来表达，变成简化的、可描述的东西。在现代科学方法论中，模式方法是一种重要的研究方法。模式方法可以排除事物次要的、非本质的因素，抽取事物主要的、有特色的因素进行研究，将事物的重要因素、关系、状态、过程突出地显示出来，便于人们进行观察、实验、调查、模拟和理论分析。

教学模式是在一定的教学思想和理论指导下建立的较为稳定的教学活动结构框架和活动程序。教学活动是一个复杂的系统和过程，人们很难对它们给予全部直接的观察，也很难在自然状态下把握它们的各种要素及其各种关系。利用教学模式就可以降低其复杂性，抽取出主要因素和环节进行描述和探讨。教学模式是对教学活动方式的抽象概括；是对理论基础、目标、条件、策略、方法和评价的有机整合；是对教学的空间关系和时间关系的系统概括。任何教学模式都具有一定的适用范围，有其独特的运作条件和系统的策略与方法，并具有启示、借鉴、模仿、迁移和转换的价值。教学模式既是教学理论的具体化，又是教学经验的一种系统概括。

（2）什么是信息化教学模式

①定义

信息化教学模式，就是指在现代教学思想和理论指导下，师生之间应用现代信息技术而形成的较为稳定的教学活动结构框架和活动程序。

②特征

信息化教学模式在本质上与一般的教学模式并无差别，作为一套完整的方法论体系，它们都要以某种教学思想和理论为指导，通过较稳定的结构程序来综合协调教学活动中的各种因素，提出适当的操作要领，以保证活动按规定方式展开，发挥其特有的教学功能，实现预定的教学目标。

信息化教学模式是教学模式在信息化时代条件下的新发展，是基于信息技术的教学模式。由于信息技术的应用，使信息化教学模式与一般的教学模式相比有了新的含义，产生了一系列的变化：在教学目的上，由重知识传授转向重能力培养；在教学内容上，从单学科转向跨学科交叉；在教学方法上，从重传递、接受教学方法的运用转向重启发、探究、协作教学方法的运用；在师生关系上，由主宰与听从的师生关系转为主导、主体、平等的师生关系；在教学评价上，由重视学习结果的评价转向重视学习过程的评价等等。

2. 信息化教学模式的基本组成要素

信息化教学模式一般由教学思想、教学目标、技术环境、教学策略和人—机关系等若干要素组成。与一般的教学模式不同，信息化教学模式多了技术环境和人—机关系等要素，有了自己的特色。

（1）教学思想和理论

这是信息化教学模式赖以形成的思想基础。在不同教学思想和观念指导下，会形成不同的信息化教学模式。教学思想和观念制约着教学目标的制定、技术手段的应用、教学策略的安排，以及师生角色的扮演等等。例如，在强调知识学习的教学思想的指导下，就会形成以传授知识，强调以最终检验结果为特色的教学模式；若在强调培养学习者的独立型、主动性的教学思想指导下，就会形成注重学习过程，发挥学习者主动性为特色的教学模式。可以说，教学思想和理论是信息化教学模式的灵魂。

（2）教学目标

这是信息化教学模式所追求的预期的教学结果。它是信息化教学模式运行的指南，也是一定教学思想和观念的具体化表现。一般来说，同一种类型的信息化教学模式大致有同样性质的教学目标，不同类型的模式就有不同性质的教学目标。如问题学习模式的教学目标一般着眼于培养学习者发现问题、解决问题的能力和技能；而探究学习模式的教学目标一般重在培养学习者的研究和发散思维的能力等等。

（3）技术环境

　　这是信息化教学模式赖以运作的物质条件。与一般的教学模式相比，技术环境这个要素在信息化教学模式中显得十分重要，它体现了信息化教学模式的特色。以信息技术为主的物化技术为信息化教学模式提供丰富的信息资源，创设逼真的学习情景，搭建便捷的交流平台。

　　（4）教学策略

　　教学策略是指信息化教学展开的步骤、过程、方式和方法的总和。它是教学模式具有稳定运作结构的外在表现。特定的教学模式就表现在它有其独特的操作程序、教学方法和措施上。

　　（5）人—机关系

　　人—机关系是构成信息化教学模式的重要因素。也是信息化教学模式不同于一般教学模式之处。"人"指教育者和学习者，"机"指媒体设备等技术环境。人—机关系包括：师生之间的关系和师生与媒体之间的关系。在教学中，教师、学生扮演不同的角色就形成了特定的师生关系，同时，也与所使用的媒体形成了不同的相互作用关系。师生关系和人—机关系的交融就构成了特定的信息化教学模式。

3.2.2　信息化教学模式的基本类型

　　在由教师、学生、教学思想、教学方法、教学媒体和教学组织形式等要素构成的信息化教学过程模式中，任何一个要素发生变化，就会导致教学过程的结构、环节、顺序、阶段等方面的不同，从而形成不同的教学模式。因此，这些要素的变化组合就会衍生出多种多样的模式，各类模式又有许多具体的形式或变式。为了便于研究，可将信息化教学模式分类。为此，我们以构成教学模式的教师、学生、教学内容、教育媒体等要素为核心，划分信息化教学模式的基本类型，进一步对每种类型教学模式的理论基础、目标指向、技术环境、操作程序、师生关系和人机关系等方面进行具体的分析，以便较好地认识它，运用它。因为没有一种模式是为完成所有类型的教学任务或者是为适用于所有教学内容与学习者而构建的。当前，新的信息化教学模式不断被开发出来，作为一个信息时代的教师，不能只会运用一种教学模式，而应从课程、教材、教学阶段、教学情景、教师和学生的特点出发，灵活运用多种多样的教学模式，才会取得较好的教学效果，实现有效的信息化教学。

1. 以"教"为主的信息化教学模式

(1) 什么是以"教"为主的信息化教学模式

以"教"为主的模式，就是指对教学活动进行设计、组织，以及对教学方法和媒体的应用，是以教师的教为出发点，并以系统地传递知识和技能为基本目的的教学活动结构和程序。这类模式充分肯定教师的权威作用和地位，强调教师在教学中的主导地位。如电子讲演模式、情景演示模式、课堂作业模式等等。

(2) 以"教"为主的信息化教学模式的特征

这类模式的思想根源来自赫尔巴特、凯洛夫等人的理论。德国教育家赫尔巴特认为教学的任务在于通过不同学科的教学来形成学习者的各种观念，教学必须使学习者在接受新教材时，唤起心中已有的观念。在教学中，教师是塑造儿童心灵的人，把教师放在极重要的位置，并形成了著名的"五段教学"过程。后来，原苏联教育家凯洛夫等人以辩证唯物主义的认识论为基础，对这种教学思想进行了系统的改造，强调学生的学习活动主要是认识活动，强调要围绕这种认识活动规律开展教学工作，强调教师在指导学生认识活动过程中的重要性，于是形成了传递—接受的教学模式。长期以来，这种教学模式在我国教学实践中占有主导的地位。

在教学目标上，这类教学模式一般由教师确定教学的目标，并将这些目标进行分解、具体化，按具体教学目标的要求向学生实施教学。这类教学模式总的目的是向学生传授系统的知识和技能，同时注意对其道德、情感等方面的培养。

在技术环境上，现代教育媒体在这类教学模式中主要充当传递教育信息的角色。它们在教师的操作和控制下，把抽象的教学内容形象化、具体化；突破课堂的时空限制，将所讲的对象在大与小、远与近、快与慢、零与整、虚与实之间互相转化，极大地丰富了教学信息的表现方式等，为教师的教创造了良好的条件。

在教学程序上，首先由教师确定好教学目标，设计、组织好教学内容，安排好教学方案和步骤，然后教师按方案应用现代教育媒体和教学方法向学生系统地传授教育信息，最后评价学生的成绩或学习结果。以"教"为主的模式往往有比较固定的教学环节或结构，如"五段教学"包括了预备—提示—联合—总结—应用等环节相互衔接的过程。在教学组织形式上，这类模式一般注重班级教学形式和小组教学形式。

在师生关系上，教师是教学的组织者、教育信息的传授者，学生是被组织者，是教育信息的接受者；教师处在主导地位，学生处于被指导的地位。在人—机关系上，教师和学生是教学活动的主体，现代教育媒体主要扮演着传递信息工具的角色。所以，形成了应用与被应用、控制与被控制的人—机关系。

（3）以"教"为主的信息化教学模式的优势与局限

优势：该教学模式是人类传播系统知识最为经济的模式。相对而言，该模式能使师生在单位时间内，传送和接受更多的知识信息；容易被教师掌握，也容易发挥教师的主导作用；有利于教师对课堂教学的组织、管理与控制。如果教师的口头表达和现代教育媒体密切结合起来，就能加大教学的感染力和表现力。

局限：该模式容易忽视学习者的主动性、创造性，不能把学生的认知主体作用很好地体现出来；容易造成教师包办学习者的活动，教师讲的多，学习者活动的少等弊病，束缚了学生的积极性和主动性，不利于创新思维和创新能力的培养。

2. 以"学"为主的信息化教学模式

（1）什么是以"学"为主的信息化教学模式

以"学"为主的模式，是指对教学活动的设计、安排，以及对教学媒体和方法的应用，是以学生的学为出发点，以鼓励和激发学生主动探索学习而构建的教学活动结构和程序。这类模式旨在强调学习者的主体性，培养他们积极主动学习的意识和能力。如基于资源的主题教学模式、基于网络的协作学习教学模式、基于多元智能的个性化教学模式等等。

（2）以"学"为主的信息化教学模式的特征

　　这类模式的教学思想源自美国教育家杜威为代表的实用主义教育思想。19世纪末，产生于欧洲的"新教育"运动和美国的"进步教育"运动，不满意那种脱离社会实际生活，以专一的、系统的传授知识为基本特征的传统教学，不满意以教师为中心的、僵化的、灌输式的教学，提出要培养学生解决实际问题的能力、应用科学知识的能力，要求教学与生活联系起来。杜威认为，教育就是生长，亦即儿童的本能、机能的不断发展、生长。因此，教学要以学生为中心，以实际活动为中心等。后来罗杰斯的以人本主义心理学为基础的"非指导性"教学理论，建构主义的教学理论都不断发展和完善了以"学"为中心的教学思想和模式。

　　以"学"为主的教学模式有这样一些共同特点：教师不直接将知识或答案交给学生，而是为学生设置学习情景，或提出问题，或布置任务，促进他们自己学习，这类教学模式把学生放在中心位置上，把学生的自我发展当作教学的中心任务。教师为这种学习尽力营造相对宽松、和谐、积极、主动的教学活动氛围。

　　在教学目标上，这类教学模式强调以学生自己的发展为目标，不能由教师主观地、强制地指定教学目标。其教学目标注重对学习者创新、问题求解、决策、批判性思维、信息素养、团队协作和可持续发展等高阶能力的培养，激发学习者的潜能，使他们不断地自我完善。

　　在技术环境上，现代教育媒体在这类模式中不仅扮演信息传递者的角色，而且主要充当学生查寻和探索信息、处理信息的认知工具的角色。在这类教学模式中，学生与现代教育媒体直接接触，他们不仅能够从现代教育媒体中得到多样化的信息呈现方式，还能利用计算机网络主动搜集、查寻、检索所需要的信息内容。如果说，现代教育媒体在以"教"为主的模式中扮演信息传递的角色，是丰富信息呈现环境的话，那么，在以"学"为主的模式中，现代教育媒体则主要是被学习者用来搜集、探索信息，解决问题的，扮演着学生认知工具的角色。它们丰富了信息探索和处理的方式和方法，为学习者提供了多样化的电子学习工具。

在教学策略上，这类模式大致的活动过程是：教师创设特定的情景，布置任务或提出问题，然后让学生根据特定的情景和要求，应用现代教育媒体进行学习，查询和检索信息资料，开展分析和解决问题的活动，教师只是对学生的活动加以引导或辅导，最后，由学生完成学习任务，提出结论或报告，教师在学生提出报告或结论的基础上进行总结。与前一类模式相比，倾向于"学"的模式一般没有比较固定的环节或结构，是由学生自己来安排的。在教学组织形式上，一般采用个别化教学或小组教学的形式。

在师生关系上，教师依然是教学的组织者，但不是教学内容的传递者，他对学生起辅导和引导的作用；学生依然是被组织者，但他们成为学习活动的主体，他们在教师的要求和帮助下，积极主动地学习。在人—机关系上，教师和学生是教学活动的主体，现代教育媒体是为教学活动服务的工具，这种基本关系没有改变。必须说明，在以"学"为主的模式中，现代教育媒体中的计算机要扮演人机对话中的智能化"教师"，替代了教师的工作，或成为学生的认知工具，使得"机"的地位得到提升，作用也发生了相应的变化。但是，从教学的根本上看，其人—机关系依然是以人为主，机为人服务，不可能发生主次颠倒。

（3）以"学"为主的信息化教学模式的优势与局限

优势：该教学模式是培养学习者积极主动学习意识和能力最为有效的模式。能够调动学生参与学习活动的积极性和主动性，激发他们的内部动机；能够培养学生分析问题、解决问题的能力，开发学生的智慧潜力。

局限：该教学模式对教师、媒体和教育信息资源等方面的要求较高，不仅要求辅导教师的数量和媒体的数量要多，而且要有大量的、与课题内容相关的信息资源；否则，该模式的应用受限制。相对而言，在较短的时间内不易让学生掌握大量的知识。而且，当学生自主学习的自由度过大时，容易偏离教学目标的要求。

3. 以"内容"为主的信息化教学模式

（1）什么是以"内容"为主的信息化教学模式

以"内容"为主的信息化教学模式，是根据教学内容的性质和特点而实施的教学模式。如示范练习性的教学模式、问题探究教学模式等等。目前，最常见的是问题探究教学模式。

问题探究教学模式是由教育者、学习者、教育媒体等围绕着教学内容的主题或问题，共同呈现、反映、探索和讨论问题，在教师和教育媒体的帮助下，学习者最终得到解决问题的方案，学习隐含于问题背后的科学知识。

（2）以"内容"为主的信息化教学模式的优势与局限

优势：可以促进学习者从研究和探索中学习，激发学习者的求知欲和学习动机，培养和训练学习者发现问题和解决问题的能力和技能，以促进学生自主学习能力和终身学习能力的发展。

局限：容易使学习缺乏系统性；教师的准备不足时，容易出现无法控制的局面。

4. 以"教育媒体"为主的信息化教学模式

（1）什么是以"教育媒体"为主的信息化教学模式

以"教育媒体"为主的模式，是依据某类或某种媒体所提供的信息储存、加工、检索和呈现方式而形成的教学模式。如电视教学模式、卫星传输教学模式、计算机网络教学模式等等。目前，网络教学模式中最常见的是 WebQuest 教学模式。

WebQuest 中的"Web"是指"网络"，"Quest"是"寻求"、"调查"的意思。WebQuest 可译为"网络专题调查"或"网络探究"。WebQuest 教学模式主要依托互联网的强大信息资源优势来训练学习者的探究能力。这种教学模式是在网络环境下，由教师引导，以一定任务驱动学生进行自主探究学习。一个 WebQuest 一般由引言、任务、过程、资源、评价和结论六个模块组成。在具体的实践中，这种教学模式的主要过程是：先由教师创设情景、介绍 WebQuest 主题，描述学习者要完成的学习任务；教师围绕任务预设资源，主要是向学习者提供用于完成任务的网站清单；然后学习者主要利用网络进行自主探究，形成初步成果；学习者进行自我评价与互相评价，实现交流和共享；最后学习者反思学习过程，教师拓展、概括所学知识。

　　WebQuest 教学模式的特点是适用于教授那些能够引起学生兴趣的、激发学习者创造性的不确定的内容（没有既定答案，有多种可能解决途径的问题）；而不是事实、简单的过程或定义等事实性内容。WebQuest 主题可以是涉及某一学科的，也可以是跨学科的；可以让学习者最大限度地利用网络资源，并在收集互联网信息的同时进行自主分析、整合和加工，以促进其分析、综合和评价等高级思维能力的发展。这种教学模式对教师与学生提出了相应的要求：要求师生双方具备完成 WebQuest 所需的必要技能和知识，以确保教师创建或寻找能够引导学习者运用高级思维能力、发展高级思维能力的 WebQuest；同时确保学习者能对资源进行收集、分析、整合和加工，促进高级思维能力的发展。

　　(2) 以"教育媒体"为主的信息化教学模式的优势与局限

　　优势：能够充分发挥现代教育媒体的作用，为提高学习者的兴趣，调动他们的积极性和主动性，培养其创造能力营造良好的信息化环境，促进教育教学的变革和发展。在该教学模式中，现代教育媒体被用来储存、传递教学信息，呈现问题情境，检索、分析、加工信息资源，用做分析、解决问题的工具以及合作学习、交流思想的工具。从而使这类教学模式能够适用于课堂教学、远程教学以及网络教学。

　　局限：需要较多的现代教育媒体、较高水准的课件；需要师生具备运用现代教育媒体所必需的知识和技能。

3.3　信息化教学方法

3.3.1　信息化教学方法的含义

1. 什么是教学方法

　　教学方法是教育者和学习者为了完成一定的教学目标和任务，运用一定的教学方式和教学手段而形成的教与学的活动途径和步骤。教学方式和教学手段是构成教学方法的要素，不能将它们等同于教学方法；也不可将教学模式与教学方法混为一谈，一种教学模式是由多种教学方法组成的。教学方法必须依据一定的教学理论，指向一定的目标，应用具体可操作的程序或一系列可操作的环节，解决一定的问题。

2. 什么是信息化教学方法

（1）定义

信息化教学方法是教育者和学习者为达到一定目的，使用现代教育媒体而形成的教与学的活动途径和步骤。

（2）特征

信息化教学方法是教学方法体系的一个组成部分，与其他教学方法没有本质上的差别。但是，信息化教学方法强调媒体或信息技术手段的应用，是围绕现代教育媒体的应用而形成的方法。因此，信息化教学方法区别于其他教学方法的一个特征是它必须依靠现代教育媒体展开工作。在信息化教学方法中现代教育媒体的作用是多种多样的，在不同的教学环节中其作用有大有小，但它们是不可替代的。与其它教学方法相比，信息化教学方法更强调现代教学理论的指导，各种现代教学理论对信息化教学方法都有指导意义。

3.3.2　信息化教学的基本方法

目前，在教学实践中可用的信息化教学方法多种多样。在信息化教学中，必定要借助于一定的信息化教学方法具体运用到各学科各课题，这就需要教师利用有限的几种基本教学方法，根据具体教学情况加以选择或综合运用，从而创造出适用于某一学科中某一课题的某一具体情景的具体教学方法。那么，面对可供选择的信息化教学的基本方法，我们究竟选用什么样的方法好，如何运用恰当的教学方法来帮助我们实现有效的信息化教学？这就要求我们了解这些方法，对它们进行具体的分析，讨论这样一些问题：不同的信息化教学方法各有哪些特点？有哪些优势？由哪些具体活动组成？适用的范围和条件如何？当我们从这些方面对信息化教学的基本方法进行具体的分析之后，就能较好地认识它，教师便可根据教学内容的不同，教学对象的差异，教学目标的区别，教学时间的松紧和自己的特长，选择、运用一种或几种基本教学方法创造出生动活泼的具体教学方法。下面围绕信息化教学方法的特点、优势、应用步骤、适用范围和条件等问题，介绍一些基本的信息化教学方法。

1. 讲授—演播法

(1) 定义

讲授—演播法就是教师的讲授与播放媒体相结合的教学方法。这是课堂教学中最常见、最普遍的方法。教师的语言表达是教学信息传递最基本的途径之一，讲授的方法具有最悠久的历史。现代教育媒体的出现，并与之结合，给古老的讲授法增添了现代化的色彩。

(2) 特点

讲授—演播法把讲授的特点与媒体播放的特点结合起来。现代教育媒体在讲授—演播法中主要扮演辅助教师讲授的角色，如呈现事物和现象的图像和声音，增加感性的材料，烘托课堂气氛，精练板书等等。讲授—演播法既可以教师讲授为主，媒体的播放围绕讲授而展开；也可以媒体播放为主，讲授结合媒体的播放而进行。

(3) 优势

在讲授—演播法中，讲授、讲解能充分发挥教师语言表达的优势，渗透教师个人的语言特色和魅力，可以按知识的逻辑关系和结构系统地传授给学生，以较少的时间向学生传授更多的知识；而媒体的演播可以让学生看到和听到所学的事物和现象，拓展了学生认识客观世界的时间和空间。在教师口头讲授的同时，利用媒体手段把讲授中的难点和重点内容，尤其是抽象的内容加以表现，或给学生提供直观形象的内容，或给学生设置情景，使教师的讲授锦上添花，既增加了教师对信息的表达能力，也丰富了学生获得信息的形式。

(4) 应用步骤

讲授—演播法的应用步骤有多种，这里举两种典型的应用步骤。

①第一种典型步骤的具体活动内容

•唤起回忆、引入课题：利用媒体展示事物的图像，引起学生对该事物的回忆，同时引入课题。

•提出问题、锁定任务：教师对事物介绍的基础上，向学生提出问题，引出和锁定本节课的任务。

•进行活动、实现目标：教师播放媒体，给学生观看相关的视听内容，并指导学生阅读文字材料，通过思考、回答问题等一系列活动实现教学目标。

•总结完善：教师用投影片和概要、简练的语言进行总结。

②第二种典型步骤的具体活动内容

•引入课题：以媒体展示具体事物的形象，暴露问题，把学生的注意力引入课题。

•建立新概念：把形象的东西转化成抽象概念，即建立新的概念。

•学生思维的活动：教师进一步提供新的材料，让学生完成比较、思考、议论等活动。

•教师总结：教师进行总结。

•应用概念：学生在新的情境中运用所学的概念解决问题。

（5）适用范围和条件

每种教学方法都有其适用范围和条件，对教师来说重要的是要搞清楚：什么时候，在哪些情况下使用这种方法效果好。只有搞清这个问题，才能做到教学过程最优化。讲授—演播法适宜于教材系统性强的学科，适于传授和学习事实、现象、过程性的知识，而且较适用于中学和较高年级。使用这种方法需要教师有较强的语言表达能力和运用现代教育媒体的能力，并且要求学生有较高的学习自觉性和听讲的能力。

2. **问题教学法**

（1）定义

问题教学法就是为启发学生的思维和培养其解决问题的能力，教师与学生围绕某个实际问题而展开活动的教学方法。信息技术在这种教学方法中起着关键的支撑性作用。

（2）特点

问题教学法是一种以学生为中心的教学方法，在教学过程中教师是辅助者、引导者；这种教学方法以真实的、劣构的问题为中心组织教学并作为学习的驱动力；教学组织形式多以小组为单位；教学评价注重学习过程而非学习结果。

（3）优势

在问题教学法中，教师与学生之间的关系较讲授—演播法更融洽；通过问题解决过程，引发比传统教学法更深入的理解，可以发展学生运用知识的能力、解决问题的能力，增强学生自主学习的能力，提高整体学习水平；此外，小组学习的形式可以促进人际交往能力和团队合作能力的提高。

（4）应用步骤

问题教学法的应用由以下具体活动组成。

• 创设情境、提出问题：教师充分利用各种信息技术，如借助多媒体教学系统，通过让学生观看相关影视资料、浏览相关网站等多种方式来提出引导性问题。学生在此基础上，针对问题情境，进一步提出更多的问题。

• 分析问题、组织分工：教师帮助学生分析问题情境，理解问题的情节和情形，进一步找到问题的本质，并对问题进行界定、阐述。教师根据学生的兴趣和能力，将学生分组，分配学习任务，提供相关资源。

• 探究、解决问题：学生通过各种途径（如查阅书籍、登录相关网站、走访相关人员、借助网络通讯工具求助他人等）查找、收集与问题相关的信息；小组成员对收集到的信息进行归类、整理、分析；然后通过相互交流、形成解决问题的方案。

• 展示结果、进行评价：各小组以电子幻灯片、网页等形式陈述、展示他们在解决问题过程中的计划和任务安排，完成任务的过程，解决问题的建议、主张；最后通过自评、互评、师评相结合的方式，以过程评价为主，终结性评价为辅，对学习成果进行评价。即各小组对各自的问题解决方案自我评价，小组之间对方案相互评价，教师评价每个小组的学习成果以及在整个问题解决过程中的表现。

（5）适用范围和条件

问题教学法适用于教授各学科领域的概念、规律、理论等教学内容，适用于实践性强的教学内容，适用于小学和大学高年级学生（当然程度和具体做法是大不相同的）。这种方法需要学生在已知知识基础上，独立探索新知识。因此创设问题情境时应使其处于学生认识潜力的最近发展区。此外，运用这种方法需要依靠信息技术的支持，使教师能够创设逼真的问题情境，学生能够获取丰富的、可选择的、方便易得的各种信息资源，师生、生生能够获得便捷的交流平台，为解决问题提供技术保障。

3. 探究—发现法

（1）定义

探究—发现法就是在教师的安排和指导下，主要由学生借助现代教育媒体进行探索、发现问题，从而掌握知识的教学方法。教师借助现代教育媒体设置问题情境，提出促使学生思考的问题；学生利用现代教育媒体去搜集、查询有关信息，寻找答案。这是一种以培养学生创新和实践能力为目的的教学方法。

探究—发现法历史悠久。古希腊思想家苏格拉底倡导的"问答归纳法"是发现法的最初来源。后来的教育家们，如卢梭、第斯多惠、斯宾塞、杜威等均倡导这种教学方法。尽管这些教育家们所处的时代背景不同，提倡该方法的出发点不同，但这种方法的主旨是相同的，即在教学中不给学生提供现成的答案或结论，而是由教师提出问题或设置特定情境的刺激，促使学生自我探索和发现问题，以类似科学研究的方法去获取知识和应用知识，从而掌握要学的知识，调动学生学习的积极性和主动性，培养学生发现问题，解决问题的能力。

（2）特点

探究—发现法是一个发现问题、提出问题和解决问题的学习活动过程。该方法以学为中心，在做中学，学生可以按照自己的步调学习，教师的作用是提供指导，而不是直接的灌输；学生的学习是主动的，且有很多亲身实践的训练；所学习的内容可以超越课本的限制；要投入大量的时间，是投入性的学习；说明或解释探究与发现的过程具有挑战性；科学调查是探究—发现法的核心或中枢；在学习过程中，同等重视知识技能、过程技能和探究活动。随着科学技术的发展，现代教育媒体尤其是信息技术为该方法的应用创造了良好的条件。在这个方法中，现代教育媒体不是辅助教师讲授的工具，而是学生认知和探索世界的工具。

（3）优势

探究—发现法在重视学习者获得科学知识的同时，又重视学习者能力的培养。在这种学习方法中，学习者通过亲身活动提出问题、发现答案、解决问题，在探究活动中生成知识，获得的知识印象深刻、不容易忘记；可以发展学习者的分析、综合和评价等高级思维能力，培养发散性和创造性思维。这种教学方法不仅能使学习者获得更多的科学知识，而且还能使他们亲身发展科学知识，同时能更好地理解科学的本质。

（4）应用步骤

探究—发现法的应用步骤有多种，要根据教学的实际情况来确定。一般有以下几个步骤：

•教学准备：让学生了解探究—发现的基本技能，提出探究与发现的基本要求，让学生掌握进行探究与发现的工具，提供必要的信息检索指南、专业网站的地址等，使学生知道如何有效地进行探究与发现学习。

•设置情境、熟悉任务：教师进一步向学生提供有关需要探究或发现的问题情境，引导学生关注有关的主题，并向学生提供必须的学习材料，以便让学生熟悉任务，进入问题情境之中。

•发现问题：学生在教师的要求和引导下，结合过去的知识和经验，自行发现问题，确定探究的方向。

•搜集资料、解决问题：学生通过各种途径、形式自行搜集资料，如参考和实地考察、调查和采访、进行实验、查阅文献、观看影视录像、个案追踪分析等等。搜集资料不是目的，而是了解事物的手段。因此，接下来要加工整理资料，主要是运用计算机网络等工具对搜集到的数据资源进行筛选、归类、统计、分析、比较，然后在教师的"点拨"下，得出结论或答案，解决问题。

•反馈与评价：教师对学生得出的结论或答案，要进行点评和总结。

（5）适用范围和条件

探究—发现法适宜教授和学习概括性、规律性的知识，适用于对未知领域的问题探究，或对已有知识进行个性化的再认识。这种方法适用于高年级的学生。运用这种教学方法需要教师有较强的应变能力和运用现代教育媒体的能力，能够激发学生的学习动机，引导他们在精心设计的环境中进行探究；同时，要求学生有一定的自主学习能力，能够积极主动地探究知识。此外，这种方法也需要依靠对达成教学目的有意义的各种技术，特别是计算机和网络通讯技术的支持，为探究和发现学习提供更加广阔的自由空间。

4. 案例教学法

（1）定义

案例教学法是根据一定的教学目标，选择合适的案例进行教学的一种教学方法。教学中的案例是对真实的实践或事件的描述，这些事件包含一个或多个教学问题，也可能包含问题的解决办法。

（2）特点

案例教学法的主要特征是以教学案例为载体，以学生的积极参与为前提。在案例教学中，学生是教学关注的焦点；学生与教师一同来选择和确定讨论的主题和形式；教师在教学中的角色是促进者、组织者和资源提供者；教学过程是以学生对案例的分析与讨论为主；教师与学生双方积极参与，共同对学习负责；知识传递是多向的，在教师与学生、学生与学生之间自由互动，传授知识是为了提高学生的自主学习能力；教学的目的是培养学生批评性、分析性思维能力，培养学生总结、讨论和说服的能力以及自信心。

（3）优势

案例教学法能帮助学生获得概念性和原理性知识，有助于学生内化所学知识，帮助学生对复杂的、劣构领域的知识进行建构；通过提供的第一手资料和真实的教学情境，有效缩短了教学情境与实际生活情境之间的差距；有助于提高学生表达、交流和讨论的能力，增强面对困难的自信心；可以帮助学生深度理解教学中的疑难问题，深入分析和反思教学过程，形成反思的行为习惯；学生面对案例所呈现的问题情境，在获得相关知识，掌握处理问题的方法、技能和技巧的过程中，使其创造能力和解决实际问题的能力得以培养。

(4) 应用步骤

案例教学法的活动过程由以下几个步骤构成：

• 选择确定真实的案例：教师选择一个能够让学习者有机会身临其境地将自己置于决策者和解决问题的地位，并与现实生活密切相关的真实的案例。

• 理解情境的发展变化：教师在不掺有个人倾向性的意见或观念，不做任何解释和判断的前提下，对真实情境进行客观地描述。学习者通过教师的描述更好地理解案例。

• 界定呈现的问题，确定需解决的问题：学习者根据教师提供的案例，以小组的形式相互之间进行讨论研究，总结出需要解决的问题，并把它们列举出来。列举出的问题必须不存在惟一正确的答案。

• 生成可行的行动方案，或者制定、评估并提供多种可行的解决方案：在开放的信息化学习环境中，学习者根据教师提供的真实问题，利用所学的知识进行分析和诊断，做出决策，从而获得多种解决问题的方法。在此步骤中，需要学习者充分发挥主观能动性，与同学一起合作，提出多种可供选择的解决方案。需要强调的是，要求学习者寻找解决方案并不是要求学习者去寻找惟一正确的答案，而是要求他们增强消化和运用知识与经验的能力。

• 评价行动方案每一步的优缺点以及可能带来的机遇与威胁：学习者相互讨论行动方案中每一步的优缺点，陈述所提出的行动方案在解决案例的过程中可能会带来的机遇与威胁等问题，确定最佳的解决方案。

• 制定完善的解决方案或可实施的行动方案：制定相关的评价量规，评价解决方案或行动方案是否可行。经过不断评价修订后，让学习者总结归纳，形成完善的解决方案，或者可实施的行动方案。

(5) 适用范围和条件

案例教学法最早用于法律、医学等学科的教学，后来发展到用于商业管理课程的教学。近期对案例教学的研究指出：对于特殊领域的知识和超出经验之外的专门技术，可以通过案例教学达到学习目标。运用这种教学方法要求教师有丰富的知识；具备倾听、回应和沟通的能力，较强的应变能力和运用现代教育媒体的能力；熟悉教材的内容，能够将教学置于案例中，给学习者提供必要指导与反馈；能够为学生创建协作性学习环境。同时，要求学习者积极参与讨论过程，能主动倾听、思考、讨论和反思；学习过程中需要学生运用自我调节能力减轻学习压力，激发求知欲望，提升认知水平，并能忍受学习的负面反应。

5. 微格（微型）教学法

(1) 定义

微格教学（Micro - teaching）是指教师借助电视摄、录像设备培养学生某种技能的教学方法。由于该方法一般是在小教室中对学生的某种技能进行培训，培训时间短，规模小，故称之为微格教学或微型教学。

微格教学法最早是由美国斯坦福大学教师阿伦（Allen）和他的同事们，在福特基金会资助下的教师培训项目实施中总结提出的，它旨在对教师的教学技能进行训练。后来，这种教学方法被美国其他大学及其他国家的一些大学采用，并在教学实践中对最初的微格教学方法进一步完善，有所创新，出现了一些不同的教学模式。随着现代教学技术在教学中的推广应用，微格教学训练的内容也逐渐拓展，使各种技能教学获得了良好的训练环境和方法。

（2）特点

微格教学法的应用有以下几个特点：

• 参与培训的人员少。一般每次有 5～8 名学生。通过不断轮换学生，以保证每个学生都有充分的机会得到培训和个别指导。

• 培训时间短。每次课的时间在 5～20 分钟。在这段时间内对某种技能，某个动作进行专门的培训，使学生用较短的时间掌握一个技能或一个动作。

• 内容专一。在教学培训中把内容进行分解，将综合性的教学技能分解为一个个单一的技能，如提示的技能、演示的技能、板书的技能等等。每次针对一种技能进行培训，提高了培训的专一性。

• 借助了电视摄、录像设备。在教学过程中，这些视听设备起这样一些作用：展示某技能的范例，供学生学习和模仿；在学生模仿训练时进行记录；完成训练后，播放录像供师生点评分析，让学生及时得到反馈信息。

微格教学法所依据的是行为分析理论、行为主义理论和系统方法理论。首先，对教学技能从行为现象的角度进行分析，将教学技能分类和分解，为培训提供技能样本，让学生观摩学习。其次，在训练中使学生及时看到自己的行为表现。现代教育理论认为教师要提高自己的教学技能要依靠三种信息，教学内容和方法的信息，学生的反馈信息，教师自身的信息。相对说，前两种信息容易得到，但对自身的信息难以得到，利用视听设备就解决了这个问题。再次，从行为主义的角度看，人的行为只有经过一定的强化才能巩固下来，而强化的有效方式就是让学生及时看到自己的表现效果，并根据结果、表现及时进行矫正、控制，通过练习将正确的技能行为巩固下来。同时，反馈—矫正—定型也体现了系统控制的思想，通过音像示范、角色扮演、技能矫正等一系列步骤的训练，便能取得良好效果。

（3）优势

微格教学法使日常复杂的课堂教学得以分解和简化，教学活动重实践、可操作，改变了传统师资培训方法中只教不练的弊病。此外，对舞蹈、体育、礼仪等方面技能或动作行为的教学可利用视听设备使学生及时从自己的行为表现中获得反馈信息，巩固正确的技能行为，矫正错误的技能行为。

（4）应用步骤

目前，微格教学法的应用有若干个模式，但大致都有以下几个步骤：

• 确定要学习的技能：教学活动开始前，教师确定学生要掌握的技能，并做相应的教学准备。

• 观看技能示范：利用电视录像把要学习的技能演示出来，也可由教师亲自示范出来，让学生观看相关技能的示范，使学生感知、理解和分析要培训掌握的技能。

• 学生角色扮演、电视录像：让学生角色扮演，模仿表演前面观察的技能，同时用电视摄录像设备录制学生的行为。

• 观看录像、教师分析、师生讨论：师生观看学生表演的录像，及时获得反馈信息，对照培训目标对学生的表现进行自我评价与教师点评，通过分析、比较，肯定成绩，指出不足。

• 进一步练习、改进技能：学生根据对反馈信息的观察、自评和教师的点评，做进一步练习。

（5）适用范围和条件

微格教学法是进行技能教学的有效方法。适用于教师教学技能的培训，也适用于艺术、体育等学科的技能或动作行为的教学。这种教学方法需要在微格教学系统中实施。微格教学系统由微格教室、控制室和观摩研讨室构成。

3.4　信息化教学评价

3.4.1　教学评价的定义、功能与类型

1. 什么是教学评价

教学评价就是根据教学目标，运用一切可行的评价技术手段对教学活动的过程及其结果进行测定、衡量，并予以价值判断的过程。

需要强调的是不可将学习评价与教学评价看作完全等同的概念，它们有着密切联系，但也有区别：学习评价主要针对学生的学习结果，衡量学生在教学不同阶段的状态及行为变化；教学评价针对的不仅是学生，还包括教师的工作、学校的教学工作等。

2. 教学评价的功能

教学评价的功能可概括为以下五个方面。

(1) 反馈调节功能

通过教学评价可以提供有关教学活动的反馈信息，以便师生调节教或学的活动，使教学始终有效地进行。

(2) 诊断指导功能

评价是对教学效果及其成因的分析过程，借此可以了解到教学各个方面的情况，以此判断它的成效和缺陷、矛盾和问题。教学评价如同体格检查，是对教学现状进行一次严格的科学诊断，以便为教学的决策或改进指明方向。

(3) 强化激励功能

科学合理的教学评价可以调动教师教学工作的积极性，激起学生进行学习的内部动机，使教师和学生都可以把注意力集中在教学任务的某些重要部分。

(4) 教学提高功能

评价本身也是一种教学活动。在这种活动中，教师可以通过测验、评估引导学生在探索、领悟中获得新的学习经验或达到更高的学习目标。

(5) 目标导向功能

如果在评价之前，将评价的依据或条目公布给被评价人（教师或学生），将对被评价人下一步的教学或学习目标起到导向作用。

3. 教学评价的类型

依据不同的分类标准，教学评价在实施中可分为许多类型。

(1) 依据评价基准分

按评价基准可分为相对评价、绝对评价和自我评价。

①相对评价

　　相对评价是在被评价对象的集合中选取一个或若干个个体为基准，然后把各个评价对象与基准进行比较，确定每个评价对象在集合中所处的相对位置。

　　②绝对评价

　　绝对评价是在被评价对象的集合之外确定一个标准，这个标准被称为客观标准。评价时把评价对象与客观标准进行比较，从而判断其优劣。

　　③自我评价

　　自我评价是把评价个体的过去和现在相比较，或者是对他的若干个侧面进行比较。

　　（2）依据评价功能分

　　按评价功能可分为诊断性评价、形成性评价和总结性评价。

　　①诊断性评价

　　诊断性评价也称教学前评价或前置评价。一般是在某项活动开始之前，为使计划更有效地实施而进行的评价。

　　②形成性评价

　　形成性评价是在教学过程中，为引导或完善教学而进行的教学效果评量。通过形成性评价能及时了解阶段教学的结果和学生学习的进展情况、存在的问题等，以便及时反馈、调整和改善教学工作。因此，对于提高教学质量来说，重视形成性评价比重视总结性评价更有实际意义。

　　③总结性评价

　　总结性评价也称事后评价，一般是在教学活动告一段落时为把握最终的活动成果而进行的评价。

3.4.2　信息化教学评价的特点

　　信息化教学评价是指根据信息化教学理念，运用系列评价技术手段对信息化教学效果进行评量的活动。它表现出与传统教学评价不同的特点。

　　1. 评价重心不同

　　传统的教学评价侧重于评价学习结果，以便给学生定级或分类，其关注的重点是学生有没有学到规定的知识；而信息化教学评价侧重于评价学生的表现和过程，关注评价学生应用知识的能力，关注的重点不是学到了什么知识，而是在学习过程中获得了什么技能。

2. 评价标准的制定者不同

传统教学评价的标准是根据教学大纲或教师、课程编制者等的意图制定的，因而对学生的评价标准是相对固定、统一的；而信息化教学强调学生的个性化学习，学生在学什么、如何学、如何评价等方面有一定的控制权，教师则起到督促和引导的作用。因此评价的标准往往是由教师和学生根据实际问题和学生先前的知识、兴趣和经验共同制定的。

3. 对学习资源的关注不同

由于传统教学的学习资源相对固定，实际教学中很少有对学习资源进行的评价活动；而信息化教学评价非常重视学习资源的评价，这不仅是教师的重要教学任务，也是学生应当获得的必备的信息能力之一。

4. 学生所获得的能力不同

在传统的教学评价中，学生是被动地接受教师的评价，从而认识自己的学习是否到达目标；而信息化教学评价中学生需要学会自我评价的技能，进行自我评价，不再是被动地接受教师的评价。

5. 评价与教学过程的整合性不同

在传统教学中，评价往往是在教学之后进行的一种孤立的、终结性的活动，目的在于对学习结果进行判断；而在信息化教学评价中，评价具有指导学习方向、在教学过程中给予激励的作用，评价是镶嵌在真实任务之中的，评价的活动是自然而然的，是一个进行之中的、嵌入的过程，既重视教学过程，又关注学习结果，是整个学习不可分的一部分。

3.4.3　信息化教学评价的方法

在信息化教学评价中，除传统评价中常用的测验、调查、观察等评价方法外，还发展了一些新的评价方法，这些评价方法有助于弥补传统评价方法的局限，能够更为全面准确地评价学生的学习效果，发挥教学评价的功能。

1. 学习契约评价

学习契约评价是利用学习契约对学生在信息化教学过程中的学习水平进行评价的方法。学习契约也称为学习合同，这种评价方法来源于真正意义上的契约或合同。例如，当建筑设计师承担一项设计时，委托人通常要就这项设计的具体要求及交付日期进行详细地说明，并与设计师签订合约。待设计完成后，评价设计是否合格的主要依据将是这纸合约。学习契约的意义和实施方法与上例中所说的合约相差无几。在信息化教学设计中，其基本原则就包括以"学"为主、以"任务驱动"和"问题解决"作为学习和研究活动的主线。学习契约这种评价方法能够让学生在完成任务和解决问题时有一个具体的目标或依据，能够对信息化教学进行客观合理地评价。

2. 量规评价

量规评价是利用量规对学生在信息化教学过程中的学习水平进行评价的方法。所谓量规是一种结构化的定量评价工具，往往是从与评价目标相关的多个方面详细规定评价指标，具有操作性好、准确性高的特点，有利于避免评价的主观因素，对教育者和学习者来讲都具有很强的评价实用性。虽然从字面上看量规是一个全新的名词，但从内涵上讲并不是全新的。随着教育信息化的发展，越来越多的学习任务是以非客观性的方式呈现的。传统的客观性评价方法已被证明具有较大的局限性，因而，量规这种评价工具的应用逐渐受到重视，量规评价成为信息化教学评价的重要方法之一。用量规进行评价的关键是遵循量规设计的原则，设计规范的量规。

（1）量规设计的原则

①根据教学目标和学生的水平来设计结构分量

教学目标不同，量规的结构分量也应不同。例如，在评价学生的电子作品时，通常从作品的选题、内容、组织、技术和资源利用等方面考虑；而在评价学生的课堂参与性时，又会从学生的出勤率、回答问题情况、作业完成情况和小组合作情况等方面考虑。另外，学生的水平也是决定量规结构的一个重要方面，不符合学生水平的结构分量在评价时往往是没有意义的。

②根据教学目标的侧重点确定各结构分量的权重

对量规中各结构分量的权重（分数）进行合理的设置不但可以帮助有效的评价，还可以引导学生把握好努力的方向，起到目标导向的作用。结构分量的权重设计与教学目标的侧重点有直接的关系。还是以电子作品的评价为例，如果教师的主要目的是教会学生学习制作电子作品的有关技术，那么赋予技术、资源利用结构分量的权重应该高些；如果教师的主要目的是为了让学生通过电子作品展示自己的调查报告，那么赋予选题、内容、组织等结构分量的权重则应高些。

③具体的描述语言要具有可操作性

对量规的各结构分量进行解释时，应使用具体的、可操作性的描述语言，避免使用抽象的概念性的语言。

（2）量规范例：表 3-1 是为评价研究性学习设计的量规。

3. 范例评价

范例评价是通过范例展示、参照范例完成学习任务、评价学习过程和成果等环节对学生在信息化教学过程中的学习水平进行评价的方法。在完成学习任务之前，由教师根据学习任务给出解决该类问题的典型范例。这些范例可以是教师或其他人完成的，也可以是以前的学生完成的作品。学习者可以参照这些范例中解决问题的思路、方法，对照自己的学习过程和学习结果进行自我评价，也可以进行互评。

表3-1   研究性学习评价量规

等级\项目	问题	信息收集	信息整理	信息分析	最终作品
4	学生能够生成课程领域内的问题	从多种电子及非电子信息资源收集信息并合理应用	学生开发计算机化的信息分类结构，如数据库	学生自行分析信息并得出结论	学生利用多种媒介通过多感官表达他们的发现并在WWW上发布
3	学生根据教师给定的课题生成问题	从多种电子及非电子信息资源收集信息	学生与教师一起形成计算机化的信息分类结构的想法，学生开发分类结构	学生自行分析信息，在教师的指导下得出结论	学生有效利用多种媒介通过多感官表达他们的发现
2	学生在教师的帮助下生成问题	从有限的电子及非电子信息资源收集信息	学生与教师一起开发计算机化的信息分类结构	学生在教师的指导下分析信息和得出结论	学生用了多种媒介表达他们的发现
1	问题由教师生成	仅从非电子信息资源收集信息	学生利用教师产生的计算机化的信息分类结构	学生复述所收集的信息，如简单复述事实	学生用有限的媒介表达他们的发现如书面报告

4. 学习档案评价

学习档案评价是利用学习档案对学生在信息化教学过程中的学习水平进行评价的方法。学习档案是按一定的目的收集的反映学生学习过程及最终产品的一整套材料。这种学习档案在客观上有助于促进个人的成长，而学生也能在自我评价中逐渐变得积极起来。学习档案中可包含各种形式的学习材料，如：录像带、书面文章、图画、计算机编程等。学习档案能使学生检视自己的成长，也能使教师有效地辅导和支持学生达到学习目的。在信息化教学中，学习档案的建立和维持可以自动进行，成为电子学习档案，其中不但可以记录并保持学生学习过程，还能汇集学生的电子作品等。通过学习档案评价，可以非常清楚地了解学习者在整个学习过程中的表现和学习收获，有利于做出公正的评价。

5. 概念地图评价

概念地图评价是利用概念地图对学生在信息化教学过程中的学习水平进行评价的方法。概念地图是一种图表，一种用来帮助表现思维过程与结果的工具，可用以指示课、单元或知识领域的组织形态。学生可通过手绘或电子工具的方法将概念沿着空间等级层次或时间先后顺序的维度联系起来，形成他们对这些概念关系的理解。概念地图具有理解复杂知识和区分概念的功能，对学生了解与反思自己的认知发展水平极其有益。利用概念地图进行评价时，可以通过要求学生画出所学内容的概念地图，对学生的学习水平做出评价。以图示法表示概念及其相互关系的概念地图实例如图 3-1 所示。

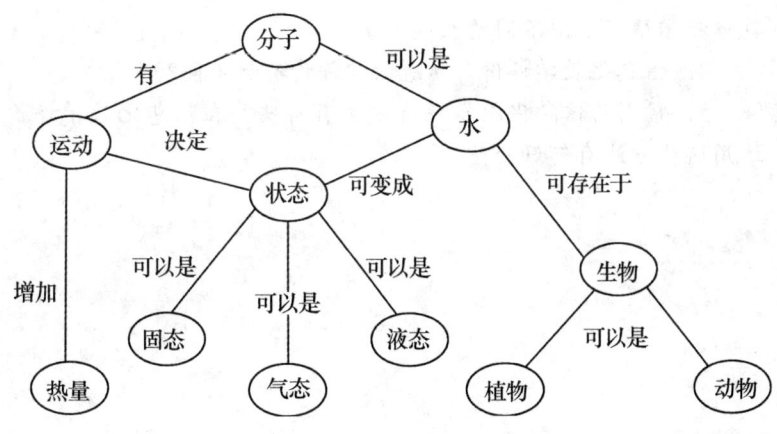

图 3-1　概念地图实例

6. 自我评价

　　自我评价是学习者运用一定的评价工具对自己的学习结果以及在学习过程中的表现进行评价的方法。自我评价的作用是让学习者有针对性地反思与提高自身的学习水平。在传统的教学评价中，学生的角色是被动的。教师通过评价对学生进行定级或分类，学生从评价的反馈中认识自己的学习是否达到预期目标。然而，在信息化社会中，面对不断更新的知识，指望他人像传统教学中的教师一样适时地对自己的学习提供评价是不可能的。因而，作为一个合格的终身学习者，自我评价将是一个必备的技能。

　　自我评价多采用问卷调查表的形式设计表单，帮助学习者通过回答预先设计好的问题来产生某种感悟，从而促使他们对自己的学习过程和学习结果进行重新审视和修改，增强他们的自主学习能力。

【思考与练习】

　　1. 谈谈你对信息化教学的理解。

　　2. 比较几类基本的信息化教学模式的优缺点。

　　3. 信息化教学的基本方法有哪些？在信息化教学中如何根据具体教学情况选用不同的教学方法？

　　4. 信息化教学评价与传统教学评价有何不同？

　　5. 常用的信息化教学评价方法有哪些？在信息化教学评价中运用这些方法有何好处？

第 4 章　教学设计

【学习目标】

1. 理解教学设计、教学设计过程模式、学习需要、行为目标等概念的含义。

2. 叙述以教为主的教学设计和以学为主的教学设计各自的特点。

3. 能按照以教为主和以学为主的教学设计步骤设计教学方案。

4.1　教学设计概述

4.1.1　教学设计的基本概念

1. 什么是教学设计

教学设计（Instructional Design，简称 ID），指以优化教学效果为目的，以学习理论、教学理论和传播理论为基础，应用系统科学理论的观点和方法，调查、分析教学中的问题和需求，确定目标，选择相应的教学活动和教学资源，建立解决教学问题的方案，实施、评价、修改教学问题解决方案的全过程。也可以概括为：教学设计是运用系统方法，依据对学习需求的分析，提出解决问题的最佳方案，使教学效果达到优化的系统决策过程。

从以上教学设计的定义表述中可以看出：

- 教学设计的理论基础是学习理论、教学理论和传播理论。
- 教学设计的方法论基础是系统科学方法。
- 教学设计的依据是对学习需求（包括教学系统内部和外部的需求）的分析。
- 教学设计的任务是提出解决问题的最佳设计方案。
- 教学设计的基本要素是教学对象、教学目标、教学策略、教学评价。

· 教学设计的内涵共有 5 个方面：调查、分析教学中的问题和需求；确定目标；建立解决问题的步骤；选择相应的教学活动和教学资源；评价其结果。

· 教学设计的目的是优化教学效果。

2. 教学设计的层次

教学设计是一个问题解决的过程，根据教学中问题范围、大小的不同，教学设计也相应地具有不同的层次，即教学设计的基本原理与方法可用于设计不同层次的教学系统。教学设计发展到现在，一般可归纳为三个层次：

（1）以教学产品为对象的层次——教学产品设计

教学产品设计的对象包括网络课程、多媒体课件以及其它教学媒体、材料、教学环境等。简单的教学产品，如幻灯片、投影片、录音教材和小型课件等，一般由任课教师自己设计、制作；比较复杂的教学产品，如录像教材、大型多媒体课件、网络课程，以及教学环境的设计和开发，则需要组织专门开发小组来完成。

（2）以教学过程为对象的层次——教学过程设计

教学过程设计是对于一门课程或一个知识单元，甚至一节课或某几个知识点的教学全过程进行的教学设计。对这一层次的教学设计活动又可以教学设计理论的发展为依据将其细致地划分为以教为主的教学设计（以行为主义学习理论或认知学习理论为理论基础）和以学为主的教学设计（以建构主义学习理论和教学理论为理论基础）。

如果教师掌握教学设计的有关知识和技能，这个层次的教学设计完全可由教师自己承担完成。当然，在必要时，也可由教学设计人员辅助进行。

对于一般教师，接触最多的是学科教学实践，教学设计活动发生频率最高的是以教学过程为对象的教学过程设计，因此，本章第二节和第三节的内容分别对以教为主的教学设计和以学为主的教学设计的理论和方法进行具体阐述。

(3) 以教学系统为对象的层次—教学系统设计

按照系统观点，上面两个层次的教学过程和教学产品都可看作是教学系统，但这里所指的系统是特指比较大、比较综合和复杂的教学系统。这一层次的教学设计属于宏观设计层次，它所涉及的教学系统比较大，如一所学校、一个新的专业、一个培训系统或一个学习系统的建立等等。因此这一层次的设计需要由教学设计人员、学科专家、教师、行政管理人员、甚至包含有关学生组成的设计小组来共同完成。

4.1.2　教学设计的理论与模式

1. 教学设计理论简介

所谓教学设计理论，是关于如何规定、设计教学活动的理论，它是一套用来决定在一定的教学条件下，为了使学习者达到特定的教学目标，应采取什么样的教学策略与教学方法的知识体系。它与学习理论和一般教学理论都有明显的区别。理论按性质可分为描述性理论和规定性理论两大类。描述性理论揭示事物发展的客观规律，即在给定的条件和方法下对主观的结果做出合理的解释或预报可能产生的结果。这类理论试图告诉人们"是什么"和"为什么"。而规定性理论一般是以描述性理论揭示的客观规律为依据，关注为达到某种理想的结果所采用的最优方法。这类理论试图告诉我们"做什么"和"怎么做"。从本质上讲，学习理论和教学理论都属于描述性理论，而教学设计理论属于规定性理论，它规定了为达到某种教学目标，在一定的教学条件下如何去选择和确定最好的教学策略，为如何设计满足一定教学需求的系统提供方法性的说明。图4-1显示了这两种理论在逻辑结构上的区别。

(1) 以"教"为主的教学设计理论

以"教"为主的教学设计理论是指20世纪60年代以来，经众多教学设计专家二十多年深入研究而发展起来的具有特定倾向的教学设计理论与模式。这类教学设计理论和模式有较完整、严密的理论体系，并且可操作性强，有利于教师主导作用的发挥，也有利于教师按教学目标的要求来组织教学。

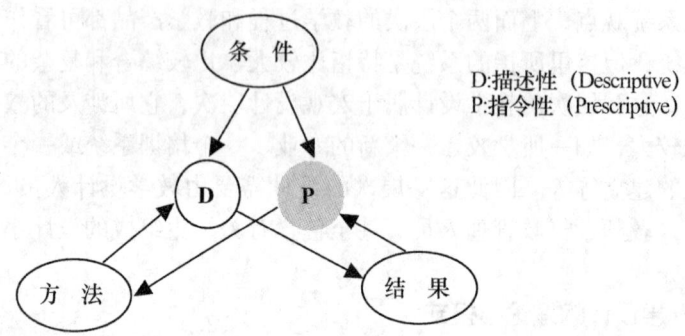

图 4-1　教学设计理论的逻辑结构

（2）以"学"为主的教学设计理论

以"学"为主的教学设计理论是指 20 世纪 80 年代以来，以建构主义理论和系统论为基础的教学设计理论与模式。这类教学设计理论和模式关注学生的主体活动，有利于学生主体作用的发挥，有利于培养学生的创新精神、实践能力和综合能力。

2. 教学设计过程模式

（1）教学设计过程模式的含义

所谓教学设计的过程，就是运用系统方法分析教育教学问题、确定教育教学问题解决方案、检验和评价解决方案的过程。

所谓教学设计过程模式，就是在教学设计的实践中逐渐形成的、运用系统方法进行教学设计的理论的简约形式，即以什么样的步骤和方法进行教学系统的设计，是用来简要说明教学设计活动基本过程的理论。

教学设计过程模式是一套程序化的步骤，一个教学设计过程模式具有许多阶段。但是，所有的教学设计过程模式都包括四个基本要素：学习者、教学目标、教学策略、教学评价。

（2）教学设计过程模式的功能

作为相互交流的有效手段；

作为管理教学设计活动的指南；

作为设计过程决策的依据。

(3) 教学设计过程模式的分类

设计不同的教学系统需要不同的教学设计过程模式,在不同的教学条件下应该有不同的教学设计过程模式。由于教学设计实践中所面对的教学系统范围和任务层次有很大的差别,加上有不同教学工作环境和个人专业背景的设计人员对教学设计的理解和认识不尽相同,因而导致数百种不完全相同的教学设计过程模式产生。为了便于研究,可将教学设计过程模式分类。目前主要有以下两种分类方法:

按教学设计的层次分类,将教学设计过程模式归属于三大类:以教学系统为对象的模式;以教学过程为对象的模式;以教学产品为对象的模式。

按教学设计的理论基础和实施方法分类,将教学设计过程模式归属于三大类:以教为主的模式;以学为主的模式;"教师为主导、学生为主体"的模式。

4.2　以教为主的教学设计

以教为主的教学设计又叫"传统的"教学设计。目前我国以"教"为主的教学系统还大量存在,大班授课、教师讲学生听还是学校教学的主要教学形式,因而以"教"为主的教学设计思想和模式仍是目前教学设计的主流,需要我们学习和运用以"教"为主的教学设计的理论与方法。

4.2.1　以教为主的教学设计特点

以教为主的教学设计以行为主义学习理论或认知学习理论为基础,设计的焦点在"教学"上,着重从"教"的角度出发,对教学活动进行分析、规划和安排。强调在教学设计活动中确定明确、具体的教学目标,分析学科知识能力的结构体系;组织相关的教学资源和方法,安排教学的程序;制定统一的、可供评价的标准,调整和控制教学运行状态。使教学设计方案有利于教师组织、监控整个教学活动进程，便于教师系统地传授科学知识。因而以教为主的教学设计强调发挥教师的主导作用，强调教师对教学的组织、管理与控制，适用于传统的学科教学。按这种模式设计的教学系统对客观事实的介绍、行为的纠正、简单认知加工任务的完成、动作技能的学习，甚至问题的解决、技能的培养均比较合适。但按这种模式设计的教学系统会使学生的主动性、积极性受到一定的限制，难以充分体现学生的学习主体作用。

4.2.2 以教为主的教学设计过程

在以教为主的教学设计过程模式中，教学设计活动主要包括：学习需要分析，学习者分析，教学内容的分析，教学目标的分析与阐明，教学策略的设计（包括教学媒体的选择和设计），教学设计成果的评价与修改。它们相互联系、相互制约，组成一个有机的教学系统。

下面介绍以教为主的教学设计过程中，教学设计活动的具体方法与步骤。

1. 学习需要分析

（1）分析学习需要的目的

学习需要指学习者目前水平与期望学习者达到的水平之间的差距。教学设计是一个问题解决的过程，只有发现了问题，认清了问题的本质才能着手对它进行解决。学习需要分析的目的就是对需要进行分析，以系统的方式找出"是什么"与"应该是什么"之间的差异，即明确进行教学设计所要解决的问题，回答"为何教"的问题，为教学设计活动提供最基本的信息。

（2）学习需要分析的方法

学习需要分析的方法有内部参照需要分析法和外部参照需要分析法。两者的主要区别在于目标参照系的不同。

①内部参照需要分析法

此方法是由学习者所在组织机构内部已经确立的教学目标（或培训目标）对学习者的期望与学习者学习（或工作）现状作比较，找出两者之间的差距，从而鉴别学习需要的一种分析方法。

②外部参照需要分析法

此方法是根据社会（或职业）的需求来确定对学习者的期望值，以此为标准来衡量学习者的学习现状，找出差距，从而确定学习需要的一种分析方法。这种方法揭示的是学习者目前的状况与社会实际要求之间存在的差距，其特点是以社会目前和未来发展的需要作为准则和价值尺度去揭示教育、教学中存在的问题，从而制定出教育、教学目标。可见，外部参照需要分析法是对机构内部目标合理性进行检验的有效方法。

分析学习需要常会采用内部参照需要分析法和外部参照需要分析法相结合的内、外参照分析法。通常在以教学系统为对象（系统级）的设计活动和以产品为对象（产品级）的设计活动中采用内、外参照分析法，而在以教学过程为对象（课堂级）的设计活动中，教师只需用内部参照需要分析法进行学习需要分析。

在分析学习需要时，无论是确定期望的状态还是学习者的现状，都可以采用测试、编制问卷调查表、观察和座谈等方法来收集数据。

2．学习者分析

教学设计是否与学习者的特点相匹配，是决定教学设计成功与否的关键因素。因为一切教学过程只有从学生的实际出发才能成功和优化。学习者分析的目的是为了了解学生的学习准备和学习风格，为后续的教学设计步骤提供依据，使教学系统能够提供适当的内容和运用适当的教学策略。对教育者来说，可以做到因材施教；对学生来说，可成为一个有准备的学习者。虽然教学设计者不可能对学习者的心理因素、生理因素、社会经济因素等方面都进行分析，但是必须了解那些对决策起重要作用的心理因素。

（1）学习准备的分析

①学习者一般特征分析

学习者一般特征指学习者的遗传素质与环境、教育相互作用下形成的对学习产生影响的生理、心理以及社会等方面的特点。它涉及学习者的年龄、性别、心理发展水平、学习动机、人格因素、生活经验以及社会背景等诸方面，它们虽不直接介入学习，但却对学习的效果间接地产生影响。

在教学设计中，常常需要分析学习者的一般特征，分析小学、中学、大学等各年龄阶段学生发展的一般特征有助于教学设计。尽管它们与具体学科内容无直接联系，但却能对学习内容的选择和组织、教学方法和教学媒体的选择与运用提供帮助。例如，教学对象的阅读能力较差，可以考虑多使用视听资料，如果教学对象是少数民族或是不同宗教信仰者，那么在选择教学内容时首先应注意尊重他们的文化、习俗等。

了解学习者一般特征的主要方法有观察、采访、填写学习情况调查表和开展态度调查等。了解学习者特征的目的是为教学决策提供依据，因而对于那些无助于教学决策的特征可以放弃不理。

②学习者的起点能力分析

任何一个学习者都是把他原来所学的知识、技能、态度带入新的学习过程中，因此教师进行教学设计时必须了解学习者从事特定学科内容的学习时，已经具备的有关知识和技能的基础，以及对有关学习内容的认识和态度，即学习者的起点能力或起点水平。

了解了学生的起点能力，就能比较方便地确定教学目标，就能明确规定学习者应该达到怎样的终点能力。同时，还可以确定教学内容的重点和难点。

分析学习者的起点能力可采用的方法有：预测试题测验、观察、会谈等。

（2）学习者学习风格的分析

学习风格是学习者持续一贯的、带有个性特征的学习方式，是学习策略和学习倾向的综合。教学设计者为了向学习者提供适合其特点的个别化教学，最好能掌握下列有关学习者的情况。

•信息加工的风格：是习惯于归纳推理还是演绎推理；是喜欢动态视觉刺激（如电影）还是静态视觉刺激（如图片）；是喜欢语言文字刺激还是喜欢听觉刺激，或是喜欢动手学习；是沉思型还是冲动型；是场依赖型还是场独立型。

• 感情的需求：需要经常受到鼓励和安慰；能自动激发动机；能坚持不懈。

• 社会性的需求：喜欢与同龄学生一起学习；喜欢向同龄同学学习；需要经常得到同龄同学的赞同。

• 环境和情绪的需求：喜欢安静或背景声或音乐；喜欢弱光和低反差；喜欢一定的室温；喜欢学习时四处走动；喜欢在某固定时间学习等。

3．教学内容分析

（1）分析教学内容的目的

教学内容是指为实现教学目标，要求学习者系统学习的知识、技能和行为经验的总和。分析教学内容是为了规定教学内容的范围、深度及教学内容各部分的联系，回答"学什么"的问题。分析教学内容是以总的教学目标为基础，确定教学内容的范围和深度，揭示教学内容各组成部分之间的联系。教学内容的范围指学习者必须达到的知识和能力的广度，深度则规定了学习者必须达到的知识深浅程度和能力的质量水平。明确教学内容各组成部分的联系，可以为教学顺序的安排奠定基础，所谓教学顺序，是指把这些规定了广度和深度的知识与技能，用便于学习者理解和接受的形式加以序列化。所以，教学内容的安排既与"学什么"有关，又与"如何学"有关。

（2）分析教学内容的方法与步骤

分析教学内容的基本步骤为：选择与安排教学内容，对教学内容进行分类，分析教学内容的结构关系。以下介绍教学内容分析过程中的具体方法与步骤。

①教学内容的选择与安排

为实现一门课程总的教学目标，学习者必须学习哪些内容？对这个问题的考虑，即对教学内容的选择与安排。

在学校教育范围内，大多数教学都有确定的教材。在我国各级学校中，各门课程的教材都是预先选定的。尤其是中小学，大都使用统编教材。这些教材都是由学科专家和专门人员按照课程标准的要求编写，经过相应的教材委员会审定的。所以，我们对教学内容的选择就变得比较简单，只须对选定的教材内容进行分析、研究、组织和安排就可以了。具体包括以下两项工作：

• 划分单元、列出单元内容中将要学习的知识点

教材内容有一定的结构体系，对一本教科书的内容，通常可划分为章、节、目、点等不同层次。因此对选定的教材内容进行分析、组织和安排时，可将教学内容划分为课程、单元和知识点等层次。通常一门课程由若干单元构成，一个单元又由若干知识点组成。学校教师一般按单元组织教学。每个单元可能由几章或几课组成，有时一章就是一个单元。根据学科特点的不同，单元的划分也不同。例如，语文课程的单元通常指一组体裁相同的课文；数学课程的单元也就相当于教材的一章，大致是某类数学问题；而外语课程的单元则可指教材中的一课。一个单元的内容有相对的完整性。

此项工作的任务是：认真分析、研究教学内容，将组成单元学习内容的若干知识点一一列出。

• 安排单元顺序

单元作为一门课程内容的划分单位，一般包括一些相对完整的学习任务。在这些单元学习任务中，哪些应先学、哪些应后学，这涉及到对各单元的顺序安排。教学内容各个单元之间，存在着一定的逻辑关系。只有正确揭示这种关系，才能有利于学习的顺利进行。

一般情况下，在一门课程中，各单元教学内容之间的联系有3种形式，如图4-2所示。

所以在安排单元顺序时，需要搞清楚各单元之间的联系，以便使教学内容具有一定的系统性或整体性。

教学内容的组织和安排要注意以下几方面：

由整体到部分，由一般到个别，不断分化；

确保从已知到未知；

按事物发展的规律排列；

注意教学内容之间的横向联系。

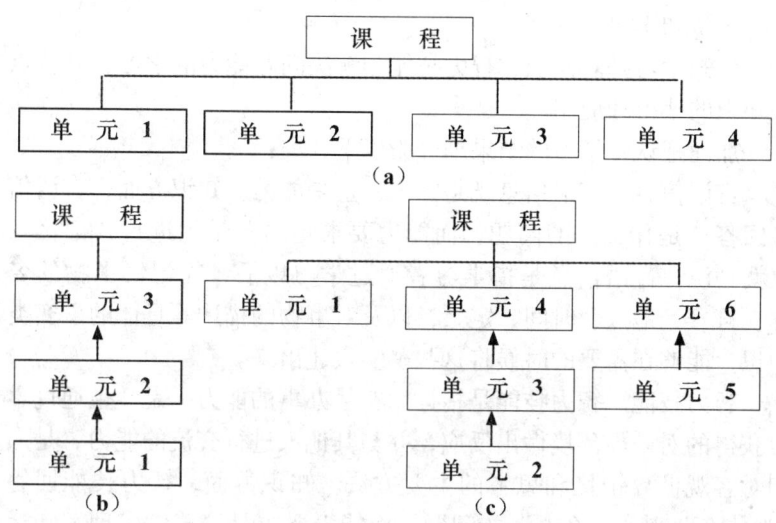

图 4-2　教学内容的逻辑关系

图中（a）为并列型结构，各单元相对独立，各单元在顺序上可以互换位置，先学习哪一单元或后学习哪一单元都可以。

图中（b）为顺序型结构，各单元教学内容之间的顺序是固定的，前一单元的学习将构成后一单元的基础。

图中（c）为综合型结构，兼有并列型和顺序型特点。

②对教学内容进行分类

知识和技能是由多种类别的内容组成的，有些内容简单，能直观地进行学习；有些内容则抽象、复杂，需要学习者投入较多的时间、精力。因此，在设计教学时，需要分析、鉴别知识点的类别，使教师明确自己要讲授的教学内容属于什么类别，了解自己要完成的教学任务（即学生的学习任务）是什么性质，可以为创设有效的教学环境、采取相应的教学策略、促使学生学习的有效进行提供依据。

教学内容（学习内容）通常可分为认知学习、动作技能学习和情感学习三大类。

　　• 认知学习类

　　认知学习是对知识、智力技能和解决问题能力的学习，其特点是知识的获得和应用。

　　加涅把认知学习的结果细分为以下 3 类：

　　言语信息。言语信息既是知识，也是能力。知识方面，言语信息回答"是什么"的问题，而能力要求是培养学生进行"记忆"。也就是说，言语信息是指学习者通过学习以后，能记忆事物的名称、符号、地点、时间、定义，以及对事物的描述等具体的事实类知识，能够在需要的时候将这些事实表述出来。

　　智力技能。智力技能是指运用符号办事的能力，是学生通过学习获得的对外界环境做出反应，并与其他人进行交流的能力，是人们对客观世界记忆和思考的主要方法。知识方面，智力技能回答"为什么"和"怎么办"的问题，而能力要求是培养学生理解和运用概念与规则的能力，以及进行逻辑推理的能力。

　　智力技能的学习带有明显的层次关系，在分析智力技能学习内容时，可以从选取的最高目标着手，依次向下进行。

　　认知策略。认知策略是个体对认知过程进行调节与控制的能力，即学习者选择和调节自己的注意、学习、记忆和思维等内部心理过程的技能。认知策略是自我调控的能力，它支配着学习者学习和思维中的行为，决定学习的质量和效率。

　　• 动作技能学习类

　　动作技能是一种习得的能力，学习的结果表现为身体的迅速、精确、流畅和协调的动作。

　　实际上，动作技能虽然是外显的反应，但它受内部心理过程的控制。动作技能往往和知觉联系在一起，有时把它称为知觉——动作技能。

　　一项动作技能可分解为若干项从属的基本动作技能。动作技能学习内容的分析，不仅要剖析实现教学目标所需掌握的各项基本技能，揭示它们之间的联系，还要列出学习这些技能所需掌握的相应知识。

• 情感学习类

情感是学习者对于事物的看法和采取的行为。情感类教学内容可分为态度类和品德类两种。态度是通过学习形成的影响个体行为选择的内部状态。态度中包含了认知成分、情感成分和行为成分。

一般说来，态度的认知成分、情感成分和行为成分是一致的。但有的时候，态度的行为成分可能和其它成分相分离。

品德是个人依据一定的社会道德行为准则行动时，表现出来的某些稳定的特性。品德由道德观念、道德情感和道德行为三部分构成。

一般来说，态度所涉及的范围比较大，包括对国家、对集体、对他人、对劳动、对物品，以及对个人等的看法。有的态度涉及社会道德规范，有的则不涉及。只有涉及道德规范的那部分稳定的态度才能被称为品德。因此，有时也用态度类学习来称呼情感类学习。

以上学习内容的分类方法适合于各门学科具体内容的分析。

③分析教学内容的结构关系

经过前面的教学设计过程，已确定教学内容的基本框架，接下来就要选择常用的教学内容分析方法进行知识点结构关系的分析，以揭示教学目标规定的、且需要学生形成的能力或倾向的构成成分之间的层次关系，为促使这些能力或倾向习得的有效教学条件的确定提供依据。常用教学内容分析方法有：归类分析法、层级分析法、信息加工分析法、图解分析法等。

• 归类分析法

归类分析法主要是研究对有关信息进行分类的方法，旨在鉴别为实现教学目标所需学习的知识点。归类分析法主要用于分析言语信息类内容，分析的结果可用树型图表示。由于言语信息之间不存在逻辑层次或程序，因此在归类分析中，各知识点之间本质上不存在难度的层级关系。如：一个国家的省市名称可按地理区域的划分来归类；人体外表各部位的名称可由上向下，按头、颈、躯干、上肢、下肢等分类。

• 层级分析法

层级分析法是用来揭示教学目标所需掌握的从属技能的内容分析法，是一个逆向的分析过程。它揭示了为达到教学目标，必须学习哪些知识和技能。一级一级向下分析，直至适当的基础内容层级。层级分析法主要适用于分析智力技能类内容，分析的结果可用层次图表示。由于智力技能的学习带有明显的层级关系，因此在层级分析中，各层次的知识点具有不同的难度等级，愈是在底层的知识点，难度等级愈低（愈容易），愈是在上层的难度愈大。下面是对"整数减法"教学内容进行层级分析的实例。如图 4 - 3 所示。

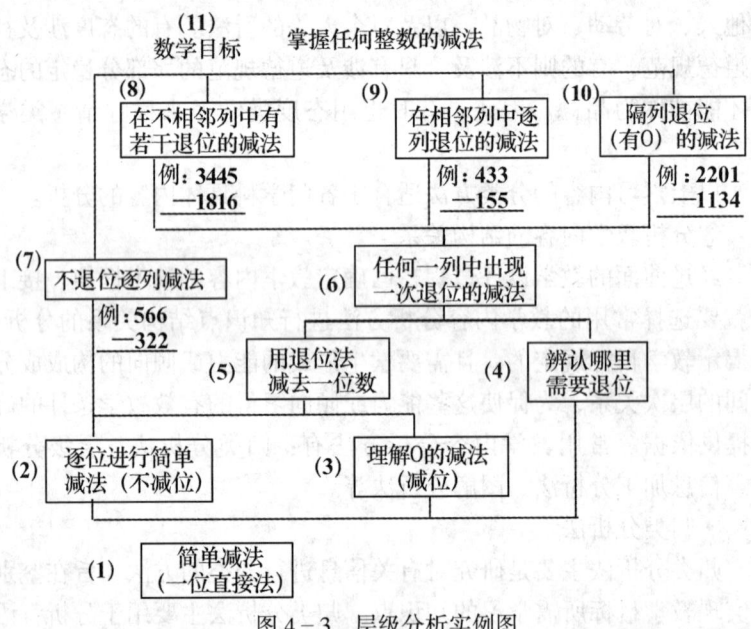

图 4 - 3　层级分析实例图

图 4 - 3 中，教学目标规定的能力（11）的学习以（7）、（8）、（9）和（10）四项从属技能的学习为先决条件，该层级分析一直继

续到最后一级的子目标（简单减法）为止。

　　• 信息加工分析法

　　信息加工分析法是揭示教学目标要求的心理操作过程，描述或记录外显的动作技能操作过程的一种内容分析方法。信息加工分析法主要用于分析智力技能类与动作技能类内容，分析的结果可用流程图表示。

　　利用信息加工分析来描述智力技能的实例如图 4-4 所示。图 4-4 显示的是求算术平均数的计算过程。可以看到，用信息加工分析法能够清晰地说明当学习者掌握了教学目标规定的技能以后，将能够做什么。

数学目标：计算算术平均数 ×

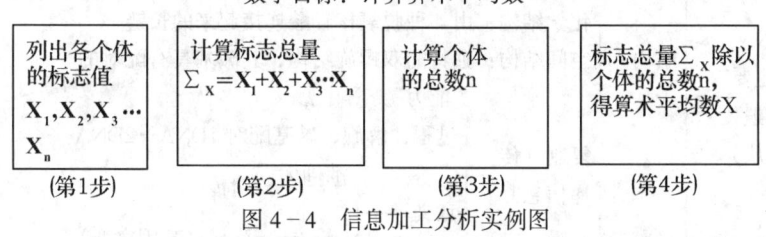

图 4-4　信息加工分析实例图

　　利用信息加工分析来描述或记录外显的动作技能的实例如图 4-5 所示。

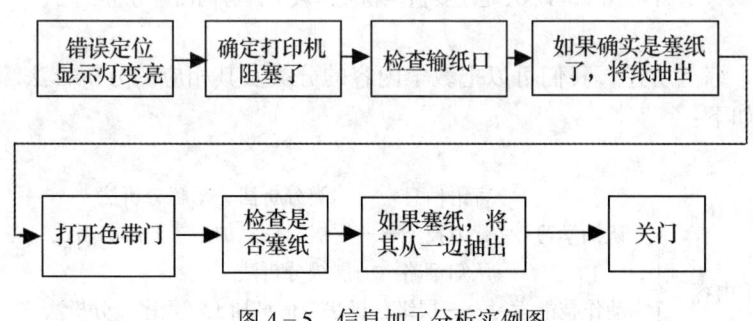

图 4-5　信息加工分析实例图

④图解分析法

图解分析法是一种用直观形式揭示教学内容要素及其相互联系的内容分析方法，主要用于对认知教学内容的分析。图解分析的结果是一种简明扼要、提纲挈领地从内容和逻辑上高度概括教学内容的一套图表或符号。如历史教学中，可以用几条带箭头的线段及简洁的数字、符号来剖析一次著名战役的全过程，其起因、时间、地点、参战各方人数、结果等都被反映在图解之中。这种方法的优点是使分析者容易觉察内容的残缺或多余部分以及相互联系中的割裂现象。利用图解分析法分析教学内容的实例，如图4-6所示。

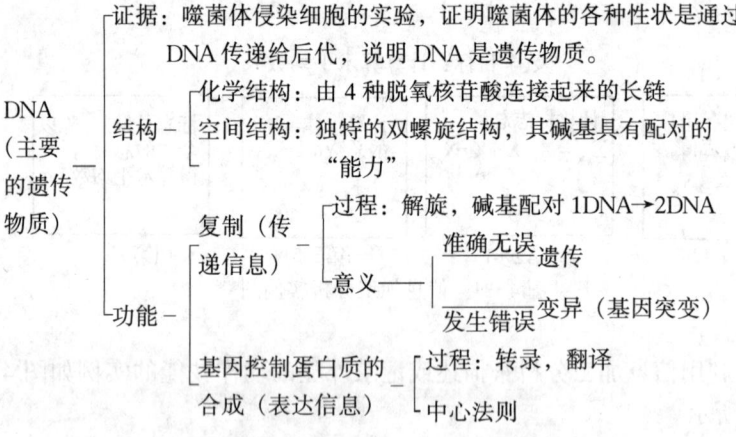

图4-6　"DNA是主要遗传物质"教学内容的图解分析

综上所述，我们可以把教学内容的分类及其相应的分析方法综合如下：

教学内容
- 认知学习
  - 言语信息——归类分析法、图解分析法
  - 智力技能——层级、信息加工、图解分析法
  - 认知策略——层级分析法
- 动作技能学习——层级分析法、信息加工（程序）分析法
- 情感学习——层级分析法、信息加工（程序）分析法

4．教学目标的设计

在以教为主的教学中，教学目标是教学活动的出发点和最终归宿，它是教学设计中的核心要素。教学目标是一个具有层次区分和领域划分的体系。学校教育教学的目标可分为教学总目标、学校培养目标、学科教学目标、单元教学目标、课时教学目标、学习目标；从领域划分则包括认知领域目标、动作技能领域目标和情感领域目标。这种既有领域又有层次的划分，对教学目标的设计提出了明确具体、可观察、可测量的要求。

在教学设计中，为了明确地阐述教学目标，需要将其转化为一系列具体的学习目标，确定学习目标的层次，并用可以观察、测量的行为术语描述学习目标。因此，在教学目标的设计活动中要完成的任务是：确定教学目标层次，编写学习目标，明确教学内容与教学目标的关系。

(1) 确定教学目标层次

笼统的教学目标不利于为教师的教学提供指导，也不利于为学生的学习指明方向，为此需要对教学目标进行合理的划分并在设计中分别考虑。

在设计教学目标的过程中，可以运用教学设计专家提出的学习目标分类体系作为框架，确定不同类型教学内容所要达到的教学目标层次。近年来，我国教育工作者参照国外的研究成果，结合我国教育教学实际，提出了我国的教育目标分类体系，并已在全国推广使用。以下是国内外三大类教学目标的分类体系、层次划分及其表现，可供我们确定教学目标层次和编写学习目标时参考。

①认知学习领域目标分类

•国内目标分类体系：

A．记忆。能够记住学过的材料。

B．理解。能够解释学习材料；能够将学习材料从一种形式转换成为另一种形式；并能对学习材料作简单的判断。

C．简单应用。能把学过的材料用于新的具体情境中去解决一些简单的问题。

D. 综合应用。能对问题的各组成部分进行辨认；进行部分之间的关系分析；并能识别和综合运用组成这些部分的原理、法则解决问题。

E. 创见。能突破常规的思维格式，提出独到的见解或解题方法；能按自己的观点对学习材料进行整理分类；能自己设计方案，解决实际问题。

·国内外目标体系对照：国内和国外（布卢姆）认知类教学目标分类体系的对应关系如下表所示。

表 4－1　认知类教学目标层次对照

国内体系	A	B	C	D		E
	记忆	理解	简单应用	综合应用		创见
布卢姆体系	1	2	3	4	5	6
	知识	领会	运用	分析	综合	评价

②动作技能学习领域目标分类

·国内目标分类体系：

A. 模仿。对演示、示范动作的效仿，对工具和装置的初步使用；能够把描述语言转化为实际动作。

B. 理解（对模仿动作的理解）。能够说出装置结构的原理；对动作的作用进行解释；对动作的结果进行解释和概括。

C. 协调（动作组合协调）。能实现动作的分解与组合协调动作；能对动作组合进行计划；能对实验结果进行解释和概括，并写出实验报告。

D. 熟练（动作评价）。对动作的作用做出自己的估计；对组合动作、设备能进行设计；动作达到熟练；能对实验结果进行解释、推论和评价。

E. 创新（新动作的创造）。在新的情境下，对动作进行设计和实现；在新的情境下，对实验结果进行解释和整理。

• 国内外目标体系对照：

国内外动作技能类教学目标分类体系的对应关系如表 4 - 2 所示。

表 4 - 2　动作技能类教学目标层次对照

国内体系	A			B	C	D	E
	模仿			理解	协调	熟练	创新
辛普森体系	1	2	3	4	5	6	7
	知觉	定势（准备）	指导下的反应	机械动作	复杂的外显反应	适应	创新

③情感学习领域目标分类

情感类（加涅称为态度类）的学习，实际上是一个价值标准不断内化的过程。也就是说，学生经过接受、反应以及评价等连续内化的过程，将外来的价值标准转化为自己信奉的内在价值，情感类教学才得以完成。另外应该注意的是：情感类教学不只是政治课和思想品德课的任务，各门学科的教学都包含着这一方面的内容，因为任何知识、技能、行为、习惯都不能离开一定的价值标准而存在。

• 国内目标分类体系：

A. 接受。在适当的环境中，注意对象的存在；有意识地注意对象；集中注意教师的讲解或演示。

B. 思考。能遵照教师的指示做出反应；能与过去的经验发生联系；能有意地和对象打交道。

C. 兴趣。有深入研究的愿望；能很高兴地和对象打交道；不愿立即停止自己的思考和行动。

D. 热爱。关心对象的存在和价值；把价值内化为自己坚定的信念；认识到对象的美好，成为自己的理想。

E. 品格形成。依据自己的价值观所形成的信念，内化为自己的品格，并用于指导自己的言论与行动。

•国内外目标体系对照：

国内外情感类教学目标分类体系的对应关系如下表所示。

表 4－3　情感类教学目标层次对照

国内体系	A	B	C	D	E
	接受	思考	兴趣	热爱	品格形成
克拉斯伍体系	1	2	3	4	5
	接受（注意）	反应	评价	组织	性格化

一般说来，学习目标层次的划分是以教学内容分析的结果为基础的，教学内容分析得愈细致，学习目标层次的确定就愈简单。反过来，通过对学习目标层次的划分，亦可对教学内容分析的结果作进一步的补充。

（2）编写学习目标

传统的教学目标的阐述往往较笼统、模糊，基本上没有知识和能力上的目标，不易观察和测量，有时对同一目标的解释因人而异，可操作性差。导致教师实施的教学过程和教学目标脱节，不能发挥教学目标导教、导学的功能。为此，教学设计在知识点学习目标的编写中采用行为目标的编写方法，对学习者通过教学活动产生的行为和能力的变化进行阐述。

①行为目标的编写方法

行为目标是教学设计中用来描述学生行为或表现的术语，它以教学过程中学生的行为变化为依据，运用可以观察、测量的行为描述教学目标，有时被称为"作业目标"。

行为目标的编写方法是由马杰提出的，他认为一个学习目标应该包括行为（behavior）、条件（condition）、标准（degree）三个基本要素。有的教育研究者认为有必要在这三个要素的基础上，加上对教学对象（audience）的描述。为此人们把编写行为目标的方法称作 ABCD 结构模式或 ABCD 方法。

用 ABCD 结构模式编写学习目标的步骤为：明确教学对象（A－audience）；说明通过学习后，学习者应能做什么，即行为（B－behavior）；说明上述行为在什么条件下产生，即条件（C－condition）；规定评定上述行为的标度（D－degree）。

A．对象的表述

在行为目标的表述中，首先应明确教学对象，例如，"小学一年级学生"、"参加在职培训的教育技术人员"等。

B．行为的表述

行为指的是通过一定的学习以后，学习者获得怎样的能力，能做什么。描述行为的基本方法是使用一个动宾结构的短语，行为动词说明学习的层次，宾语则说明学习的内容。例如：

- 给计算机辅助教学（CAI）下定义。
- 记住下列词语。
- 默写《枫桥夜泊》。
- 举例说明浮力在生活中应用的例子。

由于学习目标中的行为应具有可观察的特点，所以描述行为最困难的是行为动词的选用，行为动词的选用是编写行为目标的关键。表 4－4 是编写行为目标时可供选用的行为动词。

表述行为时应注意：行为一定是对学生学习后行为或能力的描述；而不是教师的行为或教学过程，不应出现下列描述："教会学生……"，"教师将说明……"，"学生在本节课内自学……"等。

C．条件的表述

条件是学习者完成行为时所必需的情境，是行为产生时所需的条件。它包括环境因素、人的因素、设备因素、信息因素、时间因素、问题明确性的因素等方面。

表4－4　　行为动词选择表

分类	目标层次	可供选择的行为动词
认 知 类	记　忆	知道、识记、记忆、记住、回忆、描述、指出、标明、列举、选择、说明、背诵、配合、定义、说出、写出、复述、辨认、辨别、指明
	理　解	用自己的话说出……、区别、估计、解释、引申、举例说明、叙述、鉴别、选择、归纳、预测、重新写出、分类、转换
	简单应用	计算、示范、应用、运用、操纵、操作、准备、产生、制作、列举、解答、证明、改变、表现、发现、修饰、阐述、解释、说明、修改
	综合应用	分析、区别、区分、指明、猜测、选择、分开、分类、比较、对照、检查、指出、评析、图示 组合、组成、联合、归纳、重建、总结、重写、重组、重新安排、计划、修饰、编写、创造、设计、提出、综合
	创　新	评价、比较、结论、对比、总结、证明、评定、判断、说明……价值、解释、编写
动 作 技 能 类	模仿	练习、模仿、分解、移动、接……
	理解	初步学会、在教师指导下……、学唱
	协调	学会、比较熟练、掌握
	熟练	熟练掌握、熟练操作、熟练使用、熟练演奏
	创新	改编、新编、创造
情 感 类	接受	听讲、看出、注意、选择、接受、同意、赞同
	思考	陈述、回答、完成、选择、列举、遵守、听从、服从、称赞、帮助
	兴趣	接受、承认、参加、完成、决定、支持、愿意、解释、评价、影响
	热爱	愿意、热爱、想、计划、决定、参加、欢呼、欢庆、献身
	品格形成	相信、坚持、判断、拒绝、贯彻、执行、抵制、反对、赞成、认为、修正、献身

D. 标准的表述

标准是指作为学习结果的行为的可接受的最低衡量依据。换言之，标准是指学生对目标所达到的最低表现水准，是用来衡量学习表现或学习结果所达到的程度。对行为标准做出具体描述，使得学习目标具有可测定的特点。下面是若干标准的表述方式：

- 次序（例如，将水的净化过程的六个步骤按正确次序排列）。
- 正确率（例如，检查线路故障，排除故障正确率达 80％）。
- 精确度（例如，测量血压，误差在 5mm/Hg 以内）。
- 时间限制（例如，在 1 分钟以内准备好必需的消防器材）。
- 达到标准规定的要求

下面是包含了条件和标准的行为目标的实例：

- 在 5 分钟内，安装好制取氧气的实验装置。
- 学生在上机结束时，能够在 1 分钟内输入 60 个汉字，错误率不超过 2％。
- 测量长方形的周长，误差在 ±1mm 以内。
- 根据所布置的阅读材料，比较出两种古代文化的差异，至少列举每一种文化的五个特征。

②用内外结合的表述方法编写学习目标

行为目标虽然避免了用传统方法表述教学目标时的含糊性，但本身也有局限性：它只强调了行为的结果，而未注意内在的心理过程。因而可能引导人们只注意学习者外在的行为变化而忽视其内在的能力和情感的变化。因此，有时需用内外结合的表述方法编写教学目标。

内外结合的表述方法就是把内部过程与外显行为相结合以描述学习目标的方法。即先用描述内部心理过程的术语来表述学习目标，以反映理解、运用、分析、创造、欣赏、尊重等内在的心理变化，然后列举反映这些内在变化的例子，从而使这些内在心理变化可以观察和测量。以下是用内外结合的表述方法编写学习目标的实例：

1. 领会本单元专门术语的涵义

1.1 将专门术语与它们所代表的概念联系起来

1.2 在造句中使用某些专门术语

1.3 指出术语之间的同异

本例中，1. 所表述的是一般的、概括性的教学目标，1.1、1.2 和1.3 表述的是这一概括性教学目标之下可能达成的各项行为。"领会"是一个内部心理过程，无法观察和测量，但有后面这些证明"领会"能力的行为实例，目标就具体化了。内外结合的表述方法强调列举出能力方面的例证，既避免了用内部心理特征表述目标的抽象性，也防止了行为目标的机械性与局限性。

（3）明确教学内容与教学目标的关系

如上所述，知识内容是由不同类别的知识点组成的，有些知识点简单，有些知识点复杂，因而在此基础上设计的教学目标层次也有高低之分，每一个知识点都有其对应的目标层次，并且低一级目标是高一级目标实现的基础。为此在编写学习目标之后，教学目标的设计活动还需完成下面的任务：将教学内容分析中找出并鉴别类别的知识点与其应达到的学习目标层次（或称学习水平）一一对应；描述达到每个知识点相应的学习目标水平时学生在行为和能力上的具体表现。

以上教学设计的结果可以用语言叙述，也可用表 4－5 和表 4－6 给出的两个操作表格简洁明了地加以描述。

表 4－5　教学内容/教学目标分析表

课程内容名称	知识点	学习目标（认知领域）					
		识记	理解	应用	分析	综合	评价

表 4-6　学习水平描述表

知识点	学习水平	描述语句	行为动词
1			
2			
3			
…			

（4）编制形成性练习题

教学评价是教学设计的组成部分，它以教学目标为依据，制定科学的标准，运用一切有效的技术手段，对教学活动的过程及其结果进行测量，并给以价值判断。

常用的教学评价种类有诊断性评价、形成性评价和总结性评价。诊断性评价是伴随学习者分析进行的；形成性评价在教学实践过程中进行，必要时可组织听课评议，进行课堂教学评价，主要依靠形成性练习题来检测；总结性评价则在整门课程结束后进行，根据测试的结果，进行教学效果评价。

对课堂教学设计来讲，教学评价设计的主要任务是形成性练习题的编制。

形成性练习题是按照教学目标编制的一组练习题，用以考核学生对本节课（或本知识单元）的基本知识和基本概念的掌握程度。它不同于课堂练习和课外作业，需要教师自己设计、编制。形成性练习题的编制是以教学内容的分析结果和教学目标设计的结果为依据进行的。

形成性练习题的编制，应按如下要求进行：

①将每个知识点用一个或一个以上的练习题与之对应；

②将每个知识点上每个层次的学习目标用一个或一个以上的练习题与之对应；

③在满足上述两项要求的前提下，练习题要尽量概括、精简，要求做到题量少但能满足检测的需要，这就需要任课教师深入钻

研、精心设计。

编制形成性练习题可用形成性练习表描述，如表 4-7 所示。

表 4-7 　形成性练习表

知识点	学习水平	题　目　内　容
1		
2		
3		
…		

5. 教学策略的设计

在教学设计实践中，教学策略是指对完成特定的教学目标而采用的教学方法、教学组织形式，以及教学资源（媒体）的总体考虑。教学设计从分析学习需求入手，在了解学习者特征、分析学习内容之后，阐明了切实可行的教学目标，已经确定了为什么要教学（学习需要分析）？教学从哪里开始（学习者分析）？教学目标是什么（确定教学的终点）？接着我们面临的问题是：为了实现目标、满足需要，应该采取哪些教与学的行动？即要回答一个"如何教学"的问题。换言之，就是要为既定的教学任务确定教学策略。可见，教学策略设计的任务是根据以上分析与设计的结果，为达到相应的教学目标而确定具体的教学方案，使得教学理论具体化，教学活动方式概括化。

教学策略设计的基本步骤为：教学方法选择与运用，教学资源（媒体）的选择和运用，课堂教学结构的设计。

（1）教学方法选择与运用

教学活动是教师和学生为了达到预定的教学目标，在教学理论与学习理论指导下，借助适当的教学手段（工具、媒体或设备）和教学方法而进行的师生交互活动，它既有教师教的行为，又有学生学的行为，而且两者相辅相成。开展教学活动，离不开具体的教学方法的支持。采用教学方法的目的在于引起学生学习的准备，维持他们的兴趣和注意，以学生可接受的方式呈现教材，强化和调节学生的行为和解决学生的学习障碍。

在教师教学技能中，教学方法与技能归纳为以下几类：讲授法、演示法、提问法、反馈法、强化法、板书技能、教态变化技能、导入的技能、组织教学技能。

面对多种多样的教学方法，哪些是教学设计中应优先考虑的方法？这些方法又该如何有机地结合在一起加以运用？这都属于制定教学策略需要考虑的基本问题。在选择与运用教学方法时，应该综合考虑教学目标、学生特点、学科特点、教师特点、教学环境、教学时间、教学技术条件等诸多因素。

每一种教学方法都有着自己的优势，也都存在着局限性。而教学内容千差万别，决定了教学的复杂性，没有哪一种教学方法可以适用所有的教学内容。因此，只有各种教学方法的互相配合、互相支持，才能在教学中发挥出积极有效的作用。如讲授法对于知识的教学非常有效，但是不和其它教学方法相结合，便会形成"满堂灌"、"注入式教学"，影响了学生的积极性；实验法在自然学科中是非常重要的，但是它只有和讲授法相结合时，才能使学生得到系统、完整的知识和实践操作技能；讨论法在社会学科中是重要的教学方法，但是也需要和讲授法、反馈法等有机地结合起来，使学生的知识、情感及人格得到提高或陶冶。

教师可以在谙熟各种教学方法特点的基础上，根据不同的教学目标、教材、学生和环境，组合出不同的教学方案。正是由于教学方法的组合与灵活运用，教师的创造性才能够得到最充分的发挥。

（2）教学资源（媒体）的选择和使用

教学资源指能够支持教学活动的各种人力和物质条件，它由人力资源和非人力资源两大部分组成。人力资源包括教师和学生；非人力资源包括教学材料和教学环境。教学材料包括了教学媒体。因此，在课堂教学设计中，教学资源的选择和使用主要指教学媒体的选择和使用，同时也包括对教学环境的选择。

在教学设计中合理选择和使用媒体，就可以提高课堂教学的质量和效率。反之，媒体的选择和使用如果不能和教学系统中的各要素协调为统一的整体，就不能真正发挥媒体资源的作用。

①教学媒体的选择

•选择教学媒体的依据：教学目标、教学内容、教学对象、教学条件。

媒体在教学中的使用目标可以分别表述为：展示事实、创设情境、提供示范、呈现过程、设疑思辨等。表4-8揭示了教学目标、教学内容和教学媒体使用目标三者之间的关系，供选择教学媒体时参考。

表4-8 媒体使用目标与教学内容、教学目标之间的对应关系

教学内容	教学目标	媒体使用目标
事实	知道	展示事实、形成表象
概念	理解	创设情境、建立共同经验
技能	应用	提供示范、便于模仿
原理	分析、综合	呈现过程、解释原理
问题解决	评价	设疑思辨、解决问题

•选择教学媒体的方法

第一，确定教学媒体的使用目标

依据知识点的学习目标，认真分析教学内容，确定教学媒体的使用目标，即确定在完成该学习目标中媒体在教学中的作用。

由于教学过程是复杂的、动态的，随着教学内容、教学对象、教学方法的不同，教学媒体所起的作用不是固定不变的。而且，同

一种媒体随着使用方式的不同，对实现教学目标所起的作用也是不同的。为此，我们把媒体在教学中的作用概括如下：

A.提供事实，建立经验；B.创设情境，引发动机；C.举例验证，建立概念；D.提供示范，正确操作；E.呈现过程，形成表象；F.演绎原理，启发思维；G.设难置疑，引起思辨；H.展示事例，开阔视野；I.欣赏审美，陶冶情操；J.归纳总结，复习巩固；K.其它（包括突出、强化教学重点，突破、化解教学难点等）。

第二，选择教学媒体的类型

依据教学媒体的使用目标和教学对象的特点，按照教学媒体层次的划分，选择合适的媒体类型。

第三，确定教学媒体的内容

媒体类型确定后，可查阅资料目录，确定所选媒体的具体内容。如果现有媒体内容合适，则直接在教学中使用；否则可通过选编、修改，甚至重新制作等方法来确定内容合适的媒体。

②教学媒体的使用

教学媒体的使用要讲究使用方式和出示时机，只有经过精心设计后才能在教学中起到应有的作用。

• 教学媒体使用的方式

A.设疑——播放——讲解；B.设疑——播放——讨论；C.讲解——播放——概括；D.讲解——播放——举例（学生讨论）；E.播放——提问——讲解；F.播放——讨论——总结；G.边播放、边讲解；H.边播放、边议论；I.学生自己操作媒体进行学习；J.其它。当然，媒体的使用方式远远不只上述几种。在教学中可根据自己的设计，创造出更多的、更好的使用方式。

• 教学媒体出示的最佳时机

A.学生的心理状态由无意识向有意识转化时；B.学生的心理状态在有意注意与无意注意相互转化时；C.学生的心理状态由抑制向兴奋转化时；D.学生的心理状态由平静向活跃转化时；E.学生的心理状态由兴奋向理性升华时；F.学生的心理状态进入"最近发展区"，树立更高的学习目标时；G.鼓励与激励学生的求知欲望时；H.鼓励学生克服畏难心理、增强信心时；I.满足学生表现成功的欲望时。

掌握好媒体出示的最佳时机，教学媒体的作用将会更加突出，有利于形成最有效的课堂教学结构。

教学媒体选择和使用的设计方案可用媒体选择工作表描述，如表4-9所示。

表4-9　媒体选择工作表

教学单元或课目名称							
知识点	学习水平等级	媒体类型	媒体在教学中的作用	媒体内容要点	资料来源	媒体使用方式	使用时间
1		1					
		2					
		3					
2		1					
		2					
		3					
3		1					
		2					
		3					
…		1					
		2					
		3					

（3）课堂教学过程结构的设计

课堂教学过程是师生在实现教学任务中的活动状态变换及其时间流程，由教师、教学内容、教学环境（包括教学媒体）和学生等四个要素相互作用构成，根据采取的教学策略不同而形成不同的结构。

课堂教学结构的设计就是根据教学目标、教学内容和学生的特征，对教学中师生的活动过程、形式、媒体的使用时机和次数等多种要素进行整体化的安排，形成特定的教学结构流程的过程。

①课堂教学过程结构的类型

目前我国常用的课堂教学过程结构的基本类型有以下几种。

• 归纳型

归纳型课堂教学结构适用于事实、概念的学习。

媒体提供有关科学现象、形态、结构、文献、史料等各方面的客观事实，或提供有关情境，以便建立共同经验，形成表象。

教师借助事实、情境进行概括归纳，显示事物的特征，建立概念。

学生观察事实、现象，认识事物特征，记忆事实，理解概念。

• 演绎型

演绎型课堂教学结构适用于原理的学习。

媒体提供某一典型事物运行、生长、发展的完整过程。

教师借助典型事例，揭示事物发生、发展的原因和规律，并以此通过演绎、推理或类比的方法，促进学生知识的迁移。

学生认真观察，思考原因，探求规律，理解原理，并能推广运用。

• 发现型

发现型课堂教学结构适用于概念、原理和问题解决的学习。

媒体提供某一事物的典型现象或过程，并利用文字或语言设置疑点或问题，提供思考或探究。

教师组织学生观察，设疑提问，引导思考，激发争辩，总结概括。

学生认真观察，积极思考，参与争辩，探究原因，分析特征，寻找规律。

• 练习型

练习型课堂教学结构适用于事实、概念、原理的学习。

媒体提供某种可观察的事物、现象或过程的资料。

教师组织学生细心观察，向学生提出要求，引导学生描述被观察的对象，以加深对概念和原理的理解。

学生认真观察，抓住特征，运用语言、文字符号或动作描述被观察的对象。

• 示范型

示范型课堂教学结构适用于技能的学习。

媒体给出学生模仿的标准行为模式，如语言、动作、书写、操作等规范行为。

教师指出标准规范行为的要点、程序，组织学生模仿，纠正错误。

学生掌握要领，模仿操练。

• 控制型

控制型课堂教学结构又称为微型教学、微格教学，适用于艺术、体育、实验技能、教学实习等技能学习。

媒体记录并及时再现学生实践活动的情景，以供分析、评价。

教师分析技能的基本要素，组织学生按要求进行实践，提出评价实践水平的标准。

学生根据要求参加实践，观察实践过程的记录资料，自我分析，自我评价，修正错误。

②课堂教学过程结构的优化组合

上面介绍的 6 种课堂教学过程结构是最基本的、最典型的。

在实际教学中，课堂教学过程结构是多种多样的。在认真分析各知识点学习目标、教学内容以及教学对象特点的基础上，依据所定教学策略选取最合适的基本类型，然后把它们按照每节（课）的知识结构优化组合起来，形成不同的教学流程，如归纳—演绎型、演绎—发现型、示范—练习型等。这样，经过教学设计的课堂教学过程是科学的、优化的，而且是丰富多彩的、生动活泼的，每节课都将会取得好的效果。

课堂教学过程结构的设计是课堂教学设计的关键所在。前面所进行的教学目标、教学内容、教学对象的分析，教学策略（包括教学方法、教学媒体的选择）的设计，课堂教学结构类型的选择与组合等工作，都将在课堂教学过程结构的设计中得到体现。

教学过程结构设计通常采用直观、简明的教学结构流程图表示。为了便于教学和交流，我们规定在课堂教学过程结构设计中统一使用下列图形符号：

　　▭　　内填写教学内容和教师的活动内容；

　　◑　　内填写媒体的类型和媒体的内容要点；

　　▱　　内填写学生在课堂教学过程中所进行的活动内容；

　　◇　　内填写教师进行逻辑判断的内容；

　　◯　　为课堂教学过程开始和结束的符号。

图 4－7 是以教学设计中通用图形符号设计的流程图实例。

6. 教学设计成果的评价与修改

（1）评价教学设计成果的目的

在教学设计和教学活动的各个环节，需要对教学设计进行评价和反馈，并随时调整教学设计和教学活动的有关环节。评价、反馈与修改应该贯穿教学设计过程的始终。教学设计成果评价的实质是从结果和影响两个方面对教学活动给予价值上的确认，并引导教学设计工作沿着实现预定目标的方向进展。不可将教学设计成果的评价与教学评价混为一谈。

（2）评价教学设计成果的方法

课堂教学设计的成果是教学设计方案。教学设计成果的评价对象是教学方案。因此，教学设计成果的评价与修改，是将教学方案付诸实施，参照预先确定的评价指标体系，选择相应的评价方法评定课堂教学效果，并根据反馈信息随时调整教学设计和教学活动的有关环节。教学设计成果的评价既有一般教学评价的共性，也有其本身的特点。对教学设计成果的评价也有形成性评价和总结性评价，但一般都以形成性评价为主。

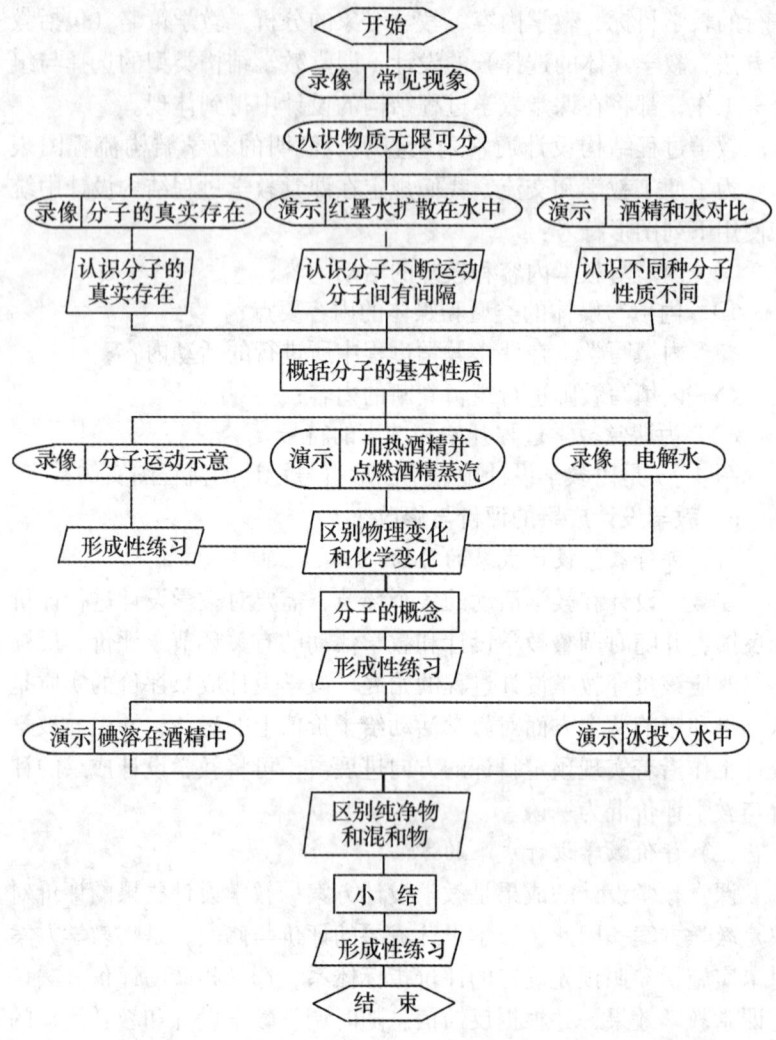

图 4-7　《分子》课堂教学过程结构

教学设计成果的形成性评价的基本步骤通常包括：

- 制定计划（主要是确定指标体系）
- 选择评价方法（测验、调查、观察）

- 试用设计成果和收集资料
- 归纳和分析资料、报告结果

以上介绍的以教为主的教学设计模式的一般过程，可使我们对教学设计过程的要素有充分的认识，有助于我们学习整个教学设计过程的技术。但要清醒地认识到，在实际设计工作中，我们设计的教学系统是开放的，教学过程是个动态过程，涉及到的诸多因素（如环境、学习者、教师、信息、媒体等）都是处于变化之中，因此教学设计工作具有灵活性的特点。教学设计者应在学习借鉴别人模式的同时，充分掌握教学设计过程的要素，根据不同的情形和要求，决定设计从何着手，重点解决哪些环节的问题，创造性地开发自己的模式，因地制宜地开展教学设计工作。

4.3　以学为主的教学设计

20 世纪 90 年代以后，随着教育信息化的发展，多媒体和网络技术日益普及，建构主义的学习理论被人们所理解，教学活动由过去的"教"为中心，向"学"为中心转变，使得以学为主的教学设计逐渐发展起来。为此，需要我们学习以学为主的教学设计的理论与方法，以适应信息时代教育发展的需求。

4.3.1　以学为主的教学设计特点

以学为主的教学设计以建构主义学习理论为基础，设计的焦点在"学"上，着重从"学"的角度出发，进行教学设计。在教学设计活动中更多地注意"学"的方面，强调以学生为中心；强调"情境"对意义建构的重要作用；强调"协作学习"对意义建构的关键作用；强调对学习环境（而非教学环境）的设计；强调利用各种信息资源来支持"学"（而非支持"教"）；强调学习过程的最终目的是完成意义建构（而非完成教学目标）。

与"传统的"教学设计相比，以学为主的教学设计更加重视学习者的主体作用，因而适应于知识时代的学习需求，有利于培养学生的创新精神、实践能力和综合能力，有利于创造型人才的培养，能满足信息社会对人才培养的要求。

4.3.2　以学为主的教学设计过程

在以学为主的教学设计基本模式中，教学设计过程可以分为学习目标分析、学习者分析、学习情境设计、自主学习活动设计、协作学习活动设计、学习效果评价设计、教学过程结构设计七个步骤。

下面介绍以学为主的教学设计过程中，教学设计活动的主要内容及相关方法。

1. 学习目标分析

学习目标分析的任务是对整门课程及各教学单元进行教学目标分析，以确定当前必须学习与掌握的知识"主题"。在以学为主的教学设计中，分析学习目标的目的，是为了确定当前必须学习与掌握的知识"主题"，即学习主题。由于主题包含在达到学习目标所需要的学习内容（即知识点）之中，那么，确定学习主题就需要以学习内容的分析为基础。为此，分析学习目标的任务包括三项具体工作，即分析学习内容、确定学习主题、描述学习目标。

（1）学习内容分析

学习内容的分析仍然采用以教为主的教学设计中教学内容分析的程序和方法，确定达到单元教学目标所需的全部知识点的类型及其结构关系。

（2）确定学习主题

选出单元学习内容将要学习的知识点中的有关基本概念、基本原理、基本方法或基本过程，确定当前所学知识的主题。

（3）学习目标描述

学习目标的描述，可采用本章第二节中介绍的内外结合的方式加以表述。

2. 学习者分析

在以学为主的教学过程中，影响学习者学习效果的因素，除了一般特征和初始能力之外，还有一个重要的因素，那就是学习者的信息素养如何。由于学习者的信息素养状况，对采用相应的学习策略和设计学习活动过程结构有重要的意义。因此，在以学为主的教学设计中，分析学习者的主要任务便是分析学习者的信息素养状况，即深入了解学习者运用信息技术进行学习、合作、交流和解决问题的能力如何，还有学习者的信息意识、信息道德等信息素养状况。

3. 学习情境的设计

学习情境的设计任务是创设与当前学习主题相关的、尽可能真实的情境。

建构主义认为，学习总是与一定的社会文化背景即"情境"相联系的，在实际情境或通过多媒体创设的接近实际的情境下进行学习，可以利用生动、直观的形象有效地激发联想，唤醒长期记忆中有关的知识、经验或表象，从而使学习者能利用自己原有认知结构中的有关知识与经验去同化当前学习到的新知识，赋予新知识以某种意义；如果原有知识与经验不能同化新知识，则要引起"顺应"过程，即对原有认知结构进行改造与重组。总之，通过"同化"与"顺应"才能达到对新知识意义的建构。而同化与顺应离不开原有认知结构中的知识、经验与表象，情境创设则为提取长时记忆中的这些知识、经验与表象创造了有利条件。在传统的课堂讲授中，由于不能提供实际情境所具有的生动、丰富的形象，不能激发联想，难以提取长时记忆中的有关内容，因而将使学习者对知识的意义建构发生困难。

学习情境的设计包括学习环境的选择和学习资源的设计。

（1）学习环境的选择

即为特定的学习者完成学习任务、达到学习目标选择恰当的学习环境。如适合于多媒体组合教学方式的多媒体综合教室，适合于协作学习的多媒体计算机网络教室，适合于个别化学习的电子阅览室，可实现资源共享的开放式的学校闭路电视系统等等。

（2）学习资源的设计

学习资源主要包括文字、图形、视频、音频等各种形态的信息资源。既包括通过互联网和局域网，以及多媒体计算机得到的信息资源，也包括通过其他媒体（如电视、广播、录像、录音、投影、幻灯等）得到的信息资源，还包括从传统媒体（如教科书、印刷品、模型、实物等）得到的信息资源。同时还包括得到上述资源的工具、软件、设施、材料、网站、社会文化机构等。由于支持主题学习任务的学习资源多种多样，因此，需要通过学习资源的设计以避免学生漫无目的地查找信息资源，浪费学习时间，使学生获得可靠、有用的信息。

学习资源的设计是指确定学习本主题所需信息资源的种类和每种资源在学习本主题过程中所起的作用。对于应从何处获取有关的信息资源，如何去获取（用何种手段、方法去获取）以及如何有效地利用这些资源等问题，如果学生确实有困难，教师应制作相关的资源列表，以方便学生查阅，提高学习效率。

此外，在学习情境的设计过程中，还需选择能够帮助学生进行知识重构、促进认知的认知工具（获取、加工、保存信息的工具）。

4. 自主学习活动的设计

建构主义学习环境下的学习所追求的最终目标，就是让学生能建构知识意义。"意义的建构"要由学习者在适当的学习环境下通过主动探索、主动发现，即通过"自主学习"才能完成。为此，需要对学习者自主学习活动进行设计，这是以学为主教学设计的重要内容之一。

自主学习活动的方式需要根据教学实践中运用的不同的自主学习策略来设计。自主学习策略是帮助学生"自主探索、自主发现"的学习策略，其核心是要发挥学生学习的主动性、积极性，充分体现学生的认知主体作用，其着眼点是如何帮助学生"学"。目前比较常用的自主学习策略主要有支架式教学策略、抛锚式教学策略、随机进入教学策略。根据不同的教学策略，对学习者的自主学习应做不同的设计。

（1）支架式教学策略

支架式教学策略指能为学习者建构对知识的理解提供一种概念框架，这种框架中的概念是为发展学习者对问题的进一步理解所需要的，为此，事先要把复杂的学习任务加以分解，以便于把学习者的理解逐步引向深入。这种教学策略来源于前苏联著名心理学家维果斯基的"最邻近发展区"理论。

支架式教学策略运用于学习活动中，教学设计的重点是围绕事先确定的学习主题，建立一个相关的概念框架。框架的建立应遵循"最邻近发展区"理论。学生自主学习活动方式主要是围绕"概念框架"自主学习。由于每个学生的最邻近发展区具有差异，教师需指导学生通过概念框架逐步建构知识意义，把学生的智力发展从一个水平提升到另一个更高水平，就像沿着脚手架那样一步一步向上攀升。

(2) 抛锚式教学策略

抛锚式教学策略是将学习活动建立在有感染力的真实事件或真实问题（作为"锚"）的基础上，使其有助于教师和学生进行探索，完成对所学知识的意义建构。确定这类真实事件或真实问题被形象地比喻为"抛锚"，因为一旦这类事件或问题被确定了，整个教学内容和教学进程也就被确定了（就像轮船被锚固定一样）。

抛锚式教学策略运用于学习活动中，教学设计的重点是根据事先确定的学习主题，在相关的实际情境中去选定某个典型的真实事件或真实问题，然后围绕该问题展开进一步的学习。学生自主学习活动方式主要是围绕"真实问题"自主学习。具体活动内容为：学习者对给定问题进行假设，通过查询各种信息资源和逻辑推论对假设进行论证，根据论证结果制定解决问题的行动计划，实施该计划并根据实施过程中的反馈，补充和完善原有认识。

(3) 随机进入教学策略

随机进入教学策略是可以让学习者随意通过不同途径、不同方式进入同样教学内容的学习，从而获得对同一事物或同一问题的多方面的认识与理解的教学策略。

随机进入教学策略运用于学习活动中，教学设计的重点是根据事先确定的学习主题，创设能从不同侧面、不同角度表现学习主题的多种情境。学生自主学习活动方式主要是围绕"事物多面性"自主学习，学生在自主探索过程中可随意进入其中任意一种情境去学习。

5. 协作学习活动的设计

协作学习活动的设计是让学习者在个人自主学习的基础上，通过小组讨论、协商活动，进一步完善和深化对主题意义的认识。协作学习活动的基本方式主要有五种：竞争、辩论、伙伴、协同和角色扮演。

（1）竞争

"竞争"协作活动方式：教师将学习任务分解并分配给学习者，并要求学习者最快最好地完成；学习者完成学习任务后，教师组织学习者对任务完成情况进行自评、相互评价并做点评。

（2）辩论

"辩论"协作活动方式：教师根据事先确定的学习主题设计辩论主题，学习者对主题进行思考，借助网络查询资料后形成自己的观点；教师甄别观点，选出正方与反方，组成辩论小组展开辩论，辩论过程中观点论证充分的一方获胜。

（3）伙伴

"伙伴"协作活动方式：教师根据学习任务要求，提出一系列学习问题，组织学习者一对一结成学习伙伴，或两三人为一组，每两组构成一对学习伙伴；学习伙伴分别充当"指导者"和"学习者"围绕学习问题进行分析、解答、讨论与协商，获得解决问题的思路与灵感。

（4）协同

"协同"协作活动方式：多个学习者共同完成某个学习任务，在共同完成任务的过程中，学习者发挥各自的认知特点，相互争论、相互帮助、相互提示或者是进行分工合作。在开始之前，每个学习者都必须与其它学习者讨论，交流彼此的观点并共享集体的智慧，学习者对学习内容的理解和领悟就在和同伴紧密沟通与协作的过程中逐渐形成，最终在学习者之间达成一致的行动方案。学习者可以选择他们自己认为最有效、最合适的合作方式。

（5）角色扮演

"角色扮演"协作活动方式：教师按照与当前学习主题密切相关的情境组织学习者分别扮演其中的不同角色，并提供相应的背景资料；扮演不同角色的学习者结合学习主题，选择与"角色"相关的资料作为发表意见的依据；学习者从自己扮演的角色出发，对不同角色发表的意见提出看法，然后由教师引导学习者将所有意见归纳形成整体认识。

6. 学习效果评价设计

学习效果评价形式包括小组评价和自我评价。评价内容主要围绕三个方面：自主学习能力；协作学习中做出的贡献；是否达到意义建构的要求。为了使学习者更清楚地了解学习的要求，教师需要设计一套评价用的指标体系，供师生对照评价学习效果。指标体系应简单、明确，便于操作。通常选用量规的形式来设计学习效果评价指标，以便客观地、确切地评价学习者的学习效果。

根据评价结果，还要为学生设计出一套可供选择并有一定针对性的补充学习材料和强化练习。以便通过强化练习纠正原有的错误理解或片面认识，最终达到符合要求的意义建构。

7. 教学过程结构设计

以学为主的教学过程结构的设计方法和以教为主的教学过程结构的设计中的方法基本相同，根据学习内容设计符合建构主义的、满足对当前学习内容进行意义建构需要的、以学为中心的教学过程结构。

以上介绍的以学为主的教学设计模式中的七个步骤不是僵硬的格式，教学设计者可以按照实际的教学需求跳过某些步骤，合并一些步骤或重新排序。

【思考与练习】

1. 谈谈你对教学设计含义的理解。

2. 试比较分析以教为主的教学设计和以学为主的教学设计各自的优点及局限性。

3. 为何要进行学习者特征分析？你认为学习者的哪些特征对教学设计比较重要？

4. 你认为用可观察和可测量的行为术语来描述学习目标有何优缺点？

5. 选取一课的教学内容，按照以教为主的教学设计步骤与方法设计一个教学方案。

6. 精选一学习主题，尝试运用以学为主的教学设计方法设计一个教学方案。

第5章　网络教育应用基础

【学习目标】

1. 解释 Internet 的概念及相关技术术语，了解 Internet 提供的信息服务。

2. 阐述网络信息资源的概念、特点和类型。

3. 阐述网络信息资源检索的方法、工具、策略和技巧。

4. 运用网络信息检索工具，能够查询、检索并下载所需的学习资源。

5. 阐述网络教育信息资源的内涵和类型。

5.1　Internet 概述

随着计算机技术和网络通信技术的发展，Internet 得到日益普及和扩张，已经发展成为世界上规模最大、用户最多、资源最为丰富的网络互联系统，为全球范围内快速传递信息提供了有效手段，也为信息检索提供了广阔的平台。

5.1.1　Internet 的基本概念

Internet 是由分布在世界各地不同结构的计算机网络通过各种传输介质互相连接，遵照共同的传输控制协议/互联网络协议（TCP/IP）连接而成的，因此，有人称之为"网之网"。国际互联网，中文译名为因特网。

1969 年 9 月 2 日，美国国防部高级计划研究局 ARPA（Advanced Research Projects Agency）启动了 ARPA 网络（ARPANET），ARPANET 是 Internet 的雏形。80 年代初期，ARPANET 派生出两个网络：一个是纯军事用网络 MALNET，另一个则是美国国家科学基金会网络 NSFNET（National Science

Foundation Network）。1990 年，ARPANET 解体，NSFNET 完全取代 ARPANET 成为 Internet。1992 年 Internet 协会成立，Internet 协会把 Internet 定义为"组织松散，独立国际合作的互联网络"，"通过自主遵守协议和过程，支持主机对主机的通信"。

Internet 在我国的发展按时间分可分为二个阶段。

第一阶段（1987－1993 年），当时有科研单位试验与 Internet 电子邮件转发系统的连接。1993 年 3 月 2 日中国科学院高能物理研究所（IHEP）开通了一条 64Kb/s 数据专线连通美国斯坦福大学，这是我国第一条 Internet 专线，标志着我国正式接入 Internet。

第二阶段（1994 年至今），1994 年 4 月中科院高能所（IHEP）登记域名：ihep. ac. cn，并建立了我国第一个 www 和 Gopher 服务器，至此，我国第一个 Internet 的节点建成。

目前我国的 Internet 发展飞速，用户与日俱增，根据中国互联网络信息中心（CNNIC）报告显示，截至 2005 年 12 月 31 日，我国上网用户总数突破 1 亿，为 1. 11 亿人，其中宽带上网人数达到 6430 万人。网民数和宽带上网人数均位居世界第二。

与 Internet 打交道常常会接触一些常用名词或术语，这里仅从信息检索的角度对所涉及到的相关技术术语作简单介绍。

1. **超文本与超链接**（Hypertext and Hyperlink）

超文本就是包含有链接的字符串文本，通常以下划线的形式表示。由于超链接可以指向任何其它位置的文件，传统印刷型文本从头到尾线性的秩序被打破。超文本允许在文件与文件之间任意转换，这种文本与文本之间的链接关系就称为超链接。

2. **浏览器**（Brower）

浏览器是网页浏览的客户应用程序，是一种在窗口环境下浏览互联网资源并获得信息的多媒体工具。目前，在 PC 机上较为常用的浏览器软件是微软件公司的 Internet Explorer，简称 IE 浏览器，如果计算机上安装的是 Windows98 以上的操作系统，则 IE 浏览器软件已经集成在 Windows 操作系统中，不需要单独安装。

3. 通信协议（TCP/IP 协议）

通信协议（TCP/IP 协议）是一个协议集合。TCP（Transport Control Protocol）指传输控制协议，IP（Internet Protocol）指网际协议。互联网连接了世界上不同国家与地区无数不同硬件、不同操作系统与不同软件的计算机，数据在传输过程中很容易丢失或传错。为了保证这些计算机之间能够畅通无阻地交换信息，Internet 采用了统一的通信协议——TCP/IP 协议，它能保证数据迅速而可靠地传输。

4. IP 地址

互联网上连接了无数的计算机（主机），想要与 Internet 上的计算机进行通讯，必须明确指定是哪个网络中的哪台计算机。在 Internet 中，这是通过给每台计算机分配一个唯一的地址来实现的。如果是拨号上网用户，每次上网时的计算机地址由 ISP（Internet 网络接入服务商）动态分配，每次都不一样；但是在每次上网的时间段内，所使用的地址在当时 Internet 中是唯一的。

Internet 地址是由 32 位二进制数字组成，分为四组。为了方便记忆，这四组数字通常用"点分十进制"方式来表示，如：202.98.509.133。这些数字规定了一台计算机所属的组（group）或域（domain）。这类数字地址被称为 IP 地址。如西北师范大学的 IP 地址是http://202.201.48.1。

5. 域名（Domain）

IP 地址难于记忆，也可以用域名来表示主机。为了避免重名，Internet 管理机构采取了在主机名后加上后缀名的方法，这个后缀名称为域名（domain），用来标识主机的区域位置。例：www.nwnu.edu.cn 中 www 为主机名，nwnu.edu.cn 为域名。域名系统需要通过域名服务器（DNS）解析转换为实际的 IP 地址，才能实现最终的访问。域名是通过申请合法得到的。

域名由英文字母表示，具有一定的意义，便于记忆。如西北师范大学网站的域名nwnu.edu.cn 中 cn 代表中国（China），edu 代表教育网（Education），nwnu 代表西北师范大学（Northwest Normal

University）。

6. 超文本传输协议（HTTP）

超文本传输协议（HTTP）是 Hyper Text Transfer Protocol 的缩写，超文本传输协议是一种 Internet 上最常见的协议，用于传输用超文本标记语言（HTML——Hyper Text Markup Language）写的文件，也就是我们通常所说的网页，它的作用是提供浏览器与 www 服务器之间的通信，通过这个协议，我们可以浏览网络上的各种信息。

7. 统一资源定位器（URL）

URL 的作用是标示 Internet 上的资源，使用户在 Internet 中漫游而不至于迷失方向，所以 URL 是惟一的，没有两个网址有相同的 URL，因此有人也把它称作网址。URL 由浏览器检索资源所使用的通信协议、资源所在的计算机主机以及资源的路径和文件名组成。如：http://www.nwnu.edu.cn/xygk/xyfj.htm，其中http://标识为 HTTP 超文本传输协议；www.nwnu.edu.cn 表示提供www 资源的主机名和域名；xygk/xyfj.htm 表示 www 资源在主机中的位置，即路径和文件名。

IP 地址可以类比为单位的门牌号码。例如：

西北师范大学的门牌号码是：兰州市安宁东路 805 号

西北师范大学网站的 IP 地址是：202.201.48.1

域名可以类比为单位的名称。例如：

西北师范大学的单位名称是"西北师范大学"

西北师范大学网站的域名是：nwnu.edu.cn

网址（URL）说明了以何种方式访问哪个网页，例如：

"我要坐公共汽车到西北师范大学，然后走到校图书馆"

通过"http 协议"访问西北师范大学的图书馆，即：http://lib.nwnu.edu.cn

5.1.2 Internet 的主要信息服务

Internet 全面地影响着人类的生产、生活、工作和学习，甚至对人类的思维模式也提出了挑战，其功能是多方面的，形式也是多样化的。但从信息资源的角度看，Internet 的信息服务功能主要有以下几项。

1．电子邮件服务（E-mail）

电子邮件亦称 E-mail，它是用户或用户组之间通过计算机网络收发信息的服务。目前电子邮件已成为网络用户之间快速、简便、可靠且成本低廉的现代通信手段，也是 Internet 上使用最广泛、最受欢迎的服务之一。电子邮件使网络用户能够发送或接收文字、图像和语音等多种形式的信息。

使用电子邮件服务的前提是拥有自己的电子信箱，一般又称为电子邮件地址（E-mail Address）。电子信箱是提供电子邮件服务的机构为用户建立的，实际上是该机构在与 Internet 联网的计算机上为用户分配的一个专门用于存放往来邮件的磁盘存储区域，这个区域是由电子邮件系统管理的。

电子邮件系统是采用"存储转发"方式为用户传递电子邮件。通过在一些 Internet 的通讯节点计算机上运行相应的软件，可以使这些计算机充当"邮局"的角色。用户使用的"电子邮箱"就是建立在这类计算机上的。当用户希望通过 Internet 给某人发送信件时，他先要与为自己提供电子邮件服务的计算机联机，然后将要发送的信件与收信人的电子邮件地址送给电子邮件系统。电子邮件系统会自动将用户的信件通过网络一站一站地送到目的地。

若在传递过程中某个通讯站点发现用户给出的收信人电子邮件地址有误而无法继续传递，系统会将原信逐站退回并通知不能送达的原因。当信件送到目的地的计算机后，该计算机的电子邮件系统就将它放入收信人的电子邮箱中等候用户自行读取。用户只要随时以计算机联机方式打开自己的电子邮箱，便可以查阅自己的邮件了。

2．WWW 服务

WWW（World Wide Web）简称 3W，有时也叫 Web，中文译名为万维网，环球信息网等。这个服务主要采用全球资源统一定位协议 URL 和超文本文档传输协议 HTTP，并且利用超文本/超媒体技术来表达信息。WWW 将位于全世界 Internet 网上不同网址的相关数据信息有机地编织在一起，通过浏览器（Browser）提供一种友好的查询界面，用户仅需要提出查询要求，而不必关心到什么地方去查询及如何查询，这些均由 WWW 自动完成。WWW 为用户带来的是世界范围的超级文本服务，只要操作鼠标，就可以通过 Internet 调来希望得到的文本、图形、图像、声音、视频等信息。

组成万维网的文档就是网页，也称它为 web 页面，存放网页的地址就是网址，也叫 Web 站点。进入该网站时显示的第一个页面称为"主页"，而其它页面则称为网页，一个网站一般是由多个网页组成。存放网站的计算机叫做 Web 服务器。

3．信息检索服务

Internet 上的信息浩瀚如海，分布在世界各地的成千上万台服务器中，要想找到需要的信息是极其困难的，因此必须借助于各种检索服务系统。Internet 通过各种检索工具和检索方式提供检索服务。

4．文件传输服务（FTP）

文件传输是指计算机网络上主机之间的文件传送，它是在文件传输协议 FTP（File Transfer Protocol）的支持下进行的。

用户一般不希望在远程联机情况下浏览存放在计算机上的文件，更乐意先将这些文件取回到自己计算机中，这样不但能节省时间和费用，还可以从容地阅读和处理这些取来的文件。Internet 提供的服务 FTP 正好能满足用户的这一需求。Internet 网上的两台计算机在地理位置上无论相距多远，只要两者都支持 FTP 协议，网上的用户就能将一台计算机上的文件传送到另一台。

FTP 是一种实时的联机服务。使用 FTP 服务，用户需要通过登录到对方的计算机上，进行与文件搜索和文件传送等有关的操作。使用 FTP 可以传送任何类型的文件，如文本文件、图像文件、声音文件、数据压缩文件等。

普通的 FTP 服务要求用户在登录到远程计算机时提供相应的用户名和口令。许多信息服务机构为了方便用户通过网络获取其发布的信息，提供了一种称为匿名 FTP 的服务（Anonymous FTP）。当用户登录到这种 FTP 服务器时无需事先注册或建立用户名与口令，而是以 anonymous 的身份去访问。

许多匿名 FTP 服务器上都有免费的软件、电子杂志、技术文档及科学数据等供人们使用。匿名 FTP 对用户使用权限有一定限制：通常仅允许用户获取文件，而不允许用户修改现有文件或向它传送文件；另外对于用户可以获取的文件范围也有一定限制。为了便于用户获取超长的文件或成组的文件，在匿名 FTP 服务器中，文件预先进行压缩或打包处理。用户在使用这类文件时应具备一定的文件压缩与还原、文件打包与解包等处理能力。

5．**远程登录服务**（Telnet）

远程登录是 Internet 提供的最基本的信息服务之一，是在远程网络登录协议 Telnet 的支持下使本地计算机暂时成为远程计算机仿真终端的过程。在远程计算机上登录，必须事先成为该计算机系统的合法用户并拥有相应的帐号和口令。登录时要给出远程计算机的域名或 IP 地址，并按照系统提示，输入用户名及口令。登录成功后，用户便可以实时使用该系统对外开放的功能和资源。

Telnet 是一个强有力的资源共享工具，虽然已呈逐步被 www 系统所取代的趋势，但作为网络信息资源的一个历史悠久的部分，仍具有了解和使用的意义。特别是许多大学图书馆都通过 Telnet 对外提供联机检索服务，一些政府部门、研究机构也将它们的数据库对外开放，使用户通过 Telnet 进行查询。

6．**新闻组和电子公告服务**

Internet 是人们相互联系、交换信息、发表观点以及发布信息的场所。网络新闻（Network News）和电子公告栏系统（BBS）就具有这种服务功能。

网络新闻（Network News）通常又称作 Usenet。它是具有共同爱好的 Internet 用户相互交换意见的一种无形的用户交流网络。网络新闻是按不同的专题组织的，志趣相同的用户借助网络上一些被称为新闻服务器的计算机开展各种类型的专题讨论。这里所谓的

"新闻"并不是通常意义上的大众传播媒体所提供的各种新闻，而是在网络上开展的对各种问题的研究、讨论和交流。

电子公告栏 BBS 是一种交互性强、内容丰富而及时的 Internet 电子信息服务系统，用户通过它可以获得各种信息服务：下载软件、发布信息、进行讨论和聊天等。与网络新闻不同，Internet 上的电子公告栏相对独立，不同的 BBS 站点的服务内容差别很大，因为建立网站的目的和对象都不同。另外，BBS 规模要小得多，参与 BBS 只需在网上注册即可，而 Usenet 却采用客户机—服务器模式，需要在客户机上装载新闻阅读器的客户程序，才能参与讨论和浏览。国内的 BBS 比较热门，有许多人参与，现在已发展成所谓的"论坛"。

除此之外，Internet 还有不少其它的服务，如名址服务（名录服务）是 Internet 根据用户的某些信息反查找到另一些信息的一种公共查询服务，还有文档查询索引服务 WAIS、对话（Talk）服务和交谈（IRC）服务等。

5.2　网络信息资源检索与处理

5.2.1　网络信息资源

1. 网络信息资源的概念

网络信息资源是指通过计算机网络可以利用的各种信息资源的总和。即以数字化形式记录的，以多媒体形式表达的，分布式存储在网络计算机的磁介质、光介质以及各类通信介质上，并通过计算机网络通信方式进行传递的信息内容的集合。

2. 网络信息资源的特点

网络信息资源与传统信息资源相比有较大的差别，呈现出一系列新的特点。

（1）信息量大、传播广泛

Internet 作为继电视、广播、报纸和期刊之后的第四大媒体，既是信息存储和传播的主要媒介，也是集各种信息为一体的信息资源网。由于 Internet 结构的开放性和信息发布的自由性，网络信息呈爆炸式增长，数量急剧上升，从而使得 Internet 已经成为世界上最大的信息集散地，网络用户通过 Internet 可以方便、充分地利用分布于世界各地的信息资源。

（2）信息类型多样、内容丰富

Internet 信息资源可谓包罗万象，几乎覆盖了各个学科专业领域、地域和语言的信息资源，是多媒体、多类型、集成式的信息混合体。从信息的内容看有学术科研信息、娱乐信息、新闻、应用程序等，从信息的类型看有文本、图形、图像、多媒体信息等，从存储的形式看有文件、数据库、超文本/超媒体等，可以满足网络用户的各种信息需求。正是由于网络信息资源的多样性，以及网络检索工具收录的内容各有侧重，因而要求我们必须选择恰当的检索工具才能获取最有效的检索结果。

（3）信息时效性强、变化频繁

Internet 上的信息更新相当及时，不少站点的信息每日更新，而且由于网络传播的速度较快，所以网络信息资源的时效性很强。但是与此相应的是，由于信息的变化、更迭、新生和消亡都很快，而且具有不可预测性，因此导致网络信息不稳定，动态性和不确定性较高，难以有效控制，这在一定程度上增大了信息资源管理和检索的难度，使许多网络检索工具返回的检索结果经常出现"死链接"或者"空链接"的情况。

（4）信息分散无序、但关联程度高

Internet 本身是一个开放式的分布式结构，网络信息被分散存放在多个联网的计算机上，因此导致了信息资源的分布相对无序和分散；但借助于 Internet 特有的超文本/超媒体链接技术，使得内容之间又有很强的关联程度，通过各种专用搜索引擎及检索系统可以获取更多的相关信息。

（5）信息缺乏管理、质量良莠不齐

由于 Internet 缺乏统一的管理机构，加上 Internet 的分布式结构，网络信息的发布具有很大的随意性和自由度，缺乏必要的过滤监督和质量控制，难以规范管理，使得大量的垃圾信息、毫无价值的冗余信息混于高质量的信息当中，增加了有效信息获取的不便，影响检索效率。

3. 网络信息资源的类型

网络信息资源包罗万象，广泛分布在整个网络之中，从不同的角度可将其划分为多种类型。

按所采用的网络传输协议划分为：WWW 信息资源、Telnet 信息资源、FTP 信息资源和用户服务组信息资源等。

按网络信息资源的内容划分为：网络数据库、网络出版物、社会信息、软件资源和其它类型的信息等。

按网络信息的知识单元组织形式划分为：结构化数据资源，如各类数据库，它是目前网上资源的主要组织形式；非结构化数据资源，如各类自由文本式的文件。

按开发主体划分为：科研院所资源、学校站点资源、企业公司站点资源、政府机构站点资源和服务机构站点资源等。

按信息传播和信息交流的方式划分为：非正式出版信息，指流动性、随意性较强、信息量大、信息质量难以保证和控制的动态性信息，如电子邮件、专题讨论小组和论坛、电子会议、电子公告栏等工具上的信息；半正式出版信息，又称"灰色"信息，指受到一定产权保护但没有纳入正式出版信息系统中的信息，如各种学术团体和教育机构、企业和商业部门、国际组织和政府机构、行业协会等单位介绍宣传自己或其产品的描述性信息；正式出版信息，指受到一定的产权保护，信息质量可靠、利用率较高的知识性、分析性信息，用户一般可通过 Web 查询到，如各种网络数据库、联机杂志和电子杂志、电子图书、电子报纸等，它们或是传统出版物的数字化，或是有明确创建者，且有版权的直接网络出版物。

5.2.2　网络信息资源的检索

Internet 的广泛应用和发展，使世界范围内的信息资源交流、共享成为可能，为人们提供了一个更为广阔的信息空间，但是网络信息资源的无序、量大、良莠不齐和缺乏统一管理与控制使得网络环境下的信息获取如同大海捞针，而网络信息检索正是试图从技术上改善 Internet 上信息无序的局面，使网上信息资源成为人们充分利用的新型检索模式。

网络信息资源检索是以 Internet 为检索平台和媒介，利用相应的网络信息检索工具或检索系统，运用一定的网络信息检索技术与策略，从有序的网络信息集合体中查出所需信息的过程。

1. 网络信息检索方法

（1）随意浏览

这是在 Internet 上发现信息和信息线索的最原始方法。当没有明确的检索目的和要求的情况下，随意查看，或者选择与所需信息相近的内容作为检索依据，"顺链而行"，从一个网页"行至"其它相关的网页，一轮轮扩大检索范围，获取相关信息。这种方式适合目的性不强的检索，其检索结果具有不可预见性。网络用户可以在平时的网络漫游中将一些感兴趣的优秀网站添加到收藏夹，以备将来使用。

（2）分类浏览

即通过浏览网络资源指南的分类体系获取相关信息。当用户对某一类信息资源的描述不确定的时候，通过逐级浏览网络主题指南的分类体系，就可获取相关信息较为全面系统的汇总。

（3）查询

查询主要是指通过输入检索条件，从大量的信息集合中检索信息的方式。这种方式比较快捷、简单，能够准确、快速地在 Internet 上进行所需信息的定位，直接返回所需信息或者所需信息所在的主机名、域名或者网址等。

2. 网络信息检索工具

Internet 信息资源可以分为 WWW 信息资源和非 WWW 信息资源，我们将网络信息检索工具根据收录的信息资源类型及其对应的检索方式分为 WWW 检索工具和非 WWW 检索工具。

（1）WWW 信息资源检索工具是以万维网（WWW）上的资源为主要检索对象，又以 WWW 形式提供检索结果的检索工具。目前 Internet 上的 WWW 信息资源检索工具主要有以下几种类型。

①目录型搜索引擎

目录型搜索引擎、也称主题目录、主题指南，网络资源指南。它是采用分类主题目录形式，将网站进行树状的分类，所链接的网站必须至少归属于其中一个类别，形成类似图书馆目录一样的分类主题目录，用户通过逐级浏览这些目录及各级子目录来找寻自己需要的内容，打开雅虎中文（http://www.yahoo.com.cn）、新浪（http://www.sina.com.cn）、搜狐（http://www.sohu.com）等网站都可以看到各类主题目录。目录型搜索引擎由于使用专家进行归纳和分类，为信息导航带来了极大的方便，但这种方式在分类和目录整理中需要大量的人力。

②关键词型搜索引擎

关键词型搜索引擎，是指要求用户通过输入一组或多组关键词，通过跟踪最新建立的 HTML 网页的 URL，对整个网络进行浏览来查找信息的方法。有许多搜索引擎能提供一个或多个关键词的简单查询，还能提供基于逻辑运算符 AND（与）、OR（或）、NOT（非）的高级查询，有些甚至能检索音频、视频等多媒体对象的网页或基于内容的查询。通常情况下，用户可以根据信息的标题、文档建立的时间和大小、所有者以及文件名等进行查询，一些文献资源还可以根据文章关键词进行检索。

③信息门户

信息门户，也称为信息网关，是将特定领域或者众多领域的信息资源、工具和服务都集成到一个网页上，为用户提供一个方便的信息检索和服务入口，"一站式"地获取所需信息资源，是一种以清晰的用户界面构建大量信息资源平台的有效方式，提高了网络资源的有序化程度。从涉及的内容范围看，信息门户分为水平和垂直两种。水平信息门户是面向大众、包罗万象的信息门户，如 Sohu、Sina、Yahoo! 等网站。垂直信息门户收录特定的内容，面向特定用户服务，如政府信息门户、商业信息门户、公司信息门户和学科信息门户等。对于获取学术科研信息，学科信息门户是首选。

④搜索软件

搜索软件,也称为桌面搜索引擎或软件式搜索引擎。搜索软件可分为单一型和集合型两种。使用单一型搜索软件的用户无须进入某一搜索引擎的主页,就可随时使用该搜索引擎,如 Google 的工具栏、百度的超级搜霸等。集合型搜索软件可以同时调用多个搜索引擎进行搜索,得到更多、更详细的信息,如中华搜索宝(http://www.chinassb.com)。搜索软件的安装和使用都很容易,无须进行复杂的设置。除了提供搜索功能外,还可对搜索进行智能化处理,限定搜索范围,过滤重复的内容、域名和名称等。但是目前该类软件质量参差不齐,选择的时候要进行准确定位。

(2) 非 WWW 信息资源检索工具主要是指以非 WWW 信息资源,如 FTP、Telnet 和用户服务组等信息资源为检索对象的检索工具。

随着 WWW 信息技术的迅速发展,Telnet、FTP、Usenet 等类信息资源都可通过 WWW 检索工具获取,使得非 WWW 信息资源检索工具的作用极大削弱,存在的价值受到质疑。目前,即使存在此类检索系统和工具,用户仍然倾向于使用 WWW 类检索工具获取所需信息资源,WWW 检索工具将逐渐发展成 Internet 上的标准检索工具。

3.　网络信息检索策略

所谓检索策略就是利用检索工具查找到所需信息内容的科学安排,是在分析课题内容实质的基础上,选择检索工具,确定检索途径、检索词及其相互间的逻辑组配关系,并给出检索顺序、最佳实施方案等一系列的科学措施。检索策略的制定一般应遵循四个原则:

一是快,即从检索请求的提出到检索结果的反馈要快;

二是准,即检索结果要准确,避免检索出过多无关内容;

三是全,即检索结果要全面,能满足用户的需求;

四是效益原则,即以最低的费用获取所需的信息。

网络信息检索策略主要包括以下三个方面。

（1）分析检索课题

明确检索目的，分析课题的检索范围，根据课题的分析结果，确定检索项。即将检索请求分解成若干个既能代表信息需求又具有检索意义的主题概念，包括所需的主题概念有几个，概念的专指度是否合适，哪些是主要的，哪些是次要的等，力求使分析的主题概念能反映检索的需要。

（2）选择检索工具

任何一种检索工具在内容上都不可能包罗万象，在功能上都不可能十全十美，所以为了高效进行网络信息检索，选择合适的检索工具是基础。选择网络信息检索工具时，需要注意如下四点：

①明确不同类型网络信息检索工具的适用范围

直接访问网站是一种最为简单和直接的信息获取方式，比较适合对动态信息的了解，但查全率很低，随机性大。而借助于检索工具，可以获取多方信息源，每类检索工具都有自己的收录侧重范围、资源组织方式和检索机制，选择的时候要明确不同类型检索工具的适用范围。综合性网络信息检索工具收录面广，但不深入，检索效率不高。专业或专题性网络信息检索工具由于对某专业或专题信息的收集较为全面和深入，借助于专业的标引和检索语言，对专题型课题的检索效果优于综合性检索工具。网络资源指南由人工建立和维护，所收信息的质量较高，是一种以浏览为主的检索方式，适合于宽泛主题的检索，尤其适用于那些新用户和需求模糊的用户，让用户通过逐层浏览发现适合自己需要的信息，而不太适合特定检索的需要，查全率没有保障，信息更新不及时，检索耗费时间较长。关键词型搜索引擎则可按照用户输入的检索词返回相关信息，信息量大、检索结果新，但冗余信息较多，需要逐一筛选。

②了解主要检索工具的特点与功能

由于各个网络信息检索工具在收集信息方式、信息覆盖范围、索引编制和标引方式、检索规则、检索功能、检索结果的描述和排列方式上都不一样，同样的检索内容在不同的网络信息检索工具中会产生不同的结果。因此，应该了解主要网络信息检索工具的特点与功能。

③重视检索工具的分类浏览功能在学术信息检索中的应用

首先，网络信息检索工具供分类浏览的网络信息资源几乎都是经过人工筛选和人工标引的，质量较高；其次，网络信息检索工具的分类体系结构一般具有"物以类聚"、"触类旁通"的作用，用户能方便、系统地了解与掌握某一学科、专业或主题领域的较全面的知识和信息；再次，用户还可以通过分类浏览发现一些自己所需但并不知道其名称的信息，不像关键词检索必须确定所需信息的检索词才能检索。

④注意多种网络检索工具的组合使用

仅选用一种网络信息检索工具往往难以较好地完成检索任务，建议在利用网络信息检索工具进行学术信息的检索时，首先，要尽量选用专题或专业性的网络信息检索工具；其次，考虑选用集合型网络信息检索工具，并尽可能多地选用主要网络信息检索工具；最后，注重分类目录浏览与关键词检索两种方式的联合检索，先找到所需信息所处的具体细目，再在该目录下应用关键词检索，从而获取更精确有效的信息。

（3）实施检索

①了解检索工具的检索规则

每个网络检索工具所采用检索技术和方法的实现都有一些不同，在检索语法、符号标识系统、检索词识别与处理、检索结果的显示与排序、个性化定制等方面都有各自所特有的标准，因此，必须借助检索工具提供的介绍或者联机帮助来掌握其检索规则。

②确定检索词

要尽量使用专指词、特定概念或者专业术语，规范词优先，兼顾自由词，避免普通词、宽泛词和容易产生歧义的词，注意检索词的拼写形式。利用短语检索也可极大地提高检索结果的相关性。

③构造检索逻辑关系式

将检索词用一定的组配符连接起来，可限定检索范围，更清楚地表达检索课题的主题内容。组配符的选择要合理，确保准确表示检索主题，避免检索范围过大或者过小。网络检索工具一般都支持多种组配符，如布尔逻辑运算符、位置运算符和短语识别符等。

④选择和处理检索结果

检索结果的选择与处理是指选取、整理、加工、编辑、打印输出、转存所检出的结果。每个网络检索工具都有自己显示和排列检索结果的标准，用户可以根据检索工具提供的结果显示、排列和个性定制功能，处理检索结果，甚至在检索结果的基础上调整检索策略，再次检索，直到获取满意信息。

4. 网络信息检索技巧

网络信息检索技巧主要包括以下两个方面。

（1）提高检索效率

第一是提高查全率。为了尽可能全面地搜集到相关信息，需要根据检索工具提供的功能对检索策略进行适当调整，扩大检索范围，以提高查全率。

第二是提高查准率。为了提高所搜集信息的针对性，需要根据检索工具提供的功能对检索策略进行适当的调整，缩小检索范围，以提高查准率。

（2）提高检索速度

①建立收藏夹分类体系

检索时可单击 IE 工具栏中的"收藏夹"按钮，将当前正在访问的网址保存到收藏夹中，并可对收藏夹内容进行分类整理。以后若要利用同一内容或者工具的时候，只需打开收藏夹，从中选择要进入的网址，就可以减少上网重复查找和输入网址的时间。

②采用缓存措施

即启动 cookie 功能，系统将访问过的网页，包括文本、图形、图像等信息存储在缓存中。当再次浏览这些已访问过的网页时，IE 浏览器将直接从缓存中读取网页内容，无须再经过网上传输。

③设置启动页面

每次启动 IE 浏览器时，最初展现出来的页面称为启动页面，也称主页。可以对其进行个性化设置，将访问次数最多的页面设置为启动页面，以便以后直接进入该页面。

④减少多媒体信息的装载

检索的网络信息中往往会有图像、视频和动画等多媒体信息，由于多媒体信息数据量大，会减慢传输速度。为了提高数据传输速度，可选用纯文本方式传输，利用浏览器相关功能关掉多媒体选项。

网络信息资源是一个时刻变化着的巨大空间，其不确定性和变化性加大了网络信息检索的困难。因此，我们在对网络信息进行检索时，采取的策略必须是多步骤、多元化的检索，在此基础上充分利用各检索工具的特点和专长，从而最终满足自己的检索需求。

5．搜索引擎的使用

目前 Internet 上的搜索引擎数以千计，常用的中文搜索引擎有百度、Google 中文、搜狐、网易、新浪和雅虎中国等，常用的英文搜索引擎有 Google、Yahoo!、InfoSeek 等。掌握常用搜索引擎的使用对网络信息资源的获取非常重要。

启动 Internet Explorer 浏览器，在地址栏中输入要访问的搜索引擎的网址，如输入"搜狐"的网址http://www.sohu.com/，回车进入"搜狐"网站，如图 5－1 所示。单击"搜索"进入"搜狐"分类搜索页面，如图 5－2 所示。这里有两种搜索方法，一种是通过主题目录逐级进行搜索，另一种是通过输入"关键词"直接进行搜索。

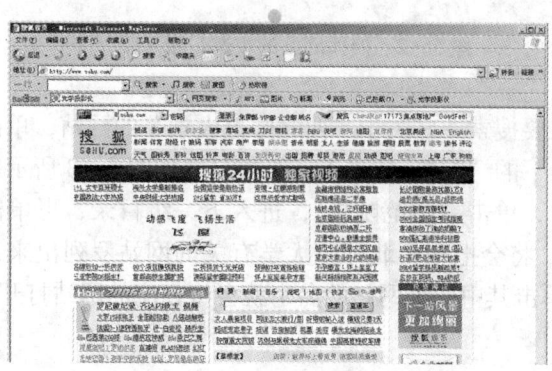

图 5－1　搜狐网站的主页

（1）主题目录搜索

　　网站根据信息的类别分成不同的主题目录，如图 5-2 所示，也就是把因特网中的资源收集起来，由其提供的资源类型不同而分成不同的目录，再一层一层地进行分类，人们要找自己想要的信息可按他们的分类一层一层进入，就能最后到达目的地，找到自己想要的信息。

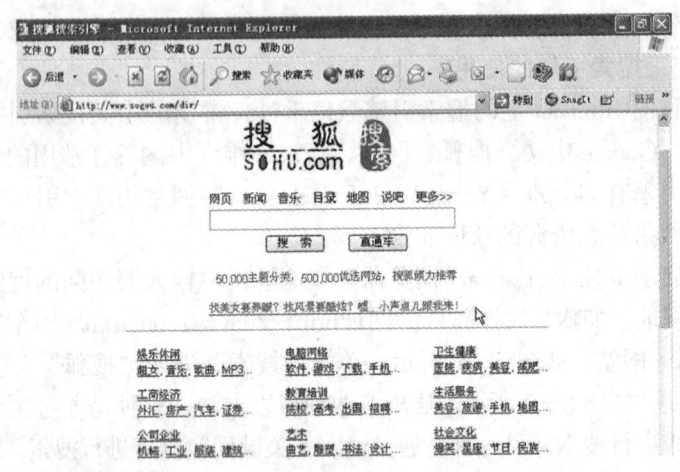

图 5-2　搜狐网站的主题目录

　　例如现在要搜索一些关于"西北师范大学"的网站，单击"教育培训"目录下的"院校"，进入二级目录，如图 5-3 所示。在院校类别目录中，单击"师范院校"，进入下一级目录，再单击"西北师范大学"，将会把和西北师范大学有关的网站罗列出来，如图5-4 所示，单击其中一个网站的名字就会将相应的网站打开。

图 5-3　搜狐网站分类子目录"院校"

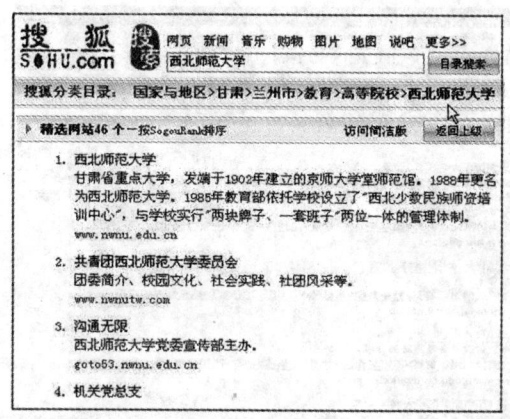

图 5-4　通过主题目录搜索的"西北师范大学"的相关网站

(2) 输入"关键词"进行搜索

这种方式用户可以用逻辑运算符组合方式输入各种关键词，搜索引擎根据这些关键词寻找用户所需资源的地址，然后根据一定的规则反馈给用户包含此关键词信息的所有网址和指向这些网址的链接，例如要搜索"西北师范大学"，在"关键词"栏中输入"西北师范大学"，如图5-5所示，单击"搜索"按钮，直接将和关键词"西北师范大学"有关的网站全部陈列出来，如图5-6所示，单击其中的一个就会打开相应的网站。

图5-5　　"关键词"栏输入"西北师范大学"

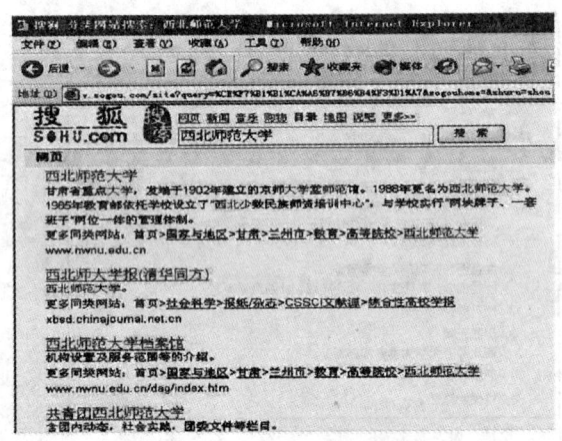

图5-6　通过"关键词"搜索的"西北师范大学"的相关网站

　　通常情况下，搜索引擎对关键词搜索是按照"网页"的类别进行搜索，还可以使用其它的类别对关键词进行搜索，如对"资讯"、"图片"、"音乐"等类别进行搜索。如果在课件制作中需要荷花的图片素材，可以打开"百度"搜索引擎（http://www.baidu.com/），选择"图片"选项，输入关键词"荷花"，然后单击"搜索"按钮，在弹出的页面中将和关键词"荷花"有关的图片均陈列出来供用户挑选，如图 5-7 所示。

图 5-7　"荷花"图片的搜索结果

如果在课件制作时需要"春江花月夜"的音乐素材，可利用雅虎搜索引擎（http://www.yahoo.com.cn/），输入关键词"春江花月夜"，选择"音乐"选项，显示如图 5-8 所示，各种格式类型的"春江花月夜"音乐可供选择。

各种搜索引擎在提供信息查询功能上都各具特色，收集的网上信息也有各自的针对性。有时候在一个搜索引擎中查不到的信息有可能通过另一个搜索引擎找到。

（3）常用中文搜索引擎

百度 http://www.baidu.com/

Google 中文 http://www.google.com.cn/

搜狐 http://www.sohu.com/

雅虎中国 http://www.yahoo.com.cn/

网易 http://www.163.com/

新浪 http://www.sina.com.cn/

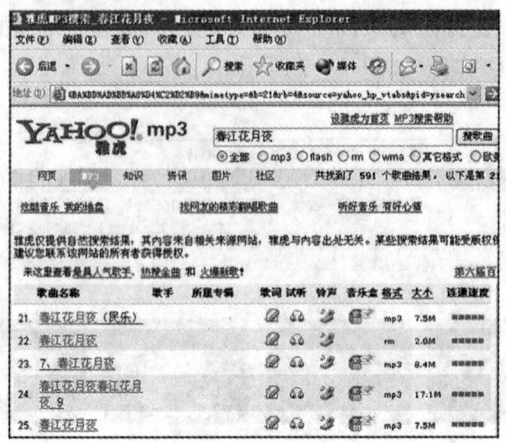

图 5-8　"春江花月夜"音乐的搜索结果

（4）常用英文搜索引擎

Yahoo http://www.yahoo.com/

Google http://www.google.com/

Lycos http://www.lycos.com/

5.2.3　网络信息资源的利用

针对 Internet 上庞大数量的信息资源，除了在线浏览和查询外，很多时候需要我们保存、下载文件或离线浏览以便充分利用网络信息资源。

1．保存文字资源

文字是网页最基本的元素。一个网页里的文字，只要是写在网页编码里的，我们都可以下载。嵌在图片里的文字是图片的组成部分，只能被当成图片下载。

如果下载的是网页中的文字，只需要拖动鼠标将所需要的文字选中，进行"复制"→"粘贴"操作就可以了。不过事先必须要打开一个接收程序，比如 Windows 自带的记事本程序、写字板程序或文字处理软件 Word 等。

　　有的网页加了代码，不允许进行"复制"操作，这时就需要通过源代码来获取自己想要的文字。从 IE 浏览器菜单栏"查看"项中选择"源文件"命令，如图 5-9 所示，会打开一个满是字符的记事本窗口。这里显示的就是网页的源代码，所选网页的文字全在这里，按需要选择复制下载。用这种方法获得的网页文字有时会夹杂一些源代码，打开写字板程序，把代码替换或删除掉就可以了。

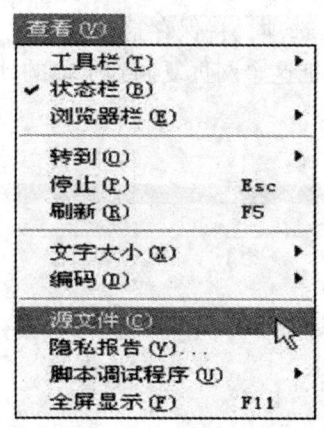

图 5-9　选择"查看"菜单的"源文件"命令

2. 保存图片资源

　　最简单的方法就是将鼠标移到要保存的图片，单击鼠标右键，在弹出菜单中选择"图片另存为"，然后选择保存路径、文件名和图片类型就可以了。也可以先选中图片，然后执行"复制"→"粘贴"操作。不过要打开一个图片编辑程序来接收，如 Windows 的画图程序，操作简单，速度也快。

　　保存网页中所有图片的方法是在 IE 浏览器中单击"文件"菜单中的"另存为"，把整个网页的所有图片文件一次性地保存在用户指定的位置。注意一定要选择"保存类型"中的"网页，全部（＊.htm；＊.html）"，如图5-10所示。

如果网页中的图片比较大，利用下载软件可以加快下载的速度，如网络蚂蚁 NetAnts 或网际快车 FlashGet 等软件。将鼠标移到要保存的图片，单击鼠标右键，在弹出菜单中选择"使用网际快车下载"或"Download by NetAnts"，然后选择要保存的路径即可。

3. 保存网页

要保存你感兴趣的整个网页页面，单击浏览器窗口菜单栏的"文件"选项，执行"另存为"命令，保存类型选择"网页，全部（＊.htm；＊.html）"选项，将保存这个网页包括文字、图片在内的所有信息，相当于把这个网页复制到了你的计算机上。如图5-10所示。

图5-10　保存网页对话框

4. 保存声音和影像

有的网站提供了声音或影像的链接。想要下载一首歌曲或一部影片时，直接把鼠标指向链接，单击鼠标右键，执行"目标另存为"命令，选择存放位置即可。

这种方式只适用于在 HTTP 协议下的 HTML 静态网页。如果是交互式网页的链接，就不可以用这种方法下载。另外，现在不少声音、影片都不是用 HTTP 协议而是用 MMS、RTSP 等协议来传输的，只有用 FlashGet 或影音传送带等专门软件来处理了。

5. **保存** Flash

Flash 是目前流行的网页动态效果实现方式，它存贮容量小而表现力丰富，还可以加入音频信息，很受欢迎。如果你知道 Flash 动画的网址，最简单的方法就是启动"网际快车"或"网络蚂蚁"直接下载到自己指定的存放位置即可。只要是能够使用全屏播放的 Flash 动画，在全屏状态下的地址就是可供下载的实际地址。

如果不知道 Flash 动画的网址就不能用这种方法直接下载。我们知道电脑在播放网络上的 Flash 动画时，是先把 Flash 动画下载到计算机的临时文件中，我们只要找到这个临时文件，再把它复制到需要的位置就可以了，具体方法是：

第一步，打开 IE 浏览器，选择"工具"→"Internet 选项"→"常规"→"删除文件"，将 Internet 临时文件夹中的所有内容删掉，以方便查找有用的临时文件。

第二步，打开要下载的 Flash 动画，等到播放完毕，此时相关的文件就已经下载到计算机了。

第三步，打开 IE 浏览器，选择"工具"→"Internet 选项"→"常规"→"设置"→"查看文件"，这时就会看到一个临时文件的列表，Flash 动画在这里通常是 SWF 为后缀的文件，双击文件名复核一下播放内容，即可将该文件保存到指定的位置，如果下载到的文件未作关联不能播放，可以用右键单击该文件名选择"打开方式"，将 SWF 与 IE 播放器相关联就可以播放了。

6. **保存网址**

如果上网比较便利，保存网址要比把资源下载更科学。浏览 Internet 的网页时，如果想直接把"西北师范大学"网址添加到"收藏夹"中，单击"收藏"菜单的"添加到收藏夹"命令，打开如图 5-11 所示对话框，在"名称"中输入当前要保存网页的标题，一般会自动添加，单击"确定"按钮即可。如果想把"西北师范大学"网址创建并添加到"收藏夹"中的"大学"子目录中，在图 5 - 11 对话框中单击"新建文件夹"按钮，弹出如图 5 - 12 所示对话框，在"文件夹名"中输入"大学"，单击"确定"按钮，就会生成"大学"子目录，选择"大学"子目录，然后单击"确定"按钮，这样就把"西北师范大学"的网址存放到"收藏夹"的"大学"子目录中。若收藏夹中已有"大学"子目录，可选择"创建到"中的该文件夹直接"确定"即可。以后再访问该网站时，只需单击"收藏夹"→"大学"→"西北师范大学"就可以将该网页调出来，直接浏览。

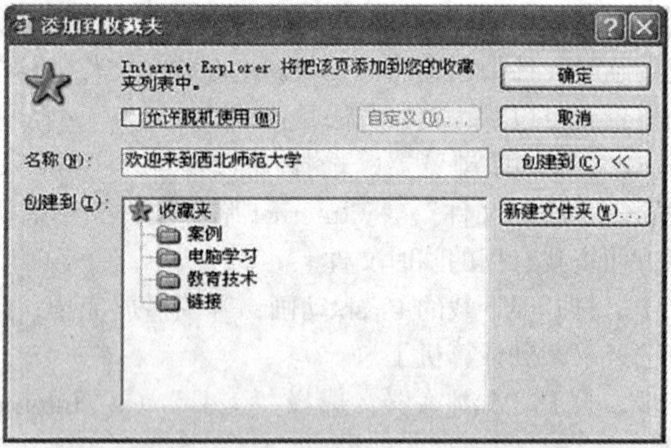

图 5 - 11　添加到收藏夹对话框

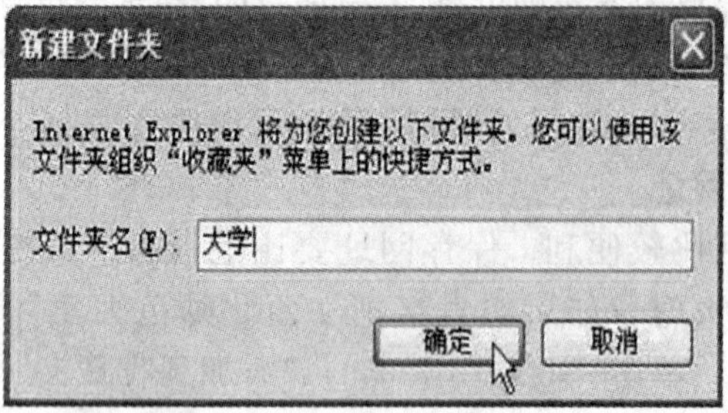

图 5 - 12　新建文件夹对话框

7．下载软件资源

网上软件资源非常多，一般网站都提供软件资源的下载地址，我们可以直接单击下载地址让 IE 浏览器直接下载保存，也可以用专门的下载工具下载，比如网络蚂蚁 NetAnts、网际快车 FlashGet 等。常用软件下载网站有：

华军软件园：http://www.newhua.com/

天空软件站：http://www.skycn.com/

8．网站资源的整体下载

把要浏览的站点下载到自己的硬盘上，然后断掉与 Internet 的连接慢慢浏览，这就是我们通常所说的离线浏览。离线浏览不但可以节省上网费用，而且可以保存网站所有信息以供随时浏览。现在有很多专用的离线浏览器，功能强大，下载速度快，使用也很方便，常用的工具软件有 Teleport Pro 和 WebZip。

Teleport Pro 所能做的不仅仅是离线浏览某个网页，它可以从 Internet 的任何地方抓回你想要的任何文件，可以在你指定的时间自动登录到你指定的网站下载你指定的内容，还可以用它来创建某个网站的完整的镜像，作为创建你自己网站的参考。

WebZip 是一个抓站点的工具，可以把一个网站下载并压缩到一个单独的 ZIP 文件中，通过内嵌的浏览器，方便地浏览已经压缩成 ZIP 文件的站点。

5.3　网络教育资源

5.3.1　网络教育资源的内涵

一般而言，我们将网络资源中与教育相关的部分都称之为网络教育资源，包括网络环境资源、网络信息资源、网络人力资源。网络环境资源是指构成网络教育空间的各种物理器件硬件设备等，如计算机设备、网络设备、通信设备等，以及形成网络正常运行空间的各类系统软件、应用软件；网络信息资源则是指在网络上蕴藏着的各种形式的与教育相关的知识、资料、情报、消息等的集合；网络人力资源则通常包括具备开发建设或应用各种网络教育资源的能力的个体，如网络硬件结构设计、维修人员，网络系统开发人员，网络系统安全维护人员，教育网页开发人员，网络用户等等。在这三部分资源中，网络信息资源是核心，因为其它两部分资源是为信息资源的建立、传播和利用而服务的。不同于以往传统的教育信息资源是以书籍、报刊、磁带、磁盘、胶片、广播、电视等为物质载体的，网络教育信息资源是一种以网络为承载、传输媒介的新型的信息资源，这种信息资源是在网上获取的，所以我们也将基于网络的教育信息资源称之为网络教育资源。

5.3.2　网络教育信息资源的类型

网络教育信息资源划分为下列八大类：电子书籍（EBs）、电子期刊（EPs）、网上数据库、虚拟图书馆、百科全书、教育网站、虚拟软件库和新闻组等，如图 5-13 所示。

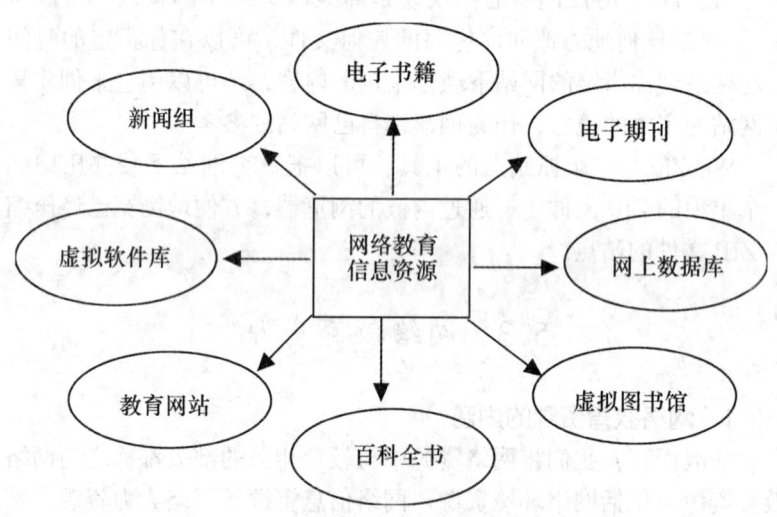

图 5-13　网上教育信息资源的分类

1．电子书籍

现在网上电子书籍的类型主要是那些名家的经典著作，如莎士比亚的著作。中文电子书也不在少数，如北极星书库（http：//www．ebook007．com）收集数千种中文书籍。

目前，使用网上的电子书籍通常是免费的。然而，随着读者越来越多地利用网上资源以及相应的有关版权法修改的问题，预计将来有可能实行收费制度。事实上，国外正在形成网上电子图书出版业。

2．电子期刊

电子期刊指由权威的专业人员选编、定期在网络上发布特定领域信息的刊物。网络上主要有三种类型的电子期刊，分别是电子报纸、电子杂志和期刊、电子新闻和信息服务（NIS）。电子期刊现在已经成为主要的网上信息资源。电子期刊的制作和发行成本比较低，因此大量的期刊在网上发行，许多印刷期刊也推出了电子版期刊，内容与印刷期刊基本相同，电子期刊的获得越来越容易，读者人数会越来越多。比如国内教育技术领域的免费在线电子刊物《教育技术通讯》（http：//www．etc．edu．cn），目前大多数电子期刊是免费的，因此是一种用于完成教育任务的理想工具。但是随着读者人数的增加，以后可能需要交纳订金后才能获得某些信息。

3．网上数据库

数据库是指大量信息对象的集合，允许用户根据某些属性进行检索。网上有各种各样的数据库，例如专题数据库、图书目录和地址簿等，其中有许多可以为教育教学目的服务。英国的 SOSIG Internet 目录（http:/www．sosig．ac．uk/）是一个专门提供社会科学网上资源线索的在线数据库，其中的条目是经过图书馆专家筛选的，因此具有很高质量和信度。美国的 ERIC 是世界上最大的教育数据库（http：//ericcir．syr．edu/Eric/）。中文数据库主要有中国知网（CNKI）、万方数据资源系统、超星数字图书馆及人大复印报刊资料全文数据库等。

4．虚拟图书馆

目前各国图书馆界都在研究、开发、制作网上虚拟图书馆，对用户来说，这是查找各类学科资料的捷径。虚拟图书馆又叫电子图书馆，是一个分布式资源系统，内容包罗万象，基本上按学科分类并依字母顺序排列，大类中包括子类，是一个树状结构系统。用户以访问这些虚拟图书馆为起点，通过它所提供的与各种分布在因特网上的资源的链接，可以方便地了解和获取自己感兴趣的信息。有些虚拟图书馆是从传统图书馆基础上发展而成的，如"中国国家图书馆·中国国家数字图书馆"（http://www.nlc.gov.cn/）。此类虚拟图书馆由于有专业人员对信息进行筛选和组织，信息质量比较高，具有很高参考价值。目前，多数虚拟图书馆是免费的。

5. **百科全书**

电子百科全书（包括电子辞书）是近几年才开始发展起来的。不过，最著名的百科全书——《大英百科全书》在1996年6月份的时候就已经有了在线服务。

到目前为止，相比于印刷的百科全书，电子百科全书能够提供更广泛及时的信息，包括三维动画、声音和视频等。它的另一个优点是基于超文本设计和友好的搜索界面，易于浏览查询。如果你进入http://www.yourdictionary.com/网站，可以得到80多部在线词典，涉及世界上150多种语言。我国已经有了中国国家百科全书（http://countries-book.db66.com）。必须指出的是，电子百科全书只是在试用阶段才是免费的。

6. **教育网站**

教育网站是指通过收集、加工、存储教育信息等方式建立信息库或者同时建立网上教育平台与信息获取及搜索等工具，通过Internet服务提供商（ISP）接入Internet，向上网用户提供教育和其他有关教育公共信息服务的机构。通常从网站的建设者角度对教育网站进行分类，可划分为：

（1）教育行政部门的教育网站

这类网站大多由政府投资，由教育行政部门建设与管理，具有一定的权威性、新闻性与综合性。主要提供与教育有关的政策法规、时事要闻与工作管理服务，具有较强的教育导向与教育管理职能。例如，教育部网站主页（http://www.moe.edu.cn）。

（2）教育研究机构的教育网站

这类网站大多由教育科研院所（室）建设与管理，具有资源丰富、研究性强等特点。主要介绍教育方面的新观点、新理论、新实验、新技术、新经验、新动态和新成果。例如，全国中小学计算机教育研究中心（http://www.nrcce.com）、中国中小学教育教学网（http://www.k12.com.cn）。

（3）学校的教育网站

这类网站主要用于为学校师生服务。服务项目各具特色，主要包括提供网上教学资源、网上教学平台、电子邮件服务、个人主页空间、实行学校事务网上管理等。例如，华南师范大学网络教育学院的华师在线（http://www.gdou.com/index.html）。

（4）企业的教育网站

这类网站主要用于面向社会或企业内部职工培训提供教育资源服务及进行产品宣传与培训用户。例如，Intel 未来教育（http://www.teachfuture.com/）。

（5）社会专业机构的教育网站

这类网站主要功能是提供专业化加工的主题知识资源，提供行业知识信息。例如，中国科普（http://www.kepu.gov.cn）。

（6）教师、学生以及个人的教育网站

这类网站提供教学研究经验、互动学习空间、提供某一特定事物的资源。例如，习客语文拓展阅读教育网（http://www.seeker-cn.net/）。

7．电子新闻组

我们将由 Usenet、BBS 之类的技术支持的网上讨论统称为电子论坛。电子论坛中的信息不如电子百科那样权威和规范，不如电子期刊那样严肃和专业，但形式活泼，内容新鲜，也不乏真知灼见。

利用新闻组可以完成两类基本任务。首先，它们可以帮助查找信息，如阅读张贴在新闻组中的关于某一课题的文章或者通过张贴文章来寻求帮助；其次，新闻组支持不同文化间的交流，如外语课程，支持跨地区的学生/学校之间的合作，如比较大的项目和作业课题。

当你对于某一专业问题不太了解，有所疑问，建议你进入相关的新闻组或 BBS，根据信息的种类进入新闻组或 BBS 上的相关专题，态度谦虚地向专题的负责人或者是其他讨论者请教。

你面对的可能不只是对相关领域感兴趣的人士，可能会有你景仰已久的专业人士。对于从事学术研究的人员，利用新闻组与全世界的同专业人士进行相关的讨论，会非常有用。

8. 虚拟软件库

虚拟软件库专门收集 Freeware 和 Shareware，你可以自由下载使用，但 Shareware 对使用期限有一定限制。软件库中不乏教育软件，如有兴趣，可以查阅美国 M&M 素质教育软件库（http://www.mm—soft.com/catalog.asp），那里收藏十分丰富。国内也有一批下载软件的站点，如中国共享软件下载中心（http://www.shareware.cn/）。

5.3.3　常用中文数据库简介

1. 中国知网（CNKI）

"中国知网"是中国学术期刊（光盘版）电子杂志社、清华同方知网（北京）技术有限公司主办，是基于《中国知识资源总库》的全球最大的中文知识门户网站，具有知识的整合、集散、出版和传播功能。CNKI 可解读为"中国知网"（China National Knowledge Internet）的英文简称。CNKI 是全球信息量最大、最具价值的中文网站。据统计，CNKI 网站的内容数量大于目前全世界所有中文网页内容的数量总和，可谓世界第一中文网。CNKI 的信息内容是经过深度加工、编辑、整合、以数据库形式进行有序管理的，内容有明确的来源、出处，内容可信可靠，如期刊杂志、报纸、博士硕士论文、会议论文、图书、专利等等。因此，CNKI 的内容具有极高的文献收藏价值和使用价值，可以作为学术研究、科学决策的依据。目前，CNKI 已集结了 7000 多种期刊、近 1000 种报纸、

18 万本博士/硕士论文、16 万册会议论文、30 万册图书以及国内外 1100 多个专业数据库。其中博士/硕士论文、会议论文及部分数据库为一次出版，期刊、图书、报纸等为二次出版。如此大的网络出版规模在世界上也是绝无仅有的。

为方便不同网络条件的用户使用，目前，该系统在"中国公众数据数字网"（ChinaNet）和"中国教育和科研计算机网"（CERNet）上分别挂有网址。

ChinaNet：http://www.cnki.net/index.htm

CERNet：http://www.chinajournal.net.cn/

2. 万方数据资源系统

中国万方数据库（http://www.wanfangdate.com.cn），作为国内最早的中文信息资源产品与服务提供商之一，万方数据积累了大量的信息资源基础，中国科技信息研究所作为公司大股东的背景进一步确立了其在中文科技信息资源领域的优势。按照资源类型来分，万方数据资源可以分为全文类信息资源、文摘题录类信息资源及事实型动态信息资源。全文资源包括会议论文全文、学位论文全文、法律法规全文、期刊论文全文。其中会议论文全文资源是最具权威性的学术会议全文库，自 1998 年以来已经收集了国家级学术会议论文全文 20 余万篇。权威而又丰富的全文信息资源为用户提供了获得大量一次文献的机会，也成为科研、教育、生产等不可多得的参考工具。内容丰富、类型多样的文摘、题录以及事实类数据库资源主要包括大量科技文献、政策法规、名人机构、企业产品等100 多个数据库，是科研机构进行科学研究，企业单位技术创新、产品研发，科技管理机构进行科研决策的信息依据。

万方数据企业产品数据库（CECDB）自 1998 年创始以来，标准版已经收录 96 个行业 16 万家企业及其产品的信息，客户遍及北美、西欧、东南亚 50 多个国家和地区，成为国内首屈一指的商情数据库，也被 DIALOG 联机检索系统列为国内首选经济信息数据库，丰富而准确的信息使它成为国内外企业解决自己上下游供应链问题的重要参考工具。

3. 超星数字图书馆

超星数字图书馆（http://www.ssreader.com/），是由北京世纪超星信息技术发展有限责任公司投资建立和维护，被列为国家863计划中国数字图书馆示范工程项目，2000年6月正式开通和运行。超星数字图书馆提供丰富的电子图书阅读，其中包括文学、经济、计算机等五十余大类，并且每天仍在不断的增加与更新，专门为非会员构建开放免费图书馆，为目前世界最大的中文在线数字图书网。

每一位读者通过互联网都可以免费阅读超星数字图书馆的图书资料，凭超星读书卡可将数字图书下载到用户本地计算机上离线阅读。而许多校园网内用户可通过校园网免费下载图书。第一次阅读前请下载并安装超星浏览器，并下载注册码，即可直接检索。

4. 人大复印报刊资料全文数据库

中国人民大学书报资料中心成立于1958年，是我国最早专门从事社会科学、人文科学、管理科学学术信息及实用经济信息的出版机构，也是我国目前规模最大的社会科学文献信息服务中心之一。该中心以3000余种中文报纸和杂志为信息源，按学科、专题或行业进行整理加工，以学术期刊的形式向国内外公开发行，目前中心出版学术专刊150余种，分为《复印报刊资料》、《报刊资料索引》、《文摘卡片》、《中国报刊经济信息总汇》、《综合文萃》五个系列。

人大复印报刊资料全文数据库，是印刷版《复印报刊资料》的电子版，精选全国各报刊上所发表的人文社会科学论文全文。该数据库1994年制作和发行光盘版、2002年开始提供网络版服务，均由北京博利群公司代理发行。

5.3.4　常用教育网站简介

·中华人民共和国教育部http://www.moe.edu.cn/

中国教育部的官方网站，教育综合信息站点。内容有教育新闻、政策法规、文献资料、机构设置、公报公告、招生考试、项目指南等。

·中国教育和科研计算机网http://www.edu.cn/

中国教育和科研计算机网是利用先进实用的计算机技术和网络通信技术，把全国大部分高等学校连接起来，推动这些学校校园网和信息资源的建设交流，与现存的国际性学术计算机网络互连，使其成为中国高等学校进入世界科学技术领域快捷方便的入口。同时成为培养面向世界、面向未来高层次人才，提高教学质量和科研水平的最重要的基础设施。

·中小学信息技术教育网http://www.nrcce.com/

由全国中小学计算机教育研究中心制作并维护，内容有教育新闻发布、课程标准与解读、信息技术课案例集锦、信息技术与学科教学整合、教材同步支持、中小学信息技术教育论坛等。

·中国中小学教育教学网http://www.k12.com.cn/

K12 中小学教育教学网是面向基础教育的综合专业教育网，是教育类站点中最有影响力的大型网站。主要受众是中小学生、学校教师和学生家长以及关注教育的各界人士，目前已经开设了教师频道、同步资源、英语同步课堂、资源交流中心、家教等板块。K12在内容提供上以服务为主要目的，强调知识性与趣味性并重，个性与共性并进，适合最大范围的受众需求。在栏目划分上保持可伸展性，紧跟基础教育的需要，紧跟学生、家长、老师的需要。

·中学语文教学资源网http://zm.ruiwen.com/

提供音像素材、教学文摘、语文教案、课件下载、试卷下载、语文论坛等。

·中小学数学教学网http://www.cnsxr.com/Index.html

提供教育信息、在线课堂、数学教材、数学试卷、教案下载、课件下载等。

·中学英语教学资源网http://en.ruiwen.com/

提供课件下载、英语素材、教学文摘、英语教案、试卷下载、英语论坛等。

·中学物理教学资源网http://www.zbwuli.net/

提供同步教学、网上课堂、物理题库、论文资源、物理论坛等。

·中学化学资源网http：//www.chemsky.net/

提供化学资讯、资源下载、化学图片等

·中学生物教学资源网http：//swjx.diy.myrice.com/

提供课件下载、生物图片、备课资料、试题精选、教研论文、生物论坛等。

·中学历史教学资源网http：//zxlsjxw.home.sunbo.net/

提供历史课件、历史教案、历史试题、历史文献、初中历史、高中历史等。

【思考与练习】

1. 什么是 Internet？Internet 提供的信息服务有哪些？

2. 什么是网络信息资源？网络信息资源的特点是什么？网络信息资源的类型有哪些？

3. 网络信息资源检索的方法是什么？常用的检索工具有哪些？

4. 网络信息资源检索的策略包括哪些方面？检索的技巧有哪些？

5. 利用网络信息检索工具，检索与自己学科专业有关的教育网站，并下载所需的信息资源。

6. 什么是网络教育信息资源？举例说明网络教育信息资源的主要类型有哪些？

第 6 章 多媒体素材的采集与制作

【学习目标】

学习完本章，应该能做到：

1. 知道文字、图像、视频等多媒体素材采集的方法。
2. 说出矢量图与位图、动画与视频的区别。
3. 说出图像、动画、视频与声音文件的格式。
4. 会使用 Word、Powerpoint、Cool3D 和 Photoshop 制作艺术字。
5. 会使用 HyperSnapDX 抓取屏幕图像。
6. 会使用 PhotoShop 处理简单的图片。
7. 了解 Flash 制作动画的方法，会使用 Flash 制作简单动画。
8. 会使用 Windows 所带的"录音机"进行录音。

多媒体课件的开发离不开素材的准备，素材是课件的基础，在课件开发过程中，素材准备是课件目标确定后的一项基础工程。制作好的多媒体素材最后是提供给多媒体编著工具使用的。

6.1 概述

多媒体课件中可以使用的信息符号称之为多媒体素材。由于素材的种类很多，采集和制作素材过程中使用的硬件、软件也很多，所以对这些素材的获取、创作和加工是整个课件编制过程中耗费时间和人力较多的一个环节。

6.1.1 多媒体素材的种类

根据多媒体素材的不同性质，一般可以分成文字、声音、图形、图像、动画、视频等类型。在不同的开发平台和应用环境下，即使是同种类型的素材，也有不同的文件格式，如文字素材常见的有纯文本格式（＊.txt）或 Word 文档格式（＊.doc）；声音素材有波形文件格式（＊.wav）和 MIDI 文件格式（＊.mid）等。不同格式的文件用不同的扩展名加以区别。

6.1.2　多媒体素材采集的途径

多媒体的素材准备通常有两个途径：制作与收集。制作是通过专用的软件人工制作所需要的素材，专用软件的学习与精通需要大量的时间与精力，对于在职教师来说往往力不从心，所以如果能熟悉多媒体素材的收集途径，往往能得到事半功倍的效果。收集就是在因特网、光盘上查找到所需要的素材，或将磁带、录像带、印刷品等上面的素材转换成计算机能应用的素材。

当然针对图像、声音、视频等多媒体素材的特点，都具有各自不同的获取途径和方法，我们将在对每种素材的讲解中介绍。

6.1.3　多媒体素材制作工具

多媒体数据资源的制作是较为复杂的，一般都要有专门的设备和软件。不同类型的数据，其制作的方法也不同，借助于各种使用方便、功能强大的多媒体素材创作工具软件，可以使课件编制者以较小的代价取得更优的效果。常用的多媒体素材制作软件包括以下几类：

1. 文字：记事本、写字板、Word、WPS；
2. 图形图像处理：Photoshop、CorelDraw、Freehand；
3. 动画制作：AutoDeskAnimatorPro、3DSMAX、Maya、Flash；
4. 声音处理：SoundForge、CoolEdit、GoldWave、WaveEdit；
5. 视频处理：AdobePremiere、豪杰超级解霸。

6.2　文字素材的制作

文字素材是最基本的素材，文字素材常用在课件的正文中和课件的封面、封底上，通常正文中使用的是文本文字，而封面、封底上使用图形文字。

6.2.1　文字素材的分类

出现在多媒体课件中的文字素材可以分为文本文字和图形文字。

1．文本文字

以文本文件方式呈现、并可在文本编辑工具中编辑的文字称为文本文字。文本文字一般是在 Word、Nps、WPS、CCED、WordStar 等软件中完成录入，然后存成文本文件即可供多媒体著作工具编辑使用；也可以在多媒体编著工具，如 Authorware 中直接录入文本文字。

2．图形文字

以图形方式呈现的文本，可以使用 Photoshop、PaintBrushCorel、Draw 等软件制作，最后存成图形文件，由于这些软件输出的文件格式比较多，如：BMP、PCX、DXF、TGA、TIF、GIF 等，所以毋需经过图形转换工具的转换即可在多媒体编著工具中使用。

3．特点比较

图形方式产生的文本比较美观，能生成多种特殊效果，如立体字、阴影字等，但所占的空间较大、不易修改和使用；而文本方式的文字制作简单，也能制作特殊效果的文字，修改和使用方便，所占空间较小，但字型和特殊效果都较为粗糙，不很美观。

6.2.2　文字素材的获取

文字素材的获取除了上面讲解的直接制作的方法外，作为教学资料的文本，文字数量多，也可在一些电子书籍或网页中获取，像百科全书、上下五千年等电子书籍及相关的网站的网页中，就可以方便地找出许多文本素材。

网页可以直接用保存网页的方法把所需要的内容保存下来；如果是用 Authorware 制作课件，复制的文本可以在 Word 中新建一个文件，然后粘贴，最后保存为 RTF 格式，便于 Authorware 导入使用；如果用 FrontPage 等软件制作网页式课件，可以在 Word 中新建一个文件，然后粘贴，最后另存为 Web 格式即可。特殊字体或艺术字可以用抓图工具抓取后进行图片化处理后使用。

6.2.3 文字素材的制作

在多媒体课件中使用特殊效果的文字可以使课件美观，激发学生的兴趣。根据应用的需要可以选用不同的软件进行制作，常用的方法是使用 Word、Cool3D、CorelDRAW 和 Photoshop 制作特殊效果的文字素材。

1. 用 Word 制作特效文字

用 Word 可以制作艺术字，然后为艺术字设置三维、灯光和阴影效果。

图 6-1 "'艺术字'库"对话框

（1）制作艺术字

启动 Word 后，选择"插入"、"图片"、"艺术字"菜单命令，打开如图 6-1 所示的"'艺术字'库"对话框，可以制作诸如图 6-2 所示的各种特效的文字。

图 6-2　Word 中特效文字效果图

（2）设置三维效果

选中上面制作的艺术字，单击"绘图"工具栏中的"三维效果"按钮▇，弹出如图 6-3 所示的"三维效果"对话框，选择合适的三维效果对艺术字设置三维效果。

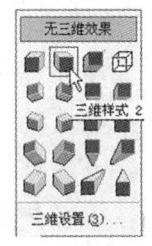

图 6-3　设置艺术字的三维效果　　　图 6-4 "三维设置"工具栏

单击"三维效果"对话框中的"三维设置"按钮，打开如图 6-4 所示的"三维设置"工具栏。

在图 6-4 中，▇用来选择艺术字的三维颜色；▇用来选择艺术字的方向；▇用来改变艺术字的深度，而 ▇▇▇▇ 则用来改变艺术字的方向。

（3）设置艺术字光照角度

单击"三维设置"工具栏中的▇按钮，改变艺术字的光照角度，如图 6-5 所示。

（4）设置艺术字填充效果

单击"绘图"工具栏中的"填充色"按钮，打开"填充色"对话框，单击"填充效果"按钮，打开如图 6-6 所示的填充效果对话框，可以实现对艺术字填充效果的设置。

图 6-5　改变艺术字的光照角度

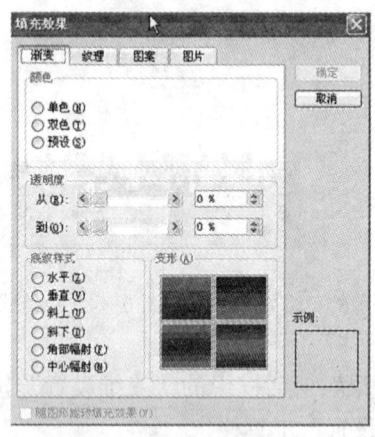

图 6-6　设置艺术字填充效果

2．用 Cool3D 制作三维文字

Cool3D 是三维文字动画制作软件，可以制作出效果极佳的三维立体字，它不仅可以制作静态的三维文字，而且也可以快速制作出文字动画。由于 Cool3D 提供了许多特殊效果模板，所以使用起来非常简单。

（1）启动 Cool3D 中文版后，新建一个文件，选择"图像"、"尺寸"菜单命令，打开"尺寸"对话框，设置文字图形的尺寸。

如图 6-6 所示。

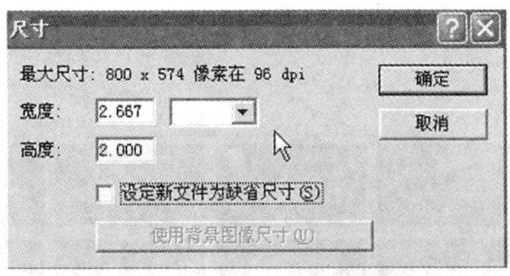

图 6-6　"尺寸"对话框

　　(2) 单击"工具栏"中的 ⬛ 按钮，在打开如图 6-7 所示的"文字"对话框中输入所需文字，并定义字体、字号。

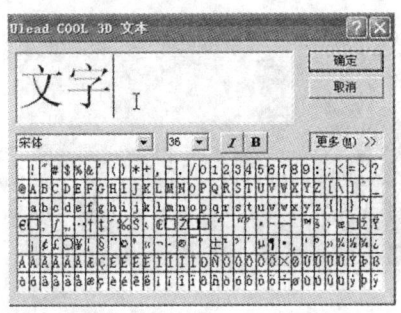

图 6-7　"文字"对话框

　　(3) 单击"确定"按钮后，在软件下方如图 6-8 所示的工具栏的左边选择设置项目，在右边双击所需要效果的模板，可以对文字设置多种效果。

　　(4) 调整工具栏中的滑杆 ▦▦▦▦▦，改变火焰的大小与形状，直到图 6-9 所示的满意效果为止。

　　(5) 选择"文件"、"创建图像文件"、"JPEG 文件"菜单命令，在打开的对话框中选择要保存图像文件的文件夹，输入文件名，单击"保存"按钮，将制作的艺术字作为图像文件保存。

（6）如果把制作好的文件可以输出为 GIF 和 AVI 格式，则制作的就是文字动画。

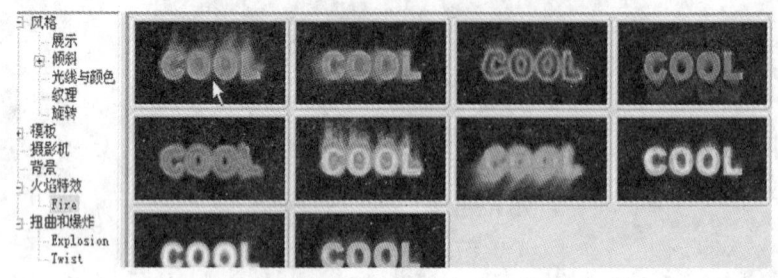

图 6－8　选用模板

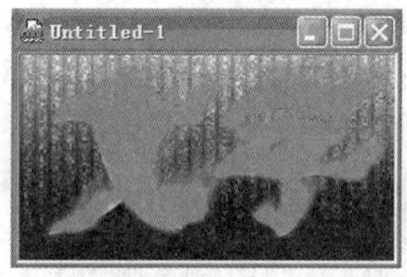

图 6－9　特效文字

3. 用 Photoshop 制作艺术字

Photoshop 是一款功能强大的图像处理软件，不仅可以处理图像，而且能够制作出精美的特效文字。

（1）选择"文件"、"新建"菜单命令，打开如图 6－10 所示的"新建"对话框。按图中所示进行设置，单击"确定"按钮。

（2）选择工具箱中的"文字工具"按钮 **T.**，将光标移动到窗口中单击，打开如图 6-11 所示的"文字工具"工具栏。

（3）按图中所示输入所需文字，定义字体、字号、颜色，其它用默认值。单击"确定"按钮，在窗口中出现所需文字，如图 6-12 所示。

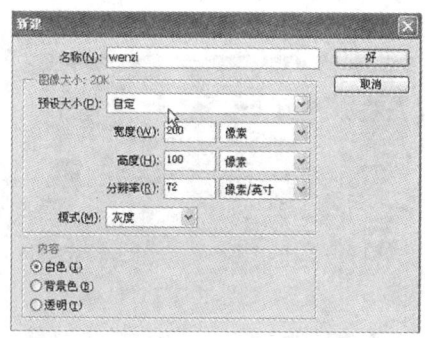

图 6-10 "新建"对话框

图 6-11 "文字工具"工具栏

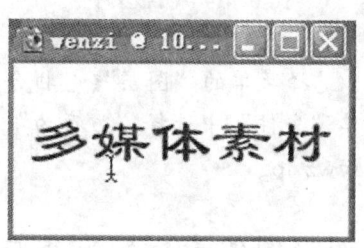

图 6-12 输入文字

（4）选择"图层"、"图层样式"、"投影"菜单命令，打开如图 6-13 所示的"图层样式"对话框。

（5）在对话框左边的"样式"列表框中可以分别选择投影、内阴影、外发光、内发光、斜面和浮雕等文字效果，可以进行复合选择。

（6）在对话框右边可以对每种效果的参数进行设置，可以一边调整参数，一边观察效果，直到满意为止。如图 6-14 是添加了阴影效果的特效文字。

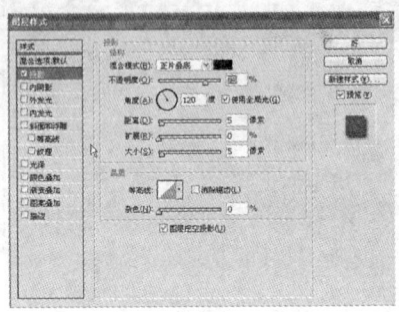

图 6-13　"图层样式"对话框

图 6-14　阴影文字

（7）制作完后，选择菜单的"图层"、"拼合图层"，完成图层的合并；然后在菜单"文件"中选择"另存为"，将制作的图形存储为图形文件，例如 wz.jpg。

6.3　图形图像素材的采集与制作

图像是人类获得信息的重要来源，是多媒体课件制作中最常用的素材，是一种直观的教学媒体。有的图像可直接用于教学，如生物课中的各种动植物图像，历史课中各历史资料的图像，语文课文中相关背景资料图像等；有的可以作为课件制作的背景，如山水风光、边框图案等；有的用来点缀课件画面，如花草、动物图案等。

6.3.1　图形和图像素材概述

图像是表达思想的一种方法，传统的图像是固定在图层上的画面。如一张照片，就是通过化学摄影术而制成的一幅静态的画面，它一旦形成就很难再改变。数字图像是以 0 或 1 的二进制数据表示的，其优点是便于修改、易于复制和保存。

数字图像根据其在计算机中的处理及运算方式的不同，又分为图形（又称为矢量图，Vector‑basedImage）和图像（又称为位图，Bit‑mappedImage）。

1．图形和图像

（1）图形

图形通常指点、线、面及空间的几何图，又称为矢量图。矢量图用一组指令来描述其构成图形的所有直线、圆、圆弧、矩形、曲线等图元的位置、维数和形状。它具有体积小、不易失真、简洁直观的特点。

图形一般在绘图软件中绘制，另外，多媒体集成软件也大都自带简单的图形绘制工具。

矢量图形主要用于线条图画、工程制图、美术字等，不适合表现包含很多细节的复杂的图像或照片。

图形素材的格式主要有：AutoCAD 中使用的绘图互换格式（＊.dxf）、CorelDraw 默认文件格式（＊.cdr）和 FreeHand 图形文件（＊.frh）等。

（2）图像

图像是指由像素点阵组成的画面，又称为位图（Bitmap）。位图中的每个像素的颜色和亮度都由一个数位来描述。位图图像视觉效果好，生动逼真，适合于表现层次和色彩比较丰富、包含大量细节的图像。位图图像的清晰程度与分辨率有关，分辨率越高图像越细腻，图像文件也越大。

图像素材的格式种类繁多，主要有：Windows 位图文件（.

bmp）、Zsoft 的位图文件（.pcx）、图形交换格式文件（.gif）、JPEG 压缩的位图文件（.jpg）、标记图像格式文件（.tif）和 PostScript 图像文件（.eps）等。

2. 矢量图与位图的比较

位　图	矢量图
位图是以点或像素的方式来记录图像的，因此图像是由许许多多小点组成的。	矢量图是以数学方式来记录图像的，由软件制作而成。
优点是色彩显示自然、柔和、逼真。	优点是信息存储量小，分辨率完全独立，在图像的尺寸放大或缩小过程中图像的质量不会受到丝毫影响，而且它是面向对象的，每一个对象都可以任意移动、调整大小或重叠，所以很多 3D 软件都使用矢量图。
缺点是图像在放大或缩小的转换过程中会产生失真，且随着图像精度提高或尺寸增大，所占用的磁盘空间也急剧增大。	缺点是用数学方程式来描述图像，运算比较复杂，而且所制作出的图像色彩显示比较单调，看上去比较生硬，不够柔和逼真。

3. 图形图像文件的格式

位图和矢量图各有优缺点，在课件制作中经常需要互相补充交错使用，常用的格式主要有：

• BMP 格式：是微软 Windows 软件的主要格式，可以使用 16 兆的色彩渲染 BMP 图像，因此，BMP 格式的图像有丰富的色彩。

• TGA 格式：它结构简单，很容易与其它格式的文件相互转换。支持 8 位到 32 位颜色深度，32 位图像中包括了 8 位 a1pha 透明通道，此种格式已经广泛地应用于计算机专业视频领域。

• PSD 格式：Photoshop 中的标准格式，能够保存图像数据的每一个细节，包括层、附加的蒙版通道以及其他内容，所以在 Photoshop 中应选择这种格式存盘，但图像文件特别大，编辑完成后可以转换成占用磁盘空间较小、储存质量较好的格式，以便多媒体创作工具调用。

·JPG（JPEG）格式：是所有压缩格式中最卓越的，它使用有损压缩方案，当选择最高画质压缩时肉眼基本看不出压缩前后图像的差别。一个 20 兆的 PSD 文件可以压缩到 1 兆左右，此格式是课件制作中最常用的。

·TIF（TIFF）格式：最早是为扫描仪图像设计的，它在处理真彩色图像时直接储存 RGB 三原色的浓度值而不使用彩色映射（调色板），TIFF 文件使用无损 LZW 压缩方案，可用于储存一些色彩绚丽、构图奇妙的图像。

·PCD 格式：是 PhotCD 专用储存格式，一般多见 CDROM 素材光盘上，PCD 文件中含有从专业摄影到普通显示用的多种分辨率的图像，课件中一般可缩到像素为 640×480 大小。

·EPS 格式：是专门为储存矢量图而设计的，能描述 32 位图形，分为 PhotoshopEPS 格式和标准 EPS 格式。在平面设计领域，几乎所有的图像、排版软件都支持 EPS 格式。

·WMF 格式：是位图和矢量图的一种混合体，在平面设计领域应用十分广泛。

6.3.2　图形图像素材的获取

目前采集图形图像素材的途径非常多，概括起来主要有屏幕捕捉或屏幕硬拷贝、扫描输入、数码照相、视频帧捕捉、光盘采集、网上下载或网上图片库、使用专门的图形图像制作工具等七种。可以根据具体情况选择其中一种方法或综合应用其中的几种方法，对于采集到的图像素材，一般还要使用诸如 Photoshop 之类的图像处理软件按设计要求进行合成处理后才能在多媒体课件中使用。

1. 屏幕硬拷贝

有些软件（如现成的课件、教学光盘）在运行时，屏幕上会出现一些我们感兴趣的画面，但我们却找不到图像文件，这是因为图像被打包到可执行文件中。可以使用专用的截图软件将其截取下来，并以图像文件的形式保存到硬盘中，这种方法称为抓取屏幕图像，简称"抓图"。

可以使用 Windows 提供的 Alt + PrintScreen，直接将当前活动窗口显示的画面置入剪贴板中。

（1）利用"PrintScreen"键抓取整个屏幕，并编辑修改后保存为图像文件

①当屏幕出现欲抓取的画面的时候，敲击键盘上的"PrintScreen"键，画面就以图像文件的形式保存在系统的剪贴板中。

②进入图像编辑软件，例如 Windows 的"画图"软件中，在"编辑"菜单中选择"粘贴"命令，所抓取的图片就会出现在编辑区。

③利用"画图"程序所提供的工具，就可以对抓取的画面进行编辑。

④编辑完毕，保存即可。

（2）利用"PrintScreen"键抓取整个屏幕，把图像直接放置到课件中

①当屏幕出现欲抓取的画面的时候，敲击键盘上的"PrintScreen"键，画面就以图像文件的形式保存在系统的剪贴板中。

②进入到 PowerPoint 或 Authorware 环境中，移动光标到插入位置。

③在"编辑"菜单中选择"粘贴"命令，图片就被直接地放置在课件中。

2. 利用"抓图"软件，抓取屏幕图像

也可以利用屏幕截取软件捕捉当前屏幕上显示的任何内容。常用的屏幕抓图软件有 HyperSnap – DX、CaptureProfession、Print-Key、SnagIt 等。这些软件都可从相应公司的网站上下载试用版本，也可从国内的一些软件下载站点下载，如华军软件园（http：//www. newhua. com/）、电脑之家（http：//www. pchome. net/）等。HyperSnapDX 是一款功能强大的抓图工具，操作十分简单，我们就以此软件为例来介绍操作方法。

（1）准备工作

①启动 HyperSnapDX 后出现图 6 – 14 所示的界面。

图 6-14　HyperSnapDX 界面

②单击菜单"捕捉"后出现图 6-15 所示的界面，选择要使用的捕捉方式，通常使用快捷键，按下常用工具栏上的 按钮，以激活快捷键。

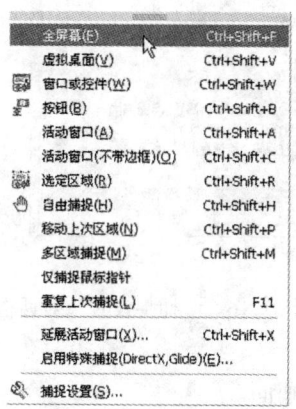

图 6-15　"捕捉"下拉菜单

（2）抓图

HyperSnapDX 提供了多种抓图方法，以适应不同情况的需要，它们的步骤基本相同，以抓取某一区域为例：

①调出欲抓取的画面。

②按下快捷键 Ctrl + Shift + R，鼠标会变为十字叉形，此时在需要截取的图像区域的左上角按下鼠标左键，然后将光标拖曳到区域的右下角，框住要抓取的图像，在矩形框中还会以象素为单位显示矩形框的大小，松开鼠标左键，再单击左键，要截取的画面就被截取到了 HyperSnapDX 中。

抓取滚动窗口的方法稍有不同：

①在图 6 - 15 中选取"捕捉设置"，出现如图 6 - 16 所示的"捕捉设置"对话框，进行如图所示的设置后，点击"确认"按钮。

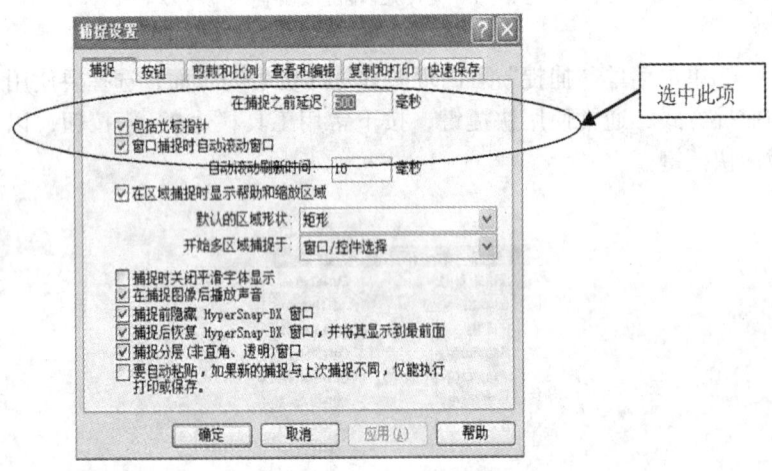

图 6 - 16　　"捕捉设置"对话框

②调出欲抓取的画面。

③将鼠标移至所需要截图的起始处，按下键盘上的 ScrollLock 键。

④再按下 Ctrl＋Shift＋W，这时页面上将会出现一个方框，点击鼠标左键，此时开始自动滚屏，当滚至页面末端后，按下 Enter键，要截取的画面就被截取到了 HyperSnapDX 中。

（3）编辑、存盘

最后在 HyperSnapDX 中使用工具箱中的工具可以实现对抓取画面的简单编辑，然后选择菜单"文件"中的"另存为"，并选择合适文件格式，将截取的图像保存起来。

图 6-17　"百度"网站界面

3. 网上下载

网络中提供了各种各样非常丰富的资源，特别是图像资源。不但网页上的图片可以为我们所用，而且很多网站本身也提供了图片库供我们下载使用。对于网页上的图像，我们可以通过把鼠标放在所需的图片上按右键在弹出的菜单中选择另存图片选项把网页上的图片下载存储在本地机中使用，也可以使用专用下载软件实现图片的批量下载；而对于有些提供了素材库的网站，都提供了图片下载工具以便我们可以把素材库中的图像素材下载到本地机中使用。

（1）网上图形图像素材的搜索

利用第 5 章介绍的www. baidu. com,www. google. com 等搜索工具进行网上图形图像素材的搜索，网页上出现的任意一幅图，都可以下载到自己的电脑上。图 6-17 是利用www. baidu. com 搜索"生物"图片的"百度"网站界面。

（2）图片素材网站

目前有一些专门网站收集图像素材，并按一定类别存放，用户登录到相应网站很容易下载到所需的图像素材。下面提供几个网址：

中国旅游图文库（http://www. chinats. net/）世界各地旅游资源介绍、各地旅游背景资料、风景图片。

阳光聚焦图片网（http://www. sun-pic. com/）以纪实焦点性题材为主的专业摄影图片网站，提供新闻及纪实资料图片。

全景图片公司（http://www. quanjing. com/）提供图片资源，为广告、媒体提供摄影和数字图片。

可以利用搜索工具得到更多的图片网站，例如在百度中搜索"图片"网站，得到如图 6-18 所示的网站。

图 6-18　图片网站搜索结果

（3）批量图片下载

　　若某个网页上有多个需要下载的图像，就需要借助专用的下载软件，其中 FlashGet（网际快车）就是一种常用的下载软件，使用网际快车下载图像的操作过程：

　　①首先启动 FlashGet，出现如图 6－19 所示的界面。

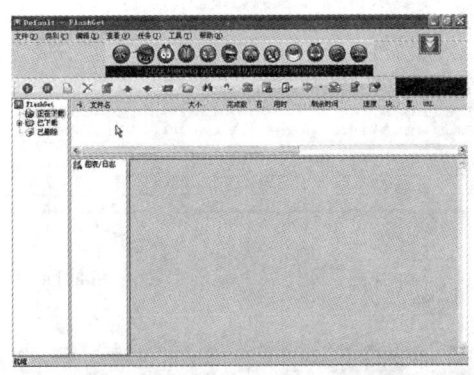

图 6－19　FlashGet 界面

　　②打开包含要下载图像的网页，例如前面的图 6－18，选择要下载的图像，单击鼠标右键，弹出快捷菜单，选择"使用网际快车下载全部链接"选项。

　　③打开如图 6－20 所示的"选择要下载的 URL"对话框。

　　④单击"选择特定"按钮，打开如图 6－21 所示的"选择链接"对话框。

　　⑤在右边的"文件扩展名"列表框选择图像文件的扩展名，如"gif"，"jpg"，"bmp"等，单击"确定"按钮，打开如图 6－22 所示的"添加新的任务"对话框。

　　⑥单击"另存到"右边的"三点"　　按钮，在打开的对话框选择下载后图像文件的保存位置，单击"确定"按钮，出现提示对话框，单击"是"按钮，系统开始下载，所有要下载的文件出现在任务列表中，下载后的文件从任务列表中消失。

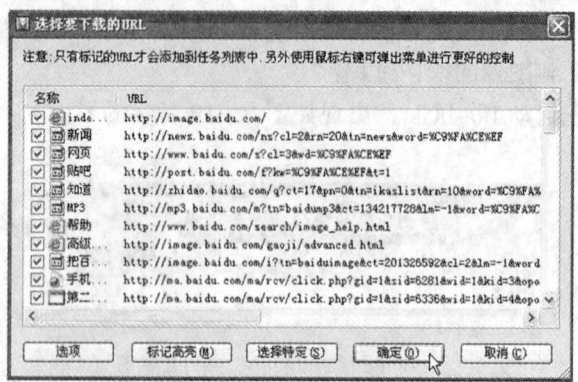

图 6 - 20　　"选择要下载的 URL"对话框

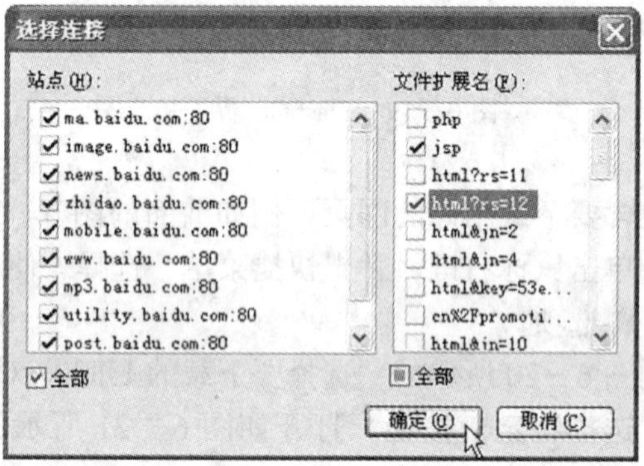

图 6 - 21　　所示的"选择链接"对话框

4. 扫描输入

　　如果想把教材或其它书籍中的一些插图放在多媒体课件中，可以通过彩色扫描仪将插图扫描，转换成计算机数字图像文件。对于这些扫描得到的图像文件，一般还要使用 PhotoShop 等软件进行一些诸如颜色、亮度、对比度、清晰度、幅面大小等方面的调整，以弥补扫描时留下的缺陷。

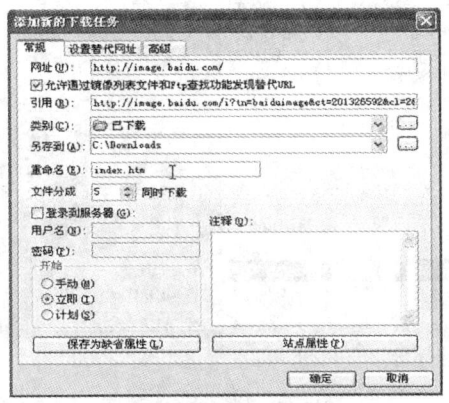

图 6 - 22　"添加新的任务"对话框

（1）扫描图像并保存为文件

大多数图像处理软件都支持扫描仪，下面以 PhotoShop 为例介绍扫描仪的使用方法。本例中使用的扫描仪是 ScanMakerV600。

①安装扫描仪。在扫描仪产品中有详细的说明书和驱动软件，只要按其中的提示即可完成安装。

②启动 PhotoShop 软件。

③如图 6 - 23 所示，在 PhotoShop 软件中选择"文件"、"输入"、"TWAIN-32"

④出现扫描设置界面，将要扫描的图像正面朝下放入扫描仪中，合上盖子。然后单击"预览"（PreScan）进行预扫描，出现如图 6 - 24 所示的界面，目的是为了能够选取合适的扫描范围。

⑤预览后，设置合适的色彩和分辨率，选定扫描范围，按"扫描"（Scan）开始扫描。

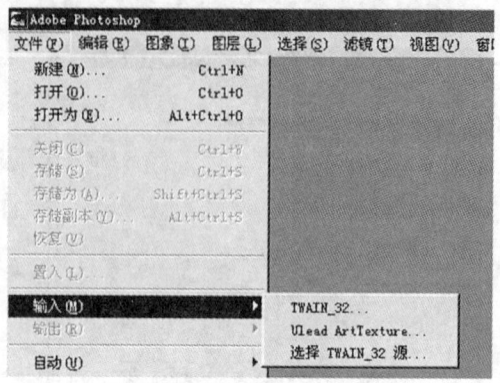

图 6-23　PhotoShop 界面

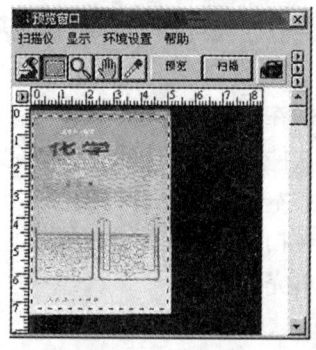

图 6-24　预览界面

　　⑥扫描完成后，关闭扫描窗口，返回到 PhotoShop，这时，图片传送到了 PhotoShop 中，你可以对它进行修改，或保存备用。

　　（2）直接扫描到课件中

　　如果用 PowerPoint 制作课件，可以直接将图片扫描到课件中，而不用再在硬盘上保存图像文件。操作过程如下：

　　①启动 PowerPoint 后，在菜单"插入"中选择"图片"命令，弹出如图 6-25 所示的子菜单。

　　②选择"来自扫描仪或相机"选项，打开如图所示"插入扫描

仪中的图片或相机"对话框。

③选择设备名称和分辨率，然后选择下列操作之一，就可将扫描后的图像放入课件中。如果需要扫描整幅图像，单击"插入"按钮开始扫描；如果只需要扫描部分图像，选择"自定义插入"按钮，进入扫描软件使用界面，按照前述方法进行操作。

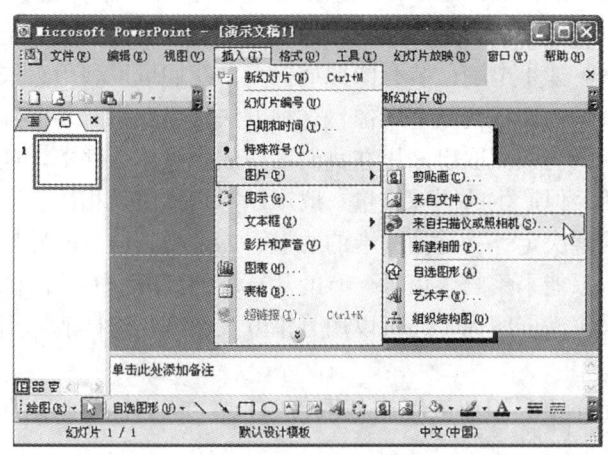

图 6-25　插入菜单

5．使用数码相机

随着数字照相机的不断发展，数字摄影是近年来广泛使用的一种图像采集手段，数字照相机拍摄下来的图像是数字图像，它被保存到照相机的内存储器芯片中，然后通过计算机的通讯接口将数据传送到多媒体计算机上，再在计算机中使用 PhotoShop 等软件进行处理之后应用到我们制作的多媒体软件。使用这种方法可以方便、快速地制作出实际物体例如旅游景点、实验仪器器具、人物等的数字图像，然后插入到多媒体课件中。

6．光盘采集

目前很多公司、出版社制作了大量的分类图像素材库光盘，例如，各种植物图片库、动物图片库、办公用品图片库等，光盘中的图片清晰度高、制作精良，而且同一幅图还以多种格式存储，这些光盘可以在书店等处买到，从素材库光盘中选择所需要的图像是一条捷径。

7．视频帧捕捉

利用 VideoForWindows、超级解霸、金山影霸等视频播放软件，可以将屏幕上显示的视频图像进行单帧捕捉，变成静止的图形存储起来。如果电脑已装有图像捕捉卡，我们可以利用它采集视频图像的某一帧而得到数字图像，这种方法常用在当需要把其它多媒体课件中的视频截取出来用在我们制作的多媒体软件中。这种方法简单灵活，但产生的图像质量一般难以与扫描质量相比。这主要由两方面因素决定，一是捕捉卡的质量，二是视频信号的质量。非专业图像卡只能采集复合信号，有的甚至不能满屏。专业的图像卡不仅可以采集满屏图像，还可以用分量方式输入，这样能达到较好的效果。

下面介绍利用超级解霸截取 VCD 或 DVD 中的所需的图片的方法。

（1）使用超级解霸播放 VCD 或 DVD，把碟片插入光驱，会自动播放、打开超级解霸界面如图 6-26 所示。

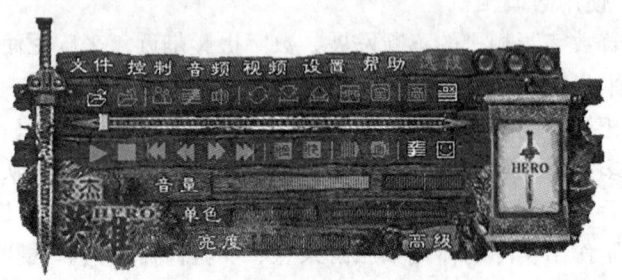

图 6-26　超级解霸界面

（2）单击"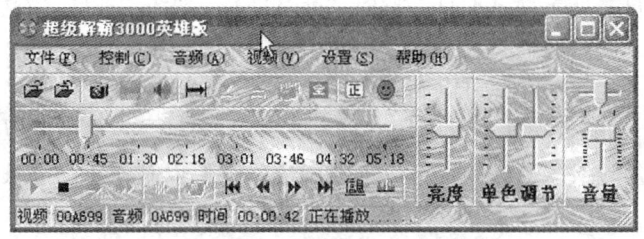"按钮，可以进入如图 6-27 所示的古典界面。

（3）等到播放到所需的界面时，单击"截取一幅图片"按钮，打开"保存图像"对话框，设置保存图像的文件夹、文件名和保存类型，单击"确定"按钮，即可把图像保存到指定的位置。

图 6-27　超级解霸古典界面

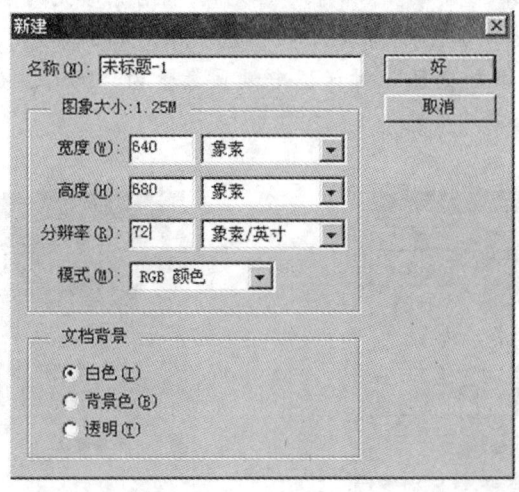

图 6-28　"新建"对话框

8. 使用专门的图形图像软件制作

对于那些我们确实无法通过上述方法获得的图形素材，也不得不使用绘图软件来制作。图形图像编辑软件很丰富，PhotoShop 是公认的最优秀的专业图像编辑处理软件之一，它拥有众多的用户，但精通此软件并非易事。专业的网页图形设计也离不开 Fireworks 的支持。CorelDraw、AdobeIllustrator、MacromediaFreehand 等也都是创作和编辑矢量图形的常用软件。这些软件中都提供了强大的绘制图形的工具、着色工具、特效功能（滤镜）等，可以使用这些工具制作出我们所需要的图像，一般来说，只要我们能设计出的图像，使用这些软件都可以制作出来。

PhotoShop 功能强大，用它处理图像非常方便，它既可以用来处理已有的图像素材，也可以创建图像。下面以制作木材纹理作以说明。

（1）启动，选择"文件"菜单下"新建"菜单，弹出图 6-28 所示的"新建"对话框，设置文件大小和分辨率。

（2）选择"编辑"菜单下"填充"，将背景填充为黑色。

（3）选择"滤镜"菜单下"杂色"下"添加杂色"，在图 6-29 所示的"添加杂色"对话框中设置数量为"999"，分布为"高斯分布"，选中"单色"。

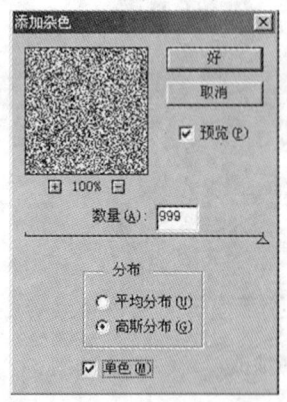
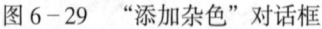
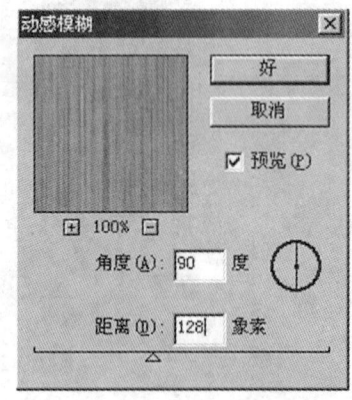

图 6-29　"添加杂色"对话框　　　图 6-30　"动感模糊"对话框

(4) 选择"滤镜"菜单下"模糊"下"动感模糊",在图 6-30 所示的"动感模糊"对话框中设置"角度"为 90,"距离"为 128 左右。

(5) 选择"滤镜"菜单下"锐化"下"USM 锐化…",在图 6-31 所示的"USM 锐化"对话框中设置各参数。

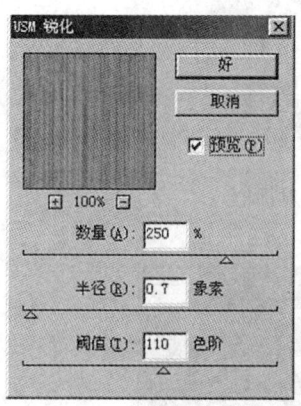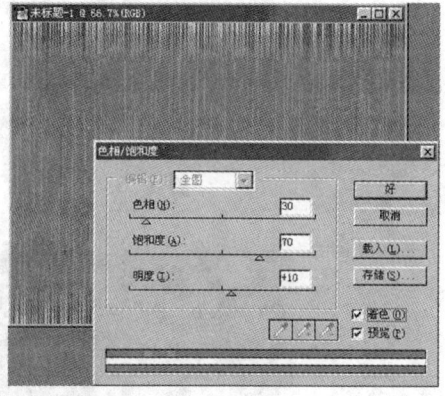

图 6-31　　"USM 锐化"对话框　　图 6-32　　"色相/饱和度"对话框

(6) 选择"图像"菜单下"调整"下"色相/饱和度…",在图 6-32 所示的"色相/饱和度"对话框中设置各参数。

(7) 用工具栏中"矩形"工具选中图的中间部分,选择"图像"菜单下"裁切",将图中上下边缘裁去。

(8) 选择"滤镜"菜单下"扭曲"下"波浪…",在图 6-33 所示的"波浪"对话框中设置各参数。

(9) 选择"滤镜"菜单下"扭曲"下"极坐标…",设置"转换"为"极坐标到平面坐标"。完成木纹的制作,最终效果如图 6-34 所示。

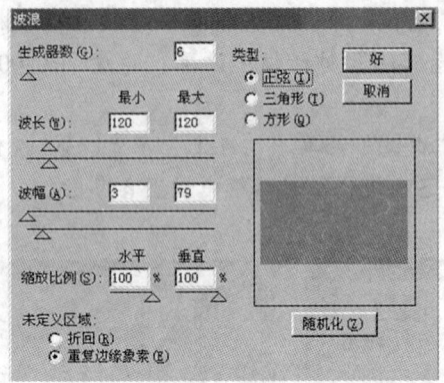

图 6-33　"波浪"对话框

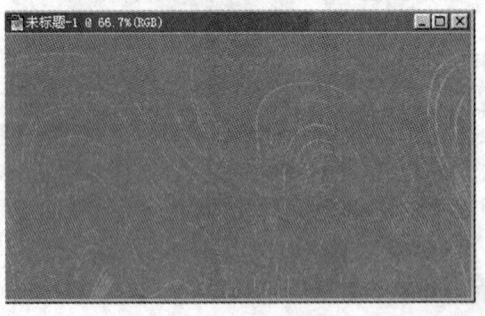

图 6-34　最终"木纹"效果图

6.3.3　图像素材的处理

通过前面介绍的方法获取到的图像通常不能直接用于多媒体课件中，需要对其作适当处理。

1. 图像文件大小的调整

在课件制作完毕运行时，有时会发现速度很慢，例如两幅图像连续播放，图像之间的过渡很不自然，这可能是由于图像文件过大所造成的。所以，将图像导入课件前，要检查一下要使用的图像文件的大小，再决定是否要先调整后再使用。改变图像大小有两种方法：一是设置图像的尺寸；二是使用压缩的图像格式（如 .jpg 格式），这样可以大大减少文件所占的磁盘空间，从而加快课件的运行速度。

压缩后是否会影响课件制作效果？实践证明，使用没有压缩的图像与压缩后的图像做成的课件，几乎看不出差别。

2. 调整图像亮度与对比度

有时，素材库中或扫描的图像过暗，以致于看不清图像上的内容；有时过亮，使图像的对比度下降，同样看不清图像上的内容。对于这些图像，在制作课件前要进行调整，从而满足课件制作的要求。

3. 消除图像背景阴影

扫描的图像，特别是从一些课本、杂志上扫描的图像，往往会把另一面文字透射过来的阴影也扫描下来，从而影响图像的质量，给制作的课件产生一些缺憾。如何把这些阴影去掉，可能是每位使用扫描图像制作课件的读者都要解决的问题。

要删除图像中的某一部分，必须先将该部分图像选中，也就是我们常说的"先选中，后操作"。

4. 修复图像

一些扫描图像、应用抓图软件从其它课件上抓下来的图像，原图上往往有一些黑色标注线条。课件制作前需要将这些线条去掉，如果将这些线条选中后删除，删除的部分将由背景色所填充，达不到修复图像的目的。在图像中相邻位置的图像总是相似的，我们可以从这些相似的位置上复制图像，把要修改的部位盖住，从而达到去除黑色线条的目的。

5. 旋转图像

有些图像素材由于种种原因，出现倾斜、倒置等现象。直接将这些素材引入课件，显然会影响课件效果。所以，在进行课件制作前，要将其进行处理，以满足课件制作的要求。

旋转图像的方法很多，例如还可以用"图像"→"旋转画布"命令，对图像进行水平、垂直翻转，任意角度旋转等操作。

6. 合成图像

有时我们需要的图像分别位于几个图像文件中，如何将这些分散在几个图像文件中的图像合成到一起，而成为一幅图像呢？这就需要利用图层进行图像的合成。

图层：我们在纸上作画，一张图画在一张纸上；用计算机制作图像可以将画画在很多层"纸"上，一层"纸"画出图像的一部分，"纸"上没有图像的部分是透明的，通过透明的部分，可以看到底下的图层上的图像；将这些"纸"叠加在一起成为一个完整的图像，计算机图像上的这一张"纸"就称为一个"图层"，图层可以建立、删除，也可以设置它的透明度和是否可见。而对每一个图层中的图像内容进行各种绘图、修改、编辑等操作，不会影响到其它图层，这样给我们进行图像编辑带来了很大的方便。对于图层的某些操作，我们可以通过"图层"面板来实现。

背景层：一般在新建图像时自动产生的，它决定了整个图像的尺寸，因此，放在背景层的图像应该是所有图层中尺寸最大的，否则，新增图层的内容就会被剪裁掉，背景层排列在图像的最下层。有些情况下，需要将背景层转换为普通图层，以便在"图层"面板中改变它的位置、混合模式和透明程度等。

7. 制作含 Alpha 通道的图像

在应用 Authorware 制作课件，将图像文件导入展示窗口后，有时希望使用透明模式，以便去掉白色背景，从而露出后面的内容，但效果往往不尽如人意。如果使用含 Alpha 通道的图像，可以得到令你满意的效果。

有时含 Alpha 通道的 PSD 图像导入 Authorware 时，会出现格式不对的提示对话框，意思是不能导入 Authorware 中使用。如果遇到这样的问题，请在 Photoshop 中打开相关的 PSD 文件，将其另存为 JPG（或 BMP）格式的图像文件，再从 Photoshop 中将另存的 JPG（或 BMP）格式的文件打开。创建含 Alpha 通道的 PSD 格式图像文件，一般来说，此 PSD 格式文件就可以正常导入 Authorware 中使用。

6.4　视频动画素材的采集与制作

高质量的图像可以为多媒体课件增加巨大的价值，若能让这些图像活动起来则会使多媒体课件更生动、更具有吸引力，多媒体课件中的活动图像包括视频和动画。

6.4.1　视频和动画

多媒体课件中所用到的动画大多数都是采用动画软件制作的，并以动画文件的格式存储起来。视频来源于摄像机或录像机信号，是经图像压缩后形成的多媒体数据文件。通俗地讲视频就是我们身边的电影、电视、VCD、录像的画面，而动画一般指的是一些动画制作软件所制作的动态画面。从本质上说，二者没有太大的差别。

1.　动画

计算机动画指由计算机生成的一系列静止画面（帧 Frame）按照一定的顺序演示而形成的动态图像效果。动画的基本原理是视觉暂留效应。动画是课件中常用的一种素材，它形象、生动，能反映事物发展变化的内在规律。

动画分为二维动画、三维动画和 GIF 动画等。对于过程事实的描述只依赖于文本信息或图形图像信息是不够的，为达到更好的描述效果，需要利用动画素材。不论是二维动画或是三维动画，所创造的结果都能更直观、更详实地表现事物变化的过程。

动画的制作需要借助专门的动画制作软件，常见的动画形式有 Internet 上流行的 GIF 格式动画文件（可以用 Fireworks、Photoshop 或其它专用制作 GIF 动画的软件制作）、用 Flash 制作的 SWF 格式动画文件，以及用 3DSMAX 制作而成的 AVI 格式文件。

2.　视频

视频影像是指通过摄像机、录像机等设备捕捉的动态画面，它是由一系列单独的图像组成的（一幅单独的图像称为一帧），每秒钟在屏幕上播放若干张图像，对于人的视觉就会产生动态画面的感觉，连续地播放就是我们看到的电影、电视的画面。对于人眼来说，若每秒播放 24－30 帧就会产生平滑和连续的画面效果。从视频信号的组成和存储上讲分为模拟视频和数字视频，模拟视频简单地说就是由连续的模拟信号组成的视频图像。我们看到的电影、电视、录像带上的画面通常都是以模拟视频的形式出现的，数字视频是区别于模拟视频的数字式视频，它具体描绘图像中的一个点（称为像素），可对图像中的任何地方进行修改，这也正是数字视频魅力无穷的起源。

多媒体课件中可以使用电视录像或 VCD 中的素材，这些素材就是视频，因为它本身就可以由文本、图形图像、声音、动画中的一种或多种组合而成。它具有声音与画面同步、信息量大、感染力强的特点，适宜表现事物细节、呈现一些比较陌生的事物。能大大提高教学的直观性和形象性。

视频素材可通过视频压缩卡采集将模拟信号转换成数字化信号，可以从 VCD 中直接截取，或用屏幕抓图软件录制。

视频素材常用的格式有：Windows 视频文件（.avi）、MPEG 视频文件（.mpg）、QuickTime 视频文件（.mov）、VCD 中的视频文件（.dat）以及网上常用的 RealVideo 文件（.rm）等。

3. **流媒体**

数据流是因特网上一种数据信息的传播方式，它用于实时地表现文字、图像、声音、视频和动画等媒体。

流媒体的常用文件格式有以下几种：RealAudio 声音流文件（.ra）、RealMedia 声音流或视频流文件（.rm）、metafile 流媒体元文件（.ram）、RealTxetClip 实时文件（.rt）、RealPixClip 实时图像（.rp）、HTML 文件插件（.rpm）、AdvancedStreamFormat 网上影音文件（.asf）、Authorware 流式文件（.aam）以及 RealFlash 和 ShockwaveFlash 动画文件（.swf）等。

4. **常见的动画与视频文件格式**

（1）GIF

GIF（.GIF）是图形交换格式（GraphicsInterchangeFormat）

的英文缩写，是由 CompuServe 公司于 80 年代推出的一种高压缩比的彩色图像文件格式。CompuServe 公司是一家著名的美国在线信息服务机构，针对当时网络传输带宽的限制，CompuServe 公司采用无损数据压缩方法中压缩效率较高的 LZW（Lempel-Ziv&Welch）算法，推出了 GIF 图像格式，主要用于图像文件的网络传输，鉴于 GIF 图像文件的尺寸通常比其他图像文件（如 PCX）小好几倍，这种图像格式迅速得到了广泛的应用。考虑到网络传输中的实际情况，GIF 图像格式除了一般的逐行显示方式之外，还增加了渐显方式，也就是说，在图像传输过程中，用户可以先看到图像的大致轮廓，然后随着传输过程的继续而逐渐看清图像的细节部分，从而适应了用户的观赏心理，这种方式以后也被其他图像格式所采用，如 JPEG /JPG 等。最初，GIF 只是用来存储单幅静止图像，称 GIF87a，后来，又进一步发展成为 GIF89a，可以同时存储若干幅静止图像并进而形成连续的动画，目前 Internet 上大量采用的彩色动画文件多为这种格式的 GIF 文件。

（2）Flic

Flic 文件（.FLI/.FLC）是 Autodesk 公司在其出品的 AutodeskAnimator/AnimatorPro/3DStudio 等 2D/3D 动画制作软件中采用的彩色动画文件格式，其中，.FLI 是最初的基于 320×200 分辨率的动画文件格式，而.FLC 则是.FLI 的进一步扩展，采用了更高效的数据压缩技术，其分辨率也不再局限于 320×200。Flic 文件采用行程编码（RLE）算法和 Delta 算法进行无损的数据压缩，首先压缩并保存整个动画序列中的第一幅图像，然后逐帧计算前后两幅相邻图像的差异或改变部分，并对这部分数据进行 RLE 压缩，由于动画序列中前后相邻图像的差别通常不大，因此采用行程编码可以得到相当高的数据压缩率。

（3）SWF

Flash（.SWF）是 Micromedia 公司的产品，严格说它是一种动画（电影）编辑软件。实际上它是制作出一种后缀名为.swf 的动画，这种格式的动画能用比较小的体积来表现丰富的多媒体形式，并且还可以与 HTML 文件达到一种"水乳交融"的境界。Flash 动画其实是一种"准"流（Stream）形式的文件，也就是说，我们在观看的时候，可以不必等到动画文件全部下载到本地再观看，而是随时可以观看，哪怕后面的内容还没有完全下载到硬盘，我们也可以开始欣赏动画。而且，Flash 动画是利用矢量技术制作的，不管你将画面放大多少倍，画面仍然清晰流畅，质量也不会因此而降低。

（4）AVI

AVI（.AVI）是音频视频交错（AudioVideoInterleaved）的英文缩写，它是 Microsoft 公司开发的一种符合 RIFF 文件规范的数字音频与视频文件格式，原先用于 MicrosoftVideoforWindows（简称 VFW）环境，现在已被 Windows95/98、OS/2 等多数操作系统直接支持。AVI 格式允许视频和音频交错在一起同步播放，支持 256 色和 RLE 压缩，但 AVI 文件并未限定压缩标准，因此，AVI 文件格式只是作为控制界面上的标准，不具有兼容性，用不同压缩算法生成的 AVI 文件，必须使用相应的解压缩算法才能播放出来。常用的 AVI 播放驱动程序，主要是 MicrosoftVideoforWindows 或 Windows95/98 中的 Video1，以及 Intel 公司的 IndeoVideo。AVI 文件目前主要应用在多媒体光盘上，用来保存电影、电视等各种影像信息，有时也出现在 Internet 上，供用户下载、欣赏新影片的精彩片断。

（5）MPEG

MPEG 文件格式（.MPEG/.MPG/.DAT）是运动图像压缩算法的国际标准，它采用有损压缩方法减少运动图像中的冗余信息，同时保证每秒 30 帧的图像动态刷新率，已被几乎所有的计算机平台共同支持。MPEG 标准包括 MPEG 视频、MPEG 音频和 MPEG 系统（视频、音频同步）三个部分，前文介绍的 MP3 音频文件就是 MPEG 音频的一个典型应用，而 VideoCD（VCD）、SuperVCD（SVCD）、DVD（DigitalVersatileDisk）则是全面采用 MPEG 技术所产生出来的新型消费类电子产品。MPEG 压缩标准是针对运动图像而设计的，其基本方法是：在单位时间内采集并保存第一帧信息，然后只存储其余帧相对第一帧发生变化的部分，从而达到压缩的目的。它主要采用两个基本压缩技术：运动补偿技术（预测编码和插补码）实现时间上的压缩，变换域（离散余弦变换 DCT）压缩技术实现空间上的压缩。MPEG 的平均压缩比为 50:1，最高可达 200:1，压缩效率非常高，同时图像和音响的质量也非常好，并且在微机上有统一的标准格式，兼容性相当好。

（6）QuickTime

QuickTime（.MOV/.QT）是 Apple 计算机公司开发的一种音频、视频文件格式，用于保存音频和视频信息，具有先进的视频和音频功能，被包括 AppleMacOS、MicrosoftWindows95/98/NT 在内的所有主流电脑平台支持。QuickTime 文件格式支持 25 位彩色，支持 RLE、JPEG 等领先的集成压缩技术，提供 150 多种视频效果，并配有提供了 200 多种 MIDI 兼容音响和设备的声音装置。新版的 QuickTime 进一步扩展了原有功能，包含了基于 Internet 应用的关键特性，能够通过 Internet 提供实时的数字化信息流、工作流与文件回放功能，此外，QuickTime 还采用了一种称为 Quick-TimeVR（简作 QTVR）技术的虚拟现实（VirtualReality，VR）技术，用户通过鼠标或键盘的交互式控制，可以观察某一地点周围 360 度的景像，或者从空间任何角度观察某一物体。QuickTime 以其领先的多媒体技术和跨平台特性、较小的存储空间要求、技术细节的独立性以及系统的高度开放性，得到业界的广泛认可，目前已成为数字媒体软件技术领域的事实上的工业标准。国际标准化组织（ISO）最近选择 QuickTime 文件格式作为开发 MPEG4 规范的统一数字媒体存储格式。

（7）RealVideo

RealVideo 文件（.RM）是 RealNetworks 公司开发的一种新型流式视频文件格式，它包含在 RealNetworks 公司所制定的音频视频压缩规范 RealMedia 中，主要用来在低速率的广域网上实时传输活动视频影像，可以根据网络数据传输速率的不同而采用不同的压缩比率，从而实现影像数据的实时传送和实时播放。RealVideo 除了可以以普通的视频文件形式播放之外，还可以与 RealServer 服务器相配合，在数据传输过程中边下载边播放视频影像，而不必像大多数视频文件那样，必须先下载然后才能播放。目前，Internet 上已有不少网站利用 RealVideo 技术进行重大事件的实况转播。

6.4.2　用 Flash 制作二维动画

　　Flash 是一款常用的二维动画素材制作软件，它具有强大的图形编辑和动画创作功能，同时它还可以制作交互式动画，下面就以目前较常用的版本 FlashMX2004 来进行讲解。

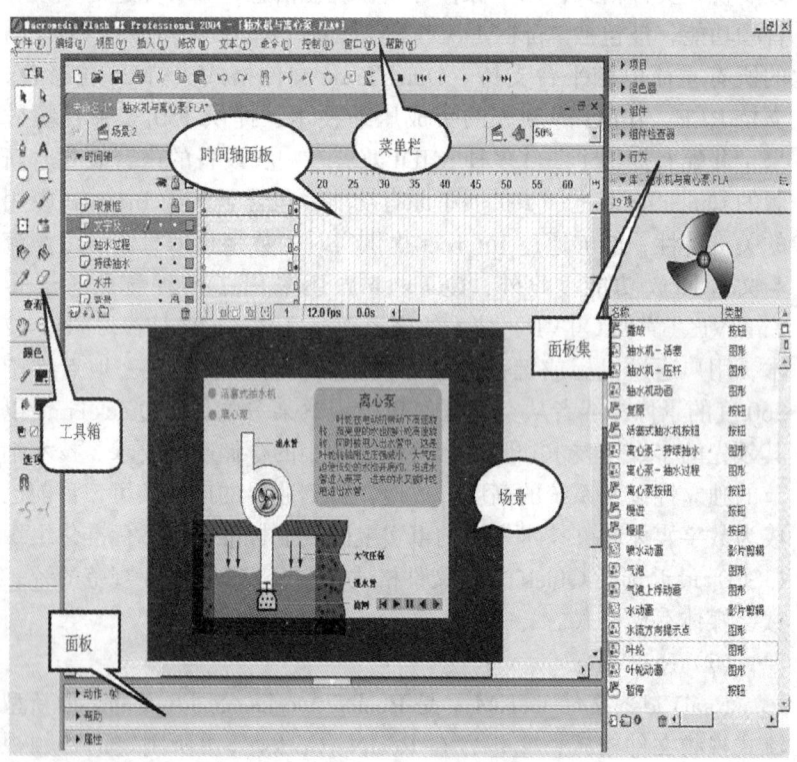

图 6-35　FlashMX2004 程序界面组成

1．FlashMX2004 **的界面**

启动 FlashMX2004 后的界面如图 6－35 所示：

（1）场景

场景是课件制作的工作台。Flash 把课件看成是一个舞台剧，课件的多媒体各元素（图形、图片、文本、动画、声音等）均看成是演员，场景就是演员（多媒体各元素）表演的舞台，是课件生成后可视的部分。场景以外的四面灰色区域看成是场外后台，是演员等待出场的地方，各种媒体出场表演的时间顺序决定于时间轴面板上的帧，舞台上的空间前后排序决定时间轴面板上的图层。

（2）工具箱

工具箱集中了绘图工具和图形、线框着色工具，选中相关的工具，那么在工具箱下方"选项"栏中提供相关的选项，同时，属性面板提供相应可修改设置的属性参数项。

面板是我们制作动画时经常用到的窗口。面板分右侧面板集和下方面板集，面板可以关闭，需要时可以在菜单栏上的【窗口】下拉菜单上选择重新打开。

（3）元件库

元件库是存放和管理动画课件项目的仓库，相当于准备到舞台上表演的各种元件对象的道具房。元件库的打开方法：在菜单栏上的【窗口】／【库】，便可在右侧面板集找到。

Flash 除了提供自己制作元件的工作区和管理库外，还提供了"公用库"供制作者使用，"公用库"分为学习交互、按钮、类三种，"公用库"可以通过在菜单栏上的【窗口】／【其他面板】／【公用库】选择打开。

（4）时间轴

时间轴面板是动画设置的核心面板，主要由图层、帧和播放头组成，类似于电影胶片。每个图层可以包含舞台上每一个元素（演员）或多个元素，同一时段同一图层一般只有一种动画模式，因此需要自成动画的元素需要单独设在一个图层。图层的上下关系决定各元素在场景舞台上位置的前后；每个图层都有自己的帧列，每一格为一帧；帧决定动画的性质，起始帧决定该层对象元素出现的时间，帧数决定出场时间的长短。图 6－36 是 FlashMX2004 时间轴面板界面。

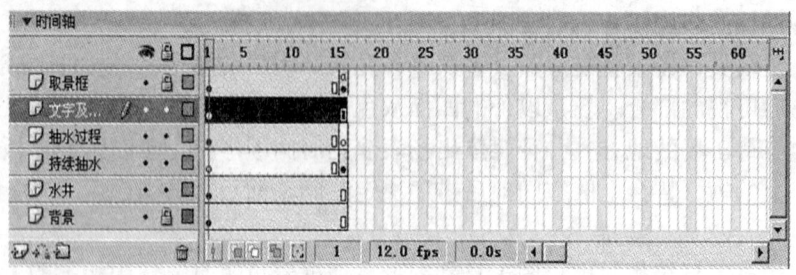

图 6－36　FlashMX2004 时间轴面板界面

2．Flash 的几个基本概念

Flash 动画是以时间轴为基础的帧动画。简单的 Flash 动画可以由几帧连续的画面组成。对于复杂的动画作品，Flash 用了"场景"这个概念，每一个场景包含了一个独立的主时间轴，可以将多个场景组合以产生不同的交互播放效果。

Flash 最终合成的作品称为影片（很多中文版 Flash 中翻译为"文档"），影片是由场景组成，而场景又是由层构成，每一层又是由一格一格的帧组成，帧又分为普通帧与关键帧，图形就是绘制在关键帧中。

（1）帧

帧是构成动画的基本单位，帧中装载着 Flash 作品的播放内容（图形、音频、素材符号和其他嵌入对象）。在时间轴控制窗口中，每一帧都由一个动画轨道上的小矩形方框表示。在 Flash 中帧有以下类型：

①关键帧

时间轴中的关键帧是 Flash 作品的基础，其中可以放置图形等展示对象，并可以对所包含的内容进行编辑和修改。在时间轴中，有内容的关键帧显示为带黑色实心圆点的矩形方格，无内容的关键帧显示为白色矩形方格。

②静止帧

时间轴上的静止帧是相邻静止关键帧的延续，位于两个关键帧之间。静止帧中的内容与其相邻的前一个静止关键帧中的内容有关。普通静止帧显示为灰色方格，空白静止帧显示为白色方格。

（2）层

层是为了方便制作复杂的 Flash 动画作品而引入的一种手段。在时间线控制窗口中，每一条动画轨道就可以包含一个 Flash 层。在每一个层中都包含了一系列的帧，而各层中的帧位置是一一对应的。不同层中的对象彼此独立，可以分别编辑。在播放时，Flash 舞台上在某一时刻展示的图像，是由所有层中在播放指针所在的位置上的帧的内容组合而成的。

（3）元件

在使用 Flash 制作动画时，我们常常会遇到重复使用同一个图形、按钮或影片剪辑，我们将重复使用的部分定义为"元件"，这样可以方便操作并有效地减小作品的大小。

使用符号的另一个好处是当符号被放置到"舞台"上后，即成为一个独立的可编辑对象，该对象符号或素材发生了改变时，Flash 中所有引用该符号的对象都将随之改变。可以利用这个特性方便地更新动画，这将大大地减少我们的工作量。

制作一个复杂的 Flash 动画作品通常都将其分解为许多元件，然后再从符号库中引用。所以掌握符号的制作和使用是制作 Flash 动画的基础，我们必须深刻地理解并掌握它。

3．Flash **制作动画的基本步骤**

使用 Flash 制作动画的基本步骤是：

（1）新建文档

首先在菜单"文件"中选择"新建"，开启一个新的"文档"窗口。然后在菜单"修改"中选择"文档"，出现如图 6－37 所示的文档属性窗口，在这个窗口中来设置影片的尺寸与播放帧频。

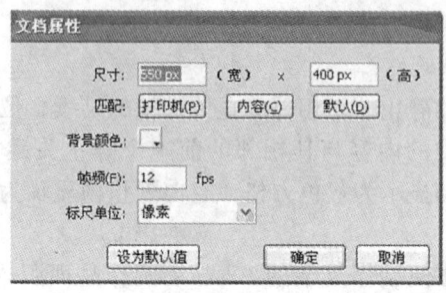

图 6-37　文档属性设置窗口

（2）绘制图形

这是使用 Flash 最主要的一步，就是使用工具栏中的工具在时间轴的帧中绘制图形。

①不过在 Flash 中，不是直接在时间轴的帧中绘制我们设计的图形，而是把我们设计的图形先做成"元件"，然后再从元件库中拖到某帧中，或者在时间轴的帧中绘制图形后再转成"元件"。制作"元件"的方法是在菜单"插入"中选择"新建元件"。

②当试图在某帧中绘制图形或想把图形放到某帧中，则这一帧必须是关键帧。启动 Flash 后只有第 1 帧是空白关键帧，可以直接在第 1 帧中绘图；要在其它帧中绘图，必须把该帧转换成为关键帧，转换的方法是：鼠标点在该帧中，按右键，弹出如图 6-38 所示的窗口，选择"插入关键帧"或"插入空白关键帧"，二者的区别是，"插入关键帧"是把前一个关键帧中的画面复制到这一帧中，可以修改这幅画面，而"插入空白关键帧"是重新绘制一个图。

（3）动画设置

这一步参见下面的"Flash 制作动画的基本技术"。

（4）预览

选择菜单"控制"中的"测试影片"来预览效果。

（5）输出

最后在菜单"文件"中的"导出"选择"导出影片"，把制作好的影片输出成视频文件。

图 6 – 38　插入关键帧

4．Flash 制作动画的基本技术

Flash 动画制作技术有 5 种，分别是逐帧动画、补间动画、遮罩动画、路径动画和脚本语言动画，而补间动画又分为形状补间和动作补间动画。

6.4.3　视频素材的采集

将视频源（例如录像带、DVD、VCD 等）上的视频，通过某种方式输入计算机，才能进行视频编辑，我们就把视频输入电脑的这个过程称为视频采集，为多媒体课件进行的视频采集有以下几种方法：

1．从数码摄像机上采集

数码摄像机（DigitalVideo，简称 DV）以其体积小巧、使用简单、价格低廉的特点而越来越普及，把数码摄像机拍摄的录像转换到计算机中（简称 DV 采集）需要使用视频采集卡。

（1）视频采集卡

视频采集卡，又称视频捕捉卡，英文名为"VideoCapture-

Card"，其功能是将视频信号采集到电脑中，以数据文件的形式保存在硬盘上。它是我们进行视频处理必不可少的硬件设备，通过它，就可以把摄像机拍摄的视频信号从摄像带上转存到计算机中，利用相关的视频编辑软件，对数字化的视频信号进行后期编辑处理，比如剪切画面、添加滤镜、字幕和音效、设置转场效果以及加入各种视频特效等等，最后将编辑完成的视频信号转换成标准的VCD、DVD以及网上流媒体等格式，方便传播和保存。

从视频信号源和采集卡的接口来分，视频采集卡共分为两大类：一类是模拟采集卡，另一类是数字采集卡。

模拟采集卡，又称为视频捕捉卡，它是通过 AV 或 S 端子将模拟视频信号采集到 PC 中，使模拟信号转化为数字信号，其视频信号源可来自模拟摄像机、电视信号、模拟录像机等；数字采集卡通过 IEEE1394 数字接口，以数字对数字的形式，将数字视频信号无损地采集到了 PC 中，其视频信号源主要来自 DV（数码摄像机）及其它一些数字化设备。

模拟采集卡与数字采集卡的一个重要区别就是：使用数字采集卡，在采集过程中视频信号没有损失，可以保证得到与原始视频源一模一样的效果，而使用模拟采集卡则视频信号会有一定程度的损失。有人曾形象地作了一个类比：模拟采集类似于利用录像机翻录影带，翻录的子带总是不如母带清晰，如果再利用子带翻录，效果会更差；而数字采集就像用电脑拷贝数据文件一样，无论复制多少次，复制的文件与原文件都完全一样的，没有任何区别。

（2）DV 视频采集的方法

综上，DV 视频采集一般有以下几种具体的方法：

①使用专用的数字信号采集卡，通过采集卡上的 IEEE1394 接口（俗称"火线"）与 DV 机的 IEEE1394 输出接口相连。在捕获数字信号的同时，借助采集卡上的硬件芯片进行 DVD 级的 MPEG－2 编码压缩。

②使用 IEEE1394 接口卡，通过卡上的 IEEE1394 接口与 DV 机相连，使用专用软件（如会声会影 7）将 DV 机输出的数字视频

信号实时压缩成 MPEG - 2 编码文件。

③购买 IEEE1394 接口卡，先通过 IEEE1394 接口将 DV 机输出的数字信号捕获为无损耗的 AVI 视频文件格式，然后使用视频编码格式转换软件（如 TMPGenc）将 AVI 文件压缩成 MPEG - 2 文件。

④使用带采集功能的电视卡，通过电视卡上的 VideoIn（视频输入）接口与 DV 机的 VideoOut（视频输出）接口相连，借助电视卡上的硬件芯片将 DV 机输出的模拟视频信号进行压缩。

⑤使用一般的电视卡，与 DV 机的模拟视频输出接口相连，并借助电脑中处理器的运算能力，由专门的程序进行软件编码压缩。

（3）DV 视频采集过程

DV 视频采集除了需要安装上面的硬件外，还要在电脑中安装完成采集的软件，实现采集的软件很多，常用的有会声会影或 PremierePro 或 VV4 等。

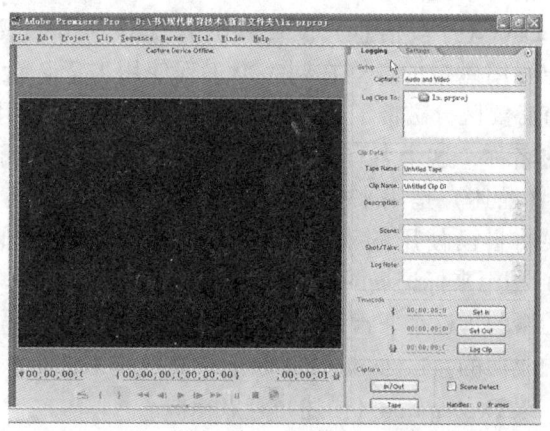

图 6 - 39　PremierePro 的捕捉窗口

在视频采集前，请务必确定将 DV 的电源打开，并保证 DV 与电脑连接正常。然后将 DV 打开，模式设置为 Play（或 VCR 档，如果想捕捉正在拍摄的画面可以将 DV 状态设置为记录）。将 DV 打开后，如果连接正常应该在电脑的"我的电脑"中发现 DV 设备。下面介绍使用 PremierePro 进行视频采集的方法。

①进入 PremierePro，先要设置工程属性（ProjectSettings），将 Field（场）选项设置为 NoField（ProgressiveScan），选择相应的工作模式。选择菜单命令 File－＞Capture 就启动了 PremierePro 的捕捉窗口（Capture），如图 6－39 所示。

②采集设置

在图 6－39 的 Logging 选项卡中，Capture（采集）选项是用来选择采集那些素材的，在下拉菜单中有 3 个选项：AudioandVideo（音频和视频）、Video（视频）和 Audio（音频）。如果选择了 AudioandVideo（音频和视频）就是同时采集音频信息和视频信息，若选择 Video（视频）或 Audio（音频）则是只采集视频或者只采集音频。LogClipTo（截取素材到）是用来设置将采集的素材存放到 Project 窗口的那个文件夹下面。

在 ClipData（片段信息）设置区中的 TapeName（磁带名称）是用来标记所用磁带的，当在同一个工程使用多于 2 盘磁带的时候，就很有必要区分磁带了。ClipName（片段名称）是用来标记该采集片段的名称，这个名称就是它在 Project 窗口中显示的名称。Description（描述）是用来描述该片段的，在大型多人协作工程中，一定要将自己使用的素材做好描述，这样才方便他人读懂。Scene（场）是用来标记场的信息的。Shot/Take（拍摄）是用来记录第几次拍摄的，这个非常好理解。因为所有的电影、电视不是一次就可以拍成功的。LogNote（截取记录）是用来记录该片段的一些内容的，跟 Description（描述）有点相似。

总的来说 ClipData（片段信息）设置区是用来描述片段信息的。

在图 6－39 的 Settings（设置）选项卡中，CaptureSettings（采集设置）中的设置内容跟在工程设置（ProjectSettings）中的 CaptureSettings（采集设置）是一模一样的，点击 Edit 按钮，在 CaptureFormat（采集格式）下拉菜单中可以选择采集格式（若有视频采集卡的时候在 CaptureFormat 中还可以选择模拟采集的视频格式）。点击 DVSettings... 按钮，在 DVCaptureOption（DV 采集选项）窗口有 2 个选项区：During Preview（当预览时）设置区和During Capture（当采集时）设置区。

在 CaptureLocation（采集地点）设置区中，Video（视频）是指将采集到的视频文件保存到什么地方；Audio（音频）是指将采集到的音频文件保存到什么地方。这里可以点击 Browse（浏览）按钮来通过图形菜单来选择相应的保存地点。

最后的一个设置区是 DeviceControl（设备控制）设置区，DeviceControl（设备控制）设置区主要是用来设置硬件设备在采集时的属性的。

③开始采集

采集的目的其实很简单，就是尽量采集更多的有效内容，少采集不必要的内容。所以在这个过程中，就要反复地对采集的素材进行预览，设置出入点（SetIn/OutPoint），然后再将出入点中的有效内容采集到 Premiere 中进行编辑。这是一种非常细致的采集过程。还有一些非常粗糙的采集方法，比如利用 SceneDetect（场景探测器），对整个场的内容设置出入点（SetIn/OutPoint），然后将整个场的内容都采集到 Premiere 中进行编辑；或者干脆直接就点Record（录制）按钮，把当前 DV 带中的内容通通采集到 Premiere中进行编辑。不论使用哪种采集方法，只要觉得适合自己就可以，不要一味追求太完美的东西，那样会很累的，而且采集到的素材（Footage）还是要在 Premiere 中进行编辑的，完全可以在 Premiere中剪掉那些不需要的内容。

2. 从 VCD、DVD 上采集

可以使用豪杰超级解霸 V8 截取 DVD、VCD 中的视频片段。想要截取 VCD 中的片段，通过循环播放、选择开始点、选择结束点、保存 MPG 片段这几个按钮就可以实现将指定的片断转录为.MPG 或 .MPV（MPV 文件只有视频无音频）文件功能，播放或停止状态均可实现。如图 6-40 所示。

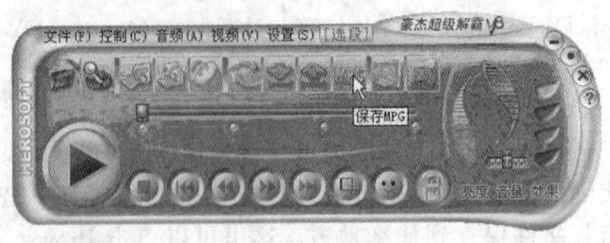

图 6-40　用超级解霸 V8 截取视频片断

　　首先播放影碟，点击循环播放按钮，可以看到播放进度条变为绿色（即为循环状态），图标变成双箭头。拖动鼠标到欲截取的片断的起始位置，单击选择开始点按钮选定开始点，再将游标拖至录取区域的终止位置，单击选择结束点绿色的部分就是选定的要截取的片段。最后点击保存 MPG 按钮，将指定区域录制为 MPG 或MPV（MPV 文件只有视频无音频）文件。系统会提示你输入录像的文件名，请注意选择正确的文件类型。至此，一段自制的影音文件便完成了。注意：用以上方法转换成的 MPG 文件不是标准的MPG 格式，如果需要刻录成 VCD 必须通过其它工具进行转换，可以使用豪杰视频通 2.5 来完成。注：上述功能只支持 VCD、DVD或者 MPEG1 标准的 .MPG 以及 .dat、.vob 格式文件。

　　3. **电脑屏幕上采集**

　　前面我们讲了把电脑屏幕上的图像截取下来，我们还可以把屏幕上的视频或动画也全部截取下来。进行屏幕视频截取的软件最常用的是：HyperCam，它像一台功能很强大的"录像机"，可以将所有操作以及音箱中的声音"录"下来。它还允许定义要录制的屏幕区域，然后将录制的结果保存为 AVI 文件。

　　（1）启动 HyperCam 后界面如图 6-41 所示。

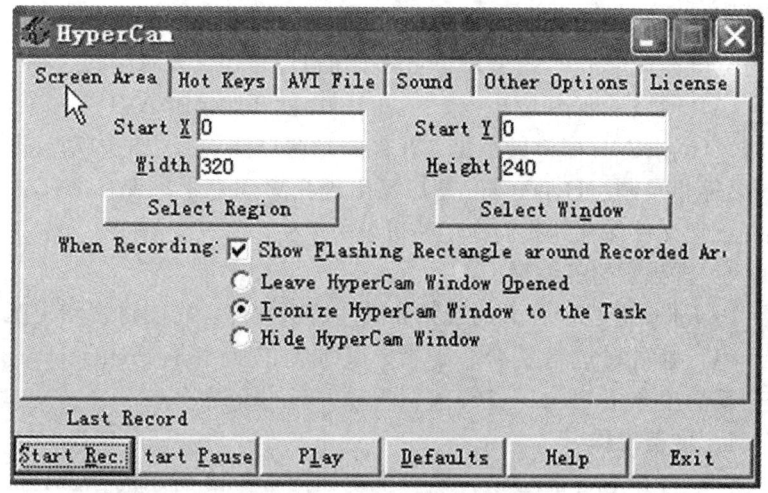

图 6 - 41　ScreenArea 界面

（2）在图 6 - 41 中选择"HotKeys"选项卡，显示了录制时常用操作的热键：F2 为开始/停止（F）、F3 为暂停/返回（G）、F4 为单帧录制（H），要记住 F2 为开始/停止录制热键。

（3）在图 6 - 41 中选择"AVIFile"选项卡进行视频设置，其中"AVIFile"栏是所截的动画保存的文件名，点一下旁边的"Browse"可以改变文件保存的目录；如果选中"RecordSound"，将同时录下声音；"RateInFramesperSecond"中设置每秒截取几帧画面，通常取 10 帧就行了，如果截取的屏幕面积太大，还要把这个值再设小一些；下面的"Video"是文件保存的格式，选择为"MicrosoftRLE"格式，这种格式可以保持界面的颜色不失真。

（4）在图 6 - 41 中选择"Sound"选项卡进行音频设置，在此选择声音的质量为"8Bit"以及"11025Samplespersec"。

（5）在图 6 - 41 中选择"ScreenArea"选项卡选择录制区域，单击"SelectWindows"按钮后，HyperCam 主窗口会最小化，将鼠标移动到要截取的窗口的标题栏上，单击鼠标左键，HyperCam 主窗口重新弹出来，在窗口的中间显示了欲录制窗口的起点坐标及长度与宽度；而单击"SelectRegion"按钮可以自定义要录制的区域。

（6）做完了准备工作，按下"F2"键就开始录制 AVI 文件了。此时，HyperCam 窗口最小化，在被录制窗口四周有边框闪动，再按 F2 停止录制。HyperCam 窗口又出现在桌面上了，现在 Hyper-Cam 就把文件保存到我们指定的目录中了。

6.4.4　视频素材的编辑

Premiere 是功能强大的视频非线性编辑软件，它能将视频、图片、声音等素材进行整合、编辑，其最新的版本是 PremierePor。下面就简单介绍 PremierePor 进行视频编辑的流程。

1．准备工作

（1）打开 PremierePor，就会出现如图 6 - 42 所示的 NewProject 对话框，在对话框中对文件的压缩类型、视频尺寸、播放速度、音频模式以及文件路径、文件名等进行设置。

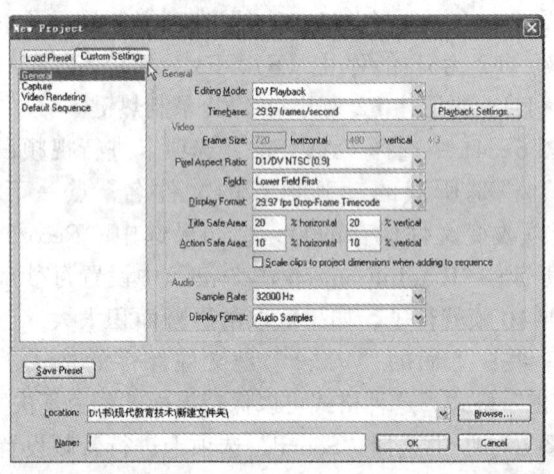

图 6 - 42　CustomSetup 对话框

（2）单击 OK 按钮，屏幕上会同时显示几个窗口，如图 6 - 43

所示。主要的窗口包括项目（Project）窗口、监视（Monitor）窗口、时间轴（Timeline）和效果（Effect）窗口等，可以根据需要调整窗口的位置或关闭窗口，也可通过 Window 菜单打开更多的窗口。

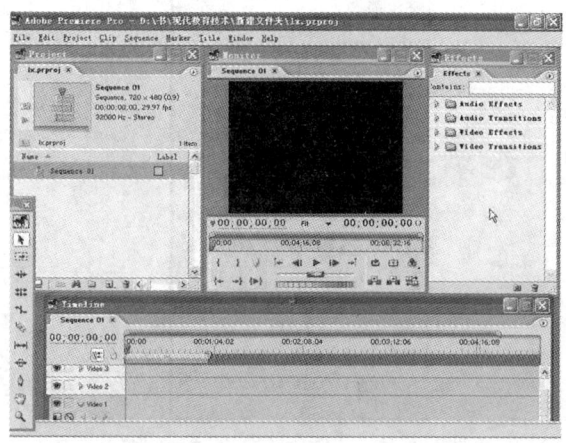

图 6－43　AdobePremierePor 主界面

2. 导入素材并拖到时间轴上

（1）在 Premiere 中导入素材的方法是在菜单栏中选择 File→Import→File 命令，或双击项目窗口 item 栏的空白处，就会弹出导入（Import）窗口，选中素材文件后，点打开按钮，即将它们导入到项目窗口中。

（2）把素材从项目窗口拖动至时间轴的层上。时间轴包括多个通道，用来组合视频（或图像）和声音，视频通道包括 Video1 和 Video2。Audio1、Audio2 等是音频通道。如需增加通道数，可在通道的空白处右击，从出现的下拉菜单中选 AddVideo/AudioTrack。

3. 加入过渡效果和滤镜

（1）一段视频结束，另一段视频紧接着开始，这就是所谓电影的镜头切换，为了使切换衔接自然或更加有趣，可以使用各种过渡效果。要运用过渡效果，在 Effects 面板上选择 VideoTransitions 出现过渡面板后出现如图 6-44 所示的"过渡效果"设置面板。

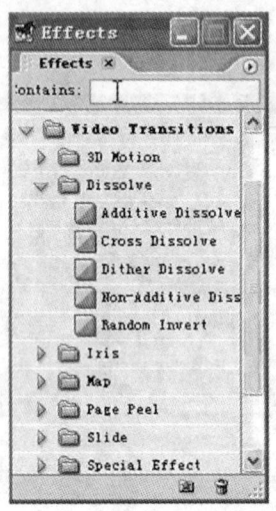

图 6-44　"过渡效果"设置面板

在过渡面板上选择某一过渡效果，将其拖到时间轴 Video 轨道上两个素材重叠的上面，制作结果如图 6-45 所示。

在时间轴双击 Transitions 通道的过渡显示区，会出现过渡属性设置对话框。

图 6-45　加入过渡效果

（2）通过各种特技滤镜，可以对素材进行加工，为原始素材添加各种各样的特效，Premiere 中也能使用各种视频及声音滤镜，在 Effects 面板上选择 VideoEffects 出现滤镜面板。选择某个滤镜将之拖到时间轴的视频素材上，这时弹出一个 EffectControls 对话框，对滤镜的参数进行设置。在 Premiere 的时间轴中，还可以对滤镜的参数增加关键帧，实现滤镜效果的动态变化。

4. 使用运动效果

Premiere 通过运动设定对话框，能实现素材的移动、旋转、缩放以及变形等，可让静态的图像产生运动效果。在时间轴上选中某个素材后，在 EffectControls 对话框中出现图 6 - 46 所示的 Motion 设置。

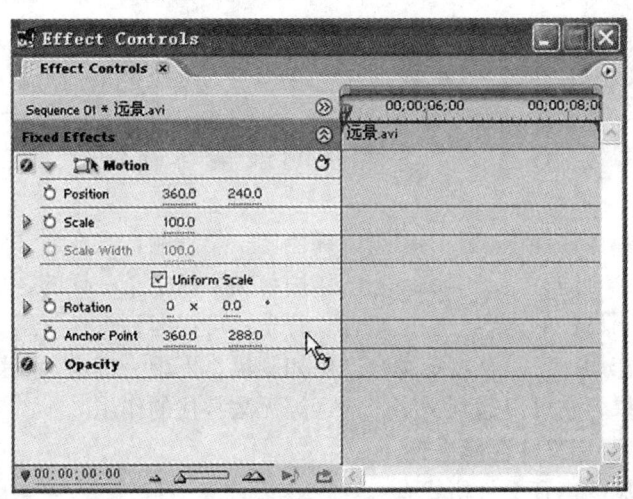

图 6 - 46　Motion 设置

5. 字幕制作

影片的字幕可以在 Premiere 中完成制作和添加。

（1）选择 File→New→Title 命令，出现文字编辑器。

（2）在文字编辑器中输入和设置字幕，还可以设置滚动字幕。

（3）选择 File→Save 命令，将字幕文件命名后保存，然后可关闭文字编辑器，此时字幕文件会出现在项目窗口中。

（4）在项目窗口中可找到这个字幕文件，将其拖放到时间轴的指定位置上，字幕就会叠加在素材上了。

6. **保存和输出**

制作完成后，为了便于以后修改，选择 File→Save 命令，就可将项目保存为一个扩展名为 ppj 的文件，在这个文件中保存了当前电影编辑状态的全部信息，以后再需调用时，只要选择 File→Open 命令，找到相应文件，就可打开并编辑电影。

最后要做的是输出，也就是将时间轴中的素材合成为完整的电影。在菜单中选取 File→ExportTimeline→Movie 命令，出现输出电影对话框，给电影命名并选择存放目录后，单击 Save 按钮，Premiere 就开始合成 AVI 电影。

6.5 声音素材的采集与制作

多媒体课件中，必不可少的媒体之一是音频，它在课件中主要用作三个方面：一是解说，它的作用与文字信息是一样的，用作叙述、说明课件的内容等；二是背景音乐，可以起到烘托气氛、强调主题的作用；三是在特定场合产生如刮风、下雨、打雷、爆炸等特殊的效果，它可以起到文字、语言等无法替代的作用。

6.5.1 声音文件存储格式

常见的声音文件格式有：

1. MIDI

MIDI（Musical Instrument Digital Interface）允许数字合成器和其他设备交换数据；MID 文件格式由 MIDI 继承而来。MID 文件并不是一段录制好的声音，而是告诉声卡如何再现音乐的一组指令。这样一个 MID 文件每存 1 分钟的音乐只用大约 5～10KB。今天，MID 文件主要用于原始乐器作品，流行歌曲的业余表演，游戏音轨以及电子贺卡等。MID 文件可在www.midi.net 找到。

2．WAV

微软的普通 WAV 格式具有很高的音质，但因为没有经过压缩，每分钟的音频约占用 10MB 的存储空间。我们用 Music Match Jukebox 把前面的 3 分钟歌曲转成 CD 音质的 WAV 文件，用了31.08MB。

WAV 文件没有版权保护，唯一阻碍人们用这种格式发布歌曲的原因是它过分的长度。不过，在 Windows 的声音提示（比如"叮"）里，它完成得不错。它还可以用来在硬盘上临时存放要刻录到 CD–R 上去的歌曲。

3．MP3

你不必局限于音频文件原来的格式。像 Music Match Jukebox 5.1 这样的播放器可以转换几种音频格式，甚至能从 CD 上取出音轨。

MP3 格式压缩音乐的典型比例有10∶1、17∶1，甚至70∶1。可以用 64Kbps 或更低的采样频率节省空间，也可以用 320Kbps 的标准达到极高的音质。我们用 Music Match Jukebox 5.1 在 128Kbps 的频率下编码一首 3 分钟的歌曲，得到 2.82MB 的 MP3 文件。采用缺省的 CBR（固定采样频率）技术可以以固定的频率采样一首歌曲，而 VBR（可变采样频率）则可以在音乐"忙"的时候加大采样的频率获取更高的音质，不过产生的 MP3 文件可能在某些播放器上无法播放。我们把 VBR 的级别设定成为与前面的 CBR 文件的音质基本一样，生成的 VBRMP3 文件为2.9MB。你可以在大多数的音乐网站上下载到 MP3 文件，如www.mp3.com 与 www.e-music.com。不过应该知道的是，按照 RIAA（Recording Industry Associationof America）的规定你无权传输未经授权的 MP3 文件。

4．Windows Media Audio

微软的 Windows Media Audio7（.WMA 文件）是一种压缩的离散文件或流式文件，它提供了一个 MP3 之外的选择机会。WMA 相对于 MP3 的主要优点是在较低的采样频率下它的音质要好些。1999 年 4 月，NSTL 通过调查发现有 51％的听众认为用一个旧版本的 WMA 以 64Kbps 录制的歌曲更接近原始歌曲，29％的人认为

128Kbps 的 MP3 更好些，还有 19% 弃权。WMA 的作者说新版的
WMA 文件（版本 7）听起来更好些。这意味着前面我们的 3 分钟
的歌曲可以在 64Kbps 下录制出一个更小的仅有1.43MB 的 WMA
文件，而没有明显的失真。WMA 文件以 5Kbps、8KHz 到
192Kbps、44MHz 的采样频率录制。

RealJukebox2 是几个多用途的媒体播放器中的一个。你可以用
它收听因特网电台、烧录 CD、欣赏各种各样格式的音乐文件。
WMA 的另一个优点是内容提供商可以通过 DRM（Digital Rights-
manage Ment）方案如 Windows Media Rights Manager7 加入防拷贝
保护。你可以下载和播放一个 WMA 文件，不过如果它受到了保
护，你必须要再完成一步。比如，你的浏览器可能要连上另一个站
点下载一个许可证文件，这个许可证可能免费也可能值几元钱，也
可能只是解除文件的锁定让你能听特定的次数或时间。许多消费者
对此提出异议，不过微软和其他 SDMI（Secure Digital Music Initia-
tive）的成员声称将来要用这一技术保护音乐。一个提供 WMA 文
件的站点是http://www.musicblitz.com 。

5．Real Audio

Real Networks 是最大的流式媒体的名字，它的文件格式比较
混乱：有 RA（Real Audio）、RM（Real Media，Real AudioG2）、
RMX（Real Audio Secured），还有更多。不少网站把这些文件统称
为 "Real"。如果你的 Real Player 软件不能处理这种格式，它就会
提醒你下载一个免费的升级包。许多音乐网站如www.emusic.com
提供了歌曲的 Real 格式的试听版本。在音频文件中，文件的长度
至关重要。Windows Media 承诺用更小的文件产生比 MP3 更好的
音质；Real Networks 则着手把 G2 格式替换成更具有带宽自适应能
力的 Real Audio8。

Real Audio 主要的不利之处是，大多数的用户仍然在使用
56Kbps 或更低速率的 Modem，所以典型的回放并非最好的音质。
有的下载站点会提示你，根据你的 Modem 速率选择最佳的 Real 文
件。

Real Networks 推出了 Real Audio8，并声称新格式不光能在 64Kbps 速率下提供 CD 音质的声音，而且也为网上电台省钱，因为它能以较窄的带宽产生与 G2 相同的音质。

6．Liquid Audio

唱片公司或作曲家可以把他们的歌曲做成 Liquid Audio 的安全 LQT（Liquid Track）格式，然后在超过 800 个网站（如 Amazon）上销售这些歌曲。消费者可以下载免费的段落，或以每首 1～2 美元的价格买下来并在免费播放器 Liquid Player5 上听。Liquid Player5 能够在 CD‑R 上刻录音轨，制作出可在其他 CD 机上播放的 CD 来。你甚至可以利用一个特殊的文件在其他的电脑上播放你的 LQT 文件。

LQT 文件采用了压缩格式，不过因为安全方面的原因，它要比 MP3 文件大些。不管怎么说，它提供了 CD 音质的音乐，在听音乐的同时可以看到文字、图片或是歌词。

7．Optical Disc Formats

今天的光盘，如 DVD 可以存储海量的信息，包括更宽广的音域及更多的声道（环绕音响）。你可能对红皮书格式已经非常熟悉，甚至你自己还不知道那就是 16‑bit、44．1KHz 的格式，即音乐 CD 用到的 CD‑DA（Digital Audio，数字音响）。HDCD（High Definition Compatible Digital）在兼容的播放器上把采样精度扩展到 20 位。SACD（Super Audio CD）的采样精度是一位，而采样频率达到2.822MHZ。多延迟的 DVD 音频标准则有 5 个声道、24 位、96KHz 用来达到电影的环绕音响效果，或是有着双声道、24 位、192KHz 的常规的立体声。

6.5.2　声音素材的获取途径

声音素材可以从多种渠道获得，如从 Internet 上下载；应用话筒录制；将录音磁带、CD、VCD、DVD 中的声音转换成课件中可以使用的素材。

1．从 Internet 上下载

Internet 是声音素材的宝库，在 Internet 上你可以得到很多有

用的声音素材，用于课件制作。既可从音乐网站下载，也可以到与课件制作内容相关的网站，如一些教育网站上去寻找。例如，在http://jjvp.myrice.com/（大千音效网）就有许多声音素材。

2. 利用话筒录制声音

"录音机"是 Windows 自带的一个多媒体播放程序，它操作简单，可以满足课件制作中许多情况下的需要。

3. 录制计算机播放出的声音

在播放他人做的课件时，发现里面的声音（如朗读课本、背景音乐等）可以用到自己的课件中，但这些声音文件往往和课件打包在一起，无法找到现成的声音文件，我们可以用 Windows 录音机将其录制下来。此种方法可以录制计算机中的所有播放出来的声音。

4. 从 CD、VCD 中获取声音素材

CD、VCD 是多媒体课件音乐的重要来源之一，它资源丰富、采集方便，只要将盘片放在光驱中，选择其中所需要的片断，利用"超级音频解霸"等软件即可将其转换成 WAV 文件。

6.5.3 声音素材的制作

制作数字音频文件包括录制声音、剪辑声音及增加各种效果等工作，要完成这些工作，需要有必要的软件和硬件，并要合理地选择采样频率和量化精度。

1. 硬件环境

（1）计算机

音频数据的编辑是要由 CPU 来完成操作，它要求 CPU 运行速度快；声音文件非常大，所以要配备大容量的硬盘以便记录、编辑声音。

（2）音频卡

音频卡（又简称声卡）如声霸卡、语音卡等，用于多媒体计算机的典型音频卡都可以播放 8 位和 16 位的数字音频文件。

（3）话筒和电缆

好的录音源和好的传音设备是产生高质量声音的关键，但如果

要用话筒来录制所有的声音，就要买好的话筒，它能对最终录制的声音产生巨大的影响。另外，在为音频设备选购电缆时不要买便宜货。便宜的电缆绝缘包皮很薄，会受设备上静电影响，从而破坏音频设备的声音质量。

2. 软件环境

在收集各种音频数据信息之后，使用一些功能强大，易于使用的工具软件能够大大提高与简化工作流程，它们可以替代传统的昂贵的专业设备，可以使用特殊效果插件（Plugins）来满足不同需求，所有这一切大都在弹指之间完成。根据不同需求，可以按照操作难度与功能强弱来分类：

（1）音频处理

①入门级

GoldWave（单音轨音频处理，文件小巧，即拷即用，内含 LameMp3 编码插件，直接制作高品质、多种压缩比率/采样频率/采样精度的 MP3）＋Internet Mixer（多路音轨混音，可以生成 RA 文件）＋HappyEO（国产电子琴程序，制作 MIDI 音乐）。

②进阶级

Cool Edit Pro（单/多路音轨音频处理）或 Sound Forge（单音轨音频处理）＋Cake Walk（专业 MIDI 电子合成音乐创作）＋n - Track（多音轨混音），它们的插件（Plugins）可以通用，但是很多插件需要花费一些费用。

③专业级

ProTools，它需要与专门的硬件配合来使用，一般用户没有必要，也没有能力使用。

（2）音频播放

①WINAMP

含 realplayer 插件，VQF 插件，英语复读机插件，一般情况只需要使用左右方向键来回放 5 秒钟的听力内容即可，免费软件。

②Realplayer

这是标准 rm，ra 流格式音视频媒体的播放器，分为 Basic 版

（免费下载）和 Plus 版（需要安装序列号），前面的 winamp 的 realplayer 插件也同时需要安装这个播放器才能使用。

③Windows Media Player

这是微软开发的媒体播放器，支持多种音视频媒体，Windows 操作系统一般都有，免费软件。

④IrfanView

这是素材浏览查看工具，带 mp3 与 realplayer 插件，可以查看多种媒体，程序短小，即拷即用。

⑤超级解霸、东方影都等常见音视频播放软件。

（3）辅助工具

①Total Recorder

用来截取声卡录制网络、本机音频或外接音源声音，可以 4X 快录 rm 文件。Total Recorder 可以使用外挂 lame-dec. dll 来完成 MP3 格式文件的存储，但据说 DLL 版没有 EXE 版效果好，如果您的耳朵很挑剔，还是用 Razor Lame + Lame. exe 吧。

②Stream Box Ripper

原名 Ra2Wav，可以读取 CD 音频，将这些音频数据保存为 Windows 音频格式（WAV 和压缩的 WMA 格式）或者流行的 MP3 格式。使用高水准的 FraunhoferMP3 编码引擎，它可以生成品质非常好的文件，而且你可以设置所有有关的参数。程序的文档有些粗糙，只能从开发商的站点得到，而且假定阅读者拥有大量关于计算机音频的相关知识。你可以将 WAV、MP3 及 RealAudio 格式文件转换为 WAV、WMA 以及 MP3 格式。可以借助 CD 浏览器，使用一个 10 段均衡器进行音轨的采集。其它信息包括 CDDB 的支持，支持拖拽方式等等。可转 RA/RM 流媒体音视频文件为 Wave、MP3、WMA 等声音文件格式，同时，也可以作为 CD 音轨提取或者 MP3 压缩工具，支持各种采样频率/采样精度以及压缩比率。其后继版本因版权问题不能转换 RM/RA 流媒体音视频文件；如果启动 Stream Box Ripper 出现 DLL 错误，请安装位于 Stream Box Ripper 目录下的 wmaudioredist . exe（微软 MSWMA4. 02 音频编码）的

Windows Media 的 Pack 包，然后重新启动系统。另外，还可以解决部分系统上可能出现的无法将 RM 转为 WMA 格式的问题。主程序用 Aspack 压缩，只有 387K，不过一般都需要安装 Pack 包。

③Stream Any Where

这个软件可以把 MPEG、MOV、QT 等视频文件格式转换成 ASF 或者 RM 格式，音频方面同样也可以把 MP3 等文件转成 RA、WMA 或 ASF 格式声音文件。

④Real Producer Plus

Real 流媒体制作程序，能够对 RM 音视频流媒体文件进行剪辑或合并，网络实况转播，制作各种压缩比率的网络音视频流媒体文件。

⑤E. MP3Trim

直接剪辑合并 mp3 工具

⑥MP3 Compressor

可以压缩成 MP3 编码的 WAV 声音文件格式，可以用于必须使用 WAV 文件格式又要节省硬盘空间场合。不过，在当前计算机中要安装该程序，否则无法正常播放声音文件。

⑦Win Groove

软波表，一个很老的软件，可以把 MIDI 转为 WAVE。

3. **声音素材的制作**

Windows 所带的"录音机"小巧易用，非常适合制作声音素材。

(1) 将麦克风插入计算机声卡中标有"MIC"的接口上

(2) 设置录音属性

双击"控制面板"中"多媒体"图标，打开"多媒体属性"对话框中的"音频"选项卡，如图 6-47 所示，在录音一栏中选择相应的录音设备。

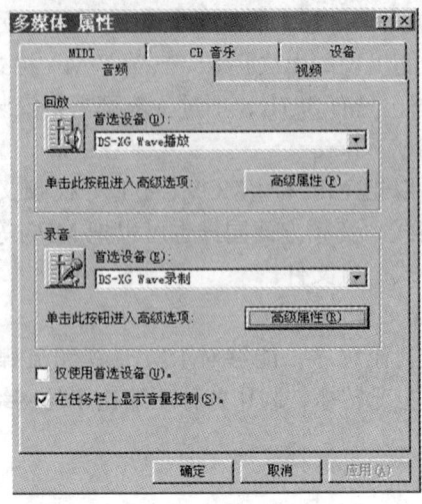

图 6－47　　"录音"设备设置

（3）设定录音的通道

声卡提供了多路声音输入通道，录音前必须正确选择。方法是双击桌面的右下角状态栏中的喇叭图标，打开"音量控制"，选择"选项"、"属性"菜单，在"调节音量"框内选择"录音"，如图 6－48 所示，选中要使用的录音设备。

（4）录音

从"开始"菜单中运行录音机程序，界面如图 6－49 所示，单击红色的录音键，就能录音了。录音完成后，按停止按钮，并选择"文件"菜单中的"保存"命令，将文件命名保存。

在"另存为"对话框中单击"更改……"按钮，出现选择声音格式的对话框，可从中选择合适的声音品质，其中"格式"是选择不同的编码方法。

Windows 所带的"录音机"录音的最长时间只有 60 秒，并且对声音的编辑功能也很有限，因此在声音的制作过程中不能发挥太大的作用。有不少专门用于声音编辑的软件，如 CoolEditPro/

2000、SoundForge、WaveEdit、GoldWave 等声音编辑器，对声音的录制和编辑的功能都很强大。

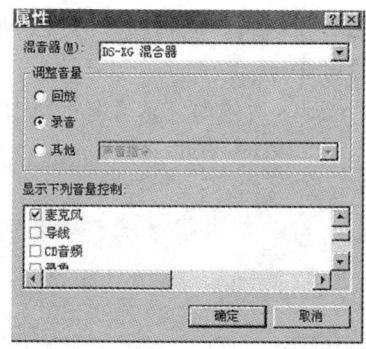

图 6-48　设定录音的通道

图 6-49　Windows 中的录音机界面

【思考与练习】

1. 请分别列举出图像、视频、动画、声音多媒体素材采集的途径。

2. 请先在 Word 或 Powerpoint 中制作一行艺术字，再在 Cool3D 中制作一行立体字，然后把这两行字在 Photoshop 中合成为一幅图。

3. 请利用 HyperSnapDX 抓取屏幕上的图像，再从网上下载一幅图，然后把它们调入到 PhotoShop 中合成为一幅图，注意合成效果。

4. 使用 Flash 制作 4 条鱼在水中游的动画，提示：将鱼制作为影片类元件，其尾巴可以制作成摇动；游动使用路径技术制作；水可以找一幅海洋的图片。

5. 练习使用 Windows 所带的"录音机"进行录音。

第7章　多媒体课件设计与制作

【学习目标】

1. 知道多媒体课件的概念、特点及类型。
2. 熟悉多媒体课件的开发流程。
3. 了解多媒体课件设计的主要内容。
4. 能独立制作多媒体课件。
5. 了解多媒体课件的评价方式和评价指标。
6. 学会使用 PowerPoint 制作多媒体课件。

7.1　多媒体课件概述

7.1.1　多媒体课件的概念

1. 多媒体技术

多媒体的英文单词是 Multimedia，它由 media 和 multi 两部分组成。一般理解为多种媒体的综合。

多媒体技术不是各种信息媒体的简单复合，它是一种把文本（Text）、图形（Graphics）、图像（Images）、动画（Animation）和声音（Sound）等形式的信息结合在一起，并通过计算机进行综合处理和控制，能支持完成一系列交互式操作的信息技术。多媒体技术的发展改变了计算机的使用领域，使计算机由办公室、实验室中的专用品变成了信息社会的普通工具，广泛应用于工业生产管理、学校教育、公共信息咨询、商业广告、军事指挥与训练，甚至家庭生活与娱乐等领域。

多媒体技术有以下几个主要特点：

（1）集成性

能够对信息进行多通道统一获取、存储、组织与合成。

（2）控制性

多媒体技术是以计算机为中心，综合处理和控制多媒体信息，并按人的要求以多种媒体形式表现出来，同时作用于人的多种感官。

（3）交互性

交互性是多媒体应用有别于传统信息交流媒体的主要特点之一。传统信息交流媒体只能单向地、被动地传播信息，而多媒体技术则可以实现人对信息的主动选择和控制。

（4）非线性

多媒体技术的非线性特点将改变人们传统循序渐进性的信息读写模式。以往人们读写方式大都采用章、节、页的框架，循序渐进地获取知识，而多媒体技术将借助超文本链接（Hyper Text Link）的方法，把内容以一种更灵活、多变的方式呈现给读者。

（5）实时性

当用户给出操作命令时，相应的多媒体信息都能够得到实时控制。

（6）信息使用的方便性

用户可以按照自己的需要、兴趣、任务要求、偏爱和认知特点来使用信息，任取图、文、声等信息表现形式。

（7）信息结构的动态性

多媒体信息展现的信息内容有时是一维的，有时是二维的，有时是三维的甚至是多维的，用户完全可以按照自己的目的和认知特征重新组织多媒体信息，增加、删除或修改节点，重新建立链。

2. 多媒体课件的概念

多媒体课件是根据课程教学大纲的培养目标要求，用文本、图形/图像、音频、视频、动画等多媒体与超文本结构去展现教学内容，并且用计算机技术进行记录、存储和运行的一种教学软件。

7.1.2　多媒体课件的特点

主要特点表现为教学信息载体的多媒性、集成性、交互性、超链性。

1．多媒性

多媒体课件实现了教学信息载体的多样化或多维化，实时地处理文本、图形/图像、动画、音频、视频等多种媒体信息。

2．集成性

多媒体课件的集成性是指信息多通道统一获取和合成，统一组织和存储。把单一、分散、不同类别的素材经过处理，集合成多媒体。

3．交互性

多媒体课件利用图形交互界面，提供友好的人机交互操作。学习者可根据自己的情况选择相应的学习路径和学习内容，另外，软件还能对学生测试结果进行分析、评判，并反馈结果。

4．超链性

多媒体课件的非线性、超链性的网状结构能实现知识点之间的超链性，使学习信息的组织更符合人类非线性的思维方式和人类自身的认知规律。

7.1.3　多媒体课件的类型

多媒体课件根据划分的标准有不同的类型。

1．根据课件的结构组织划分

(1) 固定型

固定型又称框面型 (frame‐oriented)，是将各种与教学活动有关的信息（教学内容、提问与预计回答、反馈、控制转移方式等）组织成一个个的框面，以框面为单位，通过控制转移的预定路径实现教学活动。框面型多媒体课件的内容结构清晰，教学活动进行的方式明确，制作方便，适合用著作者语言或著作系统开发。但是，框面型课件结构固定，内容、回答问题的方式、学生的学习路径等都受到预先规定的限制，使学生缺乏主动性。同时，因为许多框面存在相当的冗余量，所以固定型课件所需存储容量较大。

(2) 生成型

生成型主要是依据教学活动中的有关信息为参数，形成教学内容，或是决定教学活动的控制转移。有些生成型课件是以模型的方式把要教学的规律与公式、定律等存储，利用计算机内的函数随机地产生算法，从而随机产生一些例子和问题。存储一个模型可以产生许多例子和问题，大大节省了存储空间。还有些生成型课件则注重学生学习路径的生成问题。它们不但根据学生在一次练习中的回答情况分支学习路径，而且还结合学生学习的历史，分析其学习能力与缺陷，进一步调节学生学习顺序与分支。

（3）智能型

智能型课件是将人工智能的研究成果应用于课件的结构设计。一般说来，智能型课件由能产生教学内容的知识库、可检测学生能力与知识状态的模型机制、可决定教学内容呈现次序与呈现方式的策略模块以及可对学生进行授导、练习等教学会话的人机界面等模块组成。

2. 根据课件的功能划分

（1）资料工具型

资料工具型教学软件不提供具体的教学内容和教学过程，而注重知识信息的检索和学习资料的提供，主要供学习者进行学习资料的检索与查询。包括百科全书、电子字典及各类图形库、动画库、声音库等教学软件。

（2）自主学习型

自主学习型教学软件可供学生自学，使学生处于一种个别指导方式的教学环境下进行学习，也叫教学指导型。这类教学软件注重知识的传授，强调把各种形式的教学内容和教学过程提供给学生，教给学生各种学习要领和技巧，同时还设计部分提问、练习题和反馈，以诊断学生的学习成绩和效果。

（3）课堂演示型

课堂演示型教学软件一般是为了解决教学的重点难点问题，辅助教师课堂演示，通过计算机的多媒体性将传统媒体难以解决的问题，以简洁明了的方法和形式呈现给学生。

（4）练习测验型

练习测验型教学软件是针对某些知识内容，以问题的形式提供给学生反复练习的机会，并根据学生回答的情况予以相应的反馈，以促进学生掌握这种知识、技巧或提高某种能力。

（5）模拟实验型

模拟实验型教学软件借助计算机仿真技术，再现真实的现实情境，模拟真实事物的状态和特征，以方便学习者的学习。模拟实验型一般有演示模拟、操作模拟、过程模拟和模拟训练器等几种方式。

（6）教学游戏型

与一般游戏软件不同的是，教学游戏型教学软件是将学科的知识内容，通过游戏的形式呈现出来，为学生提供一种富有趣味性和竞争性的学习环境，激发学生的学习动机，使学生在富有教学意义而且教学目标明确的游戏过程中得到训练或掌握知识、提高能力，是一种寓教于乐的多媒体教学软件。

7.1.4　多媒体课件的开发流程

多媒体课件的开发流程包括：软件设计（选择课题、教学设计、系统设计、文字脚本编写、制作脚本创作），软件制作（素材制作加工、软件编辑合成、软件调试打包），软件试用评价，产品修改出版，其流程如图 7-1 所示。

7.2　多媒体课件的设计

7.2.1　多媒体课件的选题

选题的基本原则就是要选择能充分发挥多媒体技术优势，切实优化学和教的过程的题材。

1. 学习内容需要个别化、自主式的学习，交互式、及时反馈的学习，实践型、练习型的学习。

2. 难以用语言或单一媒体表达清楚的教学重点、难点，宜用多媒体形式。

3. 模拟以训练为目标的学习内容。可将模拟训练的多媒体课件作为复杂技能训练的前期训练和危险性、长周期或高代价类型实验的虚拟实验。

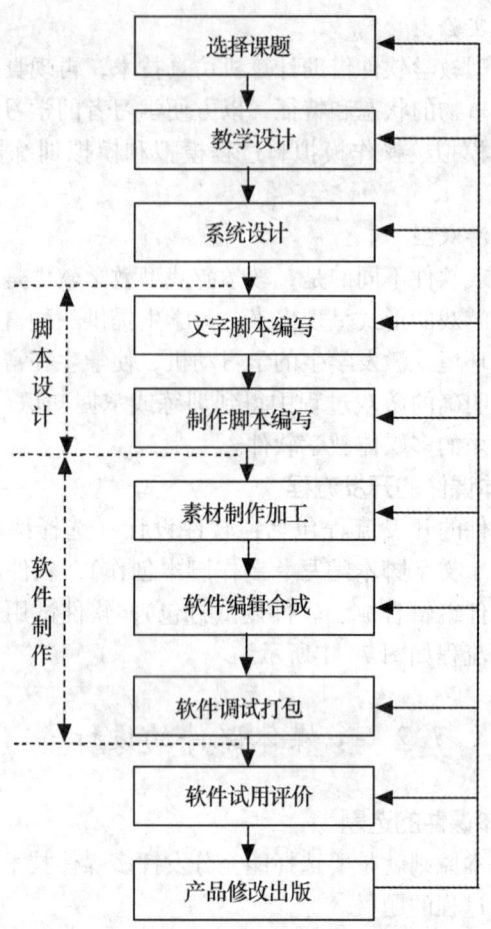

图 7－1　多媒体课件开发流程

7.2.2　多媒体课件的教学设计

　　多媒体课件的教学设计是应用系统论的观点和方法，分析学生特征，确定教学内容与教学目标，选择与设计多媒体信息，建立教学内容知识结构，设计形成性练习与学习评价的过程。

7.2.3　多媒体课件的系统设计

在教学设计的基础上，还需对多媒体课件进行系统设计。多媒体课件的系统设计主要包括软件超媒体结构设计、导航策略设计和友好交互页面（界面）设计。

1. 超媒体结构设计

（1）系统知识框架结构的设计

系统知识框架结构是各个教学单元、知识点的相互关系及呈现方式。由封面、主菜单、单元主页、功能模块等组成。

（2）系统超链接结构的设计

多媒体课件是以一页一页超链接的交互图形界面组成。系统超链接结构的设计，包括链出各种多媒体信息、进入另一页面、返回同一教学单元、"返回主页"（主菜单）、"结束"或"退出"的超链接方式等。

2. 导航策略设计

导航是引导学习者学习的措施，是教学策略的体现。导航策略设计有以下几种类型：

（1）检索导航设计

检索查询系统可使学习者利用关键词、标题等快速检索所需的学习信息。

（2）帮助导航设计

学习者点击帮助菜单，可获得软件提供的解决问题的方法和途径。

（3）线索导航设计

软件设计可以设置和记录学习者的学习路径，作为学习线索进行学习。

（4）浏览导航设计

软件设计导航图，学习者通过浏览、观察学习信息的网络结构，找出自己所需的学习信息。

（5）书签导航设计

软件设计若干书签号，标上书签号后，只要输入某书签号，就能快速检索到该学习信息。

3．交互页面设计

交互页面（界面）设计是指将显示器呈现的页面设计得直观易懂，交互操作简单。学习者可以通过鼠标、触摸屏、键盘等对友好交互页面做出反应，实现人机交互。交互方式主要有菜单、按钮、图标、热键、窗口和对话框等。

7.2.4　多媒体课件的脚本编写

多媒体课件脚本是教学人员与技术开发人员沟通的桥梁，是设计阶段的总结，又是制作和实施阶段的依据。脚本包括文字脚本和制作脚本，文字脚本是按照教学过程的先后顺序，描述每一个环节的教学内容及其呈现方式的一种形式。其主要目的是规划多媒体课件中知识内容的组织结构，帮助课件制作者将所要传授的知识清晰化，并对课件的总体框架有一个明确的认识。

表 7-1　教学内容/教学目标双向量表

教学单元	知识点	教学目标

表 7-2　多媒体课件文字脚本格式

编号 教学单元	知识点	多媒体信息	呈现方式

　　多媒体课件的文字脚本编写包括编写简单说明：软件名称、学科名称、使用对象、使用方式、教学功能与教学特点等；划分教学单元、知识点与确定教学目标，如表 7 - 1 所示；建立知识点与知识点之间的知识结构。最后，按照表 7 - 2 多媒体课件文字脚本的格式编写，选择多媒体信息类型与呈现方式。

　　制作脚本是体现多媒体课件的系统知识结构和教学功能并作为具体制作依据的一种脚本形式，它包含着学习者将要在计算机屏幕上看到的细节，主要内容包括：

1. 封页与封底设计

　　多媒体课件的封页，又叫封面，通常呈现题目名称。封底主要说明制作单位、人员、鸣谢及制作日期等。

2. 主页设计

　　主页一般包括主菜单、帮助、退出等信息。主菜单是主要内容的目录。帮助信息介绍软件的教学目标、对象、内容、功能、图标与按钮的使用、结构等。

3. 单元主页设计

　　分析不同教学单元，使各单元主页具有相对稳定的教学功能与设计风格。版面布局可划分为教学信息呈现区，一般位于版面的视觉中心，教学功能模块操作区一般位于右侧或底行；帮助提示导航区一般位于左侧或顶行。

4. 分页面制作脚本格式

　　多媒体课件的分页面制作脚本格式如表 7 - 3 所示。

　　多媒体课件的分页面制作脚本的主要内容：

　　（1）页面名

　　页面名是页面教学内容的标题、汉字名称。

　　（2）文件名

　　文件名是页面教学内容的文件名称。

　　（3）编号

　　多媒体课件一般是非线性的超文本结构，只能按软件系统结构层次编号，以便软件制作的管理与合成。

（4）交互画面

用草图画出如下内容：信息呈现区、功能模块操作区、帮助提示导航区等的位置、范围；各种交互方式的菜单、按钮、图标、热键、窗口、对话框等。

（5）配音

素材的制作有时需要配音。包括交互画面中的文本、图形、图像、动画，视频中的解说、音乐与效果声。

（6）超链接结构方式

对于每一页面首先要设计通过哪种交互方式进入当前页面、键出哪类多媒体信息和进入另一页面等。

（7）多媒体信息呈现方式

多媒体信息呈现方式主要说明呈现多媒体信息的先后顺序与特技方式，或同一时间呈现的媒体类型。

表 7-3　多媒体课件的分页面制作脚本格式

多媒体课件名称：

页面名：		文件名：	编号：
交互画面：			配音：
超链接结构方式： 1. 由页面文件，通过交互方式进入当前页面； 2. 通过当前页面交互方式，键出多媒体信息文件； 3. 通过当前页面交互方式，进入页面文件。 ……			多媒体信息呈现方式

7.3　多媒体课件的制作

7.3.1　多媒体课件的素材加工

素材加工是多媒体课件制作的重要环节，应根据脚本的要求，采集、加工和制作多媒体素材，多媒体课件常用素材包括文本类素材、音频类素材、图形/图像类素材、视频类素材和动画类素材等。对于各类素材的采集、加工和制作已在第 6 章作了详细介绍。此处不再赘述。表 7－4 列举了一些常用媒体类型的文件扩展名。

表 7－4　常用媒体文件扩展名

媒体类型	扩展名	说　　明
文　　本	txt rtf wri doc wps	纯文本文件 RichTextFormat 格式 写字板文件 Word 文件 WPS 文件
音　　频	wav mid mp3 aif vqf	标准 Windows 声音文件 乐器数字接口的音乐文件 MPEGLayer3 声音文件 Macintosh 平台的声音文件 NTT 开发的声音文件
图形/图像	bmp jpg gif tif eps	Windows 位图文件 JPEG 压缩的位图文件 图形交换格式文件 标记图像格式文件 PostScript 图像文件
视　　频	avi mov mpg dat ram（rm）	Windows 视频文件 QuickTime 动画文件 MPEG 视频文件 VCD 中的视频文件 RealAudio 和 RealVideo 的流媒体文件
动　　画	gif flc（fli） avi swf mov	图形交换格式文件 AutoDesk 的 Animator 文件 Windows 视频文件（audiovisualinterleave） Macromedia 的 Flash 动画文件 QuickTime 的动画文件

7.3.2　多媒体课件的编辑合成

利用多媒体软件集成工具将符合教学需要的多媒体素材编辑合

成为一个多媒体教学软件。多媒体软件集成工具主要有程序设计语言、通用多媒体著作软件和学科专用多媒体著作软件等类型。

1. 程序设计语言

（1）传统编程语言

传统编程语言如 Basic、Pascal、LISP 等。

（2）可视化编程语言

可视化编程语言，一方面保留传统程序设计语言的特性，另一方面其设计环境为可视化环境，特点是占用存储空间较小，一般供计算机专业制作人员使用。常用的可视化编程语言有 VisualBasic、Delphi 等。

2. 通用多媒体著作软件

主要是为非计算机专业人员制作各个学科的多媒体教学软件使用的工具。它具有概念清晰、易学易用、开发效率高等特点，但占用存储空间较大。按照多媒体素材的编辑特性可分为：

（1）基于卡片、页面的著作软件

这类多媒体著作软件如著书一样，按照一页或一叠卡片的形式来组织编辑，如 HyperCard、ToolBook、HongTool（洪图）、FounderAuther（方正奥思）等。

（2）基于流程图的著作软件

这类著作软件是将数据按对象或时间出现的顺序来组织编辑，并以流程线为主干，将图、文、声、像等一个个放入流程线中相应的图符形成完整的软件，如 Authorware、IconAuthor 等。

（3）基于时间顺序的著作软件

这类多媒体著作软件中的资料或事件是以时间顺序（时间轴）来组织编辑的，并以"帧"为单位时间，制作出来的软件像电影和卡通影片一样，如 Director、Action 等。

3. 学科专用多媒体著作软件

学科专用多媒体著作软件，只适用于制作某一学科的多媒体教学软件。例如利用"几何画板"、"绘画"、"作曲"等学科专用多媒体著作软件，在学科教学中将信息技术与课程整合，探索新的教与学的方法，培养学生创作多媒体作品的能力。

7.3.3　多媒体课件的调试打包

多媒体教学软件制作完成后要进行全方位的系统调试。经检测后进行打包发布，成为可以展示的最终产品。所谓打包，就是将制作完成的多媒体作品生成一个可执行文件，使作品脱离开发环境独立运行，这个过程就称为程序的打包操作。

7.4　多媒体课件的评价

多媒体课件在开发之中、制作完成之后，以及用户使用之中都需要进行评价。评价的目的是指导课件的制作、修改、完善和有效地使用。

7.4.1　多媒体课件的评价方式

多媒体课件评价的常用方式有以下几种：

1．分析式评价

该方法要求教学软件专业评价人员根据课件开发的目标对产品进行分析，最终根据评价人员的经验撰写一份总体评价报告。这种方法要求评价人员要有较高的素质和丰富的经验，需要进行专门的培训和对其工作进行评价。

2．指标体系评价

该方法是由权威机构经过科学地研究提出一整套对教学软件评价的指标，这些指标细分为若干可操作的描述和问题，评价人员根据指标体系对多媒体课件进行测试分析，然后按照评价指标体系进行评分，最后给出总的评价意见。

3．问卷评价

该方法是先由评价人员经过科学研究设计出有若干问题组成的问卷，然后组织课件的用户，一般是课件设计针对的教学对象，让他们使用课件一段时间后填答问卷。常常需要配合问卷调查对学生和任课教师进行访谈，以便更加深入地了解学生在教学活动中使用课件的情况。

4．实验评价

该方法是由评价人员根据多媒体课件设计的目标，对使用者进行实验研究，通过抽样选取课件设计针对的教学对象——学生，进行前测、后测、记忆保持测试（如一周后、一月后测试）等，然后分析学生通过多媒体课件辅助教学后掌握的教学知识点情况，并与对照组进行差异显著性检验，从而评价课件的作用和有效性。

5．量规评价

评价量规是由评价人员根据教学目标和课程标准对课件要达到的要求和判断标准的描述。教师可以根据评价量规评价来指导自己进行多媒体课件的设计与开发，以及对已有课件进行评价。因此，量规评价具有导向作用和评价工具的两重作用。

6．"说课"评价

该方法是由评价部门或教育行政部门组织有关教师和学生参加"说课"活动，使用课件的教师和学生在短短的十分钟左右时间里模拟教学活动，然后由参加听课的专家、教师和学生对"说课"活动中使用的课件进行评价。

不同的评价方法可以从不同的侧面反映课件的质量。这些评价方法可以结合起来应用，也可以根据不同的实际情况采用不同的评价方法。一般专门的评价机构多采用问卷评价、实验评价、指标体系评价等方法。近年来各地教学第一线的改革趋势是将评价与激励、研讨、学习结合起来，多媒体课件的"说课"式评价开始兴起。

7.4.2　多媒体课件的评价标准

课件评价的标准可以从不同的角度来考虑，但最根本的目的和标准是看课件是否有利于提高学生的学习效果，这与不同的教育思想和评断价值观有关。如某公司制作的课件资源库和教师备课系统，如果从加强训练学生的应试教育来看，会认为它的题库丰富，教学资源齐备，是优秀的课件资源；如果从培养学生创新精神和动手能力的素质教育改革来看，会认为它仅仅是强化应试教育的电子平台，只会更加加重学生的学业负担，并不是一个优秀的课件资源。因此，评价课件首先要从正确的教育观出发。

7.4.3　多媒体课件的评价指标

根据全国近年来开展的多媒体课件评价活动总结的经验，一般来说，课件的评价需要考虑以下几个方面问题：

1．课件体现的教育思想性

（1）正确的教育观念

（2）符合四项基本原则

（3）有利于促进素质教育

2．课件符合学科课程标准

（1）符合国家、地区、校本课程的课程标准

（2）符合学科的科学性

（3）充分利用多媒体计算机和网络的特点

（4）课件本身的教学评价的信度与效度

3．课件符合学生认知规律

（1）屏幕设计符合学生认知心理

（2）内容安排符合学生学习的循序渐进规律

（3）课件的设计考虑到不同学习者的个性和爱好

（4）课件的易操作性

（5）课件进度和内容的安排是否适合学习者的认知能力

（6）课件是否能够引起学习者的兴趣

4．课件的界面设计

（1）交互与反馈设计恰当

（2）屏幕与菜单设计恰当

（3）文字设计恰当

（4）画面设计恰当

（5）声音设计恰当

（6）超链接与导航设计恰当

5．课件的程序设计

（1）对硬件的兼容性

（2）对软件的兼容性

（3）安装文件的设计

（4）安全性的设计

（5）对用户操作的容错性

（6）帮助信息与提示信息的设计

6. 课件的管理

（1）课件使用说明的设计

（2）版权

（3）维护、升级和求助的联系

7.4.4 全国多媒体课件评价参考标准

1. "第十届全国多媒体教育软件大奖赛" 评价指标

由中央电教馆主办的"第十届全国多媒体教育软件大奖赛"（2006年）的评价指标如表7-5。

表7-5　第十届全国多媒体教育软件大奖赛评价指标

评比指标	分值	评比要素
教学设计	30	教学目标、对象明确，教学策略得当； 界面设计合理，风格统一，有必要的交互； 有清晰的文字介绍和帮助文档。
内容呈现	25	内容丰富、科学，表述准确，术语规范； 选材适当，表现方式合理； 语言简洁、生动，文字规范； 素材（文本、音视频、动画等）选用恰当，呈现结构合理。
技术运用	25	程序运行稳定，操作方式简便、快捷； 导航方便合理，路径可选； 新技术运用有效。
创新与实用	20	立意新颖，具有想象力和个性表现力； 能够运用于实际教学中，有推广性。

2. 第六届全国多媒体课件大赛评审标准

由教育部教育管理信息中心主办的"第六届全国多媒体课件大

赛"（2006 年）的评审标准：

（1）教学内容

①教学内容正确，无政治性、科学性错误和严重的文字错误；

②符合教学要求，体系规范、完整，结构严谨；

③充分的资料或网络资源链接，资料来源清楚，无侵权行为。

（2）教学设计

①教学目标清晰，定位准确，启发引导性强，有利于激发学生学习；

②交互良好，模拟实践环境，注重能力培养；

③配有适当习题，有对习题的在线评判或学生自学的效果评价，有作业提交和反馈。

（3）技术性

①界面人性化，操作方便、灵活；没有导航、链接错误；启动、链接转换时间短；具有良好的稳定性与安全性；

②能根据需要选用最适当的工具，应用效果好；

③充分利用多媒体技术，如视频、声音、动画，并具有相应的控制技术；素材结构规范合理。

（4）艺术性

①界面布局合理，整体风格统一，色彩搭配协调，符合视觉心理；

②文字、图片、音频、视频、动画要配合恰当，符合教学主题；

③制作精细，吸引力强，能激发学生学习兴趣。

（5）其他

①课件具有较大推广价值，设计新颖且有创意；

②凡参赛的课件均为非正式出版物；

③课件引用的图文资料应注明来源，如由此引起知识产权争议，应由作者承担责任；

④每件参赛课件的制作者原则上不超过 8 人。

【思考与练习】

1. 试述多媒体技术的涵义和特征。
2. 什么是多媒体课件？它有哪些特点？
3. 多媒体课件有哪些类型？
4. 画出多媒体课件开发流程图。
5. 多媒体课件的评价方式有哪些？

第 8 章　网络教学资源的设计与制作

【学习目标】

1. 理解网络教学软件的概念。
2. 知道网络教学软件的类型。
3. 掌握网络教学软件的设计与开发步骤。
4. 掌握使用 Dreamweaver 制作网页的步骤。
5. 会使用 Dreamweaver 的表格技术制作网页。
6. 会使用 Dreamweaver 的框架技术制作网页。
7. 理解 CSS 的作用和用法。

8.1　网络教学资源概述

随着多媒体技术和网络技术的发展，网络教学资源被广泛地应用在学校教学、企业培训、继续教育、远程教育等领域，使教育思想、教育方法发生了革命性的转变。设计和开发用于网络教育中的网络教学资源是参与和推动这项变革的一项重要工作。

8.1.1　网络教学软件的概念

由于网络技术的复杂性和应用的广泛性，目前，对网络教学软件概念也没有一个统一的认识。不过根据教学软件或者说课件（在这里我们不去区分二者之间的区别）运行的平台不同，可以分为只能在单机上运行的教学软件，称为单机版教学软件或习惯上所说的多媒体课件；和能够在互联网上运行的教学软件，称为网络版教学软件或网络教学软件。据此，我们认为：网络教学软件是基于浏览器/服务器模式开发，能在互联网（Internet）或局域网（Intranet）上发布的教学软件，它可以在网上执行或通过浏览器进行浏览。

网络教学软件是相对于单机版教学软件而言的，两者比较见表

8-1。

表 8-1　单机版教学软件与网络教学软件功能比照表

比较项目	网络教学软件	单机版教学软件
使用环境	可在网络环境（Internet 或 Intranet）中使用，网络教学软件运行在服务器上，只需用浏览器访问，在客户端真正做到了免安装、免维护。	只能在一台安装了该教学软件的计算机上运行，使用范围受到一定的限制，需要在用户端安装和维护软件。另外，单机软件可以通过网络下载后运行。
交互性	除人机交互外，还有人际交互，如师生之间、学生之间可以交互协作，还可与网上其他人员进行交互。	限于本地的人机交互。
动态性	以动态网络为载体，可随时更新、补充和完善。	本地静态内容不便于更新。
扩展性	能链接网络上更多的学习资源和数据库，扩展软件的内容。	局限于软件本身提供的内容。
自主、灵活性	学习者拥有更多的自主灵活性，可自行选择学习内容，进行探究性学习。	学生自主、灵活性差。
资源共享	实现教学资源的共享，软件之间可以互相调用，信息量大，可链接海量的网络信息资源。	只能使用本地资源，不能分享教学资源，信息量小。
文件大小	文件小，适合网络传输。	需要打包，文件大，不便于网络传输。
管理功能	能实现在线管理，实时获取反馈信息。	只能对本机用户跟踪和管理，不能实现学习者的协同工作和动态管理。

8.1.2　网络教学软件的特征

网络教学软件具有以下 6 项特征：

1. 资源具有共享性

网络教学软件的运行环境是校园网或因特网，基于网络的教学资源最大的特点就是共享性。在校园网中，网络教学软件教学资源以网页、资源库、网站等形式存储在服务器中，学生和教师可以通过校园网中的任何一台终端，访问相应的教学资源，虽然这些教学资源大多是由学科专题的形式组成，但其他学科的教师如有需要，也可以查阅、学习网络教学软件中的教学资源。在因特网环境下，校园网中的教学资源还可以通过信息发布，让教师和学生在不同的上网环境中查阅和学习，不但本校的教师和学生可以使用教学资源，其他的教师和学生也可以根据需要进行查阅和学习，改变了传统课件只能提供一位用户使用的弊端。

另一方面，网络教学软件的制作可以利用因特网现有的资源，通过超链接的方式，将因特网的教学资源链接到网络教学软件中，并不需要下载，重复加入到网络教学软件中。教师和学生只要对感兴趣的链接进行点击就可以得到相关的内容。通过因特网环境，网络教学软件成为全球性共享的教学资源。

2. 过程具有异步性

传统课件的操作大多是流线型模式，从教学的内容、结构、组织和过程都是由一条主线构成，不管学生懂不懂，在学习和操作的时候，大都以从开始到结束的方式进行，强调教师控制操作，所有学生的学习内容、过程、组织都是同步的。而在网络教学软件教学过程中，学生可以根据自己已掌握的知识程度，选择适合自己并感兴趣的内容，进行自主学习，进行知识的再次建构。学生在学习过程中，认知的起点、路径、水平、程度、反馈都可不同步。同时，教师通过网络教学软件提供的交互环境，如电子举手、讨论组、BBS 等形式进行个别辅导。在因特网环境下，学生还可以在不同的时间、空间来进行个别化自主学习，充分发挥网络教学软件异步教学的功能。

3. 信息具有开放性

因特网是一个全球性的网络，它将人类交流的空间延伸扩展到世界每个角落，同时因特网上的资源是完全开放的，只要连入因特网，就可以向全世界发布信息，也可以收集到世界各地的信息。网络教学软件与因特网相连，教学资源向全世界开放，同时，也可以通过互联网获取和利用世界各地的资源。

网络教学软件的信息体系具有开放性，可以在课件中方便地加入最新的互联网信息资源的链接，更新教学资源。课件还具有开放性接口，如讨论组、BBS、电子邮件，接受互联网上的各类反馈信息，改变了传统型课件制作成品后较难扩充和修改，不具备开放性接口的缺点。网络教学软件的开发体系具有开放性，不仅仅是教师制作网络型课件，学生也可以参与到建立网络型课件的工作中，将自己的学习资源、学习体会、实践经验等信息通过各种有效的方式加入到网络型课件中去，供其他学习者使用。

4. 反馈具有在线性

网络教学软件通过网络建立了多渠道的信息反馈系统，利用讨论组、电子邮件、BBS 等手段，建立了学生—学生，学生—教师，学生—教师—学生多层次的在线反馈系统。学生如果有疑问或思考，通过以上手段，均能及时得到反馈和响应。

网络教学软件制作中，将 ASP、ADO、数据库等计算机技术综合运用，可设计在线测试和辅导，学生能够随时在网上进行在线测试，检验自己的学习效果，并获得关于下一步学习内容、学习方法、学习层次等方面的指导，有效地进行个别化学习。

5. 交互具有多样性

传统的课件交互大多是单一用户通过课件中的按钮与课件进行交互，交互层面和方式是单一的、被动的。网络教学软件基于因特网环境，能够提供多层次的主动交互，如学生—课件、学生—学生、学生—教师、教师—教师、教师—课件等。网络型课件还提供了多样的交互手段，如网页导航系统、教学专题论坛、电子邮件、BBS 讨论区，能较好地实现协作学习和交流。

6. 媒体具有流畅性

网络教学软件中应用多媒体技术，能增强信息的传播量。但基于因特网的现状，考虑到网页浏览速度，动画和多媒体资源在嵌入网页中时，采用了可流畅播放的格式。如音频资源，采用 MIDI 格式；动画资源，多采用 SWF、GIF 格式；多媒体资源，采用 ASF、RM、RAM、WMA 等格式。这样可以克服网络带宽的限制，为学习者提供丰富多样的多媒体信息资源。

8.2　网络教学软件的类型

根据对教学信息的表现形式和使用的开发技术把网络教学软件分为演示型网络教学软件、专题学习网站、网络课程、教学资源库系统、Blog、WebQuest、教学网站、网络教学游戏软件、流媒体教学软件和虚拟现实教学软件。

8.2.1　演示型网络教学软件

目前教学中大量使用的多媒体课件是使用 Flash、Authorware 或 PowerPoint 等工具开发的，由于这些开发工具的技术特点，使得开发出来的课件只能实现人机交互，而不能实现人与人之间的交互，这样，这些课件一般只在单机上运行使用。然而，可以通过一定的方法把这些课件发布到网络上，通过网络进行浏览，但即便是在网络上，这些课件本身也不能提供人与人之间交互功能，仅仅是演示课件中的教学内容。

8.2.2　专题学习网站

专题学习网站是指在网络环境下，围绕某一专题向学习者提供大量的相关学习资源，让学习者通过网络协作学习工具，进行较为广泛深入的探究、发现学习活动的数字化学习系统。专题学习网站主要适用于在因特网环境下，对某一专题进行广泛、深入的研究学习，并借此培养学生的创新精神和实践能力，提高学生的综合素质。

8.2.3　网络课程

网络课程就是通过网络表现的某门学科的教学内容及实施的教

学活动的总和。它包括两个组成部分：按一定的教学目标、教学策略组织起来的教学内容和网络教学支撑环境，其中网络教学支撑环境特指支持网络教学的软件工具、教学资源以及在网络教学平台上实施的教学活动。所以网络课程是在先进的教育思想、教学理论与学习理论指导下的基于 web 的课程，其学习过程具有交互性、共享性、开放性、协作性和自主性等基本特征。

8.2.4　教学资源库系统

教育资源库就是各种关于教育资源的汇集。本书所讨论的教育资源库是建立在计算机系统之上的关于教育信息方面的资源库，这些资源是可以通过 Internet 访问的，即网上教育资源库。而建立在教育资源库的基础上，形成一个学生、教师、管理于一体的具有互动性、扩展性的学习平台，更构成了教育资源库系统。

8.2.5　Blog

Blog 是继 E - mail、BBS、ICQ 之后出现的第四种网络交流方式。Blog 的全名应该是 Weblog，中文意思是"网络日志"，后来缩写为 Blog，而博客（Blogger）就是写 Blog 的人。实际上个人博客网站就是网民们通过互联网发表各种思想的虚拟场所。盛行的"博客"网站内容通常五花八门，从新闻资讯到个人思想、诗歌、散文甚至科幻小说，应有尽有。博客大致可以分成两种形态：一种是个人创作；另一种是将个人认为有趣的有价值的内容推荐给读者。教师建立自己的 Blog，利用 Blog 进行教学、研究、学习。Blog 改变了教与学，提高了教师的专业能力。区域 Blog 群的建立，构建了学习共同体，在这个共同体中，教师与同伴一起对话、交流，相互合作，共同发展。

8.2.6　WebQuest

WebQuest 是利用因特网资源的授课计划或者是课程单元。WebQuest 是一个以探究为取向的活动。在这个活动中，学习者所接触的全部或部分信息都来自因特网，或视频会议。WebQuest 的目的是让学习者更好地使用时间，其目的是使用信息，而不是收集信息，并帮助学习者分析、综合和评价。在这个活动中 WebQuest

必须对活动步骤和背景信息作一个介绍，任务是可行的和有趣的；WebQuest 本身要提供完成任务所需资源，作为上网查找资源的定位点，这些信息包括网络文件，专家的电子信箱或实时会议，网上可查找的数据库，书籍和其它实物文件。由于对要查找的资料已经有了一个定位，可以避免学习者在网上漫无目的地遨游。WebQuest 还要对学习者完成任务的过程有一个描述。这个过程要分成几个相互区别的阶段；要对如何组织获得的信息进行指导，这可以通过一些指导性的问题，或用时间表、概念图、因果关系图来引导；要对探究过程有一个总结，让学习者知道自己学了什么，并鼓励他们将这种方法用于别的领域。

8.2.7　教学网站

教育教学网站的本质是以提供教育教学服务为主的网站，这是"教育教学网站"区别于"商业网站"、"政府网站"、"综合网站"、"娱乐网站"等其他类型网站的特征所在。"教育教学网站"的建设者可以是教育部门，也可以是师生个人、企业或其他机构。

"教育教学网站"所提供的教育服务包括：网上教学服务、教育信息资源服务、教育研究服务、教育管理服务、教育宣传与成果展示服务等。

8.2.8　网络教学游戏软件

网络游戏是指利用网络来进行的游戏，所有在网络上运行的游戏都可以称之为网络游戏，它包括娱乐性的网络游戏，也包括网络教学游戏。网络教学游戏软件的设计与开发应该是从事网络教学软件人员最具挑战性的工作，目前多数网络教学游戏软件属于益智类游戏，其界乎于娱乐与教育之间，真正意义上的网络教学游戏软件很少，主要原因是，从游戏软件的设计思想到开发技术都十分复杂，如何将教学内容情景化、任务化，如何设计角色，如何设计角色之间协作或竞争关系，以及画面物体的造型设计、程序开发等都是阻碍其发展的原因。

8.2.9　流媒体教学软件

流媒体技术可以方便地实现音视频内容实时广播、定时广播、点播等教学方式，在网络教学和远程培训活动中，这些内容更具有感染力和表现力，也更加真实生动，因此在学校教学、企业培训中得到了广泛应用，并在远程教育领域异军突起。

流媒体教学软件特别适合通过网络来仿真传统课堂教学，这种以教师为主导、以课堂为背景的讲授型模式，突破了传统"面授"的局限，为学习者在空间和时间上都提供了便利。在网络教学，尤其是远程教学过程中，最基本的要求是将信息从教师端传递到远程的学生端，需要传递的信息可能是多元化的，包括视频、音频、文本和图片等多种类型的数据。

8.2.10 虚拟现实教学软件

虚拟现实是一种基于可计算信息的沉浸式交互环境，采用以计算机技术为核心的现代高科技生成逼真的视、听、触觉一体化的特定范围的虚拟环境，用户借助必要的设备以自然的方式与虚拟环境中的对象进行交互作用、相互影响，从而产生等同亲临真实环境的感受和体验。虚拟现实技术已广泛应用于航空航天、工程技术、建筑设计、医学实习、军事训练、艺术等许多领域。在发达国家，虚拟现实技术已应用于远程教育及课堂教学。虚拟现实领域中的VRML技术的出现，无疑将对网络教学产生深远的影响。

8.3 网络教学软件的设计与开发步骤

8.3.1 网络教学软件的设计

网络教学软件的设计要根据所采用的网络教学模式和教学策略，充分利用网络的资源共享和通过网络实现的人与人之间的交互功能。

1. 结构设计

网络教学软件的结构，实际上就是网络教学信息的组织与表现方式，它定义了网络教学软件中各部分教学内容的相互关系及其发生联系的方式，反映了整个网络教学软件的框架结构和基本风格。在网络环境下，网络教学软件的结构设计应考虑充分利用各种信息资源来支持学习，并充分利用网络进行协作学习。

2. 模块化设计

在制作网络多媒体教学课件时，应把它作为一个系统工程来对待，统筹计划，整体考虑。但在具体制作时，则要分步、分块实施，也就是把各个教学科目分解成数个模块进行设计、制作，然后再连成一个整体。这样做具有两点好处：一是便于分工协作，既能提高课件的制作质量，又能加快课件的制作速度，有利于在短时间内完成课件的总体制作。二是便于课件的维护、修改、扩充，因为知识的更新日新月异，学生的需求也日益增多，要想保证课件适应教学的需要，就必须经常更新。如对课件进行模块化设计后，在维护时可以直接对某一需要改动的模块进行修改，从而能比较有效地降低课件不断更新所带来的麻烦。

3. 导航设计

网络多媒体课件教学主要是以学生为中心的自主学习。试想当在一个内容丰富、结构庞大的网络课件系统中，让学生在其中找到自己感兴趣的内容及通过各相关页面间的跳转来达到学习目的并不是一件太容易的事情。如导航措施不得力，就会使学生在学习过程中迷失方向，因此所导致的结果是降低学生的学习兴趣。所以，网络多媒体课件的导航问题显得尤为重要。根据网络多媒体课件结构，可以参考以下几种导航来进行设计：

（1）横向导航

是在同一页面内显示所有并列知识点的超链接，学生可以根据自己的需要，选择跳转到相应的知识点。在网络多媒体课件的结构中，若各知识点之间是平行并列关系，教学信息的呈现是知识点之间的线状关联，此时可以采用横向导航。

（2）纵向导航

是从整体结构的某一层面开始，逐层深入，一线贯通，一直导向问题解决，在页面中的表现形式为单向翻页。在网络多媒体课件的结构中，若各知识点之间是逐层递进的关系，可以采用纵向导航。

（3）树状导航

是在页面上设置几个导航栏，不同导航栏包含跳转到不同层次页面的超链接，几个导航栏协同覆盖树状结构中的各个层面。在网络多媒体课件的结构中，若各知识点之间是逐层递进的关系，可以采用树状导航。

（4）网状导航

在网络多媒体课件的结构中，若各知识点之间相互关联，可以采用网状导航。这是最复杂的组织结构，在页面的最下面有与该页面内容关联的页面的链接，链接的页面可以是同层、上层、下层或其它任意一层的页面，它完全没有限制，网页组织自由链接。这种导航允许访问者从一个信息栏目跳到另一个栏目，其目的就是充分利用网络资源和充分享受超级链接。

（5）导航图

在网络多媒体课件内容丰富、结构庞大的情况下，可以专门设置导航图页面，该页面用来显示网络多媒体课件的整体结构，并且设置与其他各个页面的超链接，网络多媒体课件的其他页面也都设置与导航图页面的超链接。这样，学习者就可以随时跳转到导航图页面，并经由导航图页面跳转到自己感兴趣的页面进行学习。

（6）导航条

在每个页面设置导航条，例如，您当前的位置是："主页""地球与动物""猫科动物"，这样学习者可以方便地知道自己所处的位置。

4．**界面设计**

网络教学软件的界面是实现人机交互的重要手段，界面的好坏会对学生的学习产生影响。风格独特、美观大方的界面会对学生的学习产生激励作用。否则，就会使学生在学习中感到单调、乏味。页面的主题要清晰明确、内容概括集中，媒体组合恰当、修饰得体，这样的界面使学习者感觉舒适，有利于内容的理解和记忆。另外还应当在教育学、心理学理论指导下，对素材、布局、色彩搭配等内容进行设计。

（1）素材设计

网络多媒体课件的教学内容是通过适当的素材形式来体现的，为了实现教学效果的最优化，合理地选择、设计素材显得尤为重要。一个良好的教学软件界面可以非常有效地激发学习者的兴趣，往往还能够起到意想不到的效果。在网络教学软件设计中应想办法充分发挥多媒体技术的优势，要根据教学内容的不同，选择最恰当的素材形式，灵活运用文字、符号、声音、图形、动画和视频图像等多种媒体信息，从听觉、视觉等方面加大对学生的刺激，促进其对所学知识的理解、掌握。但要注意：一是在强调形象化的同时，必须突出"教为学"的思想，要紧紧围绕教学内容这一中心，防止界面色彩、声像效果等过分浓烈，从而喧宾夺主，反而影响了学生的学习。二是由于网络教学软件要运行于网络环境，故还应考虑在满足教学要求的前提下，尽量减小各种素材的数据量，以保证软件具有较快的传输和运行速度。

（2）布局设计

是在进行网络多媒体课件界面设计时，当页面上包含素材的具体内容确定后，就应该考虑如何将这些素材以最适合浏览的方式安排在页面的不同位置上，这就是布局设计要解决的问题。网络多媒体课件发布后，学习者是利用浏览器来浏览课件内容的。所以，布局设计应根据该课件界面设计原则，由粗略到精细，一步步将版面布局具体化。下面几种常见的页面布局形式，供大家参考。

①口型布局

页面的上、下分别设置导航栏，左边是主菜单，中间是主要内容，右边是友情链接。这种布局的页面包含较大的信息量。

②对称对比布局

页面采用上下或左右对称的布局结构，着色原则是半深半浅，给浏览者很强的视觉冲击力。

③T 型布局

页面上方设置导航栏，下方左边是主菜单，下方右边是主要内容。这种布局的页面主次分明、结构清晰。

④POP 布局

以整张精美图片为依托进行页面布局设计，富有艺术感染力。

(3) 色彩搭配

根据色彩感知规律，各种色彩对人眼的视觉刺激强度不同，通常是原色大于补色、暖色大于冷色，红色最强。在进行界面色彩搭配设计时，首先要注意分析表现内容的主次和风格，合理选用色彩。其次，要把文字与背景的色彩对比加大，并注意色彩搭配的简洁性。

5. 交互设计

多媒体网络课件在人机交互方面使用的交互方式与传统单机课件基本相同，主要有：按钮，菜单，热字、热件，条件判断，文本输入，目标区域，时间限定，尝试次数限制，按键等。其设计方法也基本相同，而实现人与人交互的方式主要有以下几种：

(1) 登录

进入多媒体网络课件学习前无论教师还是学生都要先进行登录，以进行资格认证，很多教育网站通过这个办法来进行学生管理。这是由系统提供对话框，要求学习者输入姓名、学号、密码等个人信息完成登录工作。

(2) 在线学习

这个部分，提供给学习者课程内容，其设计将是整个课件设计的重点，主要是教师把一些文字或声像教学内容或教学辅导材料制作成网页或多媒体课件（例如使用 PowerPoint 或 Authorware 等）以共享和下载的方式提供给学习者，供学习者在本地机上进行自学。

(3) 知识查询

设计对话框，要求学习者输入要查询的关键字，然后直接跳到与所输入关键字相关的页面，知识的查询范围可以在本课件范围之内，也可以在其他网站中，这就是搜索引擎技术的应用。

(4) 答疑

学生把学习中遇到的问题通过 BBS 或留言板向教师或其他学

生进行咨询，也可以用"消息发布"向全体在线的教师或学习者进行广播咨询，教师对一些要讨论的问题也可以用此方式发布出来。教师或学生可以使用同样的方法进行回复，实现一对一或一对多的交流。可以把这种一对一的交流设置为只有教师一个人能看到，这样可以带有很强的隐蔽性，如教师针对某一学生的特殊问题的解答或师生、学生之间的情感、态度及一些非公开性问题的探讨；而一对多的交流可以让每一位在线的学生都能看到，如对一些普遍性问题进行集体解答或需要发布一些集体讨论的问题可以采用这种方法。

（5）在线作业

教师提供一些题目发布在公告栏上，学习者通过下载在本地机上完成。完成后，学生使用电子邮件传送给教师，以此检验学生的学习。教师可以对作业进行批改、统计，并将批改的结果用同样的方法传回给学生。

（6）在线考试

网络教学过程中学习评价的方法有很多，其中通过在线考试来测试学习者学习效果是一种行之有效的主要手段。网络教学中，在线考试通过有效地控制考试时间最大限度地保证考试成绩的真实性，其做法与在线作业相似，只不过对学习者提交答卷的时间有要求。

（7）相关学习资源

提供一些额外的学习材料和其它同类及相关课程的链接。

（8）留言箱

学生可以给其他学生和老师留言，私下里谈谈心。教师也可以利用留言箱对学生进行个别化辅导。

（9）会议

家长会可以集中在网上开。教师、学生、家长在聊天室中进行交流。网络聊天室的交流更接近于人与人之间的面对面的交流，在聊天室里，双方可以选择交流对象和交流方式，例如与某个家长进行交流时，如果选择了"悄悄地"选择框，就只有交流双方能看到交流内容，还可以运用聊天室里提供的表情信息（如大喊、命令、恳求、微笑、哭泣……等）、动作信息（如说、想、握手、反对、踢等），使交流更加逼真形象。网络聊天室的一个最大的优点是交流的即时性，只要双方都在线，交流的速度就是录入信息的速度。

（10）论坛

采用 BBS 中的讨论版模式，由教师提出议题并作为主持，师生针对议题发表自己的观点。论坛内容不局限于学习问题的解答，还可有学习方法、学习经验及情感态度的交流。也可以建立一些学科论坛，设置若干主题，如：动植物观察、宇宙奥秘、趣味数学、环保等，由老师引导，以提高学生的兴趣和学习主动性、创新能力，教师通过 Web 发布主题，并提供辅导，学生通过阅读或观察，利用电子邮件提交自己的成果，通过 BBS 等方式与他人进行讨论，以达到求得正解及增进知识的目的。

8.3.2　网络教学软件的开发步骤

对于不同类型的网络教学软件，以及开发人员对于课程的理解程度、技术水平、文化背景以及兴趣爱好等方面所存在的差异，导致网络教学软件的开发步骤也不尽相同。图 8-1 中给出了一个较为典型的网络教学软件设计与开发的基本过程。

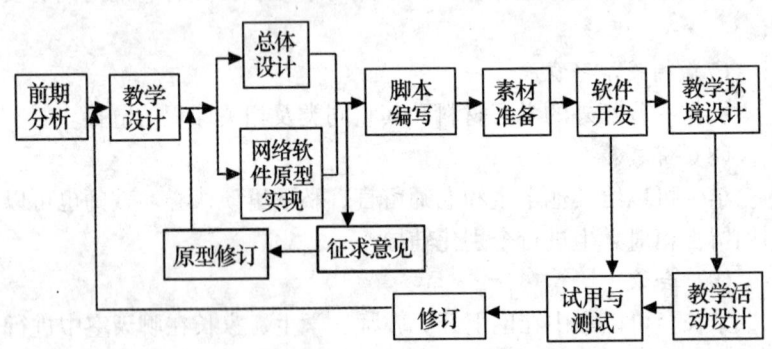

图 8-1　网络教学软件设计与开发步骤

其中，重要的环节是：前期分析、教学设计、总体设计与网络课件原型实现、脚本编写、素材准备、课件开发、教学环境设计和教学活动设计。

1．前期分析

首先要进行需求分析，了解学生的需求、特点和学习风格以及学习准备状态，以此作为选择课题的依据；然后进行选题的可行性分析，确定教学目标。选题是关键，应能发挥网络的特长。教学目标则是网络教学软件开发的依据。

2．教学设计

这一步是根据教学目标选定教学内容，并对内容进行教学设计。教学内容要依据学习者的不同学习风格类型，提供符合学习者认知兴趣的学习内容形式，学习内容的表现、媒体的选择和组织加工也都应充分考虑学习者的学习风格。另外，根据网络教育的特点，网络课程的教与学的过程区别于传统的教与学的过程，它更多地关注学习者的自主学习和学习者与学习同伴间的协作学习。因此在网络教学软件的教学设计过程中，根据不同的学习者和学习全体，提供合适的学习策略就显得尤为重要。

3．总体设计与网络软件原型实现

总体设计是设计过程中最重要的一环，它是形成网络教学软件设计总体思路的过程，决定了后续开发的方方面面，网络教学软件设计过程所要遵循的原则，都要在这一阶段得到充分体现。

（1）原型的目的

选择一个相对完整的教学单元，设计出一个教学单元的网络教学软件原型，通过原型设计，确定网络教学软件的总体风格、界面、导航风格、素材的规格以及脚本编写的内容。

（2）实现过程

原型实现后，应在一定范围内征求意见，尤其是征求最终用户（学生）的意见，并根据征求的意见进行修订，以达到最优化的目的，减少后续开发过程中修订的工作量。

4．脚本编写

脚本是网络课件中教学内容和教学方法的载体。

网络课件的文字脚本与文本教材有较大的区别，它除了要表达清楚的知识内容之外，还需要包括教学目标、学习目标、教学活动、采用的教学策略、采用的表现方式、教学软件的总体结构等。

制作脚本一般采用卡片式格式，在卡体部分将这些信息的内容及显示的位置描述出来，同时用相应的符号表示这些信息的类型。在卡体的注释部分，详细说明卡体中各种信息显示的逻辑关系，即先显示什么内容，后显示什么内容；后来的内容显示时，先前的内容是否还保留；操作信息的作用等。

5. 素材准备

根据脚本的要求，准备所需要的素材，包括文字、图片、声音、动画、视频、案例等。通过课件原型的设计和脚本的编写，可明确素材的规格、数量、种类和具体内容，便于进行批量制作，可降低开发的时间与成本。

6. 课件开发

根据脚本提供的要求和建议，参考开发的软件原型，利用课件开发工具（Frontpage、Dreamweaver、Flash、Shockwave、Mediatools、VisualJ＋＋等）集成课程内容，形成网络教学软件。

7. 教学环境设计

在网络教学软件设计过程中应注意设计大量帮助学生进行自主学习的资源，促进学生的自主思维，扩展学生的思维深度，增强学生学习的参与度。促进学生自主学习的资源有：讨论论题、疑问及解答、课程辅助资源、测验试题、自主学习活动等。

教学环境的设计主要指在统一的教学支持平台下的自主学习资源设计，而不是网络教学软件的设计，教师只需关注如何在网络平台设计具体的学习支持资源，而无需关注具体的程序设计。

8. 教学活动设计

自主学习活动设计是网络教学软件开发的核心内容，它是对即将实施的网络教学具体活动的规划和设计，通过教学活动的设计，教师可清楚地知道如何利用已设计好的网络教学软件与网络教学环境。

在完整的网络教学软件中，至少需要设计如下教学活动：实时讲座、实时答疑、分组讨论、作业、作业讲评、协作学习、探索式解决问题等。

9.　运行维护与评价

网络教学软件与传统的课程内容不同，它是开放的，因为支持它的网络教学环境是动态的，是开放的。在网络教学软件的运行过程中，会产生很多很有价值的教学资源，这些教学资源通过相应的管理系统的管理，本身就可以纳入到网络教学软件中并成为网络教学软件的重要组成部分。

另外，网络教学软件的设计不可能一步到位，需要在网络教学软件的运行过程中，不断收集教师与学生的反馈意见，以及实际的教学数据，根据这些数据再对网络教学软件的设计做进一步修订。

8.4　网络教学软件开发技术

网络教学软件的开发与一般的网络软件的开发基本相同，一般经过 2 个步骤：首先制作交互页面（静态页面技术），然后，使用一种脚本语言或编程语言（动态页面技术）编程对网络数据库中的数据（数据库技术）进行访问，以呈现学习内容，实现人与计算机交互和人与人的交互。使用的技术有 3 项：静态页面制作技术、动态页面制作技术和数据库技术，其最基本的是网页制作技术。我们平时经常听到门户网站、新闻网站、教学网站、娱乐网站等，这里所说的网站实际上是由一系列网页组成的信息的集合，如果说网站是构成互联网的基本单元，那么网页就是组成网站的基本单位。

8.4.1　静态网页与动态网页

1.　静态网页

在网站设计中，纯粹 HTML 格式的网页通常被称为"静态网页"，早期的网站一般都是由静态网页制作的。静态网页的网址形式通常为：www. example. com/eg/eg. htm，也就是以. htm、. html、. shtml、. xml 等为后缀的。在 HTML 格式的网页上，也可以出现各种动态的效果，如.GIF 格式的动画、FLASH、滚动字母等，这些"动态效果"只是视觉上的，与下面将要介绍的动态网页是不同的概念。

• 静态网页每个网页都有一个固定的 URL，且网页 URL 以 .htm、html、shtml 等常见形式为后缀，且不含有"？"；

• 网页内容一经发布到网站服务器上，无论是否有用户访问，每个静态网页的内容都是保存在网站服务器上的，也就是说，静态网页是实实在在保存在服务器上的文件，每个网页都是一个独立的文件；

• 静态网页的内容相对稳定，因此容易被搜索引擎检索；

• 静态网页没有数据库的支持，在网站制作和维护方面工作量较大，因此当网站信息量很大时完全依靠静态网页制作方式比较困难；

• 静态网页的交互性较差，在功能方面有较大的限制。

2. 动态网页

动态网页是与静态网页相对应的，也就是说，网页 URL 的后缀不是.htm、html、shtml、xml 等静态网页的常见形式，而是以 .asp、jsp、php、perl、cgi 等形式为后缀，并且在动态网页网址中有一个标志性的符号"？"下面就是一个典型的动态网页 URL 形式：

http://www.dangdang.com/product-detail/product-detail.asp? product-id = 8915738

这里说的动态网页，与网页上的各种动画、滚动字幕等视觉上的"动态效果"没有直接关系，动态网页也可以是纯文字内容的，也可以是包含各种动画的内容，这些只是网页具体内容的表现形式，无论网页是否具有动态效果，采用动态网站技术生成的网页都称为动态网页。

从网站浏览者的角度来看，无论是动态网页还是静态网页，都可以展示基本的文字和图片信息，但从网站开发、管理、维护的角度来看就有很大的差别。网络营销教学网站（www.wm23.com）将动态网页的一般特点简要归纳如下：

• 动态网页以数据库技术为基础，可以大大降低网站维护的工作量；

• 采用动态网页技术的网站可以实现更多的功能，如用户注册、用户登录、在线调查、用户管理、订单管理等等；

• 动态网页实际上并不是独立存在于服务器上的网页文件，只有当用户请求时服务器才返回一个完整的网页；

• 动态网页中的"?"对搜索引擎检索存在一定的问题，搜索引擎一般不可能从一个网站的数据库中访问全部网页，或者出于技术方面的考虑，搜索蜘蛛不去抓取网址中"?"后面的内容，因此采用动态网页的网站在进行搜索引擎推广时需要做一定的技术处理才能适应搜索引擎的要求。

3. **网页文件名**

一个网站中少则几个文件，多则几十个上百个文件，一个大型网站有成千上万个文件，这时，文件名成为管理它们的唯一途径，一个人单独制作网站，遵循命名规则方便今后自己修改；多人合作制作，遵循命名规则会使合作方便很多。

一般而言主页文件名为"index. htm"或"index. html"，如果用 ASP 语言编写，则为"index. asp"。其他的文件则可以用下面两种方法命名。

拼音：或者汉字声母缩写，可以根据页面主题命名，如启航公告可以命名为"qhgg. htm"或"qihanggonggao. htm"。

英文：或者英文原文缩写。

请注意：

文件名不要使用中文，因为如果空间是 UNIX 系统，中文文件名将不被识别。

文件名不能使用运算符等符号。

建议最好不要用数字作为文件名的开头。

8.4.2　**网络教学软件开发技术**

在网络教学软件开发中经常使用以下的技术：

1. Web **基本编辑技术**（HTML）

Web 页面的核心是 HTML，它是一系列标准化标记的集合，编写十分方便。它不需要有特定的语言环境或额外的编译，可以用任何一种编辑器书写（记事本也可以），并可以通过浏览器（如 Internet Explorer、Netscape）观察结果。

2. 动态网页技术（DHTML）

SCRIPT（脚本语言）、Document Object Model（DOM，文件目标模块）、Cascading Style Sheets（CSS，层叠样式表单）等技术。

3. Web 高级开发技术

SCRIPT 脚本语言、CGI（全称是通用网关接口，实时运行于服务器端的应用程序）、ASP（Active Server Pages，是微软开发的服务器脚本语言）、PHP（Personal Home Page，内置于服务器的脚本语言）、XML（可扩展标记语言）、WML（基于 XML 的一种语言，是 XML 的子集，为无线设备的用户提供交互界面设计的）等技术。

8.4.3　网站开发的步骤

在制作网页之前，应该先了解网站的开发一般步骤，理解网页制作在网站开发中的地位。网站开发的步骤是：设计规划、制作主页和网页、申请域名和主页空间、上传网页。

1. 设计规划

设计规划是开发网站最关键的一步，它决定了网站的浏览量和价值。首先要为网站选择一个主题，是制作一个教学网站，还是娱乐或是体育网站，经验告诉我们主题必须要小，因为网站的制作量和后期的维护工作量很大，如果选的主题太大，则在内容制作和维护上将很困难；另外，主题应该是自己需要或感兴趣的，而且网站的主题最好比较新颖，这样才能有比较大的浏览量。然后设计主页的界面以及网站提供的功能，主页作为网站的门面，它的界面一定要美观，这样才能在浩瀚的互联网中吸引住网民的眼球，网站提供的主要功能一般都要安排在主页中，以方便用户的使用。最后是设计子页面，这些子页面是用来显示网站内容的。在网站的设计中要注意风格一致。

2．制作主页和网页

在这一步就是按照设计要求选择合适的工具制作主页和子网页。一些简单的网页可以使用写字板、Word 等文字处理软件来制作，而专业人士也可以在写字板、Word 中直接使用 HTML 语言完成网页制作；对于一般的制作人员，制作一些图文结合页面，可以使用目前流行的专业网页制作工具 Frontpage、Dreamweaver 等制作；而对于一些动感十足的主页可以使用 Flash、Fireworks 等来制作。

制作网页实际上是多媒体素材合成的过程。Frontpage、Dreamweaver 等工具除了能制作文字外，本身并不具有制作图形、动画等多媒体素材的功能，所以要先使用图形处理软件、动画制作软件制作网页中需要的图形素材和动画素材，然后再在网页制作工具中将这些多媒体素材合成在一个页面中，形成网页；而 Flash 和 Fireworks 本身就具有强大的文字、图形和动画制作功能，所以用这些工具制作网页可以做到一气呵成。

3．申请域名和主页空间

为了让制作的网页能够被互联网用户看到，必须把制作的网页放到网络服务器中，成为一个网站，然后还要为网站申请一个域名。

（1）申请网络服务器空间

网络服务器空间也称为主页空间、虚拟空间。目前很多公司提供网络服务器空间租用业务，早期是免费的，现在一般都是收费的。我们可以在网上来申请租用网络服务器空间，可以使用搜索工具（例如www.baidu.com），输入"申请主页空间"，则可以搜索到成千上万提供这样服务的网站，在进行认真比较后，选择一个适合自己需要的进行申请。申请的过程与申请电子邮箱的过程相似，需要在其网站依次填写一系列的表格。记住申请时填写的用户名和密码，这是申请成功后，使用网络空间的钥匙。

（2）申请域名

一般提供主页空间申请服务的网站也同时提供域名申请服务。先要为自己的网站想一个合适的域名，然后在使用图 8－2 所示的网站提供的域名查询功能，看看要申请的域名是否已经被别人注册或使用。如果没有，就按照网站的提示依次填写好表格，完成域名的申请。域名申请好后，服务商的系统会自动把它与申请的主页空间链接起来，当在浏览器中输入这个域名的时候，就会访问这个服务器。

域名查询 www. ☐☐☐☐☐☐☐☐ 提交

☑ .com　　☐ .net　　☐ .gov.cn
☐ .tv　　　☐ .biz　　☐ .org.cn
☐ .cc　　　☐ .org　　☐ .net.cn
☐ .cn　　　☐ .info　　☐ .com.cn

更多域名查询

图 8-2　域名查询

(3) 上传网页

完成了上面的工作后，剩下的就是把制作好的网页上传到申请的主页空间中，以便互联网用户能使用你的域名浏览到网页。有很多工具软件可以实现把文件从个人本地机复制到 WEB 服务器上去。CuteFTP 是目前最流行的 FTP 软件，可下载和上传整个目录或队列，支持下载文件或上载断点的续传，整个目录覆盖和删除等；WS-FTP 是用于本地机和远程机之间传输文件的 Windows 程序；而 FileZilla 因为非常小且使用简单而受到用户的欢迎；另外，还有 Upload Now 等。这些工具软件的使用都非常简单，学习者可以很容易地掌握。

图 8-3 是 FileZilla 进行上传的界面，你的电脑要先连上网，然后按照图示，填好用户名、密码，单击 "Quickconnect" 按钮，把你的电脑和服务器建立连接，如果连接成功，则在连接状态显示区显示 "Directorylistingsuccessful"，然后在 "本地机文件夹" 选择

网页所在的文件夹，在"要上传的文件"区按住鼠标左键拖动要上传的网页到右边的"服务器目录"中，松开鼠标，就实现了把你的电脑中制作好的网页上传到主页空间。

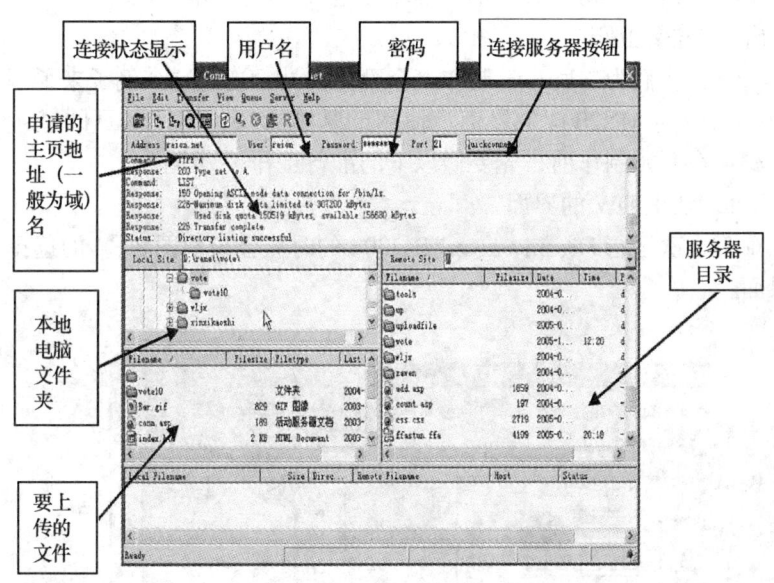

图 8-3　FileZilla 进行上传的界面

8.5　Dreamweaver

　　Dreamweaver 是 Macromedia 公司开发的一款所见即所得的网页编辑工具，最新版本是 DreamweaverMX2004。它不但能够完成一般的网页编辑工作，而且能够实现过去需要编程才能实现的效果，因此一直以来 Dreamweaver 都是网页制作专业人士的首选工具。它既是一个功能强大的软件，又是一个使用简单的网页编辑工具，它的所见即所得的可视化特点，可以使用户不用书写一个代码就能制作出精美的、专业的网页。下面就从最简单的例子开始介绍，在介绍过程中，我们尽量避免涉及理论性较强的内容，在介绍的过程中逐步引入概念，力图在制作过程中自然理解看似生涩的专业术语，当主页制作完毕，相应的理论知识也就自然掌握了。制作中使用的是 DreamweaverMX2004，文中简称为 DW。

8.5.1　准备工作

下面我们为一所小学制作一个简单网站，通过这个例子来了解 DreamweaverMX2004 的界面、使用的基本方法、制作网页的基本步骤。在开始制作前，先要做以下的准备工作。

1. 认识 DW 的界面

第一次运行 DreamweaverMX2004 的时候会出现图 8-4 的选择界面：

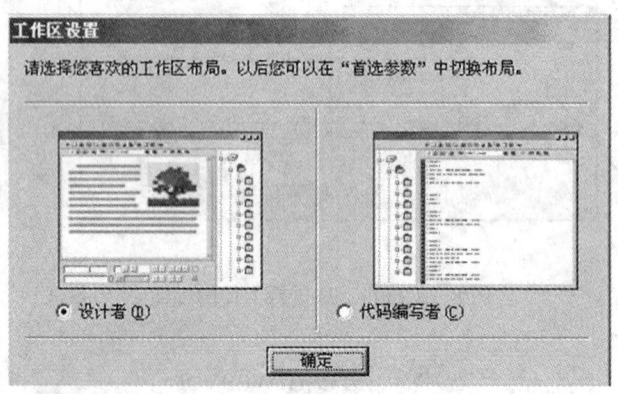

图 8-4　第一次启动 DW 的界面

【设计者】为用户提供了一种"所见即所得"的可视化的创建环境。

【代码编写者】主要是为喜欢用手写代码的用户设计的。

我们不想使用手工输入太多的 HTML，因此我们选择"设计者"然后确定。进入到了图 8-5 所示的 DW 编辑界面：

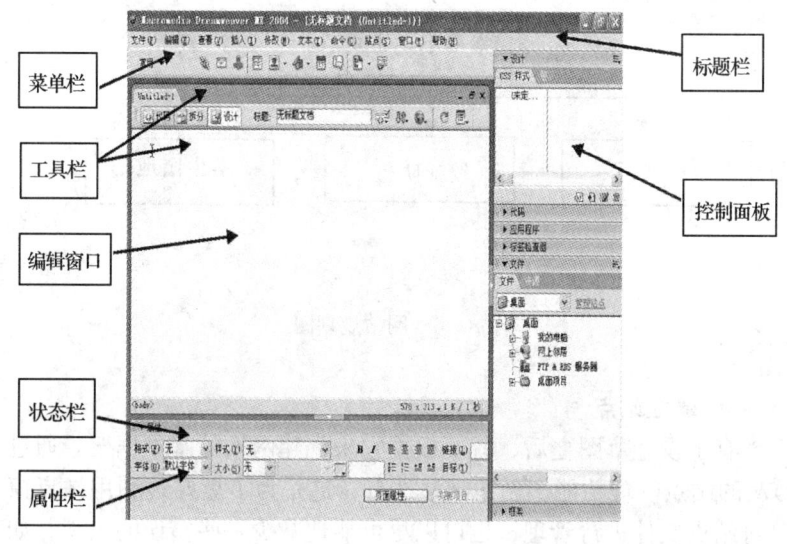

菜单栏

工具栏

编辑窗口

状态栏

属性栏

标题栏

控制面板

图 8-5　DW 编辑界面

　　网页的制作是在编辑窗口中完成的；在工具栏选择要实现的功能的工具；对编辑窗口中的文字、图片等对象以及工具栏中的工具，选中以后可以在属性栏中设置其属性；控制面板的功能比较复杂，我们主要使用的是样式控制和文件管理功能。

　　各个面板的功能我们在后面的操作实践中边用边理解，只要大家能记住各个面板的名称，然后跟我们来一起做例子就可以了。

　　2. **网站规划图**

　　建设网站之前要有一个计划，建议大家能事先画出一个网站的设计草图，这样网站的主要内容、分支名称、网页的数量就一目了然了。当然不可避免的在实际制作过程中会有所改变，但是有了最初的设计思想，就能有的放矢。图 8-6 是我们为"幸福小学"设计的网站的结构图，它包括 1 个主页和 3 个子页面。

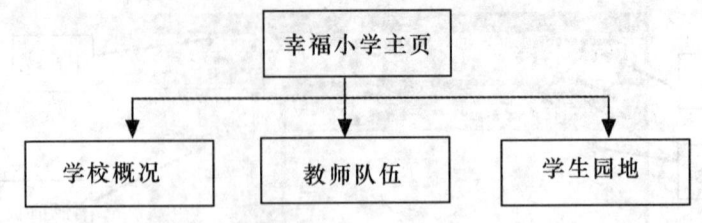

图 8-6 网站规划图

3. 建立站点

有了设计草图之后，就要根据它来创建网站的基本框架。通过 DW 的站点管理功能，创建网站站点，这是为了更好地利用站点窗口对站点文件进行管理，也可以尽可能地减少一些错误的出现，如路径出错，链接出错（特别是新手），当熟练掌握了 Dreamweaver MX 的使用后或只需制作单个网页时可以省去这一步。

（1）建立文件夹

初学者制作网页往往缺乏条理性和结构性，网页文件一个放这里，另一个放在那里，或者所有文件都放在同一文件夹内，这样显得很乱。好的做法是：建立一个文件夹用于存放网站的所有文件，然后在该文件夹内建立几个文件夹，将文件分类，如图片文件放在 image 文件夹内，HTML 文件放在 HTML 文件夹内等。当然，如果站点比较大，文件比较多，可以先按栏目分类，在栏目里再分类。例如这里为我们的网站建立文件夹为：F：\ xingfu。

网页文件的命名也是非常重要的，新手通常不注意这些，随便乱起些名字，这样过些时候自己也搞不懂是什么了（特别是文件比较多的时候），我们要做到一看文件的名字就知道是什么内容的文件，好的做法是：用英文或者拼音给文件命名（推荐英文），不要使用中文的名字（因为有的机器对中文支持不太好，有可能出现链接的错误，你自己以为正确的东西在别人看来有可能是错的）。

（2）创建站点

在菜单栏【站点】菜单中选择【管理站点】，在弹出的【管理站点】对话框中点击【新建】按钮，出现【站点】和【FTP】两个选项。选择【站点】弹出【未命名站点 1 的站点定义为】对话框在【未命名站点 1 的站点定义为】中选择【基本】选项卡。

在出现的图中【您打算为您的站点起什么名字?】文本框中填写网站站点的名字，例如：幸福小学，这个名字只起着识别的作用，与网站发布后真实的名字无关。

单击【下一步】按钮后，在出现的界面中，由于我们要建立的是静态网页，因此我们选择【不，我不想使用服务器技术】，单击【下一步】按钮，进入图 8－7 界面：

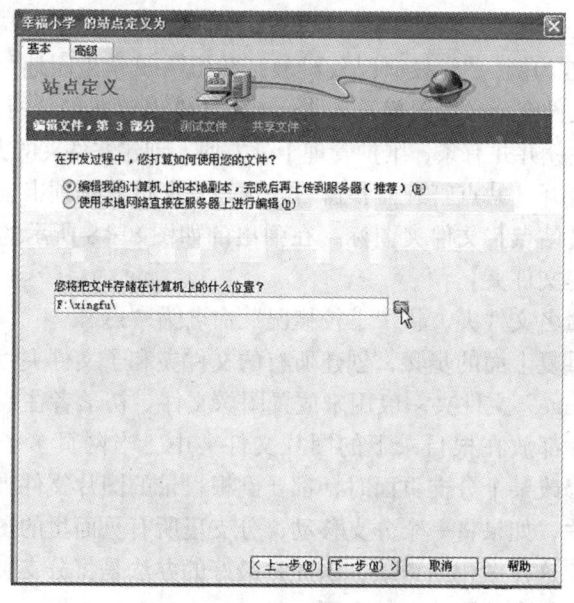

图 8－7　创建站点

【在开发过程中，您打算如何使用您的文件】，鉴于网络的实际状况（主要指链接的稳定性）建议选择软件推荐的方式，这样做，在本地测试完全正常之后再上传，能避免做"无用功"；在【您将把文件储存在计算机的什么位置】中选择设置网站在本地硬盘的位置，点击后面的文件夹图标可以选择硬盘的任意目录作为存放网站文件的目录，这里我们选择前面建立的：F：\ xingfu 。

单击【下一步】按钮，现在已经为站点定义了一个本地根文件夹，暂时还不登录远程服务器，所以在出现界面【您如何连接到远程服务器】选项中选择"无"。

单击【下一步】按钮，出现的界面给出我们刚才设置的总结报告，单击【完成】按钮，结束站点设置。

(3) 文件归类管理

分支页面的文件应该分别放置在单独的目录中，避免和其他文件放置在一起，各种类型的文件分门别类放置在自己的文件夹中，以图 8-6 为例，"学校概况"、"教师队伍"、"学生园地"就可以建立三个文件夹，来放置相关文件，图像文件也放在单独的文件夹中，这样网站就井井有条，维护管理十分方便。创建文件夹的方法是：

①打开【站点管理器】窗口，选择【文件】选项卡，用鼠标右键点击【站点】文件夹图标，在弹出的如图 8-8 所示的菜单中选择【新建文件夹】

②命名文件夹，将"学校概况"命名为"xxgk"

③重复上面的步骤，创建所有的文件夹和子文件夹

"image"文件夹一般用来放置图像文件。初学者往往喜欢将所有的图片都放在根目录下的图片文件夹中，当网页多了以后才发现，当修改某个分支页面时，都要到根目录的图片文件夹中查找相应的图片，如果将一个分支移动，分支里所有页面里的图片路径都要修改。这样做相当繁琐，因此，最好的办法是将分支页面的图片分别放在各自的图片文件夹下。

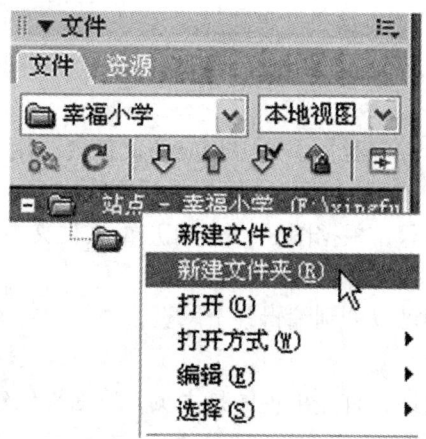

图 8−8　创建文件夹

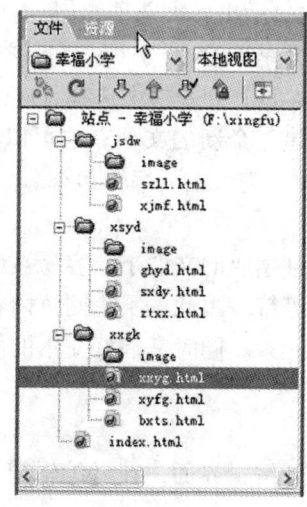

图 8−9　站点文件结构图

（4）创建空白网页文件

①用鼠标右键点击站点根目录文件夹，在弹出菜单中选中【新

建文件】命令

②将文件命名为index. htm，然后按键盘【回车】键，这个是主页文件。

③在【站点管理器】中选中相应的文件夹，用鼠标右键点击，在弹出的菜单中选择【新建文件】然后根据"命名规则"进行命名，重复以上步骤，根据图8-6在相应的文件夹中建立页面文件。建立好的文件夹和文件如图8-9所示。

至此，我们可以分别编辑各个网页，添加内容了。

8.5.2　制作主页

作为一个网站，首先出现的是主页，下面来创建主页文件——"index. htm"

1.　新建文档

在【文件】菜单选择【新建】命令，打开【新建文档】对话框，【类别】列表框中显示出八大选项，【基本页】列表框中显示出六大选项，普通网页都是HTML文档。在【类别】列表选择【基本页】选项，在【基本页】列表框中选择【HTML】选项，然后按下【创建】按钮，创建一个新的文档；也可以在浮动面板【文件】中双击index. htm文件，进入主页编辑状态。

2.　文字操作

文本的信息量大且生成的文件小，容易被浏览器下载，不会让浏览者用过多的时间等待。因此，不论网页内容如何丰富，文本始终都是网页中的基本元素。同时掌握好文本的使用也是网页制作的基本功。

（1）输入文字

新建文档之后打开编辑界面，在【编辑窗口】中输入图8-10所示的文字。

（2）编辑文档

一个精美的网页跟排版布局关系很大，页面的排版是给人的第一印象，可以对图8-10中的文字进行编辑。

①插入换行符

　　使用键盘的【回车】可以换行，但同时也就结束了一个段落。如果既要换行又要处在同一个段落中，就必须使用换行符，将光标移动到要换行的字符处按下键盘【Shift】＋【Enter】键，文档在同一个段落中换行，同时出现了换行符的符号。

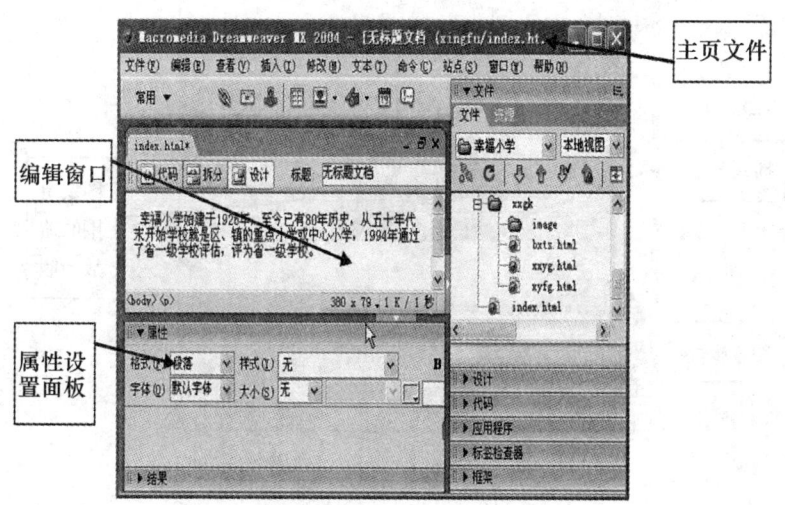

图 8 - 10　主页中的文字

　　②设置字体和文字大小
　　鼠标选中欲改变字体的文字，然后点击属性面板中的字体和字体大小下拉菜单设置即可。
　　③修改文本颜色
　　鼠标选中欲修改的文本，然后在属性面板中选择颜色，打开调色板选择颜色即可。
　　而要改变整个页面的文本颜色，可以打开【页面属性】对话框，选中【外观】／【文本颜色】，打开调色板选中颜色即可。
　　④其他
　　在属性面板中可以设置文本的对齐方式，如加粗，倾斜，左右对齐，居中对齐等，这些都与 Word 或者 WPS 等文字处理软件用法相同，大家可以试一试，在此不做过多的叙述。

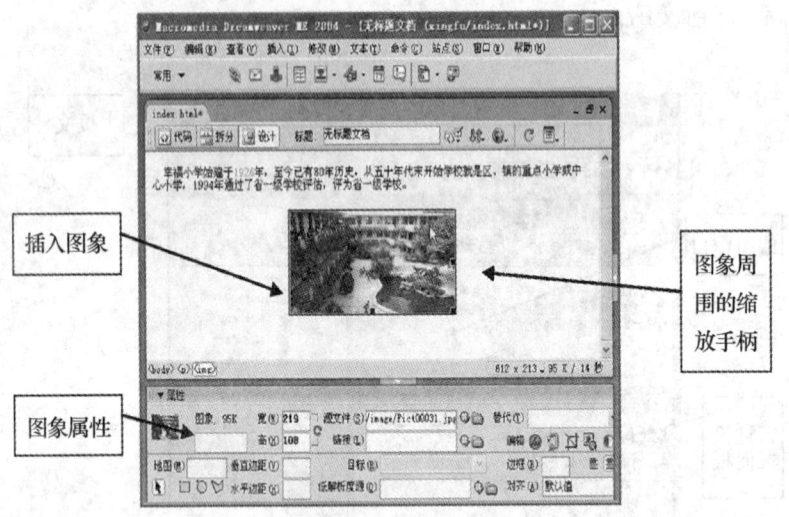

图 8-11　插入图像

3. 图像操作

图文并茂是网页的一大特色，图像不仅能使网页生动、形象、美观，而且能使网页中的内容更加丰富多彩，因此图像在网页中的作用是举足轻重的。

（1）插入图像

DreamweaverMX2004 中插入图像非常方便，只要在站点管理器相应的文件夹下选中图像，用鼠标拖拽到文档编辑窗口即可，也可以在【插入】菜单中选择【图像】命令然后打开"选择图像源文件"对话框，选择图像文件然后确定就能将图像插入网页中了。插入图像后的效果如图 8-11 所示。

如果选择的图像文件不在定义的站点目录内，将弹出对话框询问复制到网站的目录下，应该选择"是"，否则，今后将网站上传到服务器之后该图像就无法显示了。

（2）图像属性

与输入文本之后需要编辑排版一样，插入图像之后也要进行布局编排，同时来设定图像各种特有的属性。用鼠标拖动【缩放手柄】可以改变图片大小，但仅仅是在网页中显示的大小，并不改变原图像尺寸。同时选中图片（即图像周围出现拖放手柄）的时候【属性面板】也能看到和设置该图像的属性：

【宽】【高】是图片的尺寸，默认单位是像素。

【源文件】是图片的路径，点击后面的文件夹图标也能选择其他图片。

【链接】是链接的目标页面或者定位点的 URL。

【目标】链接时的目标窗口或框架。

【替代】是图片的文字注释，当图片不能正常显示的时候，图片的位置就会显示文字注释。

【编辑】启动图像编辑软件对图像编辑。

【地图】用于制作图像映射（热点）。

【垂直边距】【水平边距】图像在垂直或水平方向与网页中其他元素之间的距离。

【边框】图像边框的宽度。选择空白或零时没有边框。

【对齐】下拉列表用于指定图片相对于文本的排列方式。

【低解析度源】当前图片的低分辨率副本的路径。如果图片很大，则先让浏览器下载显示一个文件较小的图片副本，浏览器装载完其他内容后再回头来下载较大的图像，这样做既能保持网页的完整性，又能减少用户等待时间。

4．保存文档

如果是新建的文件，选择主菜单的【文件】/【保存】命令，将打开【保存为】对话框，选中保存路径，给文件命名index. html后，选择保存类型，然后按下【保存】按钮即可完成文件保存。

8.5.3　建立链接

网站中的网页是通过超级链接的形式关联在一起的。超级链接是网页中最重要也是最根本的元素之一，没有它的存在，网页之间失去了关联，也就不成为网了。

　　先在图 8－11 主页 index.html 文件中图的下方输入三个标题："学校概况"、"教师队伍"、"学生园地"。然后按照上面同样的方法制作图 8－9 中每个栏目下的网页各一个，例如"学校概况"下的：xxyg.html（介绍学校的发展历史），"教师队伍"下的：szll.html（介绍师资力量）和"学生园地"下的：xsdy.html（介绍学校的少先队建设）。下面来实现从主页的标题链接到相应的子页面，例如从"学校概况"链接到 xxgk.html 页面。

1. 网页链接的三种形式

网页中的超级链接分为以下三种形式：

绝对路径如：http://www.reion.net/mmc/index.htm

文档相对路径如：xxgk/xxgk.htm

站点根目录相对路径如：/xxgk/xxgk.htm

2. 文本超级链接

浏览网页时，鼠标经过某些（带有下划线的）文字的时候，鼠标指针的形状会发生变化，根据网页设计的不同，可能文本也会发生一些变化，比如出现下划线或下划线消失、文本颜色字型改变等。这就是提示浏览者"这里是一个超级链接"，此时用鼠标点击这个超级链接，就会打开所链接的网页。

（1）建立文本超级链接

在 index.htm 文件中用鼠标选中"学校概况"，实现链接有三种方法，如图 8－12 所示：

方法一：在属性面板的【链接】文本框后点击文件夹图标，打开【选择文件】对话框，选择要链接的网页文件即可。

方法二：在浮动面板"文件"中拖动要链接的文件到属性面板【链接】文本框后的 ⊕ 图标上即可。

方法三：在属性面板的【链接】文本框内直接填写要链接的网页文件的路径和文件名。这里我们要引入相对路径的概念。如果要链接的文档与当前文档在同一文件夹中，这只需要输入文件名；要链接的文件位于当前文件所在文件夹的子文件夹中，要加上子文件夹名；也可以使用从站点根目录到文档所在文件夹所经过的全部路径，不过这一般适合在使用多台服务器的大型网站中。如果不是很熟悉路径的概念，建议采用相对路径。

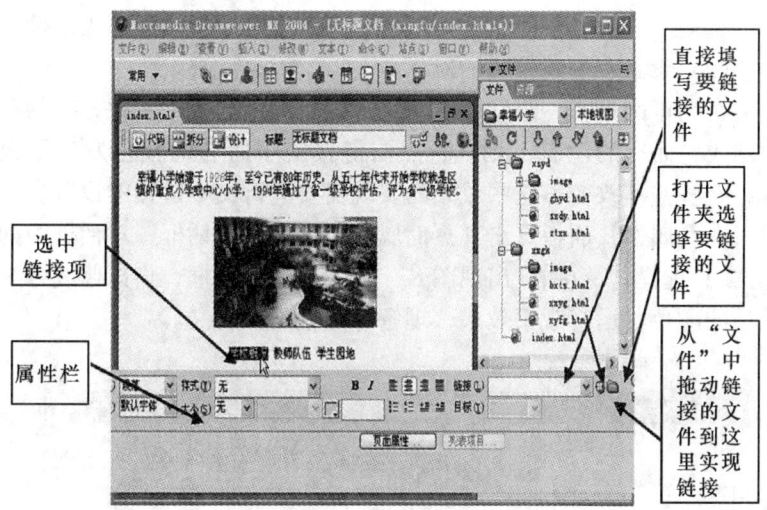

图 8-12　链接

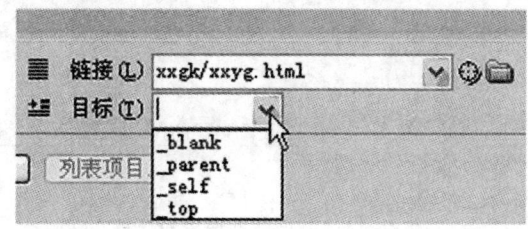

图 8-13　链接的目标选项

　　上面所列出的都是相对文档与文件夹而言的，以此建立的链接叫做"相对路径"。

为文本添加链接之后，属性面板中的【目标】文本框就变成了可选状态，如图 8 - 13 所示：

【目标】中选项说明：-blank 为打开新窗口显示网页内容；-parent 返回到上一级窗口显示网页内容；-seft 在当前窗口显示网页内容；-top 回到最顶窗口显示网页内容。

重复上面的步骤为"教师队伍"、"学生园地"设置超级链接。

（2）设置文本链接的不同状态

在浏览网页时，会发现有些文本链接颜色会发生变化，有的有下划线，而有的没有下划线，点击链接文字后有的颜色发生了改变，有些并不改变，这些效果的实现需要进行文本链接的设置。

在【属性】面板点击【页面属性】打开其对话框，对话框中的【分类】选择【链接】，出现图 8 - 14 所示的对话框，尝试修改各个选项的颜色，运行观察效果，理解每个选项的含义。

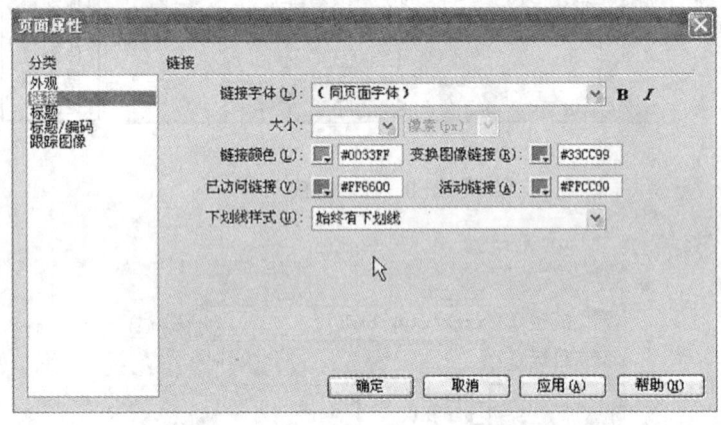

图 8 - 14　链接属性设置对话框

3. 图像链接

图像链接与文本链接大体相同，不同的是首先要选中图像，然后在链接文本框中设置。更多的内容，在前面图像属性中已经介绍，不再赘述。

4．电子邮件链接

在工具栏"常用"中点击"电子邮件"按钮，弹出图 8 - 15 所示的对话框，依次填写文本和正确的邮件地址，网页中文本的内容就会变成一个电子邮件超级链接，用户点击它时，就能启动 Outlook 或 Foxmail 等软件给您发送邮件了。

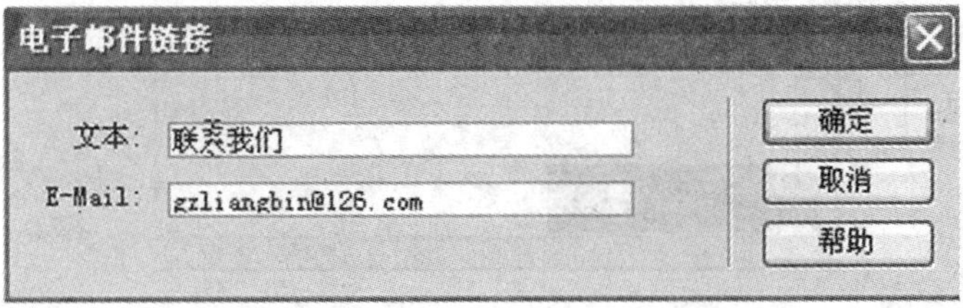

图 8 - 15　建立电子邮件链接

5．下载链接

建立下载链接与建立文本链接基本相同，不同的是在【链接】文本框中最后的文件的扩展名是".rar、.zip"等。

6．建立锚点

当一个页面中内容过多，就会使页面变得很长，用户要通过拖动浏览器的滚动条才能在页面中浏览相关的内容。这样就很不方便，建立锚点，就可以在本页面中快速地查找相关的主题和信息。锚点是同一个页面中内容的跳转。例如在图 8 - 16 所示的 xsyd.html 页面中，如果我们想点击"队员活动"就能直接跳转到相关的内容，而不需要拖动浏览器的滚动条。

在 DW 中打开 sxdy.html，如图 8 - 17 所示，将光标移动到"队员活动"前面，在工具栏选择"常用布局"然后按下【命名锚记】按钮，弹出【命名锚记】对话框，在锚记名称文本框填写一个名称，如"C"，按下确定按钮后，相应位置插入了一个锚点。

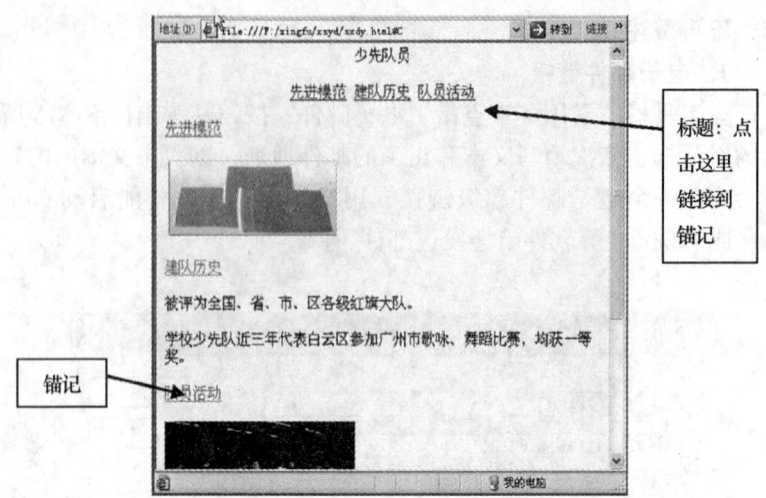

图 8-16　锚记的效果

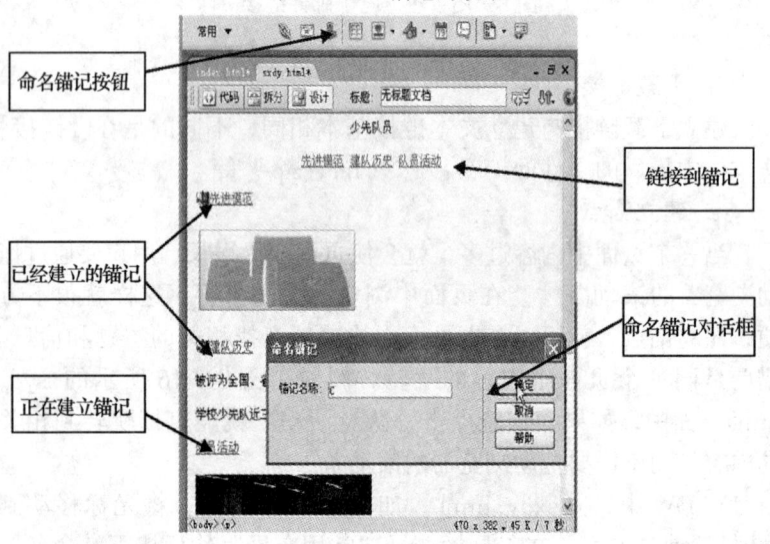

图 8-17　建立锚记

用鼠标选中图 8-17 顶部标题文本"队员活动"，并在属性面板的【链接】文本框中输入"♯C",保存文档,在浏览器中打开该文档,点击"队员活动"超级链接时,就会快速跳转到队员活动的内容。

7. 热区链接

前面介绍的图片链接,一张图只能对应一个链接,能不能一张图对应多个链接呢?答案是可以的,选取一张图片后,可以在属性面板看到图8-18所示的【地图】选项:

其中:⬜创建矩形热区,⚪创建圆形热区,✔创建多边形热区。例如:单击"创建矩形热区"工具,⬜光标变成一个十字,此时可以在index.html文件的图片上画出一个蓝色矩形的热区,如图8-18所示:

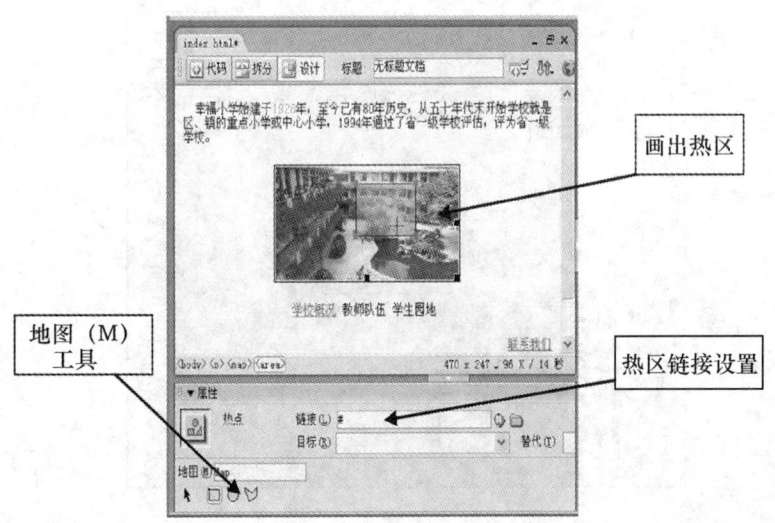

图8-18 地图选项

在属性面板的【链接】输入链接地址("♯"表示一个空链接),而【替代】则为当鼠标指向热区时所显示的文字,与图片的替代相似。我们可以通过选择不同的热区,并通过调整热区四个角的控制点调整热区的大小。通过热区，我们可以在图片的任何地方做一个链接，当然可以在一张图片画很多热点，做很多链接，分别链接到不同的页面。

8.5.4　插入多媒体

1.　插入 Flash 文本

在 DW 中直接插入 Flash 文本即可制作具有动画效果的文本，而不用在 Flash 软件中制作。

在文档窗口中将光标移动到要插入 Flash 文本的位置。选择菜单栏【插入】／【媒体】／【Flash 文本】打开如图 8－19 所示的对话框。

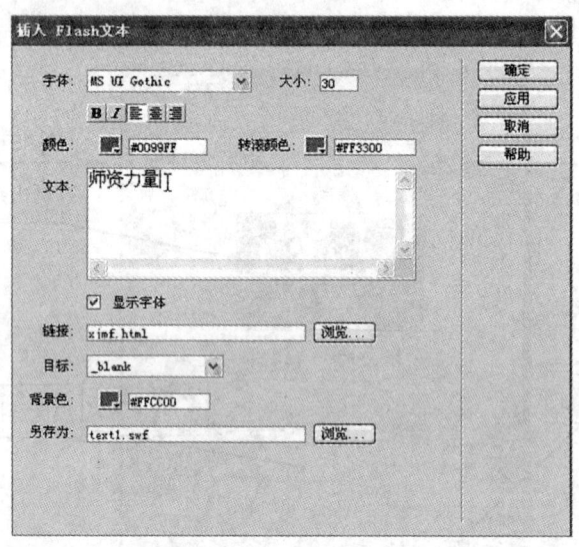

图 8－19　插入 Flash 文本

【字体】【大小】选择所需要的字体和字号；【颜色】选择页面起始时显示的文本的颜色；【转滚颜色】鼠标经过时的颜色；【文本】需要显示的文本；【链接】鼠标点击后链接的 URL；【目标】

在新窗口还是在本窗口打开等的选项；【背景色】Flash 的背景颜色；【另存为】保存的路径和文件名；设置完毕，点击【确定】。

2. **插入 Flash 按钮**

同插入 Flash 文本一样，无需在 Flash 软件中制作，即可直接在 DW 中制作出 Flash 按钮。选择菜单栏【插入】/【媒体】/【Flash 按钮】后，填写对话框中的项目，完成制作。

3. **插入 Flash**

在菜单栏中选择【插入】/【媒体】/【Flash】打开对话框，选择路径，文件之后按下【确定】按钮，即可在文档中插入 Flash，但是在编辑窗口中不能显示 Flash 动画，只有在保存文档之后，在浏览器中才能正常显示 Flash。

4. **插入插件**

打开一个需要添加音乐的网页文件，在菜单栏选择【插入】/【媒体】/【插件】打开对话框，选择路径和文件之后点击【确定】按钮，网页文件中出现图 8-20 所示的插件图标：

图 8-20　插件图标

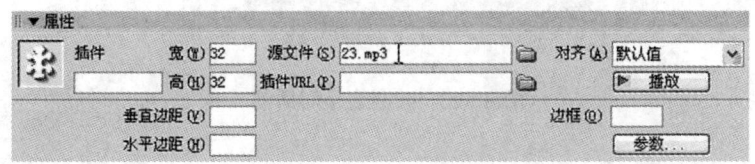

图 8-21　插件属性面板

鼠标选中插件图标，在图 8-21 所示的【属性】面板中可以设置其属性：

【宽高】设置为零的时候，网页中不出现播放器外观，这种做法可以使音乐作为网页的背景音乐。默认音乐播放一次后停止，如果想要循环播放则需要在代码中设定；当宽高设置为 300×40 的时候，出现图 8-22 所示大小的播放器外观，可以对音乐进行控制。

【插件 URL】设置站点中播放音乐媒体的插件路径和文件名，如果不设置，则会使用服务器端的插件播放该文件。

图 8-22　播放器

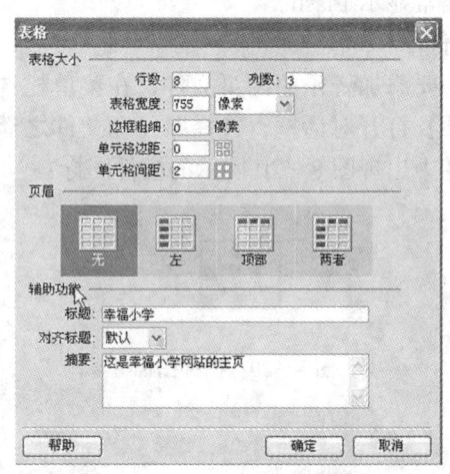

图 8-23　建立表格对话框

8.5.5　网页排版：表格

通过前面的讨论，我们可以编辑文本，插入图像和多媒体，已经可以制作网页了。可是在制作过程中，会发现无论怎样排版都有些不尽人意。这是因为 HTML 本身并没有提供更多的排版手段，我们往往就要借助表格实现网页的精细排版。可以说表格是网页制作中最为重要的一个技巧，它不但可以精确地定位文本、图像和其他网页中的元素，还可以有效地排列数据。表格运用的好坏是区分专业网页制作和业余爱好的客观标准。

1. 表格的组成

将光标移动到准备插入表格的地方点击菜单【插入】/【表格】或点击对象面板的"插入表格"常用工具图标▦，打开图 8 - 23 所示的对话框：

【行数】【列数】文本框中填写相应的数字就能够定义表格的行数和列数。

【表格宽度】文本框配合后面的下拉选项可以定义表格的宽度。表格的宽度可以用像素或百分比单位，如果您需要浏览者无法改变表格宽度，请使用像素单位；如果您需要表格随用户屏幕分辨率改变，请选用百分比。

【边框粗细】文本框中的数字定义了表格边框的宽度，如果设置为零，则不显示边框，这在网页布局中经常使用，虽然没有边框，但是我们在菜单栏的【查看】/【可视化助理】中选中【表格边框】命令就能显示出边框的虚线，便于大家布局，最后生成的网页在浏览器中打开边框不会显示出来。

【页眉】定义表格标题出现的位置。

【标题】文本框输入表格标题的文本。

【对齐标题】下拉选项定义标题的位置。

【摘要】添加备注文字。

【单元格边距】单元格中元素与单元格边框之间的距离。

【单元格间距】单元格与单元格之间的距离。

建立好的表格如图 8 - 24 所示：

2. 网页版面格式

当我们在互联网上任意打开一个网页，例如一个版面比较复杂的主页，其界面大多都与图 8 - 25 所示的基本相似，图中的黑色线框是为了说明之用后来画上去的。

从图中的黑色线框可以看出，网页版面的格式是由表格构成

的，通常是一个大表格的单元格中又能嵌套小表格，小表格中又可
以再嵌套表格，表格的单元格还可以根据格式需要进行合并，这样
做的目的都是为了能精确地固定网页中文字、图像、动画等多媒体
元素在版面中的位置。

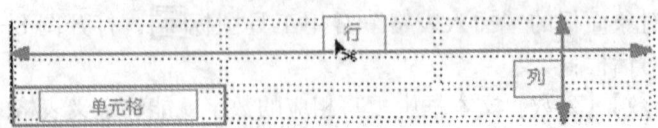

图 8 - 24　表格中的行和列

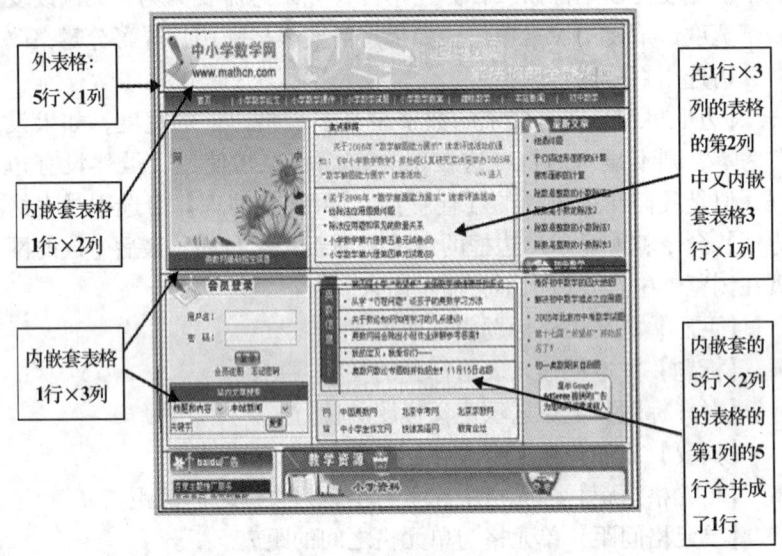

图 8 - 25　一个网页的例子

所以，在制作网页时，首先是根据版面设计要求设计、添加表
格，表格中又可以再插入表格。在单元格中插入表格的时候，单元
格中的表格叫做内嵌入式表格，内嵌表格中的单元格可以再分成多

行或多列，并且可以无限制地插入，不过内嵌的表格越多，浏览器下载时间越长，所以内嵌表格最好不要超过三层。由于网页是不显示边框线的，一般要把表格的边框宽度设置为 0。

　　然后在表格单元中插入多媒体元素，如图像，文本等，方法如同在文档中操作一样。添加文本，表格会随着增多而自动增高。在单元格中添加图像时，如果单元格的尺寸小于图像的尺寸，单元格也会自动增高或增宽。

　　可以看出，要制作出美观的网页，必须熟练掌握对表格的操作。

3. 编辑表格

（1）选择表格

最常用的选择表格的方法有四种：

用鼠标点击表格左上角边框，选中表格。

将光标放在表格中的任意处，然后在菜单栏【修改】/【表格】中选定【选中表格】命令。

拖动鼠标从表格左上角至右下角，选中所有单元格，然后在菜单栏【编辑】中选择【全选】命令。

单击表格任意处，然后在状态栏选择＜Table＞标签。这是最简单、最常用的方法，如图 8 - 26 所示：

图 8 - 26　选择表格

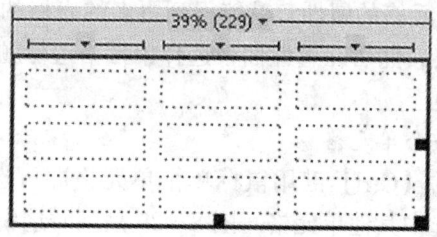

图 8 - 27　表格被选中

被选中的表格状态如图 8-27 所示。

（2）更改表格尺寸

上图中表格边框上的黑色方块叫做拖放手柄，鼠标移动到拖放手柄上出现双向箭头光标的时候即可拖动至合适的尺寸。当然要精确定义表格的尺寸还是要在选中表格后的图 8-28 所示的属性栏中设定。

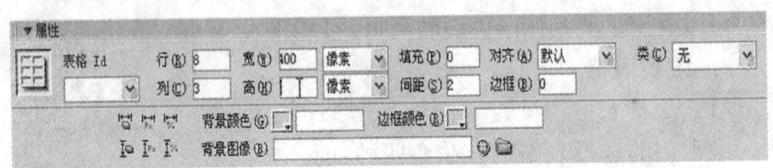

图 8-28　表格属性设置

【表格 ID】用于编程和在今后的行为中使用；【背景颜色】打开调色板选中颜色，即可指定表格的背景色；【背景图像】给出图像的路径和文件名即可指定表格的背景图像，如果既指定背景图像又指定背景颜色，则图像部分会遮挡住背景颜色，除非它是一个透明的 GIF 图像；【边框颜色】打开混色器面板选中颜色，即可指定表格边框颜色；通过不同的表格边框颜色背景颜色的指定，可以得到多种效果，例如把边框色设为红色，背景色设为黄色。

在图 8-25 所示的状态栏中，可以选中一行或者一个单元格。选中一行：点击状态栏的＜tr＞；选中一个单元格：点击状态栏的＜td＞。设置单元格的属性，就能得到更多的表格的效果，例如选中第一个单元格，然后在属性面板选择单元格边框颜色为黑色；背景颜色为浅黄色。

（3）选定多个单元格

按下键盘的【Ctrl】键用鼠标单击单元格即可选中该单元格，继续点击即可选中其他单元格。图 8-29 是同时选中了第 1 行 1 个单元格、第 3 行 2 个单元格、第 5 行 1 个单元格的状态。

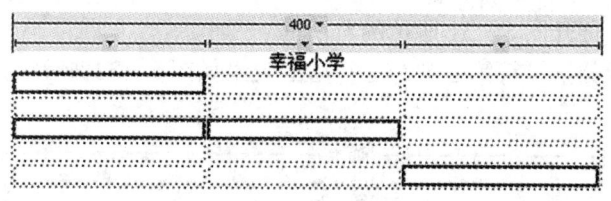

图 8 - 29　选定多个单元格

(4) 拆分/合并单元格

选中单元格可以合并，例如上图中第 3 行和第 4 行的前两个单元格，选中后选择【修改】/【表格】菜单的【合并单元格】命令即可，合并结果如图 8 - 30 所示。

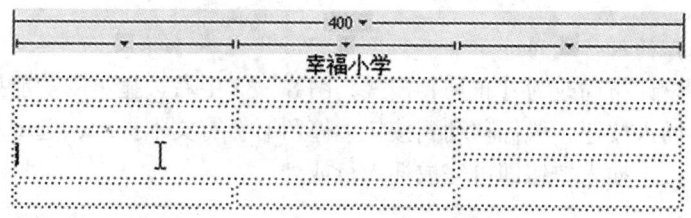

图 8 - 30　合并单元格

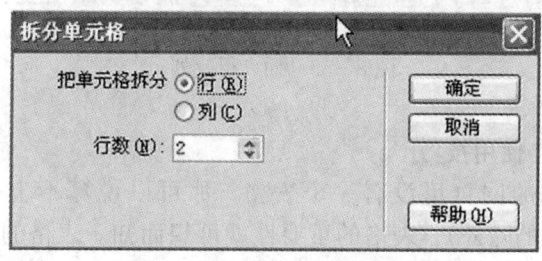

图 8 - 31　拆分单元格对话框

选中一个单元格后选择【修改】/【表格】菜单的【拆分单元

格】命令，打开图 8 - 31 所示的对话框。

选择拆分第 1 行第 2 列为 2 行后的效果如图 8 - 32 所示：

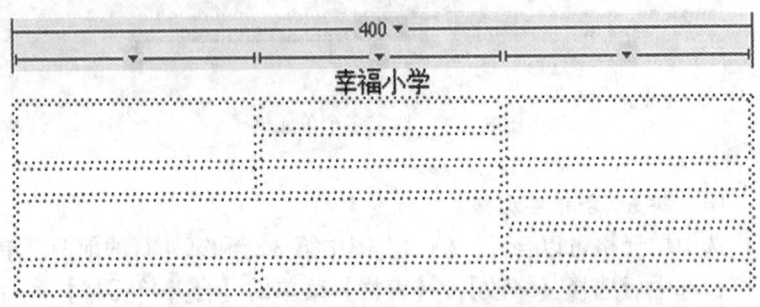

图 8 - 32　拆分单元格效果

（5）插入行或列

将设计布局改为【布局】模式，图 8 - 33 中右边显示的功能按钮即为插入按钮，鼠标移动到按钮上停留时会有文本提示，选中单元格后点击插入按钮即可完成插入行或列。

图 8 - 33　插入行或列

4．表格使用技巧

如果你的网页里没有一个表格，那可以说算不上一个网页（FLASH 做的除外），表格的重要性就可想而知。表格的参数说得差不多了，下面谈谈使用表格需要的技巧。

（1）表格的宽设为 100%

使用表格排版网页，可以使你的网页更美观，将表格的宽设为100%，可以使网页的兼容性更好。有的人喜欢用层来排版，但层在不同分辨率的浏览器中有不同的效果，兼容性不好。

（2）不要把整个网页放在一个大的表格里

因为一个大表格里的内容要全部 LOAD 完才会显示，如果整个网页放在一个表格里，那么你的网页就只会两种情况：全部不显示或全部显示出来。

（3）细线边框的表格

插入一个表格，边框大小设为 0（border = 0），间距设为 1（cellspacing = "1"），背景色设为深色（如 bgcolor = "♯000000"），全部选定单元格，并将单元格的背景色设为浅色（如：bgcolor = "♯FFFFFF"），这样可以得到一个细线边框的表格。

（4）用表格代替水平线

插入一个表格，将高度设为 1（按需要设定），当然也可以将宽设为 1，制作竖线。在 DW 里制作时，先将高设为 1 后，切换到代码窗口，将表格里的空格符去掉（ ），如果不去掉空格符，将看不到效果。

（5）制作有立体感的表格，

请看图 8 - 34 里几个特殊效果的表格：

图 8 - 34　特殊效果的表格

A 表格的参数：border = "1" cellspacing = "0" cellpadding = "0" bordercolor = "♯FFFFFF" or dercolorlight = "♯000000" bgcolor = "♯9999CC"

B 表格的参数：border = "1" cellspacing = "2" cellpadding = "0" bgcolor = "♯9999CC"

C 表格的参数：border = "1" bordercolor = "♯FFFFFF" bordercolorlight = "♯000000" bgcolor = "♯9999CC"

其实有一个技巧：把 bordercolor 设为浅色一点，表格就会凸起来了。

（6）研究别人制作的网页

表格的嵌套在网页制作中经常被使用到，尤其是在一些门户网站中，为了使大量的信息整齐地展示在浏览者面前，表格的嵌套就使用得最为频繁。可以在浏览器中把正在浏览的网页保存下来，然后在 DW 中打开，观察表格使用的情况。刚开始时候，对表格应用可能看得不太懂，但做网页时间长了，就可以领悟出其中道理了。

8.5.6 框架

在一个网页中，我们并不需要所有的内容都在点击链接的时候改变，比如导航条、站点标志、版权信息等，都是不需要改变的。因此我们没有必要在每一个网页中都插入这些元素，这不但能减轻设计制作网页的工作量，也可以减少用户浏览时由浏览器检测这些元素是否已经被装载过的时间。框架主要的作用就是将窗口划分为几个"区域"然后根据需要在某些区域放置不需要改变的元素，某些区域放置需要改变的内容。这种结构的网页特别适合教学网站。

图 8 - 35 是锐意网络中的"多媒体课件设计与制作"课程（www. reion. net/mmc/index. html）的界面。左侧是课程内容选择的目录，上方是课程标志和教学辅助资源以及功能按钮，我们点击任何一个内容的时候这些都不会也不需要改变，唯一需要改变的是右侧最大的区域，它根据我们点击的内容不同而出现不同的内容。

根据上面的分析得知，这个页面是由一个三个框架组成的框架的集合，所谓框架就是把屏幕分割开来的"区域"，而框架的集合，我们称之为框架集。实际上框架页面是一个仅仅包含框架集的页面，里面的内容则是各个框架加载的页面产生的。例如对于图 8 - 35 的网页实际上包含 4 个网页文件，整个框架是一个网页文件，左边、顶部和中间各是一个网页文件。

所以开发框架类的网页步骤是：首先制作各个区域中的网页，并分别保存成网页文件；然后创建框架；最后在框架的各个区域中载入制作好的网页文件。

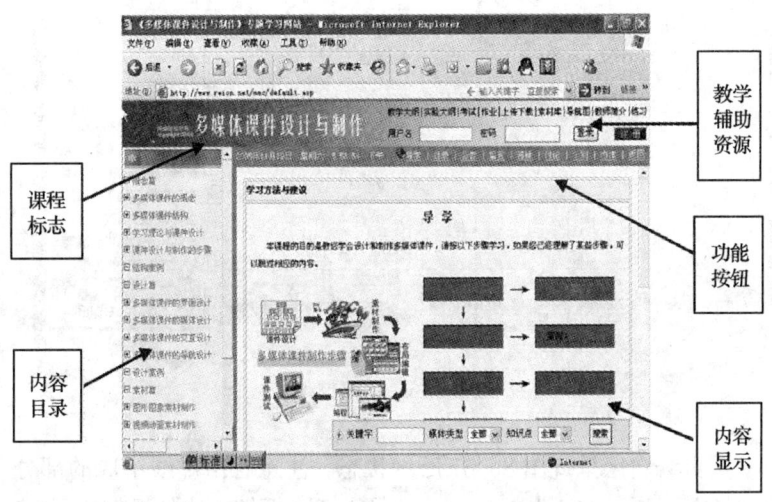

课程标志

内容目录

教学辅助资源

功能按钮

内容显示

图 8-35　框架格式的网页

下面我们来制作一个类似图 8-35 效果的实例来说明框架、框架集、框架页面和页面的关系。

1. 建立三个网页

对照图 8-35 中左边、顶部和中间页面的样式，制作 3 个网页文件，并分别存为 leftframe. htm、topframe. html 和 mainframe. html。

2. 创建框架

如图 8-36 的界面中，在工具栏中选择"布局"方式，按下中间的"布局"按钮，然后点击框架按钮的下拉箭头，选中"顶部和嵌套的左侧框架"（图中鼠标所指的）：

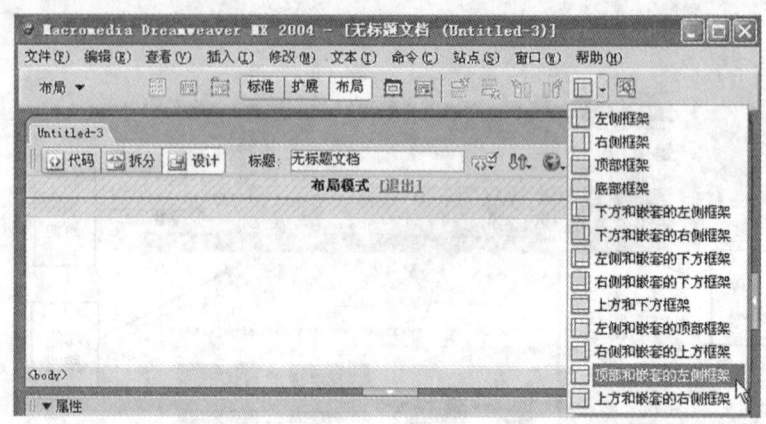

图 8-36　创建框架

　　网页编辑区呈现图 8-37 所示状态，注意看由虚线组成的部分，分别是左、顶、右 3 个框架，这就是由 3 个框架组成的框架集了。

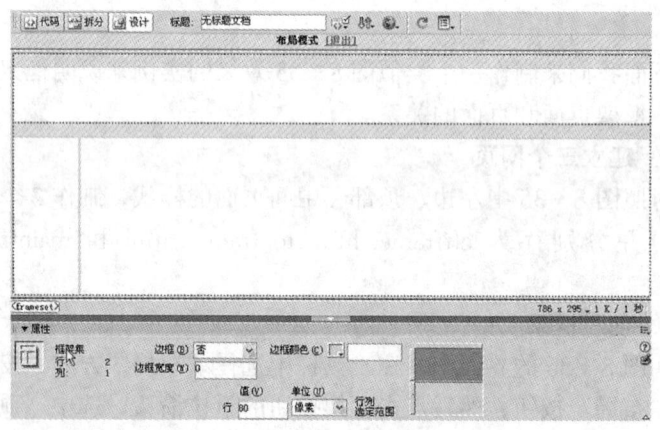

图 8-37　框架结构

　　可以通过属性面板调整框架集的属性。【边框】："否"代表在浏览器中不显示边框;"是"表示在浏览器中显示边框;默认则表示由用户浏览器设定来控制。边框宽度与边框颜色与表格的属性设置相同。

3. **设置分框架属性**

这是在控制面板上出现图 8 - 38 所示的"框架"面板,如果没有这个面板,请使用 Shift + F2 或者在窗口菜单下选中"框架"。这个面板在框架操作过程中非常有用。

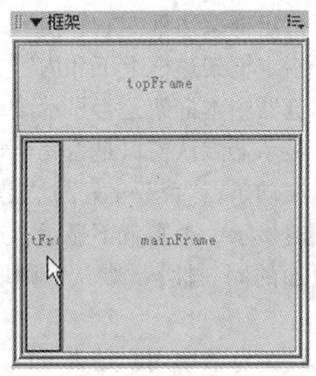

图 8 - 38 框架控制面板

注意看,目前黑色的粗框选在左边,这表明我们选择的是左框架,这个过程叫做选取框架。这里要注意区分框架和框架集的关系,与之相对应的是左框架的属性如图 8 - 39 所示:

图 8 - 39 分框架属性设置

框架名称：leftFrame 就是左框架的意思，我们可以重新命名为我们习惯的名字，但必须注意，框架的命名不能是数字开头，也不能用"top"这样的 JavaScript 中的保留字。这个实例中我们就使用 leftFrame 默认的框架名。

边框：可以设置在浏览器中是否显示当前框架的边框，大多浏览器默认是显示边框，除非框架集已经选择为不显示。

边框颜色：选择的颜色会应用到和本框架接触的所有的边框，并且会重写框架集已经安排的边框颜色。

边界宽度：用于指定框架边框左右和内容之间的空间。

边界高度：用于指定框架边框上下和内容之间的空间。

滚动：指定在浏览器中本框架是否显示滚动条，其中"是"表示不论本框架中内容显示器默认窗口是否完全显示，即不论内容多少，浏览器始终显示滚动条；"否"正好与"是"相反；"自动"根据内容的多少在需要时显示，否则就不显示，这个比较常用，既能满足需要又能保持页面的同一性；"默认"则取决于用户浏览器的设置。

不能调整大小：在浏览器中用户是否可以用鼠标拖动框架，一般为了整体效果，选中不能调整大小。除非您有特殊需要。当然，在我们的设计制作过程中我们还是可以用鼠标拖动设计位置的。

4．在分框架中载入网页文件

在图 8－39 分框架属性设置的"源文件"中指定一个在本框架中要显示的源文件，本实例中我们选择前面制作的 leftframe．html 文件。在"框架"面板重复选取框架动作，分别选择顶框架、右框架，在分框架属性面板中分别指定源文件为前面制作的 topframe．html 和 mainframe．html，这时就得到了类似图 8－35 的框架页面了。

5．设置超级链接

我们的制作还没有完成，当用鼠标点击左框架内容目录时，要在右边的框架中显示相应的内容，同样用鼠标点击顶框架中的功能时，也要在右边的框架中显示相应的内容。实现这种效果的制作方法是：

（1）制作内容网页

鼠标点击内容目录或功能按钮，都要在右边的框架中显示相应的内容，这样就要先分别制作出这些内容页面，并存为一个个网页文件。

（2）建立链接

如图 8-40 所示，在左边的框架中选中一条内容目录，例如选中"多媒体课件的概念"，然后在属性栏的"链接"中设置在步骤（1）中为"多媒体课件的概念"制作的具体内容网页文件，例如这里是0. html 。为了能让0. html 显示在右边的框架中，一定要把属性栏的"目标"设置为"mainFrame"也就是右框架的名字。

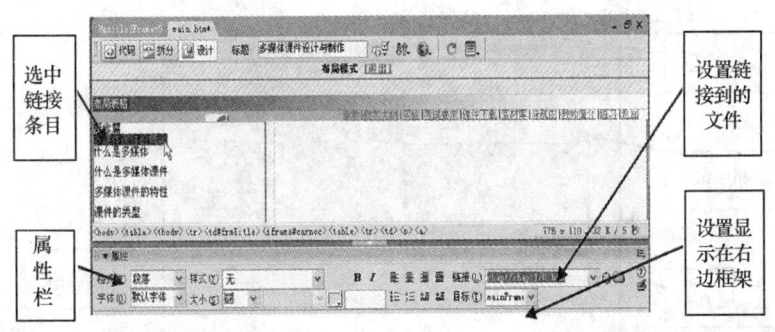

图 8-40　设置框架超级链接

重复上面的步骤，完成其它目录和功能按钮的超级链接的制作。

6. 保存框架文件

我们可以看出，其实当我们已经熟悉框架，框架集和页面之间的关系之后，我们就能直接在框架集的页面中开始做相关的网页了，一个框架网页中除了框架集之外还有框架中包含的网页，因此选择保存全部，并分别命名即可。本实例中如果选择全部保存就会要求您保存 4 个文件。当我们完成上面的工作，全部保存之后，一个用框架制作的网页就制作成功了。

8.5.7　网页排版:层

在众多网页制作软件中 Dreamweaver MX2004 独有层的功能。Dreamweaver MX2004 的层与 Flash MX 和 Photoshop 中的层不同，Dreamweaver MX2004 的层可以游离在文档之上，因此可以用层来精确定位网页元素；层可以通过时间轴来移动或者变换位置，实现动画效果；层还可以转换为表格，为不支持层的浏览器提供解决方法。

1. 建立层

在工具栏中选择"布局"、"标准模式"，然后选择"描绘层"按钮或在菜单栏选择"插入"、"布局对象"、"层"，就可以在文档窗口建立一个层，如图 8-41 所示:

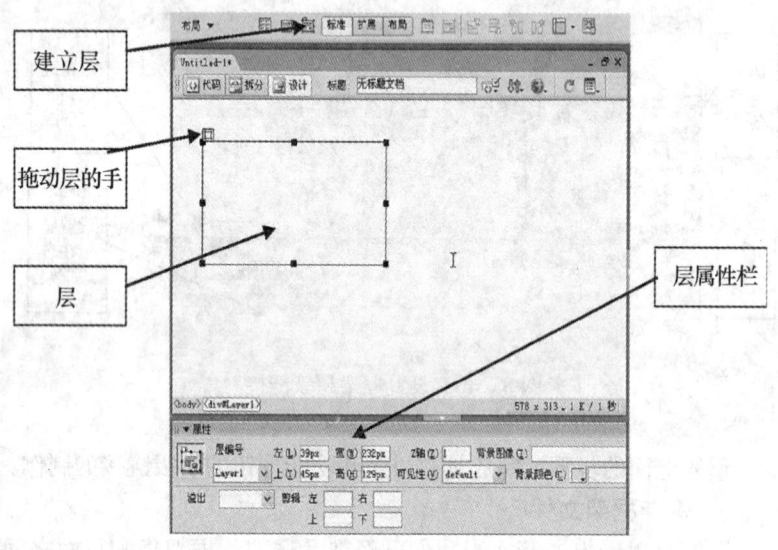

图 8-41　建立层

鼠标点击上图中的手柄选中层，层选中之后，可以在属性面板里面查看和设置各种参数了。【层编号】：给层命名，在使用行为或者 JavaScrip 来控制层的时候，就必须用到这个名称；【左】（上）：

层与浏览器窗口左边（上边）的距离；【宽】（高）：层的宽度和高度；【Z 轴】：除了屏幕的 X、Y 轴，逻辑上增加了一个垂直于屏幕的 Z 轴，其数值代表垂直平面的方向上层的序号；【可见性】：层的可见性，default - 默认，inherit - 继承，visible - 可见，hidden - 隐藏；【背景图像】（颜色）：用来设置层的背景图像和颜色；【溢出】：设置当层内的内容超过层的大小时的显示方式，visible - 层将向右向下扩大以显示层内的全部内容，hidden - 只显示层尺寸以内的内容，scroll - 不改变层的大小，但增加滚动条，不管层的尺寸多大都会显示滚动条，auto - 只有在层不够大的时候才出现滚动条；【剪辑】：用于指定层的哪一部分是可见的。

2. **层面板**

选择菜单的"窗口"、"层"或者使用快捷键"F2"都可以打开层面板，它与层的属性面板配合使用，可以快速地对层进行操作，层面板如图 8 - 42 所示：

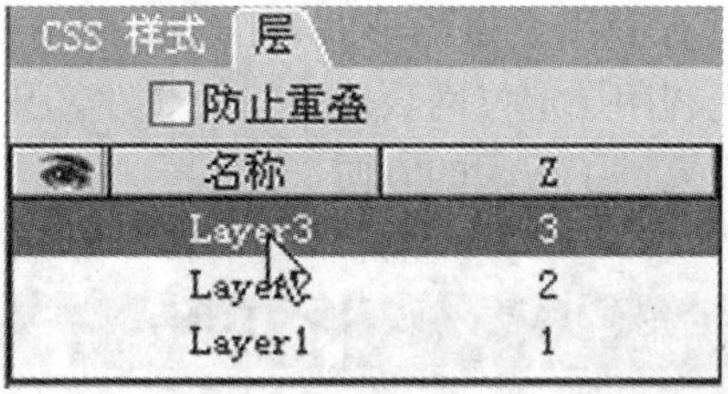

图 8 - 42　层控制面板

层面板可以实现以下功能：将一个层嵌套到另一个层、选中一个或者多个层、修改层的 Z 轴顺序、修改层的可见性、禁止或者允许层重叠。我们可以使用层面板上这些功能来完成下面阴影字的制作。

①在文档窗口插入一个层。

②在层中输入文本"阴影字"然后在属性面板把字体设置为36 号，红色。

③然后选中该层使用鼠标右键选择拷贝，再粘贴，这样就复制了一个跟该层大小、内容完全一致的另一个层，将这个层在属性面板层编号中改为 Layer2。

④在"Layer2"将文字颜色改为黑色。

⑤选中 Layer2 图层，用键盘的方向键移动该图层，按下左箭头两次，上箭头两次，会看到文字阴影的效果了。

⑥在层面板上，将 Layer1 的 Z 轴数值改为 2，得到文字阴影效果。

以上这个实例说明，层是可以叠加的，并且叠加在一起的层是通过 Z 轴来确定位置的，z 轴的值可以是正数、负数和零，数值大的层在上面。合理的使用层和 Z 轴可以变换出各类效果。

3．用层设计表格

我们制作网页当然希望能支持各类浏览器，以便向更多的浏览者传递我们的信息，尽管层定位网页的元素比使用表格定位方便了很多，但并不是所有的浏览器都支持层，仅以 IE 浏览器而言，只有 IE4．0 以上的浏览器才支持层，因此有的时候我们为了兼顾各类浏览器，就只有采用表格的形式，DreamweaverMX2004 层转换为表格的功能既利用层定位网页元素的便捷性，又能兼顾更多种类浏览器，给我们提供了很大的方便。

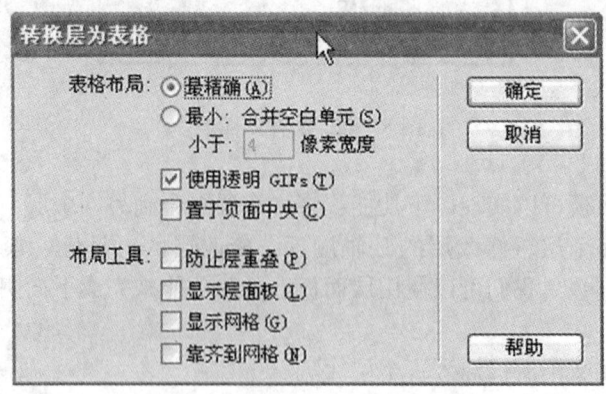

图 8－43　层转换到表格

（1）层转换为表格

选中要转换的层，然后选择菜单中的"修改"、"转换"、"层到表格"，弹出图 8-43 所示的【转换层为表格】对话框。

【最精确】：为每个层创建一个单元格并增添一些单元格来保持相邻的层之间的距离，精确地保证转换之后的位置；【最小】：当有一些层的坐标位置接近的时候去掉一些宽高小于指定像素的空单元格，这样能减小 HTML 文档，但转换后页面会有一定的差别；【使用透明 GIF】：软件自己生成一个透明的 GIF 格式的图像充填在表格最后一行，用于保证在所有的浏览器中都有一致的外观，选中该项之后将不能拖动表格的列来编辑表格，如果不选择，可能导致在不同的浏览器中表格具有不同的列宽而具有不同外观，可以根据设计需要选用本功能；【置于页面中央】：选中后表格在页面居中对齐，反之默认在左对齐；【防止重叠】：选中该项可以防止层的重叠，如果有重叠发生将无法转换，在层到表格的转换中该项应该选取；【显示层面板】、【显示网格】、【靠齐到网格】：这几项主要为了便于布局设计，根据需要决定是否选取。

选定并按下"确定"之后，DreamweaverMX2004 自动打开一个新的窗口，窗口内的内容布局和用图层制作的布局完全一致，不同的是，这是用表格布局的。

（2）表格转换到层

在表格布局中布局受到局限的时候，可以把表格转换为层，然后通过移动层来调整布局，与层转换为表格不同的是，表格转换为层应该取消"防止重叠"的选择，使层能够根据需要相互叠加，然后通过改变 Z 轴位置来达到设计要求。有一点必须注意：一旦取消了"防止重叠"层叠加之后就无法再转换为表格了。

8.5.8 CSS 样式表

曾经制作过网页的学习者可能有这样的经历：制作好的网页在自己的电脑上看版面非常整齐，但到别人电脑的浏览器上浏览，整个网页的版面都乱了，主要是文字的大小、网页的大小都变了，这主要是浏览器中字体的大小设置不同，网页中的字体就会随之改变。一个好的网页，应该不受浏览器字体设置的影响。为了让网页中的文本等在任何一台电脑上浏览都始终保持原有的外观，就要使用 CSS 样式表。

1. CSS 的概念

CSS 是 Cascading Style Sheets（层叠样式表单）的简称。它允许作者在 HTML 文档中加入样式（如字体类型、颜色、大小等等）。对于设计者来说它是一个非常灵活的工具，不必再把繁杂的样式定义编写在文档结构中，可以将所有有关于文档的样式指定内容全部脱离出来，在行内定义、在标题中定义，甚至作为外部样式文件供 HTML 调用。CSS 在当前的网页设计中已经成为不可缺少的技术，例如我们现在最常见的去除链接文字的下划线就是 CSS 最简单的应用。

Dreamweaver 是最早将 CSS 应用于网页的工具。通过直观的界面，设计者可以定义超过 70 种不同的 CSS 设置，这些设置可以影响到网页中的任何元素，从文本的间距到类似于多媒体的转换。可以随时创建自己的样式单，然后在任何时候连接调用它。

CSS 也是以代码形式出现的，编写好的 CSS 代码，在网页的 HTML 中以＜style＞标签形式出现，在网页中使用 CSS 有三种方式：

（1）外部文件方式

即用任何一种文本编辑工具将编辑好的 CSS 代码保存为＊＊＊.css 的文件，然后在网页的文档头加入代码＜LinkRel＝"stylesheet" Href＝"＊＊＊.css" Type＝"text/css"＞凡是在网页文档头加入了这行代码的网页都将按照 CSS 格式显示。这种方式一般主要在使整站风格统一时使用。

（2）内部文档头格式

它是将 CSS 风格加在网页的文件头之间，应用的范围仅在该文档。这种方式主要在确定某个页面风格时使用。

（3）直接插入式

这种方法是在每一个 HTML 标签后直接书写 CSS 属性。在对页面的某一个标签进行调整时使用这种方式。

2. 创建 CSS 样式表

CSS 是 HTML 代码的扩充，只要修改 CSS 代码中的参数值，就能随心所欲地改变网页的风格，创建 CSS 样式表可以很方便直观地在【CSS 样式】面板和【CSS 属性】面板完成，只需要点点鼠标，就能自动生成 CSS 代码。下面我们来创建前面制作的主页文件index. html 的 CSS 样式表。

①在 DW 打开前面制作的主页文件index. html，在【窗口】菜单选择【CSS 样式】打开【CSS 样式面板】，其右下角的几个快捷按钮见图 8-44：

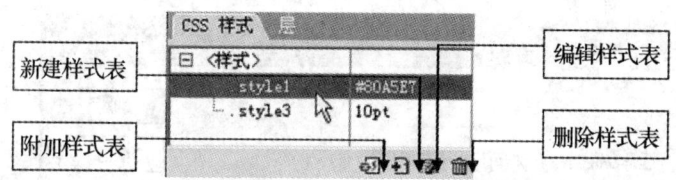

图 8-44　CSS 样式面板

②点击 CSS 面板上的"新建样式"图标 新建一个样式表，如图 8-45 所示：

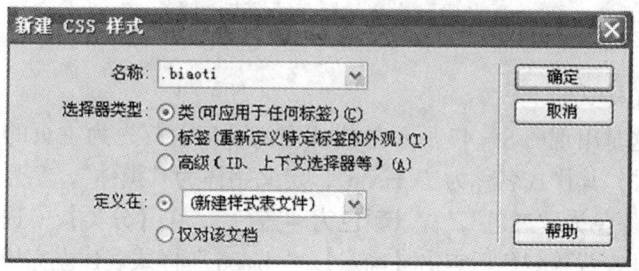

图 8-45　新建 CSS 样式

名称：为新建的样式命名，必须以"."开头，以英文字母命名。

选择器类型：类-应用于任何标签。标签-定义特定的标签；高级-为具体的某一个标签组合或者具有 ID 属性的标签定义格式。

定义在：选择"新建样式表文件"按下"确定"后弹出对话框，要求将样式保存为样式表文件，供"外部文件方式"使用；选择"仅对该文档"定义只能用在该文档的样式。

这里我们输入名称为".biaoti"，按下"确认"键，出现图 8 -46 保存样式表文件对话框，输入文件名：zhuye，按"保存"。

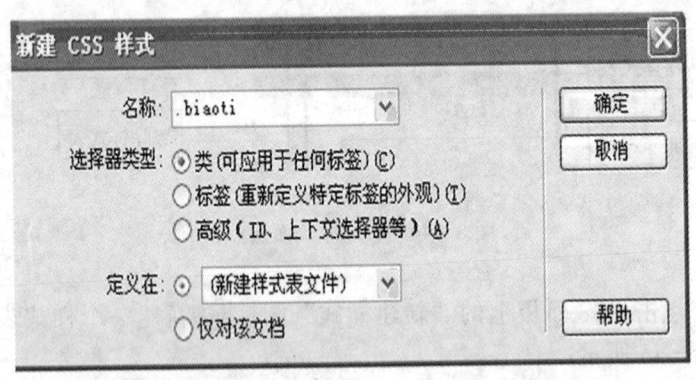

图 8-46　保存样式表文件

③样式定义

这时出现图 8-47 所示的样式定义窗口，首先为主页的标题定义样式，其样式名称为".biaoti"，定义字体为"黑体"，字号为"24点"，颜色为"红色"，背景颜色为"蓝色"，在【分类】中选择【背景】设置背景颜色后点击【确定】，".biaoti"样式表建立完毕。

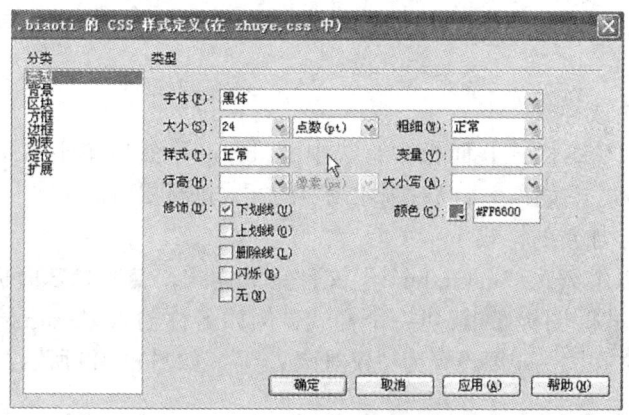

图 8-47　定义样式

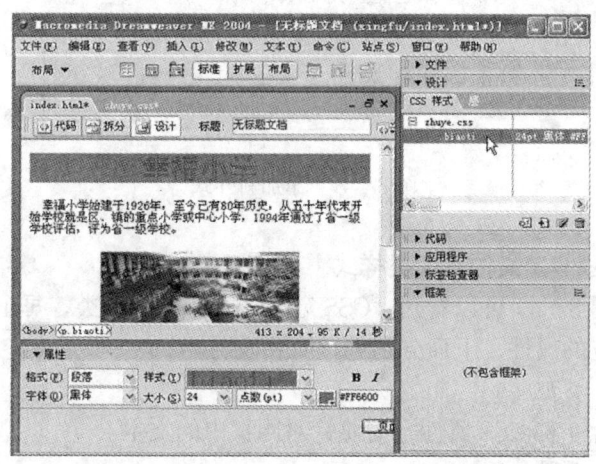

图 8-48　应用样式

④给网页对象应用样式

下面我们把"index.html"主页中的标题文字设定为我们建立的".biaoti"样式，方法是：在 index.html 编辑窗口中选中标题，然后在属性面板"样式"中选择".biaoti"即可，图 8 - 48 是应用后的效果。

⑤更改样式

在【CSS 样式】面板中，选中".biaoti"然后单击右下脚的"编辑样式"按钮，可以对刚才设定的样式进行更改。

⑥添加新的样式

可以继续为"index.html"文件定义样式，点击 CSS 面板上的"新建样式"图标 ⬛ 新建一个样式，例如名称输入".zhengwen"，但"定义在"一定要设置为"仅对该文档"，如图 8 - 49 所示：

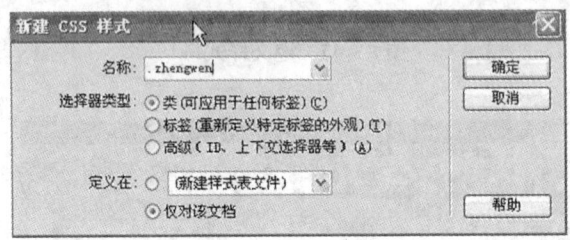

图 8 - 49　　添加新样式

3. CSS 定义的八大类样式

从图 8 - 47 可以看到，CSS 定义样式有八个大类，每个类都有自己相应的属性，下面分别进行简要说明。

（1）类型

包含 9 种 CSS 属性，主要针对网页中的文本。

（2）背景

背景的功能是在网页的元素后面放置固定的背景色或者图像，（注意：是网页元素后的背景色或背景图像，而不是网页的背景色或背景图像）。

（3）区块

区块是指网页中的文本、图像、层等元素的集合，区块属性用于控制块中内容的间距、对齐方式、文本缩进等。

（4）方框

CSS 将网页中所有的块元素都看作包含在一个虚拟的方框内，可以对这个方框进行设置。

（5）边框

边框面板的属性主要针对方框的边框。

（6）列表

列表属性主要用于控制列表内的各项元素：

（7）定位

定位主要用于精确定位层的位置。

（8）扩展

扩展分为：打印网页设置，网页特殊效果设置、指定某个元素上要使用的光标形状、为网页中的元素添加各种过滤效果。

样式表的使用是专业网页制作者与业余网页制作者的主要区别，对网页中所有版面格式的控制要尽可能使用 CSS 样式表来完成。

4．链接样式设置

平时上网会发现很多网站做出来的链接都是无下划线的或者鼠标移到后下划线不见了，而自己做出来的网页总是有下划线的，对这些链接的效果也使用 CSS 样式表来设置。

（1）点击 CSS 面板上的"新建样式"图标，新建一个样式，如图 8-50 所示。

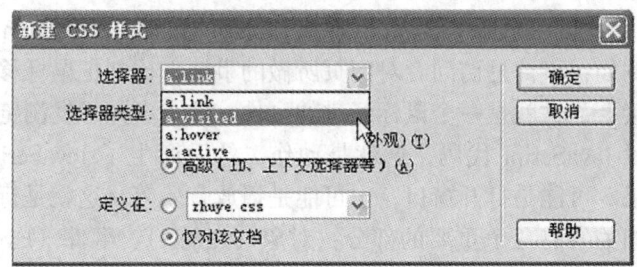

图 8-50　链接样式设置

（2）"选择器类型"选中"高级"，"定义在"设定为"仅对该文档两项"。

（3）"选择器"中可以选择下列项目进行设置：

a:link：表示已经链接；

a:hover:表示鼠标移上链接时；

a:active:表示链接激活时；

a:visited:表示已点击过的链接。

然后重复几次上面步骤，按要求分别定义好上面几个标签，就可以制作出各种链接效果了。

8.5.9　行为与特效

一般说来，动态网页或一些特殊效果，如弹出信息框、播放音乐、禁止鼠标右键、自动跳转等，是通过 Java 或基于 Java 的 Dhtml 代码来实现的，包含 Java 脚本的网页，还能够实现用户与页面的简单交互，但是编写脚本既复杂又专业，需要专门学习。然而幸运的是 Dreamweaver 提供了一种称为"行为"（Behavior）的机制，虽然行为也是基于 Java 来实现动态网页和交互的，但却不需书写任何代码。在可视化环境中按几个按钮，填几个选项就可以实现丰富的动态页面效果，实现人与页面的简单交互。

1．行为和事件

行为是对某一对象的操作，它主要表述了对象的动态属性，操作的作用是设置或改变对象的状态。行为最终表现为一种执行的效果，行为（Behavior）是由事件（Event）和动作（Action）组成的，例如：事件是访问者对网页所做的事情，比如把鼠标移动到一个链接上，这就是一个鼠标经过的事件，这个事件触发浏览器去执行一段 JavaScript 代码，这就是动作，然后产生了 JavaScript 设计的效果，可能是打开窗口，也可能是播放音乐等，这就是行为。与行为相关的有三个重要的部分：对象（Object）、事件（Event）和动作（Action）。

（1）对象（Object）

对象是产生行为的主体，很多网页元素都可以成为对象，如图片、文字、多媒体文件等，甚至是整个页面。

（2）事件（Event）

事件是触发动态效果的原因，它可以被附加到各种页面元素上，也可以被附加到 HTML 标记中。一个事件总是针对页面元素或标记而言的，例如：将鼠标移到图片上、把鼠标放在图片之外、单击鼠标，是与鼠标有关的三个最常见的事件（onMouseOver、onMouseOut、onClick）。不同的浏览器支持的事件种类和多少是不一样的，通常高版本的浏览器支持更多的事件。

（3）动作（Action）

行为通过动作来完成动态效果，如：图片翻转、打开浏览器、播放声音都是动作。动作通常是一段 JavaScript 代码，在 Dreamweaver 中使用 Dreamweaver 内置的行为往页面中添加 JavaScript 代码，就不必自己编写。

（4）事件与动作

将事件和动作组合起来就构成了行为，例如，将 onClick 行为事件与一段 Java 代码相关联，单击鼠标时就可以执行相应的 Java 代码（动作）。一个事件可以同多个动作相关联，即发生事件时可以执行多个动作。

Dreamweaver 内置了许多行为动作，好象是一个现成的 Java 库。除此之外，第三方厂商提供了更多的行为库，下载并在 Dreamweaver 中安装行为库中的文件，可以获得更多的可操作行为。如果您很熟悉 Java 语言，也可以自行设计新动作，添加到 Dreamweaver 中。

2. **行为面板**

使用 Shift + F4 或者在窗口菜单选中"行为"可以打开行为面板，如图 8 - 51 所示。

3. **行为**

按图 8 - 51 中的"+"按钮，弹出行为选择框，其中列出了所有的行为，但对于不同的元素，可以选择的行为也有所不同。以下是一些常用的行为的说明。

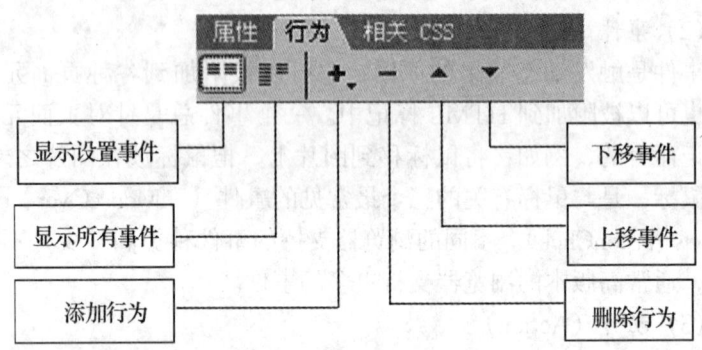

图 8-51　行为面板

播放声音：可以为网页加入声音；

打开浏览窗口：可以打开一个小窗口（和网上的弹出窗口一样）；

弹出信息：可以弹出一条警告信息；

调用 JavaScript：调用网页中包含的 Javascript 程序；

检测浏览器：检测访问者使用的是什么类型的浏览器；

转到 URL：跳转到其它页面；

设定图像导航条：和交换图像差不多；

设置文字：在特定的地方显示文字；

显示或隐藏层：设置图层的显示或隐藏；

跳转菜单：插入跳转导航菜单；

跳转菜单开始：控制导航菜单跳到哪个页面；

4.**事件**

在图 8-51 中选择事件（Events），决定在什么情况下触发行为，常见的事件有。

onMouseOver：鼠标移到目标上；

onMouseUp：按下鼠标再放开左键时；

onMouseOut：鼠标移开时；

onMouseDown：按下鼠标时（不需要放开左键）；

onClick：点击时；

onDblClick：双击时；

onLoad：载入网页时；

onUnload：离开页面时；

onResize：当浏览者改变浏览窗口的大小时；

onScroll：当浏览者拖动滚动条时。

5．行为应用例子

下面制作这样的效果：当在浏览器中打开图8－12所建立的网页index. html时，播放背景音乐，鼠标点击图8－12中的图时，弹出一个窗口显示"欢迎光临"。

（1）打开前面建立的index. html文档（图8－12所示的文档）；

（2）单击编辑窗口状态栏上的＜body＞标记，选中整个网页；

（3）打开行为面板，单击"＋"按钮，在菜单中选择"播放声音"；

（4）在弹出的菜单中输入音乐文件的路径，然后按"确定"。

（5）鼠标选中文档中的图片；

（6）在行为面板添加行为，选择"弹出信息"，在对话框中输入"欢迎光临"，如图8－52所示：

图8－52 "弹出信息"行为设置

（7）将事件设置为"onClick"，如图8－53所示：

图 8 - 53　选择事件

（8）保存页面，按下 F12 测试，当在图中按下鼠标时，会弹出一个信息。

8.5.10　表单

表单是用户与网站或网站管理人员进行交流的工具。利用表单可以制作网页中的留言板、调查表等功能，可以完成网站前端的操作，对于与服务器交互的后端开发要使用某种语言进行编程。表单的使用分为两部分：一部分是表单本身，即怎样把表单作为页面元素加入到网页页面；另一部分为表单的处理，即调用服务器端的脚本程序来处理表单中的数据，这要进行复杂的网络编程，如 Asp、Php、Cgi、Jsp 等，这里不进行讲解。下面通过制作一个留言板界面来学习如何将表单加入网页页面。

1. 表单窗口

选择"插入"面板"表单"类别，显示所有表单对象，表单中共有 14 个元素，如图 8 - 54 所示：

A为表单；B为文本框；C为隐藏域；D为文本区域；E为多选框；F为单选框；G为单选按钮组；H为列表/菜单；I为跳转菜单；J为图像域；K为文本字段；L为按钮；M为标签；N为字段集。

图8-54　表单面板

2．插入表单

点一下A插入一个表单，如图8-55，图8-54中的表单对象必须放在此表单红线内。

图8-55　插入表单

3．插入表格

在表单内插入一个5行2列的表格（边框为0），并填上文字，如图8-56所示：

图8-56　插入表格

4．插入表单对象

把光标移到表格的第2行第2列，点一下图8-54中的B，插入一个文本框，在属性栏设置此文本框的字符宽度和最多字符数设为"12"，允许输入"用户名"的字符数为"12"；光标再移到表格第3行第2列，再插入一个文本框，在属性栏设置此文本框的类型为"密码"，这使得用户在输入密码时将以"＊"出现，并将字符宽度和最多字符数设为"8"，如图8－57所示：

图8－57　"密码"文本框属性设置

光标移到第4行第2列，点一下 D 插入一个文本区域，在属性栏做如图8－58的设置：

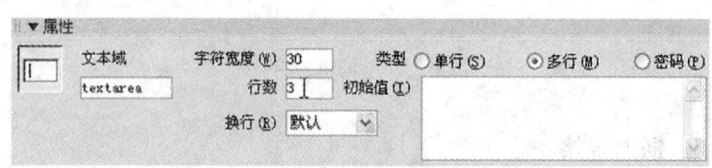

图8－58　文本区域属性设置

上述文本框属性栏的参数说明如下。

字符宽度：可以理解为框的宽度，即为多少个字符的长度；

最大字符数：框可以填写字符的最大个数；

类型：单行就是见到的样子，如果选多行就变为文本区域了，如果选了密码，填上去的内容将以＊号表示；

初始值：是表单最初的内容；

合并表格第5行的两个单元格，点两下 L 插入两个按钮，选中第二个按钮，在属性面板把动作设为重设表单，如图8－59所示：

图 8-59　"重置"按钮属性设置

按钮属性栏的参数说明如下。

按钮名称：可以理解为名字；

标签：就是按钮上显示的字；

动作：提交表单（按下时发送表单的内容），无（普通按钮），重置表单（按下后表单的内容还原为默认状态）。

按上面步骤操作后出现图 8-60 的留言板界面：

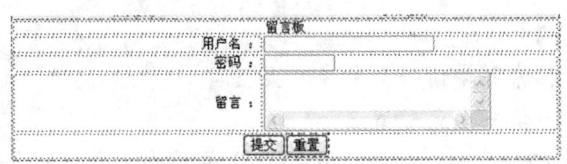

图 8-60　留言板界面

5. 添加"检查表单"行为

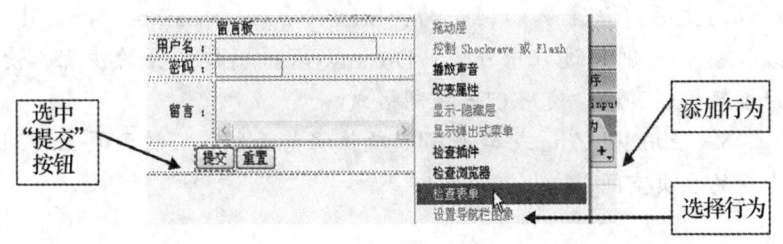

图 8-61　添加"检查表单"行为

打开行为面板，选中图 8-60 中的"提交"按钮，在行为对话框中添加"检查表单"的行为，如图 8-61 所示。

参数设置如图 8-62 所示：

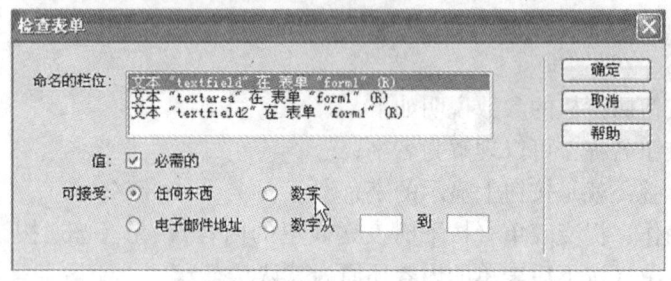

图 8-62　　"检查表单"行为参数设置

【思考与练习】

1. 请搜索并申请一个免费主页空间。

2. 请申请一个免费域名。

3. 在 Dreamweaver 中使用表格技术制作，模仿制作图 8-63 所示的主页（该主页的网址为：www. reion. net）。制作过程中注意：Dreamweaver 制作网页的步骤、使用表格控制位置、使用 CSS 控制格式。

4. 在 Dreamweaver 中使用框架技术制作，模仿制作图 8-64 所示的主页（该主页的网址为：http://www. reion. net/mmc/default. asp）。制作过程中注意：Dreamweaver 制作网页的步骤、使用框架控制页面、使用 CSS 控制格式。

5. 使用 FileZilla 或其他 FTP 软件将前面制作好的网页上传到申请的主页空间。

图 8−63

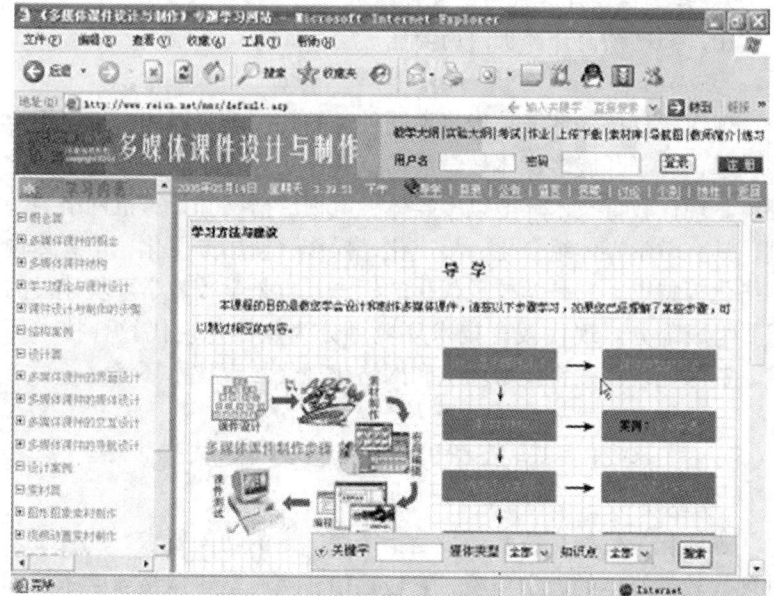

图 8−64

第9章　现代教育技术环境

【学习目标】

1. 能够准确叙述现代教育技术系统环境的含义和类型。
2. 知道微格教学系统的功能。
3. 知道多媒体教室的功能。
4. 知道学习资源中心的功能。
5. 知道校园广播网的功能。
6. 知道校园电视网的功能。
7. 定义 Intranet。
8. 掌握校园计算机网的概念。
9. 知道校园计算机网的硬件组成。
10. 知道校园计算机网的功能。

现代教育技术环境是指将不同种类的现代教育媒体有机地组合在一起，便于开展多媒体教学活动，并能实现特定教学功能的教学环境。现代教育技术环境以多媒体、电视广播网和计算机网络为基础，具有教学媒体组合化、集成化，操作、使用方便化，信息传输网络化等特点，它是学校现代化的标志，也是学校教学环境建设的重要组成部分。现代教育技术环境可分为媒体化现代教育技术环境、资源化现代教育技术环境和网络化现代教育技术环境。

9.1　媒体化现代教育技术环境

媒体化现代教育技术环境是指按照一定的功能要求，配置了多种现代教学媒体的教学环境，它包括语言实验室、微格教学系统和多媒体教室等。

9.1.1　语言实验室

语言实验室是以使用录音机等听觉类媒体为主，结合各种现代化的视听设备和电子计算机控制器，用各种控制线路装备起来的教学专门教室，也叫"语言学习系统"、"语音实验室"等，主要应用于语言、语音和音乐方面的训练与教学等。

1. 语言实验室的类型

按媒体配置及教学功能分类，语言实验室可分为听音（AP）型语言实验室、听说（AA）型语言实验室、听说对比（AAC）型语言实验室以及视听对比（AVC）型语言实验室等四种类型。

（1）听音（AP）型语言实验室

听音型语言实验室是最简单的一种语言实验室，主要用于语言听力训练，通常有两种组成方式：有线听音式和无线听音式。有线听音式由教师控制台和学生座位两部分组成，教师控制台上有传声器、扩音机和音源设备（一至多台录音机、激光唱机等），声音信号经过扩音机放大后，传送给各学生座位。学生座位上备有耳机插孔，供学生接插耳机用。无线听音式利用无线电发射与接收系统代替教师控制台与学生座位之间的连线，由教师控制部分、环形天线和学生接收部分组成。

听音型语言实验室仅用于播放教师事先准备好的教材，师生之间、学生之间不能对话，学生也无法检验自己的发音是否正确。但是其具有设备少、操作简单、学生注意力集中、干扰小、学习效果比较好等特点。同时，无线听音式环境可容纳大量的学生，对于开展课外听力训练及听力测试有自己的优势。一般用于学生自学、复习、听力、听写训练。

（2）听说（AA）型语言实验室

听说型语言实验室在听音型基础上，增加了学生传声器、放大器、呼叫装置和相应的控制电路，从而组成了双向对讲系统。在听说型语言实验室中，学生除了可以收听教师的讲解和播放的录音教材外，在需要时可以呼叫教师、与教师对话；教师也可以监听学生的发音，及时给以辅导，或选录学生的练习；学生之间也可以进行对话。

（3）听说对比（AAC）型语言实验室

听说对比型语言实验室在学生座位上增设了具有跟读功能的录音机，以及相应的放大电路，为学生提供听力、发音训练和录音对比功能。学生录音机有两个声道：声道1用于记录由控制台传送来的教师讲授或录音教材的声音信号；声道2用于记录学生自己跟读的声音。重放时，学生可以将自己的发音与标准音进行比较，自我校正。有的控制台具有学习效果分析功能，可及时对课堂教学进行分析与评价。

（4）视听对比（AVC）型语言实验室

视听对比型语言实验室在听说对比型的基础上增加了视频功能，做到视听同步教学，提高学习效果。先进的视听型语言实验室除了教师控制台实现了计算机控制以外，增设了录像机、激光视盘播放机（或VCD机）及投影电视等。学生可以通过投影电视机或大屏幕监视器看到图像。近几年来，多媒体计算机已引入语言实验室，它可以把文字、图形、图像、动画等各种视觉形象显示得淋漓尽致，使得语言教学生动、活泼，效率倍增。

2. 语言实验室的功能（如表9-1）

3. 语言实验室在教学中的作用

（1）创造良好的语言环境

语言环境对于语言学习十分重要，学外语尤其如此。世界上各国的社会制度、生活方式、风俗习惯、文化水平等互不相同，因而有些语言现象就不容易讲清，不容易掌握。如果到实际的语言环境中去进行学习，显然能使学生身临其境，但这在大多数情况下是难以实现的。

语言实验室可以利用各种视听设备，为学生创造出一种近似所学语种的国家的语言环境，通过视、听媒介获得图文并茂、声色俱全、形象逼真、情景生动的真实信息，使学习者有如亲耳听到外国人地地道道的语言，亲眼看到他们的实际活动，从而更好地模仿、练习外国人的语音、语调、动作甚至表情，学到地地道道的外语。

表 9-1　各种类型语言实验室功能对照

功　能		AP 型	AA 型	AAC 型	AVC 型
呼叫与通话	教师通过扬声器对全班讲课	✓	✓	✓	✓
	教师通过耳机传声器组对全班讲课	✓	✓	✓	✓
	教师对某一小组讲话		✓	✓	✓
	教师对个别学生进行辅导		✓	✓	✓
	教师在播放教材中进行讲解和插话	✓	✓	✓	✓
	学生之间互相通话、分组学习		△	✓	✓
	学生呼叫教师请求帮助		✓	✓	✓
播放与示范	播放录音教材	✓	✓	✓	✓
	播放视觉图像				✓
	学生自主选择听音	△	△	✓	✓
	教师指定听音（强制听音）			△	✓
	学生示范		△	✓	✓
跟读与录音	教师录音机自动反复播放			△	✓
	学生录音机自动反复播放			△	✓
	学生录制教学内容			✓	✓
	学生录制跟读内容，进行对比训练			✓	✓
监听记录	教师顺序监听全班或分组学生的学习情况		△	✓	✓
	教师监听任意学生的学习情况		✓	✓	✓
	教师记录学生的学习情况		△	✓	✓
遥控与复制	教师对学生录音机进行遥控			△	✓
	教师对学生传声器进行遥控（全班或分组关闭）			✓	✓
	教师遥控学生录音机复制教材			△	✓
	快速复制录音教材			△	✓
分析与评价	学生出席点名		△	✓	✓
	分析学生回答问题状况、显示成绩			△	✓
	评价教学结果			△	✓
	打印分析评价的结果			△	✓

✓：必备功能　　　　　　　　△：选择功能

这种身临其境的感觉，还利于学生听觉能力的培养提高和语言技巧的形成，使学生的学习自主化。

(2) 增加学生实践机会，提高课堂教学效率

学习外语的目的在于运用，用学到的外语知识来表达自己的思想，开展文化学术交流。对学习外语过程中的每个单词、每个句型、每种语法，都要通过大量的练习和实践，才能熟练掌握和灵活运用。

语言实验室教学中，全班学生都可以各自集中精力，同时进行语言学习而不至于互相干扰，可以在同一时间内同时对不同问题做出反应，而且可以互不干扰地分成若干小组同时进行不同内容的教学活动。在教师对学生进行个别辅导时，其他同学不会处于消极被动的旁听状态。这种能使学生互不干扰而集中精力的积极状态，可以大大提高学习的效率，增进学习的效果。所以语言实验室既可以增加学生的实践机会，又可以提高课堂教学的效率。

(3) 便于实施因材施教，进行个别化教学

语言实验室教学可以同时播放几套水平和进度各不相同的教材，这就为在同一班级内不同程度和水平的学生提供了程度不同的教学内容，改变了全班同学学习统一内容和同一进度的单一现象。教师通过平时的了解和课堂上的监听，掌握每个学生的学习情况，向学生提供个别指导或符合其水平的教学内容。学生也可以根据自己需要去选择相应水平的教学内容，自定学习进度。并且可以通过呼叫和教师取得联系，请求教师的个别解答或指导。

(4) 提供有利的学习条件，便于学生自学

在语言实验室中学习，学生除接受老师的直接指导，听标准录音外，还可以根据自己的实际情况自定学习计划，选择适合自己水平和需要的内容，还能进行对比练习，对自己的练习做出客观的评判。这些有利的学习条件，使学生能够进行有效的自学。而且，通过语言实验室，学生可以从录音教材或视听教材那里获得教师的直接或间接的指导，充分发挥自己的主观能动性，从而更好地加强了自学的效果。

（5）便于组织教学，促进教师改进教学方法

语言实验室的先进设备和灵活多样的功能，为教师组织活跃的课堂教学提供了有利的物质条件。同时，课堂教学形式的改变和学生自学能力的提高，也要求教师改进教学方法。

9.1.2　微格教学系统

1.　微格教学的涵义

微格教学（microteaching）通常又被称为"微型教学"，它是由美国斯坦福大学艾伦（D. Allen）教授等人创立的一种利用现代视听设备（摄像机、录像机等），专门训练学生掌握某种技能、技巧的小规模教学活动。微格教室是在装有电视摄像、录像系统的特殊教室内，借助摄像机、录像机等媒体，进行技能训练和教学研究的教学环境。一般用于师范院校的学生和在职教师教学技能训练的模拟教学活动。

微格教学的一般方法：由受训者（人数以 10 人为宜）用 10 至 15 分钟的时间，对某个教学环节，如"组织教学"或"授新课"等进行试讲。试讲情况由录像机记录，指导教师和受训者共同观看，分析优缺点，然后再作训练，直至掌握正确的教学技能。由于这一训练活动只有很少人参加，时间很短，而且只训练掌握某一教学技能，所以称之为微格教学。

微格教学技术自诞生后，得到了迅速推广和应用，尤其受到世界各国师范教育界的重视。目前，微格教学在欧美已成为教师培训的基本课程。在我国各类师范院校中，几乎都建有微格教室，在我国其它高等院校（如体育、音乐类）中也相继开展了微格教学的应用。

2.　微格教学系统的组成

微格教学系统可由一间或多间微型教室、控制室、观摩室、示范室等组成。最简单的微型教学系统可由微型教室与控制室组成为简易微格教学系统，如图 9－1 所示。

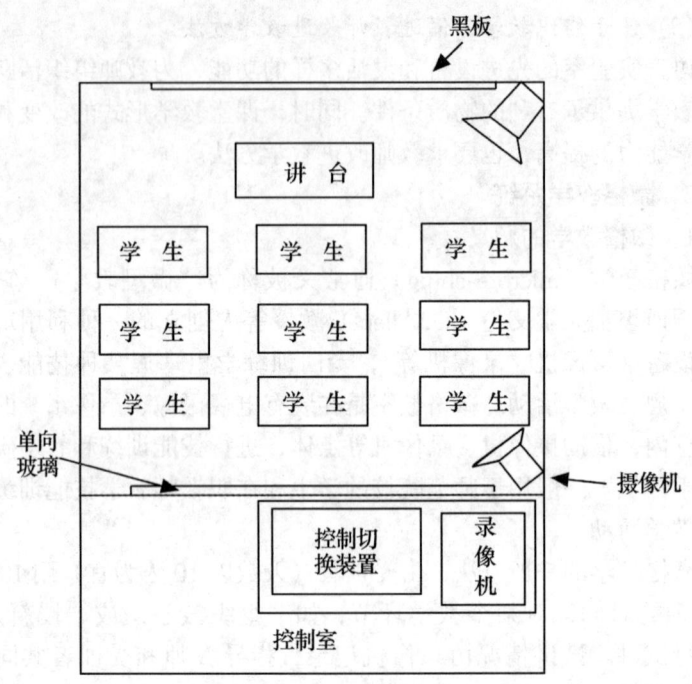

图 9-1　简易微格教室系统结构

（1）微型教室装有话筒和摄像机，用来拾取模拟教师的声音和教学活动形象。

如有条件，还可用另一台摄像机来拾取模拟学生的学习反应情况。室内还设置一台电视机，用来重放已记录的教学过程录像，供同学们进行评价分析。

（2）控制室装有电视特技台（视频切换器）、调音台（混音器）、录像机、视频分配器、监视器等设备。

从每间微型教室送来的模拟教师、模拟学生教学活动的两路视频信号经电视特技台控制，一路送到录像机进行录像，另一路则可经视频分配器把教学实况信号直接送到观摩室，供同步评述分析。

（3）观摩室是装有电视机的普通电教室。

　　把控制室中经视频切换器选择后的视频信号送到电视机上，即可实时同步播放教学实习的实况，供指导教师现场评述，使较多的学生观摩分析。

　　（4）示范室与各间微型教室、控制室组成一个闭路电视双向传输系统。

　　在示范室可以选择收看任一间微型教室的教学训练活动的实况；也可以将示范室的教学活动情况同步传输到各间微型教室；还可以作为学校闭路电视台的演播室，比如摄制新闻节目、教育节目、艺术节目、采访节目、知识竞赛节目等。

　　3．微格教学系统的功能

　　（1）分组训练

　　指导教师布置好课题后，如对实习模拟教师进行单项教学技能训练，可将师范生分组，到各自的微型教室，扮演各自的角色：模拟教师或模拟学生。每个模拟教师对指导教师规定的内容进行训练，一般为几分钟。通过微型教室中的摄录像设备作实时记录，记录后的录像带可马上重放或课后播放。各小组的模拟师生在训练过程中，指导教师在控制室实施全面监控，包括图像、声音的双向传送及混合对讲；通过记录设备记录各间微型教室的训练情况，并作为后期反馈和评价的素材。

　　（2）交互学习

　　通过控制室的有关设备，可进行小组与小组之间的实况联播。指导教师可以通过控制设备，将任意一间微型教室的训练活动切换到其他微型教室的电视机上，并可向模拟师生作同步的评析，让各间微型教室的模拟师生相互学习、讨论。

　　（3）示范教学

　　在开展微型教学前，指导教师在示范室播放、分析教学技能训练、模拟教学、优秀教师课堂教学录像，为受训学生提供典型示范。在教学技能训练中，指导教师随时要利用电视教材展示标准的示范，给受训学生对照仿效。

　　（4）讲评教学

教学训练操作完成后，指导教师与受训学生（模拟师生）一起在示范室内观看教学训练录像，指导教师对受训学生的教学技能进行分析、评价。指导教师除了对各间微型教室的训练活动作单独实时录像外，还可以在控制室内按需要编录各室训练活动片断。在播放教学训练录像时，指导教师除自己作评析外，还要指导受训学生（分组或全班）进行评议；指导教师还将有代表性的教学训练录像（完整或片断）在全班或小组重放，以供大家学习。

9.1.3　多媒体教室

目前多媒体教室的系统一般是以多媒体计算机为核心，由投影机、实物展示台、大屏幕、影碟机（VCD 或 DVD）、录像机、音响系统等多种教学设备共同组成。

1. 多媒体教室的系统结构

多媒体教室的系统结构如图 9－2 所示，中央控制系统主要负责控制调音台、视频切换器和环境控制器。调音台主要负责处理来自有线话筒、无线话筒接收机和录音机等音源设备的声音，然后经过功率放大后送至音箱。视频切换器主要负责处理来自多媒体计算机、录像机、影碟机（VCD 或 DVD）和实物展示台等设备的视频数据，然后经过大屏幕投影机投射到屏幕。环境控制器主要负责窗帘、灯光和屏幕等环境相关环境设施的控制。

2. 多媒体教室的主要设备

多媒体教室的主要设备有中央控制系统、多媒体计算机、实物展示台、投影机和调音台（音响系统）等。

（1）中央控制系统

整个多媒体教室中的全部媒体设备都由中央控制系统集中管理控制。该系统采用单片机多机通讯技术和系统集成技术，将被控设备的各种操作功能按照用户实际操作要求进行组合处理，然后将其具体对每一媒体或设备的操作过程集成一体。

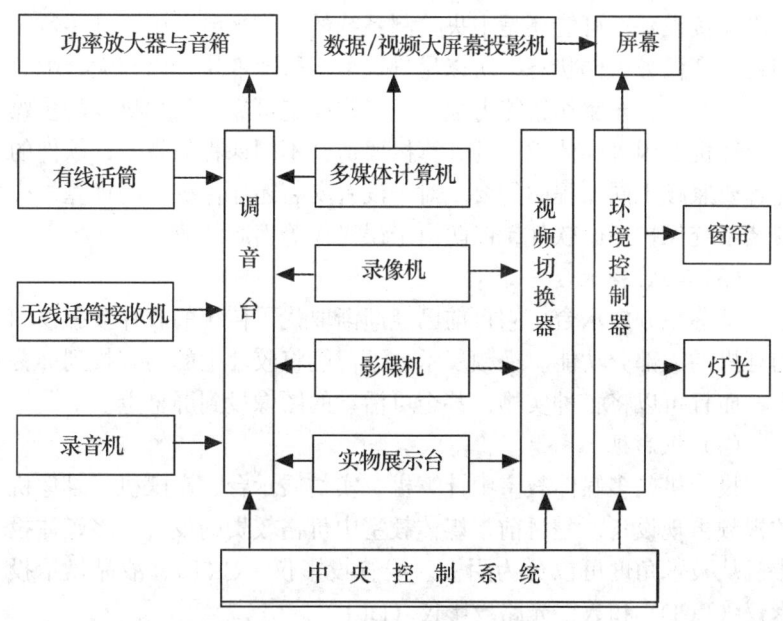

图 9-2　多媒体教室的构成

中央控制系统通常集成了多路电源管理、6~8 选 2 路的视频／音频切换矩阵、6~8 路红外遥控、两路计算机 VGA 信号切换、全数码声音控制等功能。系统可以通过桌面按键控制面板或红外遥控器或计算机控制软件对录像机、影碟机、实物展示台、计算机、投影机、功放等设备进行电源和基本操作的集成控制；还可控制教室内的环境设施，如电动屏幕、照明灯光、电动窗帘等。有的中央控制系统还设有自动开关，即按两下"系统关"键，系统会自动遥控关投影仪、使电动屏幕升起来、将功放电源关闭、延时设定时间后关闭设备电源、延时几分钟后（可设）关投影仪电源、最后关闭系统主机电源。这样教师不需经过专门培训即可在教学过程中自如使用并操作各种媒体设备。

（2）多媒体计算机

这是多媒体教室的核心，在系统中既是计算机教学媒体，又是网络连接设备，可能还是中央控制系统的操作平台，由于其多数时间处于多任务工作状态，所以尽量选配运行速度快、内存大、配有声卡、网卡、光驱纠错能力强，且工作稳定可靠（品牌机）的多媒体计算机。因多媒体教室的计算机要适合不同课程的教学，软件的配置要兼顾不同课程的需要。对于没有安装还原保护卡的计算机应安装系统保护还原软件，以防由于误操作等引起的故障。

（3）实物展示台

又称视频展示台，它目前已经渐渐取代了传统的胶片投影仪和幻灯机的大部分功能。视频展示台不但能将胶片上的内容投到屏幕上，而且可以将各种实物，甚至可活动的图像投到屏幕上。

（4）投影机

投影机是多媒体教室中计算机、实物展示台、影碟机、录像机的视频再现设备，是目前多媒体教室中价格较贵的设备。多媒体投影机从技术角度可以分为阴极射线管投影仪（CRT）、液晶显示投影仪（LCD）和数字光路投影仪（DLP）。

（5）调音台（音响系统）

多媒体教室中的音响系统应选择频响宽、保真度高的系统，以适合多媒体教学，并具有话筒混响功能，使教师能在播放媒体内容的同时进行评论和讲解。媒体设备接入多媒体系统后，将红外线码读入中控系统主机，所有功能的操作即可由中控系统集中控制执行了。

3. 多媒体教室的主要功能

（1）通过多媒体计算机，可以连接校园网、CERNET、Internet，使教师能方便地调用丰富的网络资源，实现网络联机教学；

（2）通过录像机，可以连接闭路电视系统，充分发挥电视媒体在教学中的作用；

（3）演示各类多媒体教学课件，开展计算机辅助教学；

（4）播放录像、VCD、DVD等视频教学节目；

（5）展示实物、模型、图片、文字等资料；

（6）能以高清晰、大屏幕投影仪显示计算机信息和各种视频信

号;

(7) 用高保真音响系统播放各种声音信号等。

9.2 资源化现代教育技术环境

资源化现代教育技术环境是指集中存储了丰富的现代教学媒体资源(主要是信息化教学资源),同时还具备供学习者进行视听阅览的场所与环境。教学信息资源环境以提供教学信息服务为主,具有两个特点:一是拥有大量的教学信息资源,二是向学习者提供自由的访问。

现代信息技术的蓬勃发展和普及应用,使得各种以磁、光介质为载体的数字化教学资源建设迅猛发展,知识的存储载体和传播方式将会随着信息化进程发生根本性变化。资源化现代教育技术环境主要包括电子阅览室、学习资源中心和数字化图书馆等。

9.2.1 电子阅览室

所谓电子阅览室是指利用计算机、通信、网络设备为读者提供利用电子型文献的场所,也是集电子型文献与印刷型文献检索、阅览、服务为一体的多功能、现代化阅览室,在光盘服务器、网络服务器和工作站的支持下,可扩展成远程检索系统的网络环境。电子阅览室在学校中既可单独建立,也可与学校图书馆的信息化建设相结合,成为信息化学习资源中心的一部分。

1. 电子阅览室的类型

电子阅览室可在已建成的校园和图书馆管理网络之后建立,也可在网络建成之前建立,可以单机阅读也可联机阅读电子读物。从技术角度可以将电子阅览室分为以下几类。

(1) 基于单机的电子阅览室

用几台、几十台彼此独立的多媒体计算机构成电子阅览室,其特点是花钱不多、机动灵活,缺点是不能对网络版本的读物实现共享,这一类电子阅览室适合一些财力不足的单位或一些已购入计算机还未建立网络的单位,使已购入的设备继续发挥作用和效益。

（2）基于无盘工作站的电子阅览室

在已建立的图书馆计算机网络的基础之上，可用无盘工作站的方式建立电子阅览室。这类阅览室可以由几台至几十台不装备硬盘、软驱与光驱的计算机组成。只要在服务器上装备有光盘塔，并在光盘塔上一次装入几十张网络版本的光盘读物，那么电子阅览室中的每一台计算机前的读者便可同时调用阅读其中的不同文献（或相同文献）。这样装备的电子阅览室的优点是：设备配置的投入较少，管理比较简单，也不必担心读者会将系统配置文件搞乱；另外不仅能够通过网络阅读光盘塔中的网络版读物，还可通过网络查询本馆中的书目，以及通过 Internet 获取世界其它图书馆的信息资源。但不同之处是：它不能利用现已存在、并且品种数量仍在不断增长的单机读物。

（3）基于网络的电子阅览室

在已建立的图书馆计算机网络的基础上，用几台至几十台多媒体计算机配备电子阅览室，即可构成网络条件下的多媒体电子阅览室。电子阅览室中的每台计算机，既可通过网络共享光盘塔中的光盘文献读物，又可通过本机所带的光驱阅读单机版本电子读物，还可通过网络查询本馆的书目，并从 Internet 获取世界其它文献服务机构的文献信息，这是目前比较完备的电子阅览室。

2. **电子阅览室的信息服务功能**

多媒体技术用于数据库，使得声、像、图、文等多种媒体融于一体，给自动化服务增添了更加艳丽的色彩。如利用光纤通讯可以阅览北京图书馆与其它图书馆（包括世界各国）的电子书刊、文摘、杂志、歌曲、影视、艺术作品等。除了利用 Internet 终端检索外，利用电子邮件可极为方便地获取我国及世界各国的文献资料，使图书馆为国际科研合作、重大科研项目服务。远程登陆可利用远程计算机上开放的全部资源。多媒体电子阅览室的信息服务项目有如下几种：公共阅览服务、教学服务、数字化信息存贮。

9.2.2 **学习资源中心**

过去学校的教学媒体主要是图书，因此，学校的学习资源中心就是图书馆。现在由于多种教学媒体的发展与普遍应用，学习资源已由单一的图书扩展到多种多样的电教媒体。因此，存储有图书和多种电教媒体在内的场所，一般就不再叫图书馆，而称为学习资源中心。

学习资源中心不单纯是传统课堂教学的补充，而应是一种新的教学系统设计。在学习资源中心，学生可在教师的指导下独立地寻求知识，并要学会如何寻找。因此，学习资源中心应将可收集的各种媒体资料集中起来，给以合理的编目、索引；提供支持各种媒体的设备；还应具备供使用媒体个别学习或小组学习相应的用房和环境。

1．学习资源中心的组成

学习资源中心通常由以下几大要素组成，如图 9-3 所示。

（1）学习资源的来源

学习资源的来源包括：

①从市场采购各种各样的媒体资源。现代教育媒体的发展异常迅速，要即时购进符合教学需要的媒体；

②建立与外校网络相连接的校园网络系统，这是一个重要的教学信息来源；

③有条件的学校组织师生自行开发教学媒体资源；

④通过校际合作交流，扩大来源。

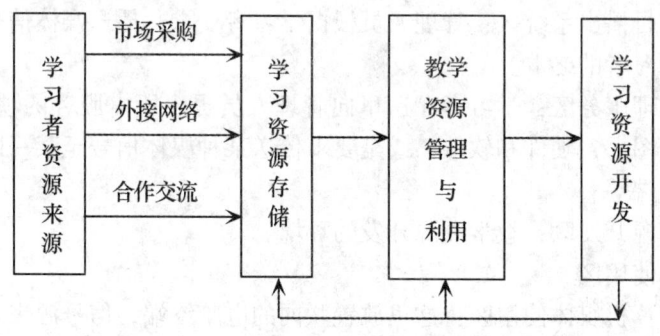

图 9-3　学习资源中心的组成

（2）学习资源的存储

学习资源的存储是要建立图书和各种媒体的储存库，包括图书信息库和软件库。

学习资源的管理与利用既有矛盾又有密切联系，处理好两者关系，以期同时达到两个有一定对立的目标。第一个目标，管理好各种媒体，不丢失，不损坏；第二个目标，方便师生充分利用，有高的利用率，有好的利用效果。有两种管理办法：一是集中管理办法，它有利于达到第一个目标，却不利于第二个目标；二是开放式管理办法，它不利于第一个目标，却大大有利于达到第二个目标。

（3）学习资源的管理与利用

①集中管理办法

集中管理办法，就是将大部分重要的图书资料、媒体、信息资源和软件资源集中于库房统一管理。学习者使用时，需办理借阅手续，或由学习者检索所需的信息源，然后由集中管理的媒体信号控制系统输出，这样学习者就可在相应区域的学习终端上进行学习。一般的学习资源集中管理可分为库存区、服务区、使用区等多个功能区，如图9-4所示。

• 库存区

它是图书、硬件、软件和网络教学资源集中储存的区域，有专职人员管理和维护。

• 服务区

节目播出系统区：管理人员根据学习者要求，播送媒体信号至媒体学习者的终端。

管理服务区：学习者在这里向管理人员提出所需服务的项目，如借出图书、硬件和软件，或是要求传送某种媒体信号至某一区域学习终端等。

资源开发区：教学资源开发的环境。

• 使用区

计算机媒体使用区：这里放置联网的电脑终端，信号源来自资源中心的光盘课件、教学资源服务器，或来自外接的网络系统。

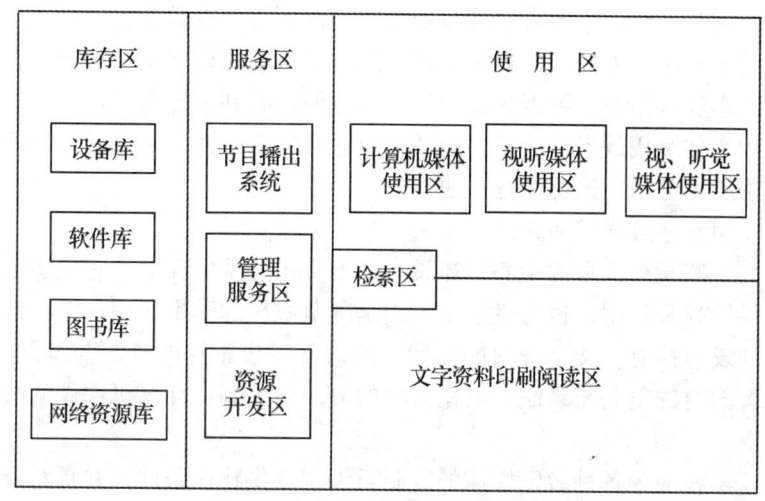

图 9 - 4 学习资源中心功能区划分

检索区：学习者通过电脑检索，可查找出所需要的学习资源编码目录。

视听媒体使用区：这里放置有几台至几十台放像装置，并有线路与信号播出系统连接，学习者可要求播放某内容，或借出录像带、CD/VCD/DVD 等光盘在这里收听、观看学习。

视、听觉媒体使用区：这里放置有幻灯机、投影仪、录音机等视、听觉媒体设备，学习者借出的幻灯片、投影片、录音带、CD唱片等可在这里观看、收听。

文字印刷资料阅读区：这里放置有供阅览用的桌、椅，周边放置有报纸、杂志和常用的参考书，方便学习者自由选取阅览，学习者也可从图书库借出书籍在此阅读。

由以上可见，集中管理是强化了管理，但对学习者利用资源却增加了不同程度的麻烦。当前大多数学校采用的就是这种管理办法。

②开放式管理办法

　　开放式管理是指资源中心的图书资料、多媒体教学软件、硬件完全敞开，任由学习者选取在资源中心内利用，有需要也可办理手续借出到中心外使用。这种管理办法，对管理人员来说是增加了管理的难度；但对学习者来说，提供了方便，有利于提高学习资源的利用率和利用效果。有条件的学校应逐步创造条件，采用这种管理办法或部分采用这种管理办法。

　　（4）学习资源的开发

　　一些学校的资源中心，还具有学习资源开发的环境，它主要是提供给教师利用，也可供学生特别是师范院校的学生使用。学习资源开发包括有：文字资料的复印，幻灯片、投影片的复制与编制，录音教材的复制与录制，电视教材的复录与编制，计算机课件的编制等。

　　学校应为各种教学媒体的复制与编制提供物质条件，并且对开发人员要进行指导和培训，使之开发的媒体能有效地用于教学活动。自编的质量高的电教媒体，还可复制贮存于学习资源中心内，以供更多学习者去利用。

　　2．学习资源中心的功能

　　学习资源中心是学校中学习信息最集中的场所，它在教学活动中的作用与功能是多方面的。主要功能如下：

　　（1）资源共享

　　学校的学习资源中心为全校师生服务，资源能为多数人共享，从而达到充分发挥资源的作用。特别是网上的学习资源中心，资源更能为网上更多的学习者共享；本校师生也能取得网上更多的信息资源来学习，真正起到了资源共享的功能与作用。

　　（2）个别化自学

　　当前科技发展异常迅速，每个人，不管是教师还是学生，都必须不断学习，特别是自主学习，才能跟上社会发展的步伐。学习资源中心有丰富的多种媒体的信息资源，为学习者个别化自学提供了充分的条件。教师通过自学能及时掌握最新的科技成果，丰富教学内容，提高教学质量。学生通过自学，能扩大知识面，培养自学能力。这对改变当前教师满堂灌的教学方式，也能起很大作用。有了学生自学的条件与能力，在课堂上完全可讲少一些、精一些，甚至减少一半讲课时间，将这些时间让学生在学习资源中心去进行自主的学习，从根本上改革传统的教学模式，创建一种新型的教学模式。

（3）促进素质教育

过去应试教育，教师满堂灌，学生满堂记，目的是应付考试，影响了学生的全面发展，妨碍学生生动、活泼、主动的学习。学习资源中心为学生提供课堂外的一个重要学习场所，学生能在这里按自己的兴趣与爱好，利用多种媒体去扩充自己的知识与能力，接触社会上更新更广的信息，对全面提高学生的素质，促进素质教育，将起到非常重要的作用。

（4）补充与充实课堂教学

当前学校的教学方式仍是以课堂教学为主，具有多种媒体的学习资源中心，能为课堂教学起充实作用和补充作用。教师利用资源中心的资源进行备课，也可借出资源中心的媒体到课室中去展示，充实了课堂教学的内容、媒体与方法。学生在课后按教师的指导到资源中心去找资料，完成某种探究性的学习与作业，使资源中心的学习成为课堂教学的重要补充。另外，根据教学内容的性质和资源中心的条件，有些教学内容的教学可在学习资源中心进行，成了课堂的重要补充。

9.2.3　数字化图书馆

传统的图书馆以印刷资料为主，计算机的应用使图书馆进入自动化时期。20世纪70年代出现了一批联机编目和检索服务系统；20世纪80年代由于局域网的广泛应用，人们可以在一定区域如办公室访问图书馆的信息；20世纪90年代国际互联网的迅速发展，使图书馆的概念开始由物理形式向电子化、虚拟化、数字化转变。

1. 数字化图书馆的发展

数字化图书馆（DigitalLibrary）的概念是由 VannevarBushy 于1945年在著名的《大西洋月刊》上发表的论文中提出来的。从概念上来讲，数字化图书馆是将数字技术应用于图书馆各项服务中，几乎所有图书信息都能以数字化形式获得，读者通过网络访问图书馆的文献数据库系统，如电子杂志、电子图书、多媒体声像资料等；通过计算机系统管理图书期刊，为读者服务；图书馆通过局域网、校园网、国际互联网连接到办公室、教室、家庭等，使人们能很方便地共享各种资源。数字化图书馆的前期也称电子图书馆，包含了一些电子模拟信息和资料。

2. 数字化图书馆的特征

(1) 图书资源的数字化

传统图书资源一般以印刷形式存在，20 世纪 70、80 年代缩微技术的发展使得主要文献能制成缩微制品。而在数字化图书馆中，所有资源均以数字形式放在物理介质上通过网络使用。原有的书本、录音、录像可通过扫描、音视频捕捉转换形成数字形式。一些公司提供先进的压缩技术来减少存储量，从而使数字化的多媒体资源越来越多地出现。只有经过数字化，资料的寿命才能增加，信息才能流动在全球信息网络上。

(2) 数字信息的存储与管理

当前数字化图书馆大多采用客户机/服务器的存储和管理模式，主要有两种服务器：图书馆服务器和信息对象服务器，前者管理数据目录、索引和查询，后者管理数字化的对象资源。客户通过客户机向图书馆服务器发出请求，图书馆服务器把收到并处理过的有关信息送给信息对象服务器，信息对象服务器按要求把信息资源发送给用户机。数字化资源可以是文本、图形、图像、音频、视频信息等，存放在对象服务器的大容量硬盘、磁带或光盘上。

(3) 有效的检索

随着 www 的发展，传统的关键词索引以及文本类型的文件检索已不适应网络发展的需求，出现了网上快速全文检索和按自然语言方式进行查询的方式。当前对智能搜索工具和多媒体影像的检索提出了新要求，如按照图像颜色、纹理、灰度以及音乐的曲调旋律进行查询的问题，已得到广泛的关注。

（4）资料的网络化传送

计算机网络是数字资料传输的通道。基本的传输网络如综合业务数字网（ISDN）、ATM高速网和有限电视广播网是数字资料有效传输的环境。只有在高速的网络环境下才能进行多媒体传送乃至视频点播等数据量非常大的服务。用户可通过本地局域网、有线电视网、Internet来获取各种数据信息。

（5）信息的安全及用户权限管理

数字化图书馆的安全问题十分重要，要重视各种用户权限的管理及版权问题，防止非法访问，确保资源不被滥用。如标记数字化图像的技术，类似水印的加密技术等。

9.3 网络化现代教育技术环境

网络化现代教育技术环境是指利用视听技术、通信控制技术、多媒体技术和计算机网络技术，将分散的媒体化教学环境按一定的教学功能要求进行物理连接，以构成一种全新的网络化教学环境。学校建设的网络化现代教育技术环境主要包括校园广播网、校园电视网和校园计算机网等。

9.3.1 校园广播网

1. 校园广播网的类型

校园广播网可分为校园有线广播网和校园无线广播网。

校园有线广播网是通过话筒、扩音器、线路（导线、电缆、光缆）将广播信号送到各个教室终端扬声器或校园内的多个扬声器，进而组成的广播网。校园广播教学设备主要由传声器（话筒）、扩音机、扬声器等组成。这种形式中，教师可以将有关播音内容的文字材料（或讨论题）发放给学生，而后组织学生收听广播。收听完毕，学生根据要求将有关信息通过文字材料反馈给教师，也可以用于思想政治、广播会议等方面的教育教学活动。

校园无线广播网无需专用教室，它由无线广播网代替了教师主控台与学生之间的连接电缆，亦称无线听音语言实验室。与一般语言实验室相比，安装方便，使用简单，听音范围广，价格低。适用于语言教学与训练、音乐欣赏、开会、报告等。无线听音系统一般由信号源（录音机、扩音机）、传输信道（环形闭合天线）和接收机（无线耳机）三个部分组成。方式有两种：室外整体式布线法和室内分离式布线法。

2．校园广播网的功能

（1）多路不同节目同时广播

系统可提供一套至数十套立体声广播节目，可同时进行多个不同班级、年级语言课程的教学及考试。

（2）授权管理

主控系统采用计算机控制，可视化控制界面，直观，操作简便，通过中心控制室的操作平台可对广播终端进行授权管理。

（3）定时自动播放

根据学校教学和管理的需要，系统可预排播放课表和各项广播任务。开机后，系统自动播放各种教学节目、上下课铃声、广播操、眼保健操等，并可存储、修改、编辑播放表。

（4）分区广播和定点广播

系统可根据学校的需要对某个教室、某个年级或全校，进行定点广播、分区、分组广播，向学生提供多内容、多语种的校园广播节目。各个收听点可根据不同的需求收听不同的节目。

（5）支持多种文件格式播放和音频插播

系统支持播放各种音乐节目；计算机播出系统可以播放所有数字音频文件格式，如 WAV、MID、WMF、MP3 等；可实现传声器插播广播。

9.3.2　校园电视网

1．校园电视网的类型

校园电视网包括开路教育电视系统和闭路教育电视系统。

（1）开路教育电视系统

开路教育电视系统包括广播教育电视系统和卫星教育电视系统，其节目源是各级教育电视台统一编排的教育电视节目。广播教育电视系统是由电视中心把全电视信号和伴音信号用微波（或电缆）送到电视发射机房，分别去调制图像发射机和伴音发射机，然后再通过双工器合成为一个完整的电视频道的信号送往发射天线，以电磁波的形式广播出去。电视接收机通过天线拾取电视信号，经过电视机电路的一系列放大和处理后，用显像管、扬声器还原出图像和声音。由电视天线发射的电磁波以空间波的形式在对流层中直线传播。它的传播距离受地球曲率半径的影响，通常只有几十公里。因此，广播教育电视的覆盖范围是地区性的，它主要用于地方教育电视台。要获得区域性的及全国性的覆盖面需要使用地球同步卫星传输方式，这就是卫星教育电视系统，例如中国教育电视台。卫星教育电视系统是在通信卫星的基础上发展起来的。它是通过设置在地球赤道上空的地球同步卫星中的广播电视转发装置，接收地面上电视信号上传站发送的高频电视信号后（称上行），再变频转发到地球上指定区域（称下行）。覆盖区内的所有地面卫星接收站都可以收到卫星电视教育节目。卫星电视节目收视的主要方法有个体直接收视、单位或集体收视（利用闭路电视系统）和地面电视台差转为广播电视方式播出三种。卫星电视系统包括地面上行发射控制系统、星载转发系统和地面接收系统三大部分。

（2）闭路教育电视系统

闭路教育电视又称有线电视或电缆电视（CATV），它是一种通过电缆（或光缆）传输图像和声音信号的电视系统。有线电视是由电缆（或光缆）和相关设备组成的网络电视，通过电缆（或光缆）传输电视节目。它适用于地区、城市的有线电视网，或是学校、机关或厂矿的内部电视系统网。有线电视可以用于激光视盘的播放、录像重放、现场直播和转发各种电视节目。有线电视系统一般由信号源、前端设备、传输网络与终端等 4 部分组成。

其工作过程是：信号源提供各类电视节目的信号，前端设备将该信号调制成不同频道的射频（VHF 或 UHF）电视信号，并混合成分频复用的一路电视信号，经过对信号放大处理后送入传输网络。传输网络将电视信号分配成多路，并使用多种接力传输方式将电视信号输送到各个分支电视网络或分支器，即送入各终端。在终端提供的电视信号，使用普通电视机便可以收看或转录。

　　2. **校园电视网的功能**

　　(1) 接收转播电视节目

　　校园电视网可以接收并向终端转播无线电广播网、卫星电视网、有线电视网、其它闭路电视网的电视广播节目。还可以加入自办的电视节目，如定时播出校园新闻，专题电视节目，召开全校范围的电视直播会议等。

　　(2) 电视广播教学

　　利用该网络，可以对联网的教室进行电视广播教学。连接网络的各教室通过网络可以接收各种教学电视节目信号，可以向控制中心预约播出电视或录像节目，也可以调用并控制教室或中央控制室的设备，播放录像、录音、VCD、DVD、CD等多媒体信息。

　　(3) 示范教学

　　利用该网络，可以转播连接网络的某一教室的教学实况，进行不影响课堂的观摩教学、课堂实况录像及教学实验观测。

　　(4) 教学监控

　　该系统能进行教学监控管理。如果联网的教室装有摄像系统，在中央控制室能监视各教室的教学实况，如进行考试监控管理，发现问题能及时传递管理指令。

　　3. **校园电视网的应用**

　　校园电视网由于具有强大的接收、转播和直播教学电视节目的功能，目前广泛应用于学校的课堂演播教学、培训、远程网络教学、会议报告等方面。校园电视网用于课堂教学，可开展多种教学模式：如以教师讲授为主，辅以电视插播的讲播教学模式；运用电视录像演播，提供示范，然后让学生模仿练习的示范教学模式；通过播放电视节目创设情境，引起学生联想，激发学生兴趣的情境式教学模式等。

　　利用校园电视网，可以召开全校电视会议，进行各种讲话、通知等电视广播；可以播放校园电视新闻等贴近学生的电视节目，对学生进行思想品德和行为规范教育，有利于学生形成良好的思想品质和良好的行为习惯；可以播放爱国主义教育影片，对学生进行爱国主义教育；可以播放文学、艺术影视精品，创造一个潜移默化的文化、艺术、美育教育环境，营造良好的校园文化环境，陶冶学生的情操。

9.3.3　校园计算机网

1．Intranet

进入 20 世纪 90 年代以来，计算机网络已成为全球信息产业的基础。在 1994 年前后，Intranet 一词在国内外各种计算机媒体上频频出现，成为最热门的话题之一。

所谓 Intranet，就是一类基于 Internet 技术的企业内部网络，它通过防火墙与 Internet 连接。在 Intranet 中，除了能够完成传统局域网的所有操作外，还可以实现 Web 浏览、FTP 文件传输、E-mail 收发、BBS 讨论和聊天等本只可在 Internet 上才能实现的功能。

2．校园计算机网的概念

校园计算机网（CampusNetwork）是一个发展的概念，简称为校园网，通常是指利用网络设备、通讯媒质和相应的协议（如 TCP/IP 协议等）以及各类系统管理软件，将校园内计算机和各种终端设备有机地集成在一起，同时又通过防火墙（Firewall）与外部的 Internet 网络连接，以用于教学、科研、学校管理、信息资源共享和远程教育等方面工作的局域网。校园计算机网是 Internet 技术在学校中的一个典型应用，换言之，校园计算机网就是一个特殊的 Intranet。

校园计算机网一般采用"主干加分支"的结构，利用高速网络技术构建整个校园主干网，其中包含一个或多个的出口连接外部 Internet，学校各部门的局域网或计算机终端则作为校园网的分支，它通过交换设备或集中设备连接到学校的主干网上。目前常见的主干技术主要有三种：

（1）快速以太网/千兆以太网（Fast Ethernet/Gigabit Ethernet）技术

以太网是目前使用最广泛的网络技术，目前传输速度可达1000Mbps，由于千兆以太网和过去大量使用的以太网与快速以太网完全兼容，并以易掌握和管理、升级费用低等优势发展成为主流网络技术。随着千兆以太网技术的不断完善，尤其是对多媒体信息传输的改善，大、中、小学在建设校园网时越来越多地把千兆以太网作为首选的主干技术。

（2）FDDI 光纤分布式数据接口（Fiber Distributed Data Interface）技术

FDDI 技术是目前局域网主干技术中传输速率较高的组网技术，它采用光纤为传输媒质，传输速率高达 100Mbps，并使用双环结构和链路恢复等故障容错技术。虽然 FDDI 技术有许多优点，但其网络协议较复杂，安装和管理相对困难，而且价格比较昂贵，这些都是制约其发展的因素。

（3）ATM 异步传输模式（Asynchronous Transfer Mode）技术

ATM 技术采用信元交换技术，能提供较大的网络带宽，支持多媒体信息的传输。ATM 技术目前还不很成熟，而且价格昂贵、技术复杂，但由于其在多媒体信息传输方面的优势，正日益受到人们的关注和重视，有不少高校的校园网采用 ATM 网络作为主干网。

校园计算机网络系统是指将校园范围内的具有独立功能的计算机、终端和网络通信设备等，用通信线路连接起来，按一定方式进行通信并实现资源共享的系统。校园计算机网络系统往往由多个计算机局域网组成，同时又与外部的计算机网络（如 Cernet 或因特网）相联。

3．校园计算机网的硬件组成

校园计算机网的硬件通常由服务器、工作站、网络互联设备、传输媒质等部分组成。

（1）服务器

服务器（Server）是网络上一种为客户端计算机提供各种服务的高性能的计算机。由于服务器是针对具体的网络应用而特别制定的，所以在处理能力、稳定性、可靠性、安全性、可扩展性、可管理性等方面比普通计算机要强。服务器根据其在网络中所执行的任务不同可分为：Web 服务器、数据库服务器、视频服务器、FTP 服务器、Mail 服务器、打印服务器、网关服务器、域名服务器等等。上述服务器既可以安装在同一台物理服务器上，也可以分别安装在多台物理服务器上。对于小型的校园计算机网，往往把 Web 服务、FTP 服务、数据库服务等集于一台服务器上。

(2) 工作站

在校园网中，工作站 (Workstation) 是一台客户机，即网络服务的一个用户。但有时也将工作站当作一台特殊应用的服务器使用，如打印机或备份磁带机的专用工作站。工作站一般通过网卡连接网络，并需安装相关的程序与协议才可以访问网络资源。

(3) 网络互联设备

①集线器 (HUB)：集线器是计算机网络中连接多个计算机或其它设备的连接设备。HUB 主要提供信号放大和中转的功能，把一个端口接收的信号向所有端口分发出去，有些集线器还可以通过软件对端口进行配置和管理。通常集线器到各节点间的连接使用双绞线、光纤、同轴电缆等，端口的数量从 4 个到 24 个不等，如果网络中计算机的数目较多，可将集线器级联使用或选用可堆叠集线器。

②交换机 (Switch)：交换机的外形与集线器很接近，也是一个多端口的连接设备，主要区别在于，从工作方式看，集线器采用广播模式，也就是说集线器的某个端口工作的时候，其它所有端口都能够收到信息，容易产生广播风暴。当网络规模较大时，网络性能会受到严重影响。而当交换机工作的时候，只有发出请示的端口和目的端口之间相互响应，而不影响其它端口（即点对点方式）。从带宽看，集线器不管有多少个端口，所有端口都是共享一条带宽，在同一时刻只能有两个端口传送数据，其它端口只能等待；而交换机每个端口都有一条独占的带宽，当两个端口工作时，并不影响其它端口的工作，因此，交换机的数据传送速率通常要比集线器

快很多。此外，学校网络中心的核心交换机往往还具有路由功能。

③路由器（Router）：路由器是连接多个网络或网段的网络设备，它能将不同网络或网段之间的数据信息进行"翻译"，以使它们能够相互"读"懂对方的数据，从而构成一个更大的网络。通常路由器有两大典型功能：即数据通道功能和控制功能，数据通道功能一般由硬件来完成，控制功能一般用软件来实现。

④网关（Gateway）：网关是网络连接设备的重要组成部分，它不仅具有路由的功能，而且能对两个网络段中使用不同传输协议的数据进行互相的翻译转换，从而使不同的网络之间能进行互联。网关一般是一台专用的计算机，该机器上配置有实现网关功能的软件，这些软件具有网络协议转换、数据格式转换等功能。

⑤防火墙（Firewall）：是指一种将内部网和公众访问网（如Internet）分开的硬件或软件技术。防火墙对流经它的网络通信进行扫描，这样能够过滤掉一些攻击，以免其在目标计算机上被执行。防火墙还可以关闭不使用的端口，而且它还能禁止特定端口的流出通信，封锁特洛伊木马等程序。最后，它可以禁止来自特殊站点的访问，从而防止来自不明入侵者的所有通信。防火墙有不同类型，一个防火墙可以是硬件自身的一部分，如路由器；你可以将因特网连接和计算机都插入其中。防火墙也可以是在一个独立的机器上运行的软件，该机器作为它背后网络中所有计算机的代理和防火墙。对于直接连在因特网的 PC 机可以使用个人防火墙软件。

（4）常用的网络传输媒质

①双绞线（TwistedPair）：是由两根相互绝缘的铜导线按照一定的规格互相缠绕在一起而成的网络传输介质。它的原理是：如果外界电磁信号在两条导线上产生的干扰大小相等而相位相反，那么这个干扰信号就会相互抵消。常用的无屏蔽层双绞线由 4 对双绞线和一个塑料护套构成。由于线缆的长度受到衰减的严重限制，所以在当前的技术下，传输数据的距离一般限定在 100 米范围内，双绞线是目前局域网中使用最多的传输媒质。

②光纤（Fiber）：光纤是以光脉冲的形式来传输信号，材质以

玻璃或有机玻璃为主的网络传输介质。它由纤维芯、包层和保护套组成。光纤按其传输方式可分为单模光纤（直线传播）和多模光纤（折射传播）。单模光纤较多模光纤具有更高的容量和更大的传输距离，但价格比较昂贵。光纤具有极高的传输带宽，目前技术可以1000Mbps 以上的速率进行传输。光纤的衰减极低，抗电磁干扰能力很强，所以传输距离可达 20 公里以上。但价格高，安装复杂和精细，需要使用专门的光纤连接器和转换器。

4. 校园计算机网的体系结构

校园计算机网的体系结构一般由网络基础层（包括校园视频网、校园数字网和教学基础设施）、信息资源层（包括教学资源库、数字化图书馆和综合信息库等）、技术支持层（包括网上办公平台、网上教学平台、网上科研平台和公共服务平台等）和应用服务层（包括电子身份认证系统、电子商务系统和个性化服务界面等）四部分组成，如图 9-5 所示。

5. 校园计算机网的主要功能

（1）教学功能

①充分利用校园宽带计算机网络系统建立海量的教学信息资源库，实现高质量教学资源的共享与传播。

②建立网络教学平台、视频广播和视频点播平台等，实现基于网络环境的同步实时和异步点播等多种形式的学习方式；促进高水平的师生互动，促进主动式、协作式、研究型的学习，逐步形成开放、高效的教学模式。

③创设良好的信息网络化环境，更好地培养学生的信息素养，以及解决问题能力和创新能力。

（2）科研功能

①利用校园宽带计算机网络系统及时了解国内外的学术前沿信息和科研动态，促进科研资源和设备的共享，加快科研信息传播。

②促进学校教师参与国际性学术交流，开展网上合作研究。

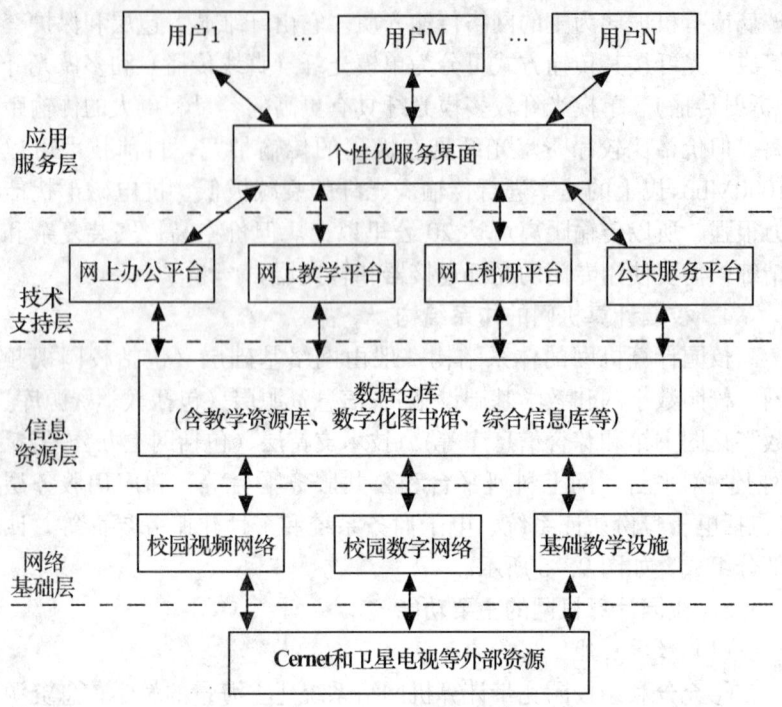

图 9-5 校园计算机网络体系结构图

③建立科研信息数据库，利用网络平台促进最新科研成果向教学领域的转化，以及科研成果的产业化和市场化，提高科研的创新水平和辐射力。

（3）管理功能

①建立基于网络运行的办公自动化系统，利用计算机网络技术实现校内各职能信息管理的自动化。

②实现学校内部上下级之间和部门之间更迅速便捷的沟通，实现不同职能部门之间的数据共享与协调。

③提高决策的科学性和民主性，提高管理效率，减员增效，形成充满活力的新型管理机制。

（4）服务功能

①在公共服务体系方面，逐步建立覆盖学校教学、科研、管理、生活等各个区域的宽带高速网络环境，在校园内建立电子身份及其认证系统，提供面向全体师生的基本网络服务和正版软件服务。

②建设高质量大容量的数字化图书馆和档案馆，为实现学校教学、科研和管理的信息化提供强有力的支撑。

③在学校社区服务方面，逐步建立适应后勤社会化改革需要的各种网络化服务项目，包括电子商务、电子医疗等，为师生员工提供便捷、高效、集成、健康的生活和休闲娱乐服务，形成智能型的社区服务体系。

6. 校园计算机网的教学应用

(1) 网络教学

网络教学是指在校园网上利用网络和多媒体技术构筑的教与学环境（或称虚拟课堂），如教学网站、学习网站、网络课程、网络教学平台等，使身处异地的教师和学生相互听得着、看得见。这样学习者不受时间和空间的限制，只要将自己的计算机连接到校园网中进入上述教学环境，通过键盘、鼠标和耳机进行学习或者与其他同学交流。

(2) 教学资源库的建设与利用

教学资源库是将各个学科的教学资源进行精选并汇总在共享的数据库中，通过校园网进行发布，从而让全校老师和学生利用其中的丰富资源。建设教学资源库可以对教学资源实行集中管理，为教师选择有效的教学资源，开发高质量的教学课件提供支持，使优秀的教学信息在全校范围内共享。主要形式有涵盖各学科的教材教案库、素材库、案例库、试题库、教育动态文献资料库、课件库等。

【思考与练习】

1. 叙述现代教育技术系统环境的含义和类型。
2. 媒体化现代教育技术环境有哪些主要的类型？
3. 简述语言实验室的功能。

4. 什么是微格教学？微格教学系统有哪些主要功能？

5. 简述多媒体教室的主要功能。

6. 资源化现代教育技术环境有哪些主要的类型？

7. 简述学习资源中心的组成和功能。

8. 网络化现代教育技术环境有哪些主要的功能？

9. 简述校园广播网的功能。

10. 简述校园电视网的功能。

11. 什么是 Intranet？

12. 什么是校园计算机网？校园计算机网由哪些硬件组成？校园计算机网有哪些主要的功能？

第 10 章　信息技术与课程整合

【学习目标】

1. 解释信息技术与课程整合的涵义、意义和基本原则。

2. 解释信息技术与课程整合的层次、切入面、策略及基本模式。

3. 能够在教学过程中合理应用信息技术与课程整合的理论与方法。

10.1　信息技术与课程整合概述

信息技术与学科课程的整合是当前实施信息化教育中的一个热点问题。随着教育改革的深入，国家对信息技术与课程的整合也越来越重视。2000 年 10 月，前教育部部长陈至立在"全国中小学信息技术教育工作会议"上发表讲话，提出要"努力推进信息技术与其它学科教学的整合，鼓励在其它学科的教学中广泛应用信息技术手段，并把信息技术教育融合在其它学科的学习中。"教育部在《基础教育课程改革纲要（试行）》中也提出："大力推进信息技术在教学过程中的普遍应用，促进信息技术与学科课程的整合，逐步实现教学内容的呈现方式、学生的学习方式、教师的教学方式和师生互动方式的变革，充分发挥信息技术的优势，为学生的学习和发展提供丰富多彩的教育环境和有力的学习工具。"

10.1.1　信息技术与课程整合的涵义

关于信息技术与课程整合目前尚没有统一的定义。我们认为，所谓信息技术与课程整合是指将信息技术以工具的形式与课程融为一体，将信息技术融入课程教学体系各要素中，使之成为教师的教学工具，学生的认知工具，重要的教材形态，主要的教学媒体。也可以说是在课程教学过程中，把信息技术、信息资源、信息方法、人力资源和课程内容有机结合，共同完成课程教学任务的一种新型的教学方式。

1. 对整合的理解

"整合"英文为"Integration"，主要含义是综合、融合、一体化、成为一个整体等。最早将其作为专门术语使用的是英国哲学家赫伯特·斯宾塞。从哲学角度讲，整合通常是指若干相关事物或因素之间相互作用而合成为一个新的统一整体的建构和细化过程。在这一过程中，既是此事物"整合于"彼事物的过程，又是彼事物"融合于"此事物的过程，其结果是引起这些相关事物的共同发展变化。

整合是相对于分化而言。从系统论的角度说，整合是指一个系统内各要素的整体协调、相互渗透，使系统各要素发挥最大效益。我们可以将教育、教学中的整合理解为教育教学系统中的各要素的整体协调、相互渗透，以发挥教育系统的最大效益。

整合不等于混合。混合只意味着将两种或多种事物简单地相加在一起，混合的各个事物本身并没有发生质的变化。而整合则强调事物之间彼此融合，各构成部分发生质的变化并最终形成新的统一体。因而，整合是全面而深入的，需要一个相对较长的发展变化过程。

2. 对信息技术的理解

信息技术是指对信息进行采集、加工、存储、交流和应用的手段和方法的体系。它的内涵包括两个方面：一方面是手段，即各种信息媒体，如印刷媒体、电子媒体、计算机网络等，是一种物化形态的技术；另一方面是方法，即运用信息媒体对各种信息进行采集、加工、存储、交流、应用的方法，是一种智能形态的技术。信息技术就是由信息媒体和信息媒体应用的方法两个要素所组成的。

信息技术不等同于计算机技术，信息技术包括计算机技术，计算机技术只是信息技术的一部分。但是在当前教学实践中就有很多人误解了信息技术的含义，将信息技术等同于计算机技术，信息技术与课程整合也就被"合理"地误解为计算机技术与课程整合了。

3．对课程的理解

所谓课程（Curriculum）是指为了实现一定的教育目的而设计的学习者的学习计划或学习方案。这个定义是从学习者的角度把课程作为一种计划或方案来理解的，在学习方案中对学习者的学习目标、学习内容和学习方式作了设计和规定。因此，信息技术与课程整合应该考虑总体课程的目标、总体课程的内容、总体课程的组织、科目内容、单元学习方案中的具体学习活动等，应该与课程的各个要素进行整合，并且还要与各种类型的课程进行整合。这种整合应该是全方位的整合，应该从课程的各个方面入手，其中任何一个方面出现问题，整合的效果都会受到影响。

4．对信息技术与课程整合的理解

（1）信息技术与课程整合强调信息技术要服务于课程，强调信息技术应用于教学，其出发点和主体应当是课程，而不是信息技术。应设法找出信息技术在哪些地方能增强学生的学习效果，能使学生完成那些用其它方法做不到的事，或培养学生一些重要的学习和生活技能，以便更好地实现课程的目标。课程目标是最根本的出发点，应避免在使用传统教学手段能够取得良好效果的时候，生硬地使用信息技术。

（2）信息技术与课程整合不是简单地将信息技术应用于教学，而是高层次地融合。我们必须改变传统的单一辅助教学的观点，从课程的整体观考虑信息技术的功能与作用。创建数字化的学习环境，创设主动学习的情境，创造条件让教师和学生最大限度地接触信息技术，让信息技术成为教师和学生强大的认知工具，最终达到改善教师教学和学生学习的目的。

（3）信息技术与课程整合不是被动地纳入信息技术，而是主动地适应和变革课程的过程，将对课程的各个组成部分产生变革和影响。确切地说，信息技术本身不能自然而然地引发课程的变革，但它是课程改革的有利促进条件。信息技术与课程整合将有利于营造新型的学习型社会，营造全方位的学习环境。

（4）信息技术与课程整合将改变人们对信息技术的观念。传统的信息技术观将信息技术作为知识的呈现工具、教学的辅助工具，而忽视信息技术构建信息化学习环境，作为学生强大的认知工具的功能，更加忽视其构筑数字化学习环境的功能。信息技术观必须从教的视角向学的视角转变。信息技术与课程整合的目的是优化学与教的过程，改善学生的学习。

（5）信息技术与课程整合具有双向性，应该是双向整合，即信息技术整合于学科课程和学科课程整合于信息技术，两者应该做到各取所需。前者是研究信息技术如何改造和创新课程，后者是研究在课程创新中如何开发和利用信息技术，这个问题十分重要，它涉及到建构信息文化背景里整合型的信息化课程新形态，以及如何利用各学科进行信息技术教育的问题。

10.1.2 信息技术与课程整合的意义

借鉴美国国际教育技术协会的信息技术标准的基本思想，可以从以下几个方面去理解信息技术与课程整合的意义。

1. 利于实现教育教学的根本目的

信息技术与学科课程整合属于教育教学范畴之中的行为，教育教学的本质就是信息技术整合的本质，教育教学的目的就是信息技术整合的目的。因此，信息技术整合追求的目的应该是教育教学方面的目的，信息技术应该在促进教师教学、学生学习和全面发展等方面起到积极作用。信息技术与学科课程整合确实有利于实现教育教学的根本目的。信息技术和课程整合，为课程设计提供了丰富的手段，拓宽了课程设计的范围。信息技术强大的功能，使得教学形式呈现出多样化的特征。

2. 利于帮助教师进行教学

信息技术和课程整合可以充分利用各种资源，发挥设备的最大潜力，实施高质量和高效率的教学。首先，学科教师借助信息技术备课，可提高备课质量和节约备课时间；其次，学科教师利用信息技术授课，延长了师生交流的时间，延伸了师生交流的空间，也更有利于学生与教师的深层次交流与沟通；另外，通过计算机联网，可以大大减少教师的重复劳动，教师可以从大量的备课和讲课任务中解放出来，把较多的精力投入到教学和科研活动中，使教学活动从劳动密集型转变为技术密集型，从而提高了教学活动的效率。

3．利于提高学生的信息素养

信息技术与课程整合是培养学生形成信息素养的有效途径。信息素养包括信息意识、信息知识、信息能力、信息道德等。

信息意识是人们在信息活动中产生的认识、观念和需求的总和；信息知识是指一切与信息有关的理论、知识和方法；信息能力是指人们有效利用信息设备和信息资源获取信息、加工处理信息以及创造新信息的能力；信息道德是指涉及信息开发、传播、管理和利用等方面的道德要求、道德准则，以及在此基础上形成的新型道德关系。

构成信息素养的诸要素是相互联系、相互依存的一个统一整体。信息意识在信息素养结构中起着先导的作用，信息知识是基础，信息能力是核心，信息道德是保证信息素养发展方向的指示器和调节器。信息知识是信息能力的基础，对信息知识的掌握有助于信息能力的形成和发展。而已形成的信息能力又往往会制约着对信息知识的掌握。作为信息社会的成员，必须具备一定的信息知识和信息能力，不然就难以在信息社会中生存发展下去。当然，信息知识和信息能力对不同层次、不同类型的人来说，又有不同的标准和要求，这正是我们开展信息素养教育、提高信息素养的一个基本前提。

4．利于帮助学生进行学习

由于信息技术与学科课程的整合，使得传统的认知工具得到了充实，学生可以利用信息技术作为认知工具进行更有效的学习。认知工具的作用主要体现在以下几个方面。

（1）作为课程学习内容和学习资源的获取工具。获取和占有信息是处理和应用信息的前提，将信息技术作为信息获取工具，是学生发现和获取信息的一种良好途径。

（2）作为情境探究和发现学习的工具。信息技术与课程整合可以根据一定的课程学习内容，利用多媒体和网络开发工具将课程内容以多媒体、超文本、友好交互等方式转化为数字化学习资源，并根据教学需要，创设一定的情境，让学生在这些情境中探究和发现。

（3）作为协作学习和交流的通信工具。在传统的课堂教学中，由于人数、教学内容和课时等因素的限制，协作学习常常无法顺利进行，而信息技术为有效实现协作学习提供了良好的技术基础和交流环境。

（4）作为自我评测和信息反馈的工具。信息技术可以为学生提供高效和准确的学习评测系统，学生可以不断地了解自己的学习情况，发现学习中的各种问题，为不断进步打下基础。

5. 利于培养学生的创新能力

学生创新能力的培养需要理想的教学和学习环境的支持，信息技术整合于教学过程中正好可以为培养创新能力营造理想的环境。在这样的环境中，信息技术作为学生的创造工具，表现出强大的优势。第一，现代教育技术的最新理论基础有力支持着创新能力的培养。第二，基于计算机的课件开发平台有利于培养学生的直觉思维能力。第三，优秀的多媒体课件可以对学生形象思维能力的培养提供有力支持。第四，基于计算机网络的"协作式学习"和"发现式学习"可以对学生辩证思维和发散思维能力的培养提供有力的支持。

6. 利于多学科进行整合

信息技术与课程整合可以促进多学科的相互渗透，可以作为整合多学科的工具。例如，学生在制作关于唐诗宋词内容的多媒体作品时，需要同时涉及到计算机、文学、历史、美术、音乐等多学科的知识，需要综合运用多学科的知识分析、规划、制定有关内容。信息技术作为整合多学科的工具，可以帮助学生跨越学科之间的界限，激发学生的学习兴趣，着重培养学生主动运用多种知识解决问题的潜质和能力，创造性、协作性地处理事物的态度，促进学生综合能力的发展。

10.1.3　信息技术与课程整合的基本原则

怎样实施信息技术与学科课程的整合，这是一个需要深入研讨的课题，不同学科的整合方式不完全一样，影响信息技术整合效果的因素很多。但整合过程中也有一些共性的东西，认识并遵循这些共性是做好整合的前提条件。具体说来，信息技术和学科整合时需遵循以下基本原则：

1. 要以正确、先进的教育思想和教育理论为指导

信息技术与课程整合的过程决不仅仅是现代信息技术手段的运用过程，也不仅仅是新的教学手段、教学方法的应用推广过程，它必将伴随教育、教学领域的一场深刻变革。没有理论指导的实践是盲目的实践，将会事倍功半甚至劳而无功。

现代学习理论为信息技术与课程整合奠定了坚实的理论基础。行为主义学习理论对需要机械地记忆知识或具有操练和训练教学目标的学习有其合理成分。认知主义学习理论的指导作用，主要体现在激发学生的学习兴趣、控制和维持学生的学习动机。建构主义学习理论强调给学生提供建构理解所需要的环境和广阔的建构空间，让学生自主地、发现式地学习。建构主义较适合于不良结构领域的高级学习，而对于中小学生来说，由于他们正处在知识积累和思维发展阶段，他们的认知结构还比较简单，自主学习能力还没有得到很好的培养，这个年龄阶段的学生还缺乏自制力。因此，无论哪一个理论都不能涵盖其它理论而成为惟一的指导理论，在信息技术与课程整合的应用中应该兼顾各种理论的合理成分，根据教学对象、教学内容及教学媒体等多种变量，灵活运用理论并指导实践。

2. 要根据教学对象选择整合策略

人类的思维类型可按抽象思维、具体思维、有序思维和随机思维进行组合，不同学习类型和思维类型的人的学习成效与他们所选择的学习环境和学习方法有关。实践中我们发现，有的学生不能主动地对信息进行加工，喜欢有人际交流的学习环境，需要明确的指导和讲授，而有的学生在认知活动中，更愿意独立学习、个人钻研，更适应结构松散的教学方法或个别化的自主学习环境。因此，

信息技术与课程整合应该根据不同的教学对象，实施多样化、多元化和多层次的整合策略。

3. 要根据学科的特点构建整合的教学模式

每个学科有其固有的知识结构和学科特点，对学生的要求是不同的，如英语口语教学的任务是培养学生应用语言的能力，训练学生在各种不同的场合下，用正确的语言流利地表达自己的思想，很好地与别人交流。为此，应该利用信息技术，模拟出接近生活的真实语境，提供给学生反复练习的机会。数学属于逻辑经验科学，主要由概念、公式、定理、法则以及应用问题组成，数学教学的重点应该放在开发学生的认知潜能上。为此，可以通过给学生创设认知环境，让他们经历由具体思维到抽象思维，再由抽象思维到具体思维的思维过程完成对数学知识的建构。而物理学和化学，是与人们生活、生产密切相关的学科，应注意培养学生的观察能力、解决问题的能力和亲自做实验的动手能力，对那些需要观察自然现象或事物变化过程的知识，形象和直观地讲解有助于学生理解和记忆，但对培养学生操作能力来说，如果用计算机的模拟实验全部代替学生亲手实验，则违背了学科的特点，背离了培养动手能力的学科教学目标。因此，对于不同的学科，既有相同的整合原则，也应该根据学科的特点采用不同的整合策略和方式。

4. 要高度重视各学科的教学资源建设

教学资源建设是实现课程整合的必要前提。因为没有丰富、高质量的教学资源，就谈不上让学生自主学习，更不可能让学生进行自主发现和自主探索，教师主宰课堂，学生被动接受知识的状态就难以改变，创新人才的培养自然也就落空。但是重视教学资源的建设，并非要求所有教师都去开发多媒体素材或课件，而是要求广大教师努力搜集、整理和充分利用因特网上已有的资源，只有在确实找不到与学习主题相关资源（或者找到的资源不够理想）的情况下，才有必要由教师自己去进行开发。

5. 要注重培养学生适应信息时代的学习方法

信息时代的学习发生了很大的变化，体现在学习的资源、学习的过程、学习的评价等方面。熟悉并适应了传统教学的学生，从传统的学习者角色转变为信息时代的学习者，还需要学会利用信息资源进行专题归纳探究的学习，学会面对资源进行自主发现、问题探索的学习，学会利用网络通讯进行协商合作、讨论式的学习，学会利用信息工具进行重构知识、创新实践和问题解决的学习。学生要以一种自然的方式对待信息技术，把信息技术作为获取信息、探索问题、协作解决问题的认知工具，并且对这种工具的使用要像铅笔、橡皮那样顺手、自然。

6. 要将能力培养和知识学习相结合

课程整合要求学生学习的重心不再仅仅放在学会知识上，而是转到学会学习、掌握方法和培养能力上。学生利用信息技术解决问题的过程，是一个充满想象、不断创新的过程，同时又是一个科学严谨、有计划的动手实践过程，它有助于培养学生的创新精神和实践能力，并且通过"任务驱动式"的不断训练，学生可以把解决问题的技能逐渐迁移到其它领域。

10.2　信息技术与课程整合的运作

在学校教学改革中，如何将信息技术与各门学科的教学流畅地融合为一体，理解信息技术与课程整合的层次、切入层面、策略和基本模式对我们的教学实践具有一定的指导作用。

10.2.1　信息技术与课程整合的层次

根据信息技术与课程整合的程度以及在整合过程中信息技术的定位不同，可以将整合划分为两个层次。

1. 浅层次整合

将信息技术作为一种工具应用于学科教学之中，目的是促进教师的教和学生的学。这一层次的整合是基于将信息技术作为教学手段和学习工具的视角来探讨的，整合定位于方法论的范畴，研究信息技术对教学信息再现的作用，对教学质量的影响，对发展学生思维能力，分析问题、解决问题能力的作用。其主要理论依据是建构主义学习理论，通过信息技术手段营造一定的学习环境，从而研究学生的个别化学习、网络学习、协作学习、讨论学习、研究性学习等内容。这一层次的整合使信息技术融合到教学过程中的教学目标、媒体信息、教学对象、学习方法、学生能力发展等各个要素之中。

浅层次整合目的在于提高教师的教学效率和改善学生的学习，从而在一定程度上提高教育、教学的质量。在这个层次上，实践者主要是教师和学生。因此要实现这一目标，要求教师和学生要熟悉信息技术，并能够有意识、合理、熟练地应用信息技术去解决教育、教学中的相关问题。教师能够根据教学的需要，依据建构主义学习理论，运用信息技术手段营造合适的教学情境，为教师的教和学生的学提供帮助。学生能够按照教师的要求，运用适当的信息技术去探索、解决问题，最终完成学习任务，并发展相关技能。

需要指出的是，在这个层次整合的实现过程中，不能为了使用技术而使用技术，要清楚地认识到信息技术只是教学的一种工具或手段，不应该去排斥以往所使用的技术和手段，而应该选择能最有效、最经济、最实用地实现课程目标的技术和手段。

2. 深层次整合

在课程开发的时候，将信息技术有机地与课程结构、课程内容、课程资源以及课程实施等方面融合为一体，从而对课程的各个层面和维度都产生变革作用，促进课程整体的变革。联合国教科文组织推出的经典著作《学会生存》中指出"技术应该既是内容，又是方法，始终出现在教育过程之中"。在联合国教科文组织推出的另一本经典著作《教育－财富蕴藏其中》中也有类似的观点"应该制订使这些技术能够成为真正工具的教学内容，这就意味着教师同意对其教学实践重新加以考虑"。

这一层次的整合，强调将信息技术融入不同的学科课程的结构、内容、资源和方法之中，从课程整体的角度去思考信息技术的地位和作用。在课程开发的一系列过程中，必须把信息技术作为课程结构、内容、资源和方法的一个不可或缺的部分进行考虑，通过课程开发把信息技术融入课程之中，使信息技术成为课程的一个有机组成部分，化"有形"为"无形"。经过这一层次的整合之后，信息技术不再是作为一种简单的学习对象，而是使信息技术与学科课程结构、课程内容、课程资源以及课程实施等融合为一体，成为与课程内容和课程实施高度和谐自然的有机部分，以便更好地完成课程目标，并提高学生的信息获取、分析、加工、交流、创新、利用的能力，培养协作的意识和能力，促使学生掌握信息社会中的思维方法和解决问题的方法。

这一层次的实践者主要是课程开发人员，主要包括学科专家、课程开发专家、教师以及学生等。要实现信息技术与课程的深层次整合，课程开发人员必须深入理解信息技术的本质，有主动参与信息技术与课程整合的意识与态度，应该具备相应的信息技术技能和课程整合的能力，在课程开发的各个环节能进行充分而全面的考虑。

10.2.2　信息技术与课程整合的切入层面

第一层面是信息技术如何改造和创新课程。其实质就是课程信息化，即将信息技术融入到各学科的教学之中，教师使用信息技术进行教育、教学活动能像使用粉笔、黑板一样流畅。实现课程信息化，注重信息技术在学科教学中的应用。它是教育技术专家们站在信息技术发展应用的立场上所特别关注的问题，追求的是"信息技术→课程"的单向整合。

第二层面是课程创新中如何开发和利用信息技术。其实质是信息技术课程化，即将信息技术通过正规的课程形式加以体现，学生的信息素养通过正规的学科课程、活动课程、隐性课程的学习进行培养。它是课程专家们站在课程变迁和创新立场上所格外重视的问题，追求的是"课程→信息技术"的单向整合。

第三层面是怎样在信息技术与课程互动性双向整合过程中实现两者的整体化和一体化。其实质是建构信息文化背景里整合型的信息化课程新形态，真正实现学习生活与社会文化的融合统一，改变学校生活与现实生活相脱节的现象，实现师生之间民主合作的关系。它是人们立足于旨在实现人与文化整合同一的当代文化哲学立场上所深入探究的问题，追求的是以教育情境中人的学习为本的信息技术与课程的双向整合。实质上，信息技术与课程的双向整合，既是"信息技术→课程"和"课程→信息技术"的两种单向整合，更是一种深化和提高。

10.2.3　信息技术与课程整合的策略

信息技术与课程整合，应依据各学科的具体实际来进行，即要根据学科的教学内容、教学目标、教学对象及教学策略，结合学科教学的各个环节来展开。总的说来，信息技术与课程整合可以采用以下几个方面的策略：

1.　知识点切入策略

信息技术与课程整合，应以学科的知识点为切入点来进行。在各门学科教学过程中，信息技术可切入的知识点甚多，教师应充分利用可切入的知识点，围绕知识点的揭示、阐述、展开、归纳、总结等环节，积极而适当地运用信息技术手段来进行教学，以取得良好的教学效果。同时，学校通过自己建立或是向外界购买、共享各个学科的优秀教案、课件等教学资源，使师生有更多利用数字化教学资源的机会。

2.　多种感官参与策略

在教学中，通过信息技术与课程整合，力求为学生提供多种感官参与学习的氛围，充分让学生动眼、动耳、动脑、动手、动口，并通过动手实验、操作学具，边想、边做、边练来感知事物、领悟概念、掌握原理。多种感官参与学习，能大大提高学生的感知效果，并使学生由被动学习变为主动学习。

3.　思维训练策略

思维训练应是教学的核心，传统教学以教师向学生的单向灌输代替学生的思维活动，不重视思维过程的训练。信息技术与课程整合，可以激发学生思考的热情，给学生思考的机会，有助于教师对学生思维的敏捷性、灵活性、深刻性和广阔性等一般品质的训练，还有助于对学生思维的创造性，如思维的发散性、求异性、逆向性等进行有效的培养。许多教学软件对学生思维有很好的训练作用，例如概念图软件、几何画板软件，还有一些实验模拟软件，对加强学生思维品质的训练、培养学生的创造性思维都有很好的效果。教师如果更多地运用专门的软件辅助教学，则能起到很好的整合作用。

4．情境激励策略

学科教学的成功与否，很大程度上取决于学生对本门学科的兴趣，因此，在教学中首先要解决学生想学、爱学的问题。情境激励策略，就是通过信息技术与课程整合创设教学情境，开展课堂智力激励，并通过增进师生的情感交流等有效的手段，引发学习动机，使学生积极主动参与新知识的学习，极大地激发学生探索和发现的热情。教学情境的创设包括直观情境的创设、虚拟情境的创设、思维情境的创设、问题情境的创设、合作情境的创设以及创作情境的创设等。

5．实践感知策略

有些学科的实践内容，由于受到种种条件的限制，不可能让学生亲临其境。通过信息技术，可以给学生呈现出一个真实的或者虚拟的学习情境，让学习者真正在其中体验，学会在情境中主动建构、积极建构，构筑自己的学习经验。运用模拟教学课件，或者计算机外接传感器来演示某些实验现象，向学生展示教学实践的过程和方法，帮助学生理解所学的知识。信息技术还可以模拟动态的变化过程，通过模拟实践使学生尽快把握实践要领和具体操作方法，并通过学生的模拟操作，尽快掌握操作要领。

6．操练强化策略

将单调乏味的练习，用计算机辅助练习的方式呈现练习内容。这种练习方法一方面可以及时反馈、适时评价，有的软件还可以针对学生出现的问题给予提示；另一方面，可以针对每个学生的能力和水平进行个别化的训练，并通过独立练习进行自我评价、自我把握学习的进度和难度，提高操练的效率。如英语单词学习和句型训练，信息技术课中英文录入训练，各学科单元复习时的自我检测等均可利用这种策略强化操练。

7. 协作学习策略

信息技术能够很好地应用于协作学习之中。与传统的协作学习方式相比，基于信息技术的协作学习具有交互方便、灵活多样、传播面广、传播效率高的特点。尤其是基于问题的协作学习，强调把学习设置到复杂的、有意义的问题情境中，通过让学生协作来共同解决问题，这种学习方式对于促进学生开展各种高级认知活动，以及提高学生分析和解决现实问题的能力有着明显的作用。

8. 自主学习策略

信息技术与课程整合，为学生的自主学习提供了一个良好的学习环境，教师可根据教学目标对教材进行分析和处理，决定用什么形式来呈现什么教学内容，学生接受了学习任务以后，在教师的指导下利用教师提供的资料（如 CD - ROM），或利用 Internet 自己查阅资料，开展个别化和协作式相结合的自主学习。该策略主要培养学生分析信息、加工信息的能力，强调学生在对大量信息进行快速提取的过程中，对信息进行重整、加工和再应用，最后，师生一起进行学习评价、反馈。教师在学生学习过程中，提供基本框架、总目标、指导和建议，起到组织者和促进者的作用。

9. 寓教于乐策略

在学科教学中，利用计算机教学游戏软件，把科学性、趣味性、教育性集为一体，能够激发学生的学习兴趣，寓教于乐，由此锻炼学生的反应速度、决策能力和操纵能力，使学生在愉悦的情境下，以丰富的想象、牢固的记忆、灵活的思维获得学习的成功。此外，利用信息技术开展艺术欣赏、制作比赛、学生作品展示等活动，也能激发学生的学习热情，有助于学生掌握知识、发展能力，培养创新意识，提高创新能力。

10. 拓展学习策略

高质量的学习资源能够丰富学科知识、拓展学习内容，帮助学生阅读、理解、记忆和迁移。例如语文课展示课文背景，历史课展示历史事件，地理课展示各种地形地貌与各地方的风土人情，政治课展示英雄人物的先进事迹与道德规范，生物课展示生命世界的万千形态等。可以利用搜索引擎、专题网站、教育资源库等，扩大学生的视野，拓展能力，满足个别化的学习需求。

以上这些策略有一定的适用学科，相互之间并不排斥，实际教学中可综合应用。总之，信息技术与课程整合策略的实施，必将带来课程内容、课程实施、课程资源、教学评价以及学习方式的变革。

10.2.4　信息技术与课程整合的基本模式

模式是对某一过程或某一系统的简化与缩微式表征，以帮助人们能形象地把握某些难以直接观察或过于抽象复杂的事物。信息技术与课程整合的模式是开展整合实践的一套方法论体系，是基于一定的教学理论、整合理论而建立起来的较稳定的整合教学活动的框架和程序。是理论的具体化，同时又直接面向和指导教学实践，具有可操作性，它是理论与实践的桥梁。根据信息技术与课程整合的不同分类标准和体系，目前有许多整合模式，这里仅就信息技术的利用方式和整合目标不同，分析信息技术与课程整合的三种基本模式定位和指导思想。

1.　本位型课程整合模式——Learn about IT

本位型课程整合模式是以培养学生的基本信息素养为目标，将信息技术作为学习对象融入课程内容中，通过开设专门的信息技术课程，传授信息技术的基本技能。

在这种整合模式中信息技术主要起到演示工具、交流工具和评价工具的作用。通过这种学习学生不仅学习了信息技术，提高了信息素养，而且还促进了其它学科的学习。可以说，学生是通过信息技术来学习信息技术。这里信息技术本身就是学生的学习对象和目标。然而，信息技术作为学习内容，无论是从教材形式设计，还是教学方式选择都应该有一个新视角，应该在信息技术学科教学中引入其它学科课程知识，也就是在学习信息技术知识和技能的同时，学习、拓展、应用或巩固其它学科知识。这种模式多采用"任务驱动"的教学方法。

"任务驱动"是建构主义理论提倡的一种教学方法。是指将所要学习的信息技术知识隐含或嵌入在学习任务之中，学生通过对教师提出的任务进行分析、讨论，明确任务大体涉及哪些知识，在教师的指导、帮助下找出解决问题的方法，最后通过完成任务来学习信息技术知识，实现意义建构。事实上它并不是简单地给出任务就了事，重要的是要让学生学会学习。例如，在信息技术课程中学习汉字输入可以融入语文课的拼音练习、组词练习、古诗学习；学习绘图软件可融入几何知识和美术知识；学习搜索引擎检索可让学生到网上检索某学科专题信息练习等。这种整合方式主要落脚点是信息技术知识和技能的学习。

2. **辅助型课程整合模式——Learn from IT**

辅助型课程整合模式是以提高教学效率、优化教学效果为目标，将信息技术作为教学工具融入课程实施中，与其它学科进行整合。

在这种整合模式中信息技术主要是作为情境创设工具、知识呈现工具、师生通讯交流工具、信息加工工具以及测评工具等。信息技术作为教学工具，将更加关注其教学设计的合理性，从课程目标出发，真正地把信息技术整合于教学之中。这种模式多用于课堂讲授型教学。

进行这种模式的课堂讲授教学时，教师首先利用信息技术资源，创设学习情境，可以是社会、文化、自然情境，可以是问题情境，也可以是虚拟实验情境；其次指导学生初步观察情境，提出思考问题，借助信息表达工具（如 Word、BBS 等）形成意见并发表；然后利用信息技术资源所展示的学习情境，指导学生进行深入观察和进行探索性的操作实践，从中发现事物的特征、关系和规律；进而借助信息加工工具（如 PowerPoint，FrontPage 等）进行意义建构；最后借助测评工具，进行自我学习评价，及时发现问题，获取反馈信息。在整个教学过程中，学生的主体性得到较大的体现，这样的教学氛围十分有利于学生创新能力和问题解决能力的培养。同样，教师通过整合的任务，发挥了自己的主导作用，以各种形式、多种手段帮助学生学习，为学生的学习创造了广阔天地，进一步调动了学生的学习积极性。

3. 研究型课程整合模式——Learn with IT

研究型课程整合模式的核心在于改变学生的学习方式，强调学生的主体作用和参与性，将信息技术作为学习工具融入课程资源中，与其它学科进行整合。

在这种整合模式中信息技术作为学习资源和环境成为学生学习与认知的有效工具、课程内容和学习资源的获取工具、情境探究和发现的学习工具、协商学习和交流讨论的通讯工具、知识构建和创作的实践工具、自我评测和学习反馈的评价工具等。这种模式多用于主题探究型教学。

采用这种模式进行主题探究型教学时，首先在教师指导下组织学生进行社会调查，借助信息技术创设情境，了解可供学习的课题；根据课程学习需要，选择并确定研究课题，制订研究方案；组织协作学习小组，设计协作活动方式，制定小组研究方案；教师提供与课题相关的资源目录、网址和资料收集方法和途径（包括社会资源、学校资源、网络资源的收集）；学生对所得信息进行分析和处理；根据需要组织有关协作学习活动，包括小组内部协作交流、小组间的协作交流等；学生以所找到的资料为基础，完成一个与课题相关的研究报告（形式可以是文本、电子文稿、网页等），并向全体同学展示；最后教师组织学生通过评价作品，形成观点意见，达到意义建构的目的。这种模式超越了传统的单一学科学习的框架，它按照学生认知水平的不同，将社会生活中学生感兴趣的问题，以主题活动的形式来完成课程目标。学生通过主体性、探索性、创造性地解决问题的过程，将多个学科的知识、学科之间的综合与渗透、课内与课外、学校与社会等有机地结合在一起，最大限度地促进学生身心和谐统一地发展，更加突出了学生的主体性和参与的过程性。

本位型课程整合模式、辅助型课程整合模式和研究型课程整合模式有不同的课程定位，但彼此之间又有内在的联系，这三种模式基本上都有教学内容问题化、教学过程探究化、教学活动网络化和教学成果创新化等特点，更适合信息时代的教学要求。这里我们没有给出具体的模式构型，是为了避免整合的教学过程出现程序化、套路化倾向。因此我们不能也不可能用一个模式去完成所有的教学任务，也不可能用这三种模式概括所有整合实践，而是要根据教学目的、教学内容、教学资源、教学环境以及学生的具体情况，选择、归类最合适的整合模式或模式组合。

10.3　信息技术与课程整合的实践

信息技术与课程整合是一个包括理论、技术和教育实践的综合工程，是一个随着技术进步和社会发展不断提出新目标并向前发展的工程，而不同学科、不同地区、不同学校、不同学生、不同年龄阶段、不同学习阶段里如何实现"整合"是目前信息技术与课程整合实践探索的主要方向。这里仅介绍语文学科与信息技术整合的实践，以期对其它学科整合实践有所启示。

1. 信息技术与语文作文教学的整合

当前在语文的作文教学中，已摸索并建构出一些新型写作教学模式，例如：

"网络作文教学模式"：在线选材→在线构思→在线表达→在线评改；

"看图作文教学模式"：情境创设、观察指导、表象操作、例文引路、言语训练和协作学习；

"命题作文教学模式"：审题、选择素材、启发想象、发展思维、言语训练和协作学习；

"命题作文三维教学模式"：包括知识维度（日常生活知识、自然和社会知识、写作知识）、能力维度（观察事物能力、表象操作能力、思维加工能力以及包括口头和书面两方面的语词表达能力）与情操维度（情绪、情感以及包括道德、审美、价值等方面的思想观念）三个方面。知识主要决定"写什么"，能力决定"如何写"

（写作知识也与如何写有关），情操决定"为什么写"。

这些作文教学模式多由以下几个环节组成：

创设情境：通过信息技术可为学生创设与作文主题相关的情境，展示优秀范文、段落或词语，激发学生写作的热情和冲动。

选材构思：学生可随机调用计算机提供的相关资源或到网络上寻找有用的素材，进行网上选材，根据问题进行构思。

表达修改：学生通过键盘把自己构思好的内容转化为书面语言，输入到计算机中，并对文章的不当之处进行修改加工。

评议发表：教师指导评议，学生相互评议，学生修改自己或别人的作文，并传送到校园网上发表。

作文教学与信息技术的整合多方位地刺激了学生的感官，激发了学生的写作兴趣，调动了学生的写作热情，培养了学生的观察能力，发展了学生的思维能力，提高了学生的表达能力，从而提高了学生的写作水平。

2. 信息技术与语文阅读教学的整合

在传统的阅读课堂教学中，一般都是通过教师朗读或学生阅读课文使学生获得对课文内容情境的初步体验，然后通过教师对课文的逐步分析与讲解让学生获得对课文内容的理解，最后，学生通过背诵记忆程式化的课文主旨和内容来应付最后的考试。可以说，学生对课文的理解和建构是通过教师的讲解讲出来的，而不是学生通过亲身体验自主建构获得的。学生最终形成的不是自己对知识的独特理解，而是教师强加给学生的所谓教学参考书上的专家的共识。完全泯灭了学生的个性，抹杀了学生的创造力。借助信息技术的帮助，语文阅读教学可以使学生在交流与合作中达到对知识的深入建构。语文阅读教学与信息技术的整合教学过程分为四个环节，分别是入境、析境、建构表达和扩展训练。

入境：借助多种媒体形式创设对话情境，引导学生进入对话情境。在这个阶段，信息技术是教师进行课堂导引的工具，教师通过声音、图像给学生以身临其境的感觉，让学生在情境中与文本内容和教师进行对话，品味美，感受美。

析境：教师借助信息技术环境帮助学生理解课文内容。这个阶段教师不再像以前一样，仅仅是通过简单的讲解来建构对知识的理解，而是通过信息技术环境展示课文内容，让学生自己去感受、发现文章的脉络和层次，体验写作特点。

建构表达：在这个阶段，信息技术不仅是教师教的工具，而且是学生学的工具。教师通过多媒体课件为学生进行自主建构提供资源并创设任务情境，学生借助资源在完成任务的过程中，达到对课文内容的初步把握与建构，并把自己的想法借助信息技术表达出来，与同学进行交流。

拓展训练：是课堂教学的最后扩展。教师通过布置更加具体复杂的任务，让学生通过网络探究的形式来完成，从而达到对所学知识更加深刻的认识，并且能够走出课堂，获得教科书以外的知识。

整个教学过程在多媒体网络环境下进行，教师借助信息技术表达、呈现内容，学生借助信息技术表达、交流自己的建构所得，不但使学生能够自主获得对课文内容的全面理解，而且使学生走向课外，大大拓展了他们的阅读量，培养了他们进行自主学习的能力。

【思考与练习】

1. 什么是信息技术与课程整合？请谈谈你是如何理解的。

2. 为什么要进行信息技术与课程整合？进行信息技术与课程整合时应遵循的基本原则是什么？

3. 信息技术与课程整合的层次有哪些？信息技术与课程整合的切入面有哪些？

4. 进行信息技术与课程整合时的具体策略有哪些？

5. 信息技术与课程整合的基本模式有哪些？

6. 结合自己的教学实际谈谈你对信息技术与课程整合实践的看法。

7. 依据信息技术与课程整合的理论和方法，结合自己的学科专业设计一个信息技术与课程整合的案例。

第 11 章　现代远程教育

【学习目标】

1. 理解远程教育和现代远程教育的概念。
2. 了解世界远程教育和我国远程教育的发展。
3. 掌握现代远程教育的特征。
4. 了解我国现代远程教育工程的状况。
5. 掌握网络远程教育的常用模式。
6. 掌握混合学习的内涵和应用模式。
7. 了解混合学习在我国远程教育中的实际意义。
8. 了解农村中小学现代远程教育工程的发展现状。
9. 理解农村中小学现代远程教育工程"三种模式"的系统组成、配置与功能。

11.1　现代远程教育概述

11.1.1　远程教育的概念

远程教育作为一种新的教育形式（与传统的面授教育相比较），从它一诞生就受到人们广泛关注。一些国际组织和个人都曾对远程教育做过界定。在这些界定中，比较有影响和学术理论价值的是多曼（Dohmen）、彼得斯（Peters）、穆尔（Moore）和霍姆伯格（Holmberg）等所做的工作。

远程教育是一种有系统组织的自学形式，在这种形式中学生的咨询、学习材料的准备以及学生成绩的保证和监督都是由一个教师小组进行的。这个小组的每一个成员都具有高度的责任感。通过媒体手段有可能消除距离，媒体手段可以覆盖很长的距离。与"远程教育"相反的是"直接教育"或"面授教育"：这是一种通过教师

和学生直接接触发生的教育类型。（多曼（1967），《远程教育：教育研究和活动的新领域》，第9页）

远程教育/远程教学是一种传授知识、技能和态度的方法，通过劳动分工与组织原则的应用，以及技术媒体的广泛应用而合理化。特别是复制高质量教学材料的目的使在同一时间在学生们生活的地方教授大量学生成为可能。这是一种教与学的工业化形式。（彼得斯（1973），《远程教学的教育学结构：教与学的工业化形态的研究》，第206页）。

远程教育可以定义成教学方法大全。在这个教学方法家庭中，教学行为与学习行为是分开实施的，也包括有学生在场进行接触的情况。结果在学生和教师之间的交流必须通过印刷的、电子的、机械的或其它手段来促进。（穆尔（1973），独立学习理论初探，《高等教育杂志》第44期，第8页）

"远程教育"这一术语包括所有层次的各种学习形式。在这些形式中，学生和教师不在同一教室或住在同一楼内，因而学生并不处于教师连续的直接的教学指导之下，但是学生仍然从教育组织的计划、指导和教学辅导中受益。（霍姆伯格（1977），《远程教育：文献与评述》，第9页）

到20世纪70年代末，在远程教育的概念和术语使用上仍存在着混乱。80年代，许多学者继续工作在这一领域。德斯蒙德·基更（DesmondKeegan）的出色工作获得了世界范围的认可。1980年，他在综合分析了其它学者提出的被广泛认可和接受的远程教育定义的共同特征后，提出了一个有六项要素构成的描述性定义。在1986年出版的《远程教育基础》一书中，对此定义进行了修正，提出了一个由五项要素构成的描述性定义。后来在1990年再版《远程教育基础》时，沿用了此定义。

远程教育是一种具有以下特征的教育形式：

在整个学习过程期间，教师和学生处于准永久性分离状态（以此与常规面授教育相区别）；教育组织在材料计划、准备和学生支持服务准备两方面的影响（以此与个别化学习和自教计划相区别）；

技术媒体——印刷媒体、视听媒体或计算机媒体的使用——把
教师与学生联系起来并成为课程内容的载体;

提供双向通信,使学生可以主动对话并从对话中受益(以此与
教育技术的其它应用相区别);

在整个学习过程期间,准永久性不设学习集体,结果人们通常
不在集体中而是作为个人在自学,为了教学和社会两方面的目的,
有可能召开必要的会议。

我国学者自 20 世纪 90 年代以来,也在远程教育界定方面做了
大量工作,有影响的如丁兴富提出的定义、谢新观提出的定义等。

狭义的远程教育(学校远程教育、机构远程教育)是对教师与
学生在时空上相对分离,学生自学为主、教师助学为辅,教与学的
行为通过各种教育技术和媒体资源实现联系、交互和整合的各类学
校或社会机构组织的教育的总称。(丁兴富,2001 年)

所谓远程教育就是为了解决师生双方由于物理上的距离而导致
的、表现在时空两个维度上的教与学行为间的分离而采取的、重新
整合教学行为的一种教育模式。随着社会的发展,这种教育模式将
具有实践上的和理论上的不同表现形式。(谢新观,2000 年)

实际上,到目前为止,在国际远程教育领域,被广泛认可、流
行、引用和使用的远程教育定义仍然是基更的定义,此定义被认为
是迄今为止远程教育的经典定义,我们也采用基更的定义。

11.1.2　远程教育的发展

1. 世界远程教育的发展

远程教育是现代教育发展的一种新模式,是信息技术、媒体在
教育中运用的另一种典型形式。回眸历史,自 19 世纪中叶以来,
远程教育走过了以印刷教材为主要媒体的函授教育阶段,经历了以
视听媒体为主的广播电视教育阶段,目前正快速迈进以多媒体和网
络通讯技术为核心媒体的现代远程教育阶段。以主流媒体技术为依
据,可以将远程教育的发展历程划分为三个阶段。

(1) 函授教育

函授教育为远程教育的第一阶段,有人也称为第一代远程教

育。函授教育起源于 19 世纪的英国。1840 年，英国人伊萨克·皮特曼（IssacPeterman）把速记教程通过邮政寄给学生，开创了函授教育的先河。1849 年，英国伦敦大学首创校外学位制度，允许英国和英联邦各国任何高等学校的学生报考伦敦大学的学位课程，并为注册报考者提供函授教学。从 19 世纪中期到 20 世纪初期，函授教育在世界上许多国家得到发展。前苏联的函授教育始于 20 世纪 20 年代。

（2）广播电视教育或多种媒体教学的远程教育

进入 20 世纪后，随着电子信息技术的发展，视听技术的广泛应用和大众媒体的大规模发展，使视听教育在成人教育和学校教育中得到了广泛的应用，使幻灯、录音、电话、电影逐步介入到教学领域。与函授教育相比，多种媒体教学的远程教育具有大规模的特点。主要代表是各国独立设置的远程教育大学，如英国的开放大学、中国的广播电视大学等。1920 年 2 月，英国玛可尼公司所属的剑佛电台首创教育广播节目，到 1930 年，已有 3500 多所学校接收广播教学。1921 年，美国联邦政府向盐湖城大学发放了第一个广播教育特许证；1945 年，美国威斯康星大学通过联邦通讯委员会，建立了第一家教育电视台，这是世界上第一次出现的电视教育。1969 年，英国开放大学的创建是远程教育第二代的重要里程碑，英国开放大学的成功为远程教育争取到了合法地位，证明了这种教育形式是可行的和高效率的。20 世纪 70 年代以后，在英国开放大学创新精神鼓舞下，世界各国掀起了兴办远程教育的热潮，中国也在此影响下，成立了中央广播电视大学。远程教育得到了突破性的发展，广播、电视、卫星电视等大众传播媒体，不仅得到了极大的发展，而且仍然是现代远程教育的主力与主要媒体。

（3）现代远程教育

自 20 世纪 90 年代起，尤其是世纪之交，远程教育进入了一个崭新的历史时期。人类社会从工业时代进入了信息时代，信息技术给社会带来了巨大的变化，计算机多媒体和网络技术的发展，为现代远程教育带来了跨越式的发展，建立在互联网基础上的现代远程教育，引起了世界各国的重视。

美国，1996 年美国前总统克林顿提出"教育技术行动计划"，到 2000 年使全美国的中小学计算机，同信息高速公路相连接。

英国，将 1998 年定为"网络年"，正式推出"全国学习网"计划，到 2000 年建立一个新型的网上工业大学，建成 5 年内，每年将有 60 万人通过先进的现代远程教育形式接受教育和培训。

德国，2000 年电信服务公司提出将为4.4 万所中小学提供免费的网上服务。

我国政府对第三代远程教育给予了高度重视。1999 年 1 月 13 日，国务院批转教育部的《面向 21 世纪教育振兴行动计划》，正式提出："实施现代远程教育工程，形成开放式教育网络、构建终身学习体系。"

2．我国远程教育的发展

我国远程教育的发展也可以分为三个阶段：

（1）函授教育

中国的函授教育开始于 20 世纪初。1902 年，以蔡元培为代表的教育家，在上海成立中国教育会，该会创办初以编教科书为己任，继而应用通信教授法，刊行丛报，这就是中国函授教育的开始。1914 年商务印书馆创设函授学社，为我国最早的函授学校。1951 年东北实验学校创设函授部，同期黄炎培主持的中华职业教育社在北京创办函授师范学校，设中等师范教育，这是新中国成立后最早的函授教育。此后，从 1952 年起中国人民大学、东北师范大学均开办函授高等教育，到 1965 年在册学生已达18.9 万人。文革后，1980 年 9 月，国务院批转教育部《关于大力发展高等学校函授教育和夜大学的意见》，促进了我国函授教育的发展，出现了独立的函授学院，普通高等学校也设立了函授部。至 1999 年全国本、专科函授毕业生达27.32 万人，相当于当年普通高等学校毕业生的32.2％。

（2）广播电视教育

中国广播电视教育的发展主要在新中国成立之后，1955 年北京、天津等地分别创办了广播函授学校。60 年代初，随着各地电视台的建立，北京、上海、广州、沈阳等地相继成立了电视大学。20 世纪 70 年代后期，广播电视教育逐步发展起来。1978 年 2 月，邓小平同志批准教育部和中央广播事业局联合举办广播电视大学，利用电视手段来加快发展我国教育事业。同年 4 月，小平同志在全国教育工作会议的讲话中指出："要制订加速发展电视、广播等现代化手段的措施，这是多快好省发展教育事业的重要途径，必须引起充分的重视。"经过一年的筹办，中央广播电视大学和除台湾省外的 28 个省市、自治区相继建立了广播电视大学。1979 年 2 月 6 日，全国广播电视大学正式授课，第一节课是由著名数学家华罗庚主讲"高等数学"。1981 年国家农委、中国科协、教育部和中央广播事业局联合举办面向全国的农业广播学校。1986 年 7 月 1 日和 1988 年 11 月 1 日分别开通了两个专用的教育卫星电视频道，促进了广播电视教育事业的发展，1987 年建立了中国电视师范学院，成立中国教育电视台。

（3）网络教育

以计算机技术与网络技术相结合的现代远程教育，进一步促进了中国远程教育的发展。1994 年底，在当时国家教委的主持下，"中国教育和科研计算机网（CERNET）示范工程"由清华大学等 10 所高校共同承建。这是国内第一个采用 TCP/IP 协议的公共计算机网。

1996 年清华大学率先提出发展现代远程教育；1997 年，湖南大学首先与湖南电信合作，建成网上大学。1998 年 9 月，教育部正式批准清华大学、北京邮电大学、浙江大学和湖南大学为国家现代远程教育第一批试点院校。

1999 年 1 月 13 日，国务院批转教育部《面向 21 世纪教育振兴行动计划》中，将现代远程教育列为全国组织实施的六大跨世纪教育工程之一。1999 年 6 月 15 日，在中共中央国务院召开的第三次全国教育工作会议上，将实施现代远程教育工程作为深化教育改革、全面推进素质教育的重大举措，是落实科教兴国战略、构建终

身教育体制和终生学习社会的重大战略决策。1999 年教育部制定
了《关于发展现代远程教育的意见》；9 月，"CERNET 高速主干网
建设项目"立项，目标是在 2000 年 12 月前完成 CERNET 高速主
干网的建设，满足我国现代远程教育需求。

　　2000 年 7 月教育部颁布了《教育网站和网校暂行管理办法》；
同时颁布了《关于支持若干所高等学校建设网络教育学院开展现代
远程教育试点工作的几点意见》。

　　到 2002 年底教育部已审批了 67 所普通高等学校，成立网络教
育学院。全国广播电视大学系统也加快了实现教学现代化的步伐，
构建具有中国特色的现代远程教育大学的新模式。

11.1.3　现代远程教育

1．现代远程教育的概念

　　随着 1996 年提出实施"现代化远程教育工程"以来，"现代远
程教育"这一术语逐步开始在我国流行起来，已经广泛地见诸于报
刊、政府文件等。许多专家、学者对现代远程教育的解释、论述与
定义等也不断地出现。至目前比较集中的有以下几种：

　　• 现代远程教育（Modern Distance Education）一词可以认为
是现代教育和远程教育的结合体，但这并不意味着仅仅是词汇的简
单嫁接，而是体现了一种现代教育理念和现代教育手段，即观念和
行为的融合。

　　• 现代远程教育是一种利用当今最先进的计算机及通信网络，
实时传送多媒体的音频/视频/数据等信息，进行实时可视的、交互
式远程教学。

　　• 现代远程教育是以 Internet、卫星网络等作为最终传输技术
而完成的非面对面教育、教学的一种全新形式。

　　• 现代远程教育是现代教育传播技术和学习理论、教育理论、
传播理论相互综合发展，应社会需求而产生的一种新型的教育模
式。在这种模式中，教师和学生之间的物质实体相互分离，以学生
为中心，运用传播媒介技术和多媒体技术来传递和反馈教学信息，
以获取最大的教学效益。

·现代远程教育既是运用多媒体技术的虚拟化教学，又是运用网络技术的数字化教学形式。

·所谓"现代化远程教育"是指通过卫星系统、互联网络以及其它多媒体手段所进行的实况的或非实况的教学活动，它的最突出的特点是非线性结构。也就是说，在授课内容、授课时间，甚至学习过程方面打破传统的线性框架，使教与学双方自由结合，从而提高教学效率。

我们认为：现代远程教育是在教育教学过程中，学习者与教师、学习者与教育机构之间相对分离，通过各种基于现代信息技术的传播媒体与技术资源实现教学活动的教育的总称。

2. **现代远程教育的基本特征**

现代远程教育的特征可以从多个方面概括：

(1) 教学时空的灵活性

现代远程教育借助卫星、网络通信技术，可以使教学时空非常灵活。从城市到偏远的乡村，都可以有效共享远程教育资源。远程教育打破了时间、地域的限制，接受教育的对象被分散在各地的多媒体教室听课，无须来学校学习；授课老师在本校的多媒体教室授课，无须去各地讲课；一位老师可同时给几百人乃至几千人授课。接受远程教育的学生，可以不必局限于学校内部，不必局限于固定的教师，不必局限于固定的时间。有些学生可能一次也没有见过"面对面"的老师，就已完成学习过程。

(2) 教学手段和方法的先进性

现代远程教育的出现是与通讯技术、视听技术、计算机技术的发展紧密相连的。因此，现代远程教育是以现代高科技为物质依托的，总是不断追踪世界高新技术和教育理论潮流并运用于教学过程，如直播室、网络技术、CAI 软件、虚拟大学、现代学习理论等的应用。由此，也带来了教学手段与方法的先进性。

(3) 教学形式的多样性

现代远程教育采用集语音、图像、数据于一体的交互式教学模式。老师与学生虽天各一方，但借助多媒体通信网络相互可视、并可交互的特性，可以在课间由学生向教师提问，教师即时解答，类似于传统教学。基于多媒体技术、网络技术的远程教育可以根据学生的学习需要，选择学习内容、学习资源，甚至可以选择教师，使教师和同学进行"面对面"的"对话"和交流。

(4) 教育的对象、内容、层次和形式的开放性

远程教育面向所有人，而不像常规教育那样仅仅将教育对象限定于青少年。在教育内容上无所不包，只要教育对象需要的东西，都可以组织学习；在教育层次上包括各种层次的学历教育，也包括各种层次的非学历教育；在教育形式上的开放，如与政府机构、企业等进行跨行业、跨领域的各种形式的合作办学，以及采用免入学考试的办学形式等。

11.1.4　现代远程教育工程

现代远程教育工程正式拉开了我国现代远程教育的序幕。经过几年的实践，现代远程教育已经取得了长足的发展，积累了丰富的实践经验。

1. 现代远程教育工程的由来

在我国，首次出现"现代远程教育工程"这个词的政府公文是国务院 1999 年批转的《面向 21 世纪教育振兴行动计划》，其中的第六部分是这样表述的：

六、实施"现代远程教育工程"，形成开放式教育网络，构建终身学习体系。

20. 实施"现代远程教育工程"，有效地发挥现有教育资源的优势，是在我国教育资源短缺的条件下办好大教育的战略措施，要作为重要的基础设施加大建设力度。

《面向 21 世纪教育振兴行动计划》用了整整 6 个条款详细规定了现代远程教育工程的战略任务和方针方向、信息技术设施建设和软件开发制作的指导方针，实行国家统筹规划管理、通过竞争和市场动作机制的发展战略，以及鼓励和发展各级各类远程教育、实施资源共享的原则等。

2. 现代远程教育工程的主要任务

（1）中国教育和科研计算机网（CERNET）高速主干网和中高速地区网建设

中国教育和科研计算机网（CERNET）主干带宽全面提速到2.5Gb/s以上；扩大 CERNET 的覆盖范围，向中西部和中小城市延伸；推进 CERNET 省域网和城域网建设，速率达到2.5Gb/s，为各级各类教育进入 CERNET 提供高速接入和优质服务。目前，已经建成20000km 的 DWDM/SDH 高速传输网，覆盖大陆近30个主要城市，主干网总容量可达40Gb/s；中高速155M 地区网已经连接到35个重点城市；全国已经有100多所高校的校园网以100－1000Mb/s 速率接入；联网单位达900多个，网络用户近1000万人；CERNET 已经成为中国第二大互联网络。

（2）中国教育电视台卫星宽带多媒体传输平台的建设

中国教育电视台卫星宽带多媒体传输平台的建设，包括将2个 C 波段频道改造为2个 Ku 频段卫星转发器，并实现与 CERNET 的高速连接。发行后的中国教育电视台卫星宽带多媒体传输平台具备了播出8套电视、8套语音、20套以上 IP 数据广播的能力，已经初步形成了天地合一的具有交互功能的现代远程教育网络平台。该平台为高等学校现代远程教育试点工作，为各级各类教育机构整合和共享教育资源，对东西部合作，为西部教育的跨越式发展奠定了坚实的基础。

（3）现代远程教育扶贫示范工程

政府联合友好人士共投资1.6亿元人民币，利用现代远程教育的方式支持贫困地区快速发展教育。该项目采用中国教育卫星宽带多媒体传输平台的技术标准和体制；利用 Ku 频段和 C 频段传输平台的已有资源；开发贫困地区教育电视台站的无线和有线资源；建立"现代远程教育资源服务中心"，为贫困地区提供教育资源和信息服务；建立农村现代远程教育教学收视点；建立两级培训人才体制。

（4）全国远程教育资源库建设

1999 年 8 月,政府成立了"教育部现代远程教育资源建设委员会",并投资 1 亿元人民币,开展各种类型的全国远程教育资源库建设。截至到目前,各级各类教育主管部门和学校十分重视教育教学资源建设,根据学校的学科优势和教学特点,开发了一批基于网络的教育教学资源、素材库、网络课程和教学课件,对整合教育力量、推动资源共享,开展远程教育创造了基本条件。

(5) 大学数字博物馆建设

2001 年教育部从"现代远程教育工程"的中央财政拨款中,设专项资金设立"现代远程教育网上公共资源建设大学数字博物馆建设工程"项目。该项目主要支持部分大学博物馆的数字化建设,其中包括软件平台建设、标准制定和规范研究、大学数字博物馆建设。

(6) 现代远程教育关键技术与支撑服务系统建设

政府的投资以 CERNET 和中国教育电视台卫星宽带多媒体传输平台(天地网)为依托,研究提出基于天地网开展高等学校网络教育联合办学和资源共享的解决方案,研究课程互联、学分互认的问题,研制并集成各相关主要关键技术的攻关成果,形成一套自主版权的基于天地网的远程教育支撑系统。在此基础上,实现 10 所高校、2 个专业以上、5 门以上课程、跨地区跨城市高校之间的网络教育示范应用。

(7) 现代远程教育标准化建设

2001 年,政府启动"现代远程教育标准化制定与标准化网站建设"项目,目的是制定并发布一些教育信息化和现代远程教育领域急需的标准,规范现代远程教育资源。2001 年 4 月教育部发布了《现代远程教育技术规范(教学资源相关部分)》(V 1.0 版),2002 年 2 月发布了《现代远程教育技术标准体系和 11 项试用标准(V 1.0 版)》,2002 年 10 月又发布了《基础教育教学资源元数据规范》。

(8) 高等学校现代远程教育试点工作

教育部自 1999 年开始批准部分高等学校开展现代远程教育试

点工作（以下简称"试点工作"），并根据试点工作的具体情况，逐步出台了政策、规定，加强对试点工作的规范和管理。

11.2　现代远程教育的学习模式

11.2.1　网络远程教育的常用教学模式

教学过程的各个因素相互作用形成教学模式。基于网络的远程教学模式也是由网络环境下的教学过程中多个因素相互联系、相互制约，完整地构成的一种稳定的、系统化和理论化的教学模型。在网络的支持下，教学可以面向个体的、小组的和众体的（包括班级和大群体）三种组织形式。按活动方式可分为异步教学和同步教学。同步教学具有空间上的自由度，异步教学在空间和时间上均具有很大的自由度。现将网络远程教育常用的教学模式归类如表 11－1。

表 11－1　网络远程教育常用教学模式

	同步	异步
个人	自学辅导型、掌握学习型、案例学习型、问题教学型、探索学习型	自学辅导型、掌握学习型、案例学习型、问题教学型、探索学习型
小组	讨论学习模式（在线讨论）合作学习模式	异步讨论学习模式 合作学习模式
众体	同步讲授型	异步讲授型

1. 讲授型模式

讲授型模式来自于传统的课堂教学模式，因其可用于一定规模的学生在短时间内接受系统知识、技能的培训，被认为是最经济的教学模式之一。在网络环境中，不仅可以利用网络所提供的功能进行"双主"（教师的主导作用和学生的主体作用）教学，而且其不受传统课堂的人数、时间和地点的限制，更大规模地突破客观因素的限制。正因为此，基于网络的远程教学可以根据教师和学生登陆网络的时间差异来划分为异步式讲授和同步式讲授，不同的方式也将采取不同的程序、策略和评价方式等。

（1）同步讲授型

同步式讲授模式是指分布在不同地点的教师和学生在同一时间登录在网络上，进行网络教学。这种模式的教学程序类似于传统的课堂教学：诱导学习动机——感知理解教材——巩固知识——运用知识——检查反馈。在这种教学中，教师在远程授课教室中通过直观演示、口头讲解、文字阅读等手段向学生传递教学信息，网络将这些信息传递到学生所在的远程学习教室，学生通过观察感知、理解教材、练习巩固、领会运用等过程进行学习，通过一定的设备可允许学生和教师进行互动，最后由教师对学习结果进行及时检查。

（2）异步式讲授

异步式讲授通常借助于网络课程和流媒体技术来实现，流媒体技术是边下载边播放的低带宽占用的网络视频点播技术，这种技术可以在 Internet 上实现包括音频、视频的教师授课实录的即时播放。

在异步教学中，学生学习的主要方式是访问存放在 Web 服务器上的事先编制好的网络课程。

对网络课程的设计和开发有很高的要求，其中不仅要体现学科的课程结构和内容，还要包含教师的教学要求、教学内容、以及教学评测等，这些材料可以是文字的，也可以是声音的、或视频的，以利于学生按照要求进行自我检查。

在异步讲授中，当学生遇到疑难问题时，可以通过 E-mail 向网上教师或专家进行咨询，也可以通过 BBS、新闻组（News-Group）、或在线论坛等形式与网络上其它学习者进行讨论交流。

2. 以个体学习为主的远程教学模式

我们将网络上适用的并且以个体学习为主的教学模式归为五大类，如表 11-2 示。

表 11-2　以个体学习为主的远程教学模式的部分要素比较

名称	指导思想或目标	教学程序	策略及学习材料的要求
自学辅导模式	以学生自学为主的方式来培养学生的自学能力和学习习惯	阐明学习任务和要求－学生自学－讨论交流－教师启发答疑－练习总结	激发自学兴趣，传授自学方法 存放在网上的 CAI 软件库 用 Java 语言编写的直接在网上运行的网络 CAI 课件
掌握学习模式	美国教育家创立的；认为每个人都可能完成教学内容；布卢姆的目标分类学	划分教学目标－划分单元教学内容－选取教材与教法－诊断性测验－安排相应的教学进度	(1) 每个单元的诊断性测验 (2) 对应目标的单元学习任务 (3) 学习进度的建议
案例学习模式	从案例的应用和研习中获得解决问题的具体方案	阅览大量案例－对案例进行信息加工－接受教师指导－形成新的概念	(1) 存放在 Internet 上的案例库 (2) 制作成 CD-ROM 形式的案例库 (3) 访问一些资源网站
问题教学模式	马赫穆托夫提出的；让学生自己提出问题和解决问题，立足于"学习－认识过程"的核心	创设情境、确定问题－收集信息、自主学习－协作学习、交流信息－分析信息、构建答案－答案展示、效果评价	(1) 创设问题情境 (2) 提供有关的信息材料 (3) 提供解决问题的一些提示
探索学习模式	主要由布鲁纳提出的；通过具体的活动实例培养学生的归纳思维	问题分析阶段－信息收集阶段－综合阶段－抽象提炼阶段－反思阶段	(1) 设立适合由特定的学生对象来解决的问题 (2) 提供大量的与问题相关的信息资源

　　尽管存在一些差别，以个体学习为主的远程教学模式在操作上也存在共同性。如学习支持的方式，有以下途径：

（1）电子邮件——异步非实时地实现；

（2）通过网上的在线交谈方式实时实现；

（3）教师编写的存放在特定服务器上的问题库；

（4）BBS 系统不仅能为学生的学习提供强大的交流功能，也能为学习提供支持。

3. 以小组学习为主的远程教学模式

（1）讨论学习模式

基于 Internet 的 BBS 可以很轻松地实现网上的讨论学习。讨论学习模式也可以分为在线讨论和异步讨论。在线讨论类似于传统课堂教学中的小组讨论，由教师提出讨论问题，学生分成小组进行讨论。在讨论学习模式中，讨论的深入需要通过学科专家或教师来参与。

在线讨论

在网络教学环境中，教师要通过网络来"倾听"学生的发言，并对讨论的话题进行正确的引导，最后要对整个讨论过程作总结，对讨论组中不同成员的表现也要进行点评。讨论的主题可由教师或讨论小组的组长来提供。

异步讨论

由学科教师或学科专家围绕主题设计能引起争论的初始问题，并在 BBS 系统中建立相应的学科主题讨论组，学生参与到某一讨论组，进行讨论或发言；教师还要设计能将讨论逐步引向深入的后续问题，让组内的学生获得进一步的学习。

（2）协作学习模式

协作学习是学生以小组形式参与、为达到共同的学习目标、在一定的激励机制下最大化个人和他人的习得成果，而合作互助的一切相关行为。

协作学习的主要思想就是以小组的形式去共同完成某一任务，它以建构主义学习理论和人本主义学习理论作为理论基础。在协作学习中，学习者借助他人（包括教师和学习伙伴）的帮助，实现学生之间的双向互动，并利用必要的共享学习资料，充分发挥其主动性和积极性，进行意义建构获得事物的性质、规律以及事物之间的内在联系，强调学习者的创造性、自主性和互动性。

协作学习的一般程序是：明确任务和学习目标——成员设计——进行作业——总结性评价。在第一阶段，协作组成员还要一起讨论设计进程计划表、工作环境、所使用的资源、成员应该遵守的原则等内容，以使协作组中每位成员都有参与感，并能够最大限度地发挥其潜能。第二阶段，要明确每个成员的任务和职责，解决将各个成员的工作、学习结果统一成一个有机整体的问题。成员个人根据协作组对自己提出的要求，设计个人学习的目标、程序和方法等。协作学习的策略有：学生小组成绩分工、小组游戏竞赛法、切块拼接、共学式、小组调查等。

11.2.2　现代远程教育中的混合学习

混合学习（Blended Learning）是人们对网络学习（E-Learning）进行反思后，出现在教育领域中较为流行的一个术语，其主要思想是把面对面（Face to Face）教学和在线（Online）学习两种学习模式有机地整合，以达到降低成本、提高效益的一种教学方式。混合学习在远程教育中的兴起，其根本原因在于人们希望充分发挥远程教育和传统课堂的综合优势。美国田纳西大学的在职医生MBA计划的研究表明，运用实时的 E-learning、自定步调学习和实际课堂学习方式的混合学习方案能够以几乎一半的时间和不到一半的成本完成学习任务。而且设计良好的学习计划能够比单一的传统教室学习产生超出 10% 的学习成果。

1. 混合学习的内涵

研究者对混合学习有各种不同的理解，其中最简单的理解认为，混合学习是指将 E-Learning（或者可以说是非面对面的远距离教育）同传统的课堂学习（也可以说是面对面的）相混合（Michael E. W. ,2002;Frank J. T. ,2002）。Hofmann（2001）指出：在混合型学习背后隐藏着一种思想，就是教学设计人员将一个学习过程分成许多的模块，然后再去决定用最好的媒体将这些模块呈现给学习者。在对混合学习的各种定义中，HarviSingh 和 ChrisReed

(2001) 的说法最能深刻揭示混合学习的本质。按照他们的理解，混合学习可以描述为应用多种传递方法的学习计划，其目的是使学习成果和学习计划传递的成本实现最优化。他们将混合学习定义为：混合学习注重应用"恰当的"教学技术与"恰当的"个人学习风格相匹配，以便在"恰当的"时间将"恰当的"技能传递给"恰当的"人。

在这个定义中包含了以下的原则：（1）运用混合学习时应该首先考虑学习目标，而不是传递方法；（2）为了满足广大受众的需要，应当支持多种不同的个人学习风格；（3）每个人都将不同的知识带入学习体验中；（4）在许多情况下，最有效的学习策略就是：即时，即需。

因此，可以得出这样的结论：混合学习的重点不在于混合哪些事物，而在于如何混合，其目的在于达到最优的学习效果和经济效益。混合学习所要做的工作是在适当的时间，为适当的人，以适当的传递媒体，通过适当的学习方式，提供适当的学习内容。

2. **混合学习的应用模式**

混合学习的模式，是指用来清晰地展示混合学习过程，明确混合学习的各个环节的一种描述方式。混合学习的模式有多种，下面主要介绍 Purnima Valiathan 提出的技能驱动型模式、态度驱动型模式、能力驱动型模式以及 Barnum 和 Paarmann 模式等四种类型的混合学习应用模式。事实上，人们可以根据需要，并结合自己的教学经验，也可以设计与形成特定的混合学习模式。

（1）技能驱动模式（Skill Driven Model）

技能驱动模式是将自定步调的自主学习同教师的在线指导相结合。在这种模式中，学习者同教师之间主要通过电子邮件、论坛与自定步调的学习者进行交互。根据 Masie 中心所作的一项调查显示，88% 学习者和 91% 的管理者认为，在自定步调的在线培训中，培训者（教师）的指导作用十分重要，是有效学习的活跃的组成部分。调查结果认为，培训者（教师）监督学习进程并同学习者接触、培训者（教师）通过对在线项目工作的评价、为课程学习者建立和促进在线社区形成以及利用电子邮件或者论坛处理学习过程中的问题等指导方式是获得评价最高的方式。因此可见，自定步调的学习（自主学习）同培训者的指导（教师主导）结合在一起，是一种有效的混合学习模式，它能有利于消除学习者的孤独感，促使学习者圆满完成自定步调的学习。技能驱动混合学习计划如表 11 - 3 所示。

表 11 - 3　技能驱动的混合学习计划

内　　容	基于技术的技巧	非技术支持的技巧
公　　告	LMS、电子邮件	广告传单、信件、电话
总揽部分	邮件、网络研讨会（Webinar）	传统课堂
自定步调的学习	基于 Web 的指南、电子书、电子绩效、模拟	文章、书籍、工作助手、在职培训
咨询决议	电子邮件、常见问题解答、即时信息	面对面集会
示　　范	网络会议、模拟	传统课堂
实　　践	模　　拟	练习本作业
反　　馈	电子邮件	面对面聚会、打印报告
结束部分	电子邮件、网络研讨会	传统课堂
证　　明	基于 Web 的测试	打印测试

（2）态度驱动模式（Attitude Driven Model）

态度驱动模式是传统的课堂学习和在线协作学习的结合。这种模式是通过面对面方式先把协作学习中的内容、属性以及期望成果（形成态度与行为）以及如何通过网络技术进行协作的有关事项向学习者交待。这种模式是要求学习者在无需冒险的环境中，利用在线协作的方式尝试学习某种新的行为。例如，进行角色的扮演并要对其绩效做出评价，或者让学习者通过网络课程、论坛、网络研讨会、小组计划和利用聊天室、在线辩论等方式学会利用如何进行沟通的技能。态度驱动混合学习计划如表 11-4 所示。

表 11-4 态度驱动的混合学习计划

内　容	基于技术的技巧	非技术支持的技巧
公　告	LMS 或由电子邮件推动	广告传单、信件和电话
总揽部分	邮件、网络研讨会	传统课堂
自定步调的学习	基于 Web 的指南、电子书、模拟	文章、书籍、具有"If Then"判定的练习簿
咨询决议	电子邮件、常见问题解答、即时信息	与专家一起的面对面集会
评　价	模　拟	打印测试
协作部分	网络研讨会、聊天	同伴之间的角色扮演
实　践	模　拟	同伴之间的角色扮演
反馈和结束部分	电子邮件、网络研讨会	传统课堂

(3) 能力驱动模式（Competency Driven Model）

能力驱动模式就是学习者与专家共同活动并通过在线方式进行互动以获取隐性知识。决策过程部分受基本事实和工作原则指导，但还需要具有通常专家才具备的隐性知识（tacitknowledge）。能力驱动模式主要是适用于隐性知识的学习的一种混合学习模式。这种隐性知识的获得，主要通过在工作中对专家的观察和同专家的交流，因此，这种模式包括学习者与专家实时共同活动，并通过在线交流工具进行交流互动，从中获取隐性知识。能力驱动混合学习计划如表 11-5 所示。

表 11-5　能力驱动的混合学习计划

内　　容	基于技术的技巧	非技术支持的技巧
分派向导或导师	电子邮件	电　　话
建立一个社区	Internet 或 Intranet 中的空间	学习小组
实　　践	电子邮件、论坛、模拟	面对面聚会、研讨会、电话
控制讨论	论坛、聊天	面对面聚会、研讨会、电话
解决疑问	电子邮件、即时信息	面对面聚会
获取学习	知识库中故事与数据的编译（LMS/LCMS）	白皮书

（4）Barnum 和 Paarmann 模式

Barnum 和 Paarmann（2002）提出一个关于混合学习的模式，该模式包括四个阶段。①基于 Web 的传输。将学习材料放到 Web 上，学习者根据他们的需要随时进入 Web 页浏览这些材料。页面上包括专家的联系信息，如果学习者遇到问题或者他们想深入探讨，可以随时联系相关专家。此种方式非常有利于学习，并且能够增进独立性和自我信心。②面对面加工。尽管 Web 在学习材料、内容的传递过程中起的作用非常大，但是，人类之间的彼此交流仍然非常必要，它有利于加强彼此间的深入理解。面对面过程不仅意味着坐在某处听某人讲话，它应该是一个知识建构的过程。③形成一定的产品。仅建构知识并不充分，还需要在分享这些知识的过程中创造出一定的、有形的产品。通常包括三条途径：首先在有教师指导的面对面期间之后，学生们应该将有关学习心得、作业、练习等记录下来，并将初稿同教师、辅导者、学习伙伴通过电子邮件进行交流，它将有利于学习者充分思考所要解决的问题。其次，发布写作纲要，供小组成员和教师观看，并相互之间进行反馈（如进行评论）。最后，完成作业的最后版本，并将其发布在网页上、发送给教师以及同学。④协作扩展学习。学生们组成一定小组，通常每组包括 2 - 3 人。这些小组保持每个月聚集一次，时间为 1 - 2 个小时，以分享彼此的经历、感想与心得。其它时间小组成员通过电子邮件、网络学习社区保持联系。

11.3 农村中小学现代远程教育

11.3.1 农村中小学现代远程教育工程实施现状

我国有 13 亿人口，其中 9 亿在农村，农村人口约占总人口的 64%。因此，发展农村教育，办好农村学校，在全面建设小康社会中具有基础性、先导性和全局性的重要作用。据统计，目前我国县镇以下农村中小学校（含农村小学教学点）有 53 万所，占中小学校总数的 88%，在校生 1.62 亿，占中小学生总数的 81%。20 世纪90 年代以来，随着社会主义市场经济体制的逐步建立，我国城乡联系显著增强，教育事业取得了长足的进步与发展，但由于种种因素的影响，我国城乡教育之间一直未能建立起均衡增长的良性互动机制，城乡分割的状态还没有从根本上得到改变，城乡教育差距不仅没有缩小，反而还有一定程度的扩大。与城市的教育进步与发展相比，在欠发达地区，特别是广大农村地区，教育事业发展明显滞后，有的甚至出现滑坡和萎缩现象。因此，目前我国基础教育发展的主要对象、重点和难点已经集中在农村。

我国农村地区，特别是中西部农村地区，在教学条件、教育资源、教师水平和教学质量等方面与发达地区存在着巨大差距。长期以来，由于经济发展水平落后，教育资源短缺以及教育意识薄弱等因素，导致农村地区教育发展水平普遍偏低，在相当大的程度上影响和制约着我国教育整体水平的提高，进而影响和制约着提高国民素质的进程。为提高农村地区基础教育的质量，大力推进中小学信息技术教育和支持中西部农村地区、贫困地区的教育，1999 年以来，我国先后实施了中小学"校校通"工程、"明天女教师培训项目"和教育部——李嘉诚基金会"西部中小学现代远程教育项目"等多个项目。在这些前期项目取得成功经验的基础上，国家决定以教学光盘播放点、卫星教学收视点和计算机教室三种技术模式实施农村中小学现代远程教育工程。

　　根据国务院批准的教育部、发展改革委、财政部关于全面实施农村中小学现代远程教育工程的总体方案，2003 年到 2007 年，我国将用 5 年左右的时间，为全国约 11 万个农村小学教学点配备教学光盘播放设备和成套教学光盘，向这些教学点的约 510 万名山村小学生提供优质教育教学资源，解决师资和教学质量较低的问题；使全国38.4 万所农村小学初步建成卫星教学收视点，基本满足农村 8142 万名小学生对优质教育教学资源的需求；使全国3.75 万所农村初中基本具备计算机教室，让 3109 万名农村初中在校生能够逐步与 3495 万名城镇初中生一样，共享优质教育教学资源，接受信息技术教育，为推进全社会的信息化和建设和谐社会奠定良好的基础。

　　为积极稳妥地推进农村中小学现代远程教育工程，2003 年至 2004 年，教育部、发展改革委和财政部共同实施了现代远程教育试点示范项目和农村中小学现代远程教育工程试点工作。这两个项目共在我国中西部农村地区配备了大约7.8 万套远程教育教学光盘播放设备、5.4 万个卫星教学收视点和 7500 多个计算机教室。

　　在 2003 年试点工作的基础上，教育部、发展改革委和财政部共同制定了《2004－2005 年度农村中小学现代远程教育工程实施方案》，在方案实施期间，中央投入 20 亿元，地方投入 20 亿元，共 40 亿元，用于农村教学点、小学、初中、高中（初中部分）的现代远程教育工程建设。目前，贵州、新疆、西藏、青海、新疆生产建设兵团、湖南湘西、湖北恩施、吉林延边的累计覆盖率已达90％以上；四川、吉林、湖南、湖北、内蒙古、广西、重庆、云南、陕西、甘肃、宁夏等省的累计覆盖率已达 50％以上。2007 年，农村中小学现代远程教育工程将全面覆盖我国各省的农村中小学。

11.3.2　农村中小学现代远程教育工程"三种模式"

　　近年来，我国在实施农村中小学现代远程教育的实践中，逐渐形成了教学光盘播放点、卫星教学收视点和计算机教室三种远程教育工程建设模式。三种模式的实施，使我国广大农村地区的中小学生得以共享优质的教育教学资源，在信息化的环境中接受良好的教育，有力地推动了我国农村基础教育的改革和发展，为全面建设和谐社会做出了贡献。

模式一：教学光盘播放点

教学光盘播放点的系统组成如图 11－1 所示。

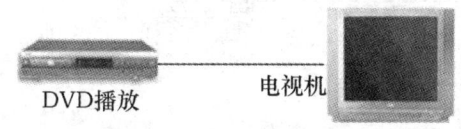

DVD播放　　电视机

图 11－1　模式一的系统组成

模式一主要由电视机、DVD 播放机和教学光盘构成。可实现各类光盘教学资源（DVD、VCD、CD）的播放。该模式既可辅助教师备课，也可辅助教师进行课堂教学。由于该系统操作简单、成本低、易维护、使用方便，特别适合具备基本供电条件的农村小学教学点。

模式二：卫星教学收视点

卫星教学收视点的系统组成如图 11－2 所示。

模式二在模式一的基础上增加了室外卫星接收设备（天线、高频头等）、卫星电视收视设备（卫星电视接收机、电视机等）、卫星数据接收设备（卫星数据接收卡（内置）、调制解调器（内置）、光盘刻录机（内置）、计算机等）、互联网接入设备、打印机、UPS 电源等设备。该模式不仅具备模式一的全部功能，而且可实现卫星电视、IP 数据广播和语音广播等教学资源的接收、播放、存储和回放；支持拨号上网等互联网接入方式和文件打印等功能。在应用中可辅助教师备课，辅助课堂教学，也可收看空中课堂节目，进行同步教学等。由于该系统教育教学资源获取量大、传输速度快、更新及时、存储方便，且成本较低，非常适合具备基本供电和通讯条件的农村小学。

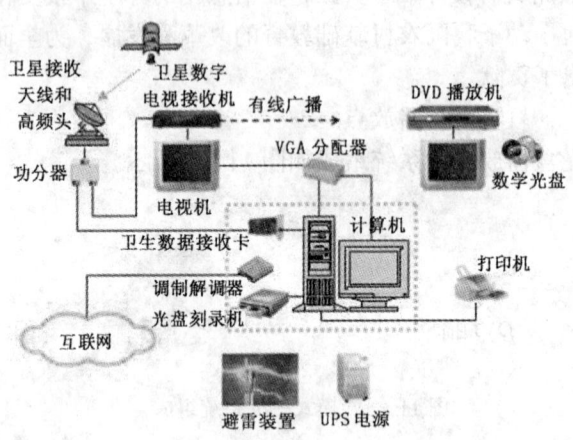

图 11－2　模式二的系统组成

模式三：计算机教室

计算机教室的系统组成如图 11－3 所示。

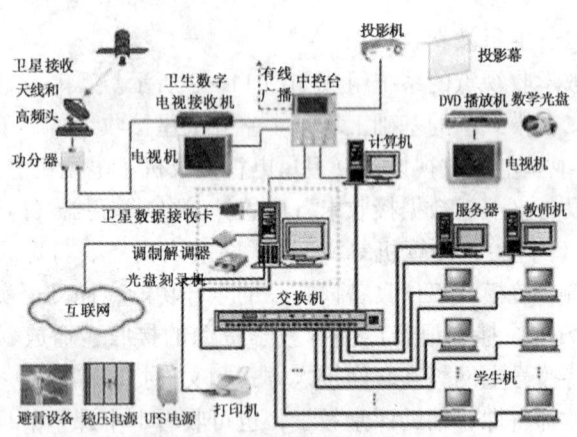

图 11－3　模式三的系统组成

　　模式三在模式一和模式二的基础上增加了多媒体教室（投影仪、中控系统等）、计算机网络教室（服务器、交换机、教师机和学生机等）和网络打印机等。该模式不仅具备模式一和模式二的全部功能，而且可通过大屏幕投影或多台电视机等播放设备，扩大远程教育节目收视与使用的规模；实现网络教学，满足多个学生同时学习和个性化学习的需求。利用该系统提供的丰富的教育教学资源和网络环境，可广泛开展信息技术课程教学，网络环境下的学科课程教学，师资培训，个别化学习和合作学习等。同时也为教师电子备课、开展信息技术与课程整合和网络环境下的研究性学习提供了极大的便利条件。该模式具有较大的可扩展性，适当增加配置，还可实现互联网宽带接入、双向交互式辅助教学、局域网组播和教学节目录制，以及与当地有线电视网或闭路电视系统相结合等功能。该设计模式的适用对象主要是具备基本供电和通讯条件的农村乡镇初中。

【思考与练习】

1. 什么是远程教育？
2. 什么是现代远程教育？现代远程教育有哪些特征？
3. 远程教育的发展可以分为几个阶段？
4. 我国现代远程教育工程的主要任务有哪些？
5. 网络远程教育的常用模式有哪些？
6. 什么是混合学习？
7. 混合学习的应用模式有哪些？
8. 试述混合学习对我国远程教育的意义。
9. 试述农村中小学现代远程教育工程"三种模式"的系统组成、配置与功能。

【参考文献】

1. 陈海林. 网络课程设计与案例赏析 [M]. 北京：清华大学出版社，2005.

2. 陈丽. 远程教育学基础 [M]. 北京：高等教育出版社，2004.

3. 陈文庆，温响东等. 多媒体 CAI 课件原理与制作 [M]. 北京：冶金工业出版社，2003.

4. 陈雅芝等. 信息检索 [M]. 北京：清华大学出版社，2006.

5. 陈子慧. FLASHMX2004 经典实例详解 [M]. 北京：清华大学出版社，2006.

6. 德斯蒙德·基更. 远距离教育基础 [M]. 丁新等译. 北京：中央广播电视大学出版社，1996.

7. 丁兴富. 远程教育学 [M]. 北京：北京师范大学出版社，2002.

8. 董艳，黄荣怀. 浅析基于网络的远程教学模式 [DB/OL]. http：//www. edu. cn/20020905/3066740. shtml.

9. 杨晓宏，梁丽. 全面解读教育信息化 [J]. 电化教育研究，2005，(1).

10. 杨晓宏，梁丽. 解析农村中小学现代远程教育"三种模式"[J]. 电化教育研究，2006，(1).

11. 郭绍青等. 网络信息检索与处理 [M]. 兰州：甘肃人民出版社，2002.

12. 何克抗，郑永柏，谢幼如. 教学系统设计. 北京：北京师范大学出版社，2002.

13. 皇甫全. 试论信息技术与课程整合的基本策略 [J]. 电化教育研究，2002，(7).

14. 黄宇星. 信息技术与课程整合策略 [J]. 电化教育研究，

2003,(1).

15. 蒋家傅,董武绍等. 现代教育技术 [M]. 北京:电子工业出版社,2004.

16. 李康. 教育技术学概论——基本理论的探索 [J]. 广州:广东教育出版社,2005.

17. 李克东,赵建华. 混合学习的原理与应用模式 [J]. 电化教育研究,2004,(7).

18. 李克东. 数字化学习——信息技术与课程整合的核心 [J]. 电化教育研究,2001,(8),(9).

19. 李克东. 新编现代教育技术教程 [M]. 上海:华东师范大学出版社,2002.

20. 南国农主编. 电化教育学(第二版) [M]. 北京:高等教育出版社,1998.

21. 腾龙视觉设计工作室. PHOTOSHOP 创意设计与表现技法精解 [M]. 北京:科学出版社,2004.

22. 王西靖. 现代教育信息技术 [M]. 北京:高等教育出版社,2000.

23. 王艳芳. Dreamweaver 实例教程 [M]. 北京:电子工业出版社,2004.

24. 王以宁. 网络教育应用 [M]. 北京:高等教育出版社,2003.

25. 武法提. 网络教育应用 [M]. 北京:高等教育出版社,2003.

26. 谢希仁. 计算机网络 [M]. 大连:大连理工大学出版社,2005.

27. 谢新观主编. 远程教育概论 [M]. 北京:中央广播电视大学出版社,2000.

28. 续诚. 网页制作基础与实例教程 [M]. 北京:希望电子出版社,2005.

29. 杨改学. 现代远程教育 [M]. 北京:国防工业出版社,

2003.

30. 余胜泉，王耀武. 网络课程的设计与开发 [DB/OL].
http://www.etc.edu.cn/articledigest9/net-lesson.htm.

31. 余胜泉，吴娟. 信息技术与课程整合——网络时代的教学模式与方法 [M]. 上海：上海教育出版社，2005.

32. 曾祥霖，张绍文. 论信息技术与课程整合的内涵、层次和基础 [J]. 电化教育研究，2006，(1).

33. 张浩. 多媒体课件的制作 [A]. 2004. 全国教育信息化建设与应用优秀论文精选 [C].

34. 张剑平. 现代教育技术——理论与应用 [M]. 北京：高等教育出版社，2003.

35. 张筱兰. 信息技术与课程整合的理论与方法 [M]. 北京：民族出版社，2004.

36. 章伟民，曹揆申. 教育技术学 [M]. 北京：人民教育出版社，2000.

37. 赵经成. 网络教学课件制作 [M]. 北京：人民邮电出版社，2004.

38. 钟志贤. 信息化教学模式——理论建构与实践例说 [M]. 北京：教育科学出版社，2005.

39. 周雷，杨凡. 信息技术与课程整合的模式、方法与实施策略研究 [J]. 电化教育研究，2006，(4).

40. 祝智庭，钟志贤. 现代教育技术——促进多元智能发展 [M]. 上海：华东师范大学出版社，2003.

41. 祝智庭. 网络教育应用教程 [M]. 北京：北京师范大学出版社，2001.